Ethnische Minderheiten,
Volk und Nation

Friedrich Heckmann

Ethnische Minderheiten, Volk und Nation

Soziologie inter-ethnischer Beziehungen

Ferdinand Enke Verlag Stuttgart 1992

Prof. Dr. rer. pol. **Friedrich Heckmann**
Hochschule für Wirtschaft und Politik
von-Melle-Park 9, 2000 Hamburg 13

Die Deutsche Bibliothek – CIP-Einheitsaufnahme:

Heckmann, Friedrich:
Ethnische Minderheiten, Volk und Nation : Soziologie inter-
ethnischer Beziehungen / Friedrich Heckmann. – Stuttgart :
Enke, 1992
  ISBN 3-432-99971-2

Dieses Buch trägt – mit Einverständnis
des Georg Thieme Verlages, Stuttgart –
die Bezeichnung

flexibles Taschenbuch

Das Werk, einschließlich aller seiner Teile, ist urheberrechtlich geschützt. Jede Verwertung ist ohne Zustimmung des Verlages außerhalb der engen Grenzen des Urheberrechtsgesetzes unzulässig und strafbar. Das gilt insbesondere für Vervielfältigungen, Übersetzungen, Mikroverfilmungen und die Einspeicherung und Verarbeitung in elektronischen Systemen.

© 1992 Ferdinand Enke Verlag, P.O. Box 10 12 54, D-7000 Stuttgart 10
– Printed in Germany

Satz: G. Heinrich-Jung, D-7120 Bietigheim-Bissingen,
Schrift: 9/9 Times, Linotronic 300
Druck: Druckhaus Götz KG, D-7140 Ludwigsburg

Vorwort

Dieses Buch möchte einen Überblick und Orientierungen zu dem komplexen und in jüngerer Zeit immer mehr Beachtung gewinnenden Gebiet der Soziologie inter-ethnischer Beziehungen geben. Die Beziehungen zwischen ethnischen Mehrheiten und ethnischen Minderheiten erfahren dabei besondere Aufmerksamkeit. Gäbe es in Deutschland – wie etwa in den Vereinigten Staaten – ein „etabliertes" Fach der Soziologie inter-ethnischer Beziehungen, könnte man das vorliegende Buch ein Lehrbuch nennen.

Auch in Deutschland gibt es jedoch eine Vielzahl von Lehr-, Bildungs- und Forschungsaktivitäten auf dem Gebiet inter-ethnischer Beziehungen in Hochschulen, verschiedenen Instituten, Akademien, Bildungs- und Weiterbildungseinrichtungen; häufig laufen solche Aktivitäten noch unter Namen wie Ausländerforschung, Untersuchungen von Ausländerproblemen und von Ausländerpolitik. Probleme ethnischer Minderheiten und inter-ethnischer Beziehungen werden, auch unter Verwendung dieser Terminologie, immer häufiger mit Blick auf Osteuropa in einer breiteren Öffentlichkeit diskutiert.

Vorgestellte Verwendungsweisen des Buches sind u.a. eine Textgrundlage für Lehr- und Bildungsveranstaltungen in verschiedenen Institutionen zu sein; Zielgruppen sind dabei Lehrende und Studierende der Sozialwissenschaften (in einem weiten Sinne von Soziologie über Pädagogik zu Jura und Wirtschaftswissenschaften). Das Buch kann auch Basisorientierungen für Forschungsprojekte vermitteln; schließlich politisch, sozialpolitisch und planerisch arbeitenden und wissenschaftlich interessierten „Praktikern" in kommunalen, staatlichen, verbandlichen und gewerkschaftlichen Strukturen eine handbuchartige Nutzung erlauben. Das Buch ist auch geeignet, Journalisten und in Medien Tätigen, für die inter-ethnische Beziehungen zunehmend Gegenstand ihrer Arbeit werden, als Informations- und Orientierungshilfe zu dienen. *Zur Erleichterung des allgemeinen Verständnisses wurden fremdsprachige Zitate vom Verfasser übersetzt; die Originalzitate sind im Anhang abgedruckt.*

Wie viele Forscher, Autoren und Herausgeber sind auch wir – „mitten in der Arbeit" – von den jüngsten Ereignissen in Deutschland und Europa überrascht und herausgefordert worden. Wo es möglich war, ist versucht worden, auf Daten, Strukturen und Prozesse, die sich auf die Länder der ehemaligen DDR beziehen, einzugehen; so ist etwa ein Abschnitt über die ethnische Minderheit der Sorben hinzugekommen. Die Ausführungen zu den „neuen Bundesländern" sind jedoch eher kursorisch und noch unvollständig.

Für kritische Lektüre und wichtige Anregungen möchte ich insbesondere danken *Lutz Diedrichs, Bernd Hallermann, Reinhard Kreckel, Diana Wong* und *Gerhard Wurzbacher. Monika Wüstendörfer* schrieb das Manuskript zuverlässig und mit großer Sorgfalt.

Friedrich Heckmann

Inhalt

1	Einführung	1
2	**Nationalstaat im Wandel: alte und neue ethnische Minderheiten in der Sozialstruktur der Bundesrepublik**	4
2.1	Internationalisierung und ethnische Pluralisierung	4
2.2	Die dänische Minderheit	6
2.3	Sinti und Roma („Zigeuner")	9
2.4	Juden	13
2.5	Arbeitsmigranten	16
2.6	„Heimatlose Ausländer"	21
2.7	Ausländische Flüchtlinge	23
2.8	Die Sorben	26
2.9	Fazit	28
3	**Ethnizität und Grundkategorien von Ethnizität: Volk, Nation, ethnische Gruppe und ethnische Minderheit**	30
3.1	Ethnizität	30
3.1.1	Die Herausbildung der modernen Bedeutung von Ethnizität und die Entstehung ethnischer Minderheiten im Prozeß der Nationalstaatsbildung	39
3.1.1.1	Vornationalstaatliche Verhältnisse	39
3.1.1.2	Vereinheitlichungsprozesse	40
3.1.1.3	Ethnischer Nationalismus	43
3.2	Grundkategorien von Ethnizität	46
3.2.1	Volk	47
3.2.2	Nation und Nationalstaat	51
3.2.3	Ethnische Gruppen und ethnische Minderheiten	54
3.3	Zusammenfassung: Definitionsvorschläge für Grundkategorien von Ethnizität	56
4	**Zur Typologie ethnischer Minderheiten**	59
4.1	Nationalstaat und ethnische Minderheiten	60
4.1.1	Nationale Minderheiten	60
4.1.2	Regionale Minderheiten	62
4.2	Migration und ethnische Minderheiten	64
4.2.1	Einwandererminderheiten: Siedlungseinwanderer	65
4.2.2	Einwandererminderheiten: Arbeitsmigranten	67

4.3	Der Kolonialismus und die Entstehung von Minderheiten	68
4.3.1	Kolonisierte Minderheiten	69
4.3.2	Neue nationale Minderheiten	71
5	**Ethnische Minderheiten in der Sozialstruktur: das Beispiel der Arbeitsmigranten**	**74**
5.1	Zu einigen Entwicklungstendenzen und Merkmalen der gegenwärtigen Sozialstruktur der Bundesrepublik	77
5.2	Migranten auf dem Arbeitsmarkt der Bundesrepublik	79
5.3	Arbeitsmigranten: Unterprivilegierung und Merkmale einer frühproletarischen Lage	85
5.4	Die Entstehung eines ethnischen Kleinbürgertums	89
5.5	Ethnische Schichtung	91
6	**Ethnische Kolonien als Binnenstruktur ethnischer Minderheiten**	**96**
6.1	Zum Konzept der ethnischen Kolonie	96
6.2	Entstehung und Struktur ethnischer Kolonien	98
6.2.1	Verwandtschaftssystem und Kettenmigration	98
6.2.2	Vereine, politische Organisationen, religiöse Vereinigungen	102
6.2.3	Ethnische Ökonomie	108
6.2.4	Homogenität und Heterogenität der ethnischen Kolonie	110
6.3	Funktionen und Wirkungen ethnischer Koloniebildung	111
6.4	Die ethnische Kolonie: eine Übergangsinstitution?	115
7	**Ethnische Vorurteile, Rassismus, Kulturzentrismus und Nativismus**	**117**
7.1	Einführung	117
7.2	Ethnische Vorurteile als Einstellungen	120
7.2.1	Zur inhaltlichen Struktur ethnischer Vorurteile	121
7.2.2	Vorurteil und Diskriminierung	125
7.2.3	Zur Übernahme von Vorurteilen	129
7.2.3.1	Vorurteile als Resultat „normaler" Sozialisation	129
7.2.3.2	Persönlichkeit und Vorurteilsbereitschaft	131
7.3	Ethnische Vorurteile als Ideologien	138
7.3.1	Zur ideologietheoretischen Analyse von ethnischen Vorurteilen	138
7.3.1.1	Macht- und herrschaftssoziologische Aspekte	141

7.3.1.2	Entstehung und Wandel, Persistenz und Zyklizität ethnischer Vorurteile	143
7.3.2	Rassismus, Kulturzentrismus und Nativismus	146
7.3.2.1	Rassismus	146
7.3.2.2	Kulturzentrismus	151
7.3.2.3	Nativismus	152
7.4	Zur Änderung ethnischer Vorurteile	155
7.4.1	Vorurteilsänderung als Einstellungsänderung	155
7.4.2	Zur Auseinandersetzung mit ethnischen Vorurteilsideologien	159
8	**Akkulturation, Assimilierung, ethnische Identität**	**162**
8.1	Einführung, historische Anmerkungen und grundlegende Konzepte	162
8.1.1	Historische Anmerkungen	163
8.1.2	Grundlegende Konzepte	167
8.2	„Klassische" Ansätze der Akkulturationsforschung	172
8.2.1	Generationsmodelle	172
8.2.2	Akkulturation und Eingliederung bei *Eisenstadt*	174
8.2.3	*Gordon*s Konzeption	176
8.2.4	Marginalitätstheorie	178
8.3	Zur Fortentwicklung von Akkulturations- und Assimilierungstheorie	181
8.3.1	Vorüberlegungen	181
8.3.2	Elemente einer Theorie der Gruppenakkulturation	182
8.3.2.1	Akkulturation und inhaltliche Aspekte der übertragenen Kultur	183
8.3.2.2	Akkulturation und Merkmale der Minderheit	184
8.3.2.3	Akkulturation und Merkmale der Mehrheit	186
8.3.2.4	Akkulturation und Relationen zwischen Mehrheit und Minderheit	187
8.3.3	Theorien zur Personen-Akkulturation	191
8.3.3.1	Wert-Erwartungstheorie	191
8.3.3.2	Akkulturation und ethnische Identität	196
8.3.3.3	Weiterführung der Marginalitätstheorie und Akkulturation	200
8.4	Schlußbemerkungen	207
9	**Politik, Staat und ethnische Minderheiten**	**210**
9.1	Nationalstaat und ethnische Minderheitenpolitik	210
9.1.1	Der ethnisch begründete Nationalstaat und Minderheitenpolitik	211
9.1.2	Demotisch-unitarisches Nationskonzept und ethnische Minderheiten	214

9.1.3	Ethnisch-pluraler Nationalstaat und ethnische Minderheiten	217
9.1.4	Außenpolitik und Minderheitenpolitik	219
9.2	Organisationsprinzipien für ethnischen Pluralismus	221
9.2.1	Personale Autonomie, territoriale Autonomie und Föderalismus	222
9.2.2	Völkerrechtlicher Minderheitenschutz und individuelle Menschenrechte	225
9.2.3	Allgemeines Verfassungsrecht	227
9.2.4	Beauftragte und Beiräte	228
9.2.5	Anti-Diskriminierungsgesetze	229
9.3	„Affirmative action": zur Politik der institutionalisierten Förderung ethnischer Minderheiten	233
9.4	„Ausländer"- und Minderheitenpolitik in der Bundesrepublik	236

Originalzitate 242

Literatur 258

Personenregister 273

Sachregister 277

Verzeichnis der Tabellen und Übersichten

Tabellen

2.1 Ausländische Wohnbevölkerung (in Tausend) nach
ausgewählten Staatsangehörigkeiten (am 31.12.1989)
und ausländische Arbeitnehmer (März 1990) 17

2.2 Ausländische Flüchtlinge in der Bundesrepublik 1990 .. 24

Übersichten

7.1 Mögliche Reaktionsweisen gegenüber Frustrationen ... 132

8.1 Kulturelle Einflußgrößen zwischen
zwei Gruppen (G_1 und G_2) 169

8.2 Variablen des Assimilierungsprozesses 177

9.1 Gesetze und Anordnungen gegen Diskriminierung
in den USA von 1938–1968 231

1 Einführung

Diese Arbeit stellt Grundlagen einer Soziologie ethnischer Minderheiten und inter-ethnischer Beziehungen dar. Sie hat zu tun mit dem sozialen Tatbestand der „Ethnizität", d. h. damit, daß der Glaube an eine gemeinsame Herkunft, Gemeinsamkeiten der Kultur und auf dieser Basis beruhende Solidargefühle Beziehungen zwischen Menschen strukturieren und gruppenbildend wirken. Die Arbeit hat Beziehungen zwischen ethnischen Gruppen zum Thema – inter-ethnische Beziehungen – vor allem zwischen privilegierten, herrschenden ethnischen Gruppen und benachteiligten, diskriminierten und unterdrückten ethnischen Gruppen. Die benachteiligten, diskriminierten ethnischen Gruppen bezeichnen wir als ethnische Minderheiten, privilegierte, herrschende ethnische Gruppen als ethnische Mehrheiten.

Der historische und gesellschaftliche Hintergrund der Arbeit ist die – vor allem durch Migration induzierte – ethnische Pluralisierung der Bevölkerungs- und Gesellschaftsstruktur der Bundesrepublik. Von „multikultureller Gesellschaft" als analytischer Kategorie zu sprechen halten wir für eine leichte Übertreibung, aber der Terminus spricht den Tatbestand an, daß eine bisher relativ homogene Nationalgesellschaft sich in ihrer ethnischen Struktur verändert hat, daß zugewanderte Fremde zu Einwanderern und „Zugehörigen" geworden sind, kurz, daß neue ethnische Minderheiten in der Sozialstruktur entstanden sind.

Das Bewußtsein der sozialwissenschaftlichen Arbeiten in der Bundesrepublik, die sich zuerst mit den „Gastarbeitern" und ihren Familien beschäftigten, folgte bis weit in die 70er Jahre dem herrschenden gesellschaftlichen Bewußtsein: man ging ganz überwiegend von dem vorübergehenden Charakter der sogenannten Ausländerbeschäftigung aus und glaubte es thematisch-wissenschaftlich mit einem „Sonderfall" zu tun zu haben, der den Bereichen existierender spezieller Soziologien nicht oder nur schwierig zugeordnet werden konnte. Dies verhinderte bzw. erschwerte außerordentlich die Rezeption und Aufarbeitung systematischer Theorien und empirischer Kenntnisse aus dem Bereich der internationalen Migrations- und ethnischen Minderheitenforschung und trug in vielen Publikationen wesentlich zu einer borniert en Sichtweise des Bereichs und zur Entstehung und schnellen Ausbreitung bloß deskriptiver und moralisierender Untersuchungen bei. Selbst Verknüpfungen mit minderheitensoziologischen Arbeiten von deutschsprachigen Soziologen aus den 50er und 60er Jahren, für die etwa die Arbeiten von *Emerich Francis* stehen können, lassen sich kaum entdecken. Mit den Arbeiten von *Hoffmann-Novotny* (1973), *Harbach* (1976) und *Esser* (1980) vollzog sich eine Anbindung an die internationale Migrations- und ethnische Minderheitenforschung; unsere eigene Arbeit über die Bundesrepublik als Einwanderungsland (*Heckmann* 1981) lag auf der gleichen Linie. Insgesamt ist seitdem ein Rückgang bloß deskriptiver, untheoretischer Arbeiten über die zugewanderten Bevölkerungsgruppen zu konstatieren. Wissenschaftssoziologisch zeigt sich eine Entwicklung, die zur Herausbildung einer speziellen Soziologie ethnischer Minderheiten und inter-ethnischer Beziehungen führen kann. Wichtig wäre es jedoch auch, die Einsicht zu fördern, daß Ethnizität und inter-ethnische Beziehungen Kategorien und Themen der Allgemeinen Soziologie sind, die bisher vernachlässigt wurden.

Konsequente Analysen der Folgen der Migration für die Gesellschaft der Bundesrepublik kamen zu einem Punkt, an dem sich die Beschäftigung mit dieser Thematik zu einem Interesse an der Struktur des Nationalstaats überhaupt, zu einem Interesse an Kategorien wie Volk, Nation und – noch allgemeiner – an Ethnizität ausweitete. Inzwischen haben gesellschaftlich-politische Entwicklungen wie die deutsche Vereinigung und das Aufkommen starker nationaler Bewegungen in Osteuropa mit ihrer Dynamik das Interesse für die Thematisierung und Untersuchung von – im weitesten Sinne – Ethnizität drastisch verstärkt und erinnern die Soziologie auch von dieser Seite an ein vernachlässigtes Gebiet.

Das vorliegende Buch versteht sich als ein Beitrag, Konzepte, Theorien und Untersuchungsergebnisse über Ethnizität, speziell über inter-ethnische Beziehungen und ethnische Minderheiten, systematisch und überblickhaft darzustellen und an verschiedenen Punkten weiterzuentwickeln. Solch eine Arbeit liegt im deutschsprachigen Raum bisher nicht vor.

Im einzelnen sollen folgende Bereiche bearbeitet werden:
– die ethnische Pluralisierung der Sozialstruktur der Bundesrepublik;
– Ethnizität als soziologische Kategorie und ihre Bedeutung in der modernen Gesellschaft;
– eine Typologie ethnischer Minderheiten;
– die sozialstrukturelle Stellung ethnischer Minderheiten;
– ethnische Selbstorganisation;
– ethnische Vorurteile als Dimension der Beziehungen zwischen Mehrheiten und Minderheiten;
– Akkulturation, Assimilierung und ethnische Identität;
– Minderheitenpolitik.

Die zu untersuchenden und darzustellenden Bereiche sind zentrale Dimensionen einer Soziologie ethnischer Minderheiten und interethnischer Beziehungen, ohne aber natürlich „vollständig" ein solches Gebiet abzubilden. Insbesondere werden systematisch nicht bearbeitet: Erziehungs- und Bildungsfragen bei ethnischen Minderheiten; familiensoziologische Fragestellungen; Ursachen von Wanderungen. Die Arbeit untersucht auch nicht als Schwerpunkt den Eingliederungsprozeß von Einwanderern, thematisiert aber viele Aspekte, die dazu in Beziehung stehen (z. B. die Vorurteilsproblematik).

An verschiedenen Stellen der vorliegenden Arbeit wird auf geschichtliche Zusammenhänge verwiesen oder es werden geschichtliche Zusammenhänge dargestellt. Für die Erklärung der Entstehung von Phänomenen und die Beurteilung der in ihnen „angelegten" Entwicklungstendenzen halten wir ein historisches Vorgehen, historische Rekonstruktionen, angeleitet und begrenzt von bestimmten systematischen Erkenntnisinteressen, für notwendig. Auch die Überprüfung von Hypothesen an historischem Material ist eine oft sinnvolle und legitime Methode. Diese historischen Verfahren müssen von einem Vorgehen unterschieden werden, bei dem vorgefaßte Thesen aus dem riesigen Arsenal der Geschichte „belegt" werden, d. h. illustriert werden. „Geschichte" wird dann zu einem „Beispielismus". Die Zurückweisung eines solchen „Beispielismus" schließt aber nicht aus, für didaktische Zwecke, zur Veranschaulichung bestimmter Zusammenhänge historische Fälle heranzuziehen.

Eine weitere methodologische Vorbemerkung: die vorliegende Arbeit ist nicht von den „festen Bastionen" *einer* soziologietheoretischen Grundposition oder Schule geschrieben, sondern bewußt *eklektisch;* d. h., theoretische Analysen unterschiedlicher Provenienz variieren mit inhaltlichen Gegenstandsbereichen. Symbolisch-interaktionistische Denkweisen, funktionalistische Konzepte, Ansätze kritischer Theorie und weitere Grundpositionen werden – abhängig vom Gegenstand und Erkenntnisinteresse – als theoretische Grundlagen herangezogen.

Wir beginnen mit einem Abriß der ethnischen Pluralisierung der Sozialstruktur und Kultur der Bundesrepublik. Ziel dieser Darstellung ist es, den thematischen Anlaß und „Hintergrund" der vorliegenden Arbeit überblickhaft zu beschreiben, nicht jedoch, detaillierte soziologische Analysen zur Entwicklung und Struktur der verschiedenen ethnischen Minderheiten durchzuführen.

2 Nationalstaat im Wandel: alte und neue ethnische Minderheiten in der Sozialstruktur der Bundesrepublik

2.1 Internationalisierung und ethnische Pluralisierung

Nach ihrem überkommenen Selbstverständnis ist die Bundesrepublik ein Nationalstaat. Nationalstaaten wie die Bundesrepublik sind durch die Einheit von Staatsvolk, verstanden als rechtlich-staatsbürgerlicher und ethnischer Begriff, Nationalkultur und Staatsgebiet gekennzeichnet.[1] Zwei zusammenhängende Entwicklungen verändern jedoch den überkommenen Nationalstaat: zum einen eine wachsende Internationalisierung vieler gesellschaftlicher Strukturen, zum anderen eine Tendenz zur ethnischen Pluralisierung der Bevölkerung und Kultur. Die wachsende Internationalisierung hat kulturelle, wirtschaftliche, politische und militärische Triebkräfte und Seiten: der Austausch und die Mischung von Kulturen verstärken sich, multinationale Unternehmen breiten sich weiter aus, supranationale politische Institutionen gewinnen an Bedeutung, auch militärische Strukturen, sei es in Form von Bündnissen oder, neuerdings, in Form von Sicherheitspartnerschaften, sind durch Prozesse wachsender Internationalisierung gekennzeichnet; internationale Öffentlichkeiten gewinnen an Bedeutung, aber auch eine Internationalisierung persönlich-privater Beziehungen, etwa in der Form der Zunahme binationaler Eheschließungen, kennzeichnet den Wandel. D.h., allgemein gesprochen, Strukturen entstehen und verstärken sich, die den Nationalstaat übergreifen, zugleich treten Organisationen und Individuen einer nationalen Gesellschaft mit Organisationen und Individuen anderer nationaler Gesellschaften und Staaten in Beziehung. *Internationalisierung* ist zugleich mit einer Tendenz zur *ethnischen Pluralisierung* von Bevölkerungen verbunden.

Die ethnische Pluralisierung der Bevölkerung und Kultur als Veränderungsprozeß des Nationalstaats Bundesrepublik, die thematischer Hintergrund dieser Arbeit ist, wurde vor allem durch die Internationalisierung der Arbeitsmärkte und die dadurch ausgelöste Arbeitsmigration bewirkt. Ethnische Pluralisierung zeigt sich im

---

[1] Vgl. zu diesen Begriffen im einzelnen Kapitel 3.

Alltag darin, daß „ausländische" Minderheiten in den verschiedensten Bereichen des gesellschaftlichen Lebens „präsent" sind; sie sind aber als Gruppen nicht mehr nur „augenblicklich präsent", sondern Teil der Sozialstruktur der Bundesrepublik geworden. Diese neuen größeren Gruppen ethnischer Minderheiten von Türken, Jugoslawen (bzw. Serben, Kroaten, Montenegriner u.a.) Italienern, Griechen, Spaniern, Portugiesen und anderer „Nationalitäten" kommen zu älteren, kleineren Minderheitengruppen hinzu. Zu letzteren zählen Juden, Sinti und Roma („Zigeuner"), Dänen und Sorben.

„Heimatlose Ausländer" sind eine Personengruppe unterschiedlicher nationaler Herkunft, die aufgrund von Zwangsverschleppungen im 2. Weltkrieg nach Deutschland kamen und aus unterschiedlichen Gründen in der Bundesrepublik blieben. Gruppen ethnischer Minderheiten in der Bundesrepublik rekrutieren sich schließlich aus verschiedenen Gruppen von Flüchtlingen, die z.T. asylberechtigt sind, z.T. den Status der „Duldung" haben.[2]

Über die verschiedenen älteren und neueren Gruppen ethnischer Minderheiten in der Bundesrepublik soll im folgenden überblickhaft gesprochen werden. Wir beginnen zunächst mit den älteren Gruppen, den Sinti und Roma, den Juden und Dänen.

Das in dieser Darstellung entstehende Bild ethnischer Pluralisierung (eines Teils) der Bevölkerung der Bundesrepublik darf keineswegs zu der Vorstellung verleiten, daß – mit Ausnahme der genannten älteren ethnischen Minderheiten – die Bevölkerung der verschiedenen deutschen Staaten ethnisch immer schon homogen gewesen sei. Historische Betrachtungsweise zeigt, daß die Vorstellung vom ursprünglich gegebenen, homogenen Volk Ideologie des Nationalstaats ist, daß es immer „Ausländer" gab, ethnische Homogenität eher ein proklamiertes Ziel als gesellschaftliche Wirklichkeit war.[3] Das trifft auf die meisten modernen Staaten zu; in einer Reihe von ihnen, beispielsweise in der Sowjetunion, Rumänien, Ungarn, Polen, Dänemark und verschiedenen Staaten Lateinamerikas, leben Deutsche als ethnische Minderheiten.

Wir beginnen unsere Darstellung verschiedener ethnischer Minderheiten mit den Dänen.

---

[2] Die Kontingente ausländischer Soldaten in der Bundesrepublik, einschließlich ihrer Familienangehörigen und die von ihnen entwickelten „ethnischen" und „inter-ethnischen" Beziehungssysteme gehören zum Bild ethnischer Pluralisierung (im Zuge „militärischer Internationalisierung"), fallen aber außerhalb des Interesses dieser Arbeit.

[3] Siehe hierzu näher Kapitel 3; für eine populärwissenschaftliche Darstellung vgl. *Engelmann* (1984).

2.2 Die dänische Minderheit

Die dänische Minderheit im Norden Schleswig-Holsteins ist eine staatlich und zwischenstaatlich-völkerrechtlich anerkannte ethnische Minderheit mit eigenem Institutionensystem und bestimmten politischen Sonderrechten.[4] Zu den Institutionen gehören Bildungs- und Kultureinrichtungen, Kirchengemeinden, Vereine und eine politische Organisation. Sie umfaßt eine Bevölkerungsgruppe von ca. 50.000 Personen.[5] Das Verhältnis von Mehrheit und Minderheit kann in der Gegenwart als relativ konfliktfrei angesehen werden.[6]

Die Minderheitenlage entstand durch staatliche Grenzziehungen und Grenzverschiebungen in einem Gebiet, das historisch von beiden ethnischen Gruppen bewohnt wird. Grenzziehungen und Grenzveränderungen waren das Resultat von Kriegen, die zum einen Auseinandersetzungen zwischen einer sich formierenden deutschen Nationalstaatsbewegung und Dänemark, zum anderen Kämpfe um die Vorherrschaft in dem sich bildenden deutschen Nationalstaat beinhalteten. Im Krieg Österreichs und Preußens gegen Dänemark im Jahre 1864 verlor Dänemark die Herzogtümer Schleswig an Preußen und Holstein an Österreich; Resultat des „Deutschen Krieges" von 1866 war dann, daß sich Preußen Schleswig und Holstein insgesamt aneignete. Mit der Begründung eines deutschen Nationalstaates 1871 wurde Schleswig-Holstein Teil des Deutschen Reiches.

Die dänische Minderheit im Deutschen Reich wurde das Ziel einer nationalstaatlichen Assimilierungspolitik, die dänische Sprache und Kultur unterdrückte.[7] Nach dem ersten Weltkrieg kam es im Rah-

---

[4] Grundlegende Literatur zum Thema ist: *Blatt* (1980); *Boehm* (1987); *Lagler* (1982); *Nonnenbroich* (1972).

[5] Zu den Schwierigkeiten einer exakten Bestimmung der Gruppengröße siehe weiter unten in diesem Abschnitt.

[6] „Streng genommen" läßt sich bei den Dänen in Schleswig-Holstein auf der Grundlage unseres Minderheitenbegriffs (vgl. hierzu besonders Abschnitt 3.2.3) nur in einem historischen Sinne von einer ethnischen Minderheit sprechen, wie weiter unten deutlich wird.

[7] Diese Assimilierungspolitik intensivierte sich in den 90er Jahren. Gegen dänische „Agitation" setzte die preußische Verwaltung unter dem Präsidenten des Oberpräsidiums in Schleswig, *Köller*, insbesondere das Zwangsmittel der Ausweisung ein (vgl. *Boehm* 1987, 25). „Deutschnationale Propagandavereine, wie der 'Deutsche Verein', denunzierten Menschen, die dänisch gesinnt waren, bei den Behörden... Die sogenannte Köllerzeit war eine Periode massenhafter Auswanderungen nach Dänemark und Nordamerika. Zivile und militärische Verwaltungsstellen hielten bis zum November Aufstand in Kiel 1918 an dem rigiden Sprach- und Schulerlaß fest" (ibidem).

men der Versailler Friedensverträge in zwei Zonen zu Volksabstimmungen über die gewünschte Staatszugehörigkeit; in der ersten, nördlicheren Zone entschied sich eine Mehrheit für die Zugehörigkeit zu Dänemark, in einer zweiten für die Zugehörigkeit zu Deutschland. Der als Resultat dieser Volksabstimmungen 1920 nach Süden verschobene Grenzverlauf bildet bis heute die Grenze zwischen beiden Staaten und bedeutet die Existenz von Minderheiten auf beiden Seiten der Grenze.[8]

Während der Weimarer Republik wurden mit Unterstützung der dänischen Regierung und im Rahmen des Minderheitenschulrechts der neuen Verfassung dänische Schulen gebaut, das dänische Vereinswesen gefördert und dänische Kulturarbeit betrieben. In den Jahren des Nationalsozialismus waren die Dänen zwar in ihren Aktivitäten beschnitten und z.T. unterdrückt, aber nicht gänzlich in der Praktizierung ihrer Minderheitenkultur behindert (vgl. *Vollertsen* 1988, 12/13). Schwächend auf die Gruppe wirkte sich in der Zeit zwischen den Kriegen ein Akkulturations- und Assimilierungsprozeß aus, der vor allem im eher urbanisierten Flensburger Raum stattfand (vgl. *Boehm* 1987, 26).

Ein starkes Anwachsen der dänisch-orientierten Bewegung nach 1945, die wegen der in Deutschland herrschenden materiellen und politischen Perspektivlosigkeit in den ersten Nachkriegsjahren über die im ethnischen Sinne dänische Gruppe hinausging, ließ zunächst Forderungen nach einer erneuten Volksabstimmung über die Zugehörigkeit zu Deutschland oder Dänemark wieder aufkommen; die diesen Bestrebungen gegenüber zurückhaltende britische Besatzungspolitik und eine zunehmende wirtschaftliche und politische Konsolidierung in Schleswig-Holstein ließen jedoch Vorstellungen einer erneuten Grenzkorrektur obsolet werden.

Vorstufe zur politischen und rechtlichen Regelung des Status der dänischen Minderheit im Jahre 1955 war die 1949 von der Schleswig-Holsteinischen Landesregierung abgebene „Kieler Erklärung", in welcher der dänischen Minderheit demokratische und kulturelle Rechte zugestanden wurden und das Bekenntnisprinzip zur Grundlage der Bestimmung der Gruppenzugehörigkeit anerkannt wurde.[9] Die 1955 im Zusammenhang mit dem Beitritt der Bundesrepublik zur Nato auf völkerrechtlicher Ebene verkündete „Bonn-Kopenhagener Erklärung" gab der dänischen Minderheit die volle staatsbürgerliche Gleichstellung und sichert die Erhaltung des dänischen

---

[8] Zur Gruppe der Deutschen in Dänemark vgl. *Zeh* (1982); eine kurze Übersichtdarstellung gibt *Selberg* (1988).
[9] Dennoch verfolgten die Ministerpräsidenten Bertram und Lübke von 1950–1954 eine restriktive Politik gegenüber der dänischen Minderheit (vgl. *Krueger* 1984, 138).

„Volkstums" zu, wobei die Ausfüllung des völkerrechtlichen Rahmens in den Zuständigkeitsbereich des schleswig-holsteinischen Landesrechts fällt (vgl. *Kimminich* 1985, 154/155).[10] Die Definition der Zugehörigkeit erfolgt nach der Bonn-Kopenhagener Erklärung auf der Basis des Bekenntnisprinzips, d. h. dänischer Minderheitenangehöriger ist, wer sich dazu erklärt bzw. sich in bestimmter Weise „dänisch" organisiert oder politisch verhält, z. B. bei Wahlen. Das Bekenntnisprinzip bedeutet auch, daß man die Größe der Gruppe schätzen, aber nicht exakt bestimmen kann. Die Minderheitenangehörigen sind Staatsbürger der Bundesrepublik.

Die Bonn-Kopenhagener Erklärung war die Grundlage für eine Verbesserung der Beziehungen zwischen Dänemark und der Bundesrepublik Deutschland wie für die Mehrheits- und Minderheitenverhältnisse im jeweiligen Land.[11] Die politische und kulturelle Institutionenstruktur der dänischen Minderheit in Schleswig-Holstein läßt sich für die Gegenwart wie folgt kennzeichnen:[12] Der Südschleswigsche Wählerverband (SSW) ist die politische Vertretung des dänischen Bevölkerungsteils und ist als regionale Partei bei Landtags- und Bundestagswahlen von der 5%-Klausel befreit, muß jedoch eine Stimmenzahl erreichen, die der für einen Sitz im Landtag notwendigen Stimmenzahl entspricht. Der SSW erhielt bei den Kreistagswahlen 1986 und bei den Landtagswahlen im September 1987 zwischen 23.000 und 24.000 Stimmen, bei den Landtagswahlen 1988 knapp unter 27.000 Stimmen.[13] Er ist im Landtag mit einem und in verschiedenen kommunalen Parlamenten mit weiteren Abgeordneten vertreten. Ein dänischer Schulverein unterhält mit finanzieller Unterstützung der Landesregierung und der dänischen Regierung 54 Schulen mit über 5.000 Schülern und 63 Kindergärten mit fast 2.000 Kindern. Unterrichtssprache ist Dänisch und es werden überwiegend dänische Lehrbücher verwendet.

63 Vereine, überwiegend Sportvereine, haben über 11.000 Mitglieder. Seit 1921 gibt es eine selbständige dänische Kirche; 23 Pastoren betreuen die Mitglieder der Kirche. An weiteren Institutionen sind ein Gesundheitsdienst, ein dänisches Bibliothekswesen und die

---

[10] Der deutschen Minderheit in Dänemark wurden mit der Erklärung entsprechende Rechte zugesichert.
[11] Anklänge an alte Konflikte gab es 1987 während der sogenannten Barschel-Affäre, als der Abgeordnete der dänischen Minderheit aufgrund der Stimmenverhältnisse im Landtag eine Schlüsselstellung innehatte und konservative Politiker polemisierten, ein Däne dürfe doch nicht Schleswig-Holstein regieren.
[12] Vgl. zum folgenden *Vollertsen* (1988).
[13] Vgl. für 1988 Statistische Monatshefte Schleswig-Holstein, August 1988, 161.

Tageszeitung „Flensborg Avis" (mit einer Auflage von 7.000) zu nennen.[14]

2.3 Sinti und Roma („Zigeuner")[15]

Sinti und Roma („Zigeuner"), seit 6 Jahrhunderten in Deutschland bzw. Mitteleuropa, fast immer und überall diskriminiert und verfolgt, fordern heute, daß sie „ähnlich der deutsch-dänischen Minderheit in Südschleswig mit einem Vertragswerk von der Bundesregierung als eine von mehreren deutschen Volksgruppen offiziell anerkannt werden" (*Rose* 1987, 10).[16] Sie bilden eine Bevölkerungsgruppe von 50 bis 60.000 Menschen in der Bundesrepublik, die ganz überwiegend einen festen Wohnsitz haben und die deutsche Staatsbürgerschaft besitzen.[17] Ihre Sprache ist neben Deutsch das Romanes, das aus dem altindischen Sanskrit stammt.

Die Selbstbezeichnung der rund 10 Millionen „Zigeuner" auf der ganzen Welt ist „Roma". Etwa 6 Millionen Roma leben in Europa, vor allem in Osteuropa und Jugoslawien. Die große Mehrheit der in der Bundesrepublik lebenden Roma, etwa 30 bis 40.000, bezeichnen sich als Sinti; ihre Vorfahren sind bereits seit dem 15. Jahrhundert in Mitteleuropa. Die Vorfahren der in Deutschland – in einem engeren Sinne – „Roma" genannten Gruppe kamen im 19. und teilweise auch erst im 20. Jahrhundert, vor allem aus Osteuropa, nach Deutschland.[18]

Die Geschichte der Sinti und Roma ist die Geschichte einer über Jahrhunderte fast ununterbrochenen ethnischen Diskriminierung und Verfolgung, die die gesamte Lebens- und Wirtschaftsweise die-

---

[14] Im „Handbuch der europäischen Volksgruppen" (*Straka* 1970) werden die Friesen als „Volksgruppe" angeführt; nach vorliegender Literatur scheint uns jedoch das Urteil eher zutreffend, daß es sich bei den Friesen um eine Sprachminderheit, nicht um eine ethnische Minderheit handelt; vgl. hierzu *Rothermel* (1980) und Steensen (1988); zum Begriff der ethnischen Minderheit siehe Kapitel 3 und 4.
[15] Grundlegende Literatur zum Thema, auf die sich auch die folgenden Darstellungen beziehen, sind: *Feuerhelm* (1987), *Freese* et al. (1980), *Hundsalz* (1978 u. 1982), *Kenrick* und *Puxon* (1981), *Rose* (1987) und *Zülch* (1979).
[16] *Romani Rose* ist Vorsitzender des Zentralrats Deutscher Sinti und Roma.
[17] Zahlen liegen nur für die „alte" Bundesrepublik vor.
[18] „Unbekannt ist die Gesamtzahl der Roma, die unter den aus Südeuropa, der iberischen Halbinsel und der Türkei stammenden Gastarbeiterfamilien hier isoliert leben und bei Behörden als Spanier, Jugoslawen, Griechen oder Türken registriert sind" (*Rose* 1987, 11).

ser Gruppe bestimmt hat. Sie ist nur mit der der Juden vergleichbar. Kein Ereignis war dabei so einschneidend und grausam wie der nationalsozialistische Holocaust an den Sinti und Roma, dem in ganz Europa etwa 500.000 bis 600.000 Menschen zum Opfer fielen. Das Leben der Sinti und Roma in der Bundesrepublik ist bis auf den heutigen Tag traumatisch von diesen Vorgängen geprägt.

Linguisten haben nachgewiesen, daß Nordindien die ursprüngliche Heimat der Roma ist. Europäische Roma gehören zu Gruppen, die Indien vor ca. 1000 Jahren verlassen haben und in Jahrhunderten über Persien und das griechisch besiedelte Kleinasien nach Europa wanderten. Schmiede- und Metallarbeiten war ihre wichtigste wirtschaftliche Tätigkeit (vgl. *Kenrick* u. *Puxon* 1981, 19/20). Um 1400 kamen sie nach Mitteleuropa. „Die ersten achtzig Jahre des Aufenthalts der Sinti in Deutschland gelten als ihr 'goldenes Zeitalter'. Mit Schutzbriefen, unter anderem des deutsch-römischen Kaisers *Siegesmund*, zogen sie meist unbehelligt durch deutsche Länder. Ihre Exotik erregte Bewunderung und Erstaunen. An vielen Orten genossen sie die Gastfreundschaft der ansässigen Bevölkerung" (*Rose* 1987, 11). Ansiedlung und permanente Gewerbeausübung wurden ihnen jedoch verweigert. Gegen Ende des 15. Jahrhunderts hoben Reichstage und lokale Fürsten die Schutzbriefe auf und bis ins 18. Jahrhundert kam es zu Verfolgungs- und Vernichtungsmaßnahmen. Im 18. Jahrhundert wurden von Österreich und Preußen gewaltsame Ansiedlungs- und Assimilierungsversuche unternommen, die jedoch scheiterten (vgl. *Kenrick* u. *Puxon* 1981, 45).

Im ausgehenden 18. und 19. Jahrhundert wurde zumindest die physische Existenz der Sinti geduldet (vgl. *Rose* 1987, 12). Mit der Industrialisierung erschlossen sich die Sinti bestimmte ökonomische Nischen als Musikanten, Artisten, Handwerker, Künstler und Händler. Ihre Dienstleistungen waren besonders für die Landbevölkerung von Bedeutung. „Dieses Verhältnis scheint noch weitgehend bis zum Hitlerfaschismus intakt, obwohl bereits Anfang des 20. Jahrhunderts ein verstärkter Zuzug der Sinti in die Großstädte feststellbar ist. Das ist wahrscheinlich auf ein 1907 erlassenes Gesetz zurückzuführen, das die Vergabe von Gewerbescheinen von der Angabe eines festen Wohnsitzes abhängig machte" (vgl. *Soest* 1979, 252).

Der Katastrophe und dem Verbrechen der nationalsozialistischen Verfolgung und Vernichtung von 500 bis 600.000 Sinti und Roma in ganz Europa gingen polizeiliche Maßnahmen und Sondergesetze voraus. Die Überwachung und das Erlassen von Sondergesetzen begannen 1899 mit der Einrichtung eines „Nachrichtendienst(es) in bezug auf die Zigeuner", führten in Bayern zur Einrichtung einer Zigeunerpolizeistelle und 1926 zu einem „Zigeuner- und Arbeitsscheuengesetz", in Hessen 1929 zu einem Gesetz zur „Bekämpfung des Zigeunerwesens." Für Sinti und Roma war die Beschäftigung von „Rassenkundlern", Anthropologen und Medizinern mit ihnen besonders verhängnisvoll (vgl. *Feuerhelm* 1987, 5). Diese bereiteten die nationalsozialistischen Verbrechen nicht nur mit ihren pseudowissenschaftlichen Schriften vor und sicherten sie ideologisch ab, sondern waren in einem nicht geringen Maß direkt daran beteiligt.[19]

„Die Geschehnisse während des Nationalsozialismus haben weitreichende Folgen auch auf die heutigen Geschicke der Zigeuner:
- Durch die Vernichtung der zigeunerischen Elite, den Rechtssprechern, war die Anwendung und Auslegung des mündlich überlieferten Tabu- und Normensystems nicht mehr gewährleistet.
- Durch die Massenvernichtung wurden die Großfamilien aufgelöst, wurden Zigeuner vereinzelt, gleichzeitig aber auch das soziale Sicherungssystem der Zigeuner zerstört.
- Neben der Zerstörung der ethnischen Traditionswahrer bedeutete der Tod vieler älterer Sinti auch, daß Überlebens- und Gewerbekenntnisse nicht oder nur unvollständig weitergegeben wurden" (vgl. *Soest* 1979, 252).

Erst im Jahre 1982 erfolgte eine Anerkennung der Verbrechen an den Sinti und Roma seitens der Bundesregierung. Im Unterschied zum Holocaust an den Juden hatten die Taten der Nationalsozialisten an den Sinti und Roma bis zu diesem Zeitpunkt wenig Beachtung gefunden; das galt schon für den Nürnberger Prozeß, wie auch für das Verhalten deutscher Regierungen. „Die Zigeuner wurden die vergessenen Opfer des Holocaust" (*Tyrnauer* 1981, 1). Eine Entscheidung des Bundesgerichtshofes, welche bis 1965 gültig war, erklärte im Jahre 1956 die Maßnahmen des Nationalsozialismus gegenüber den „Zigeunern" bis 1943 für „kriminalpräventiv" (vgl. *Kenrick* u. *Puxon* 1981, 7).

Aufgrund einer sorgfältigen empirischen Untersuchung des Verhaltens der Polizei gegenüber Sinti und Roma läßt sich sagen, daß die Polizei in der Bundesrepublik bis heute von einer „Haltung des prinzipiellen Verdachts" gegenüber der Gruppe ausgeht und kein Teil polizeilicher Ermittlungsarbeit – von der Kontrolle der KfZ-Kennzeichen bis zur Altersbegutachtung von Kindern – von präventiven und abschreckenden Zielsetzungen ausgeschlossen zu sein scheint (vgl. *Feuerhelm* 1987, 244). Jahrhundertealte Vorurteile sind auch in der übrigen Bevölkerung immer noch wirksam.

Gegenüber dem Stereotyp des „nomadisierenden Zigeuners" läßt sich für Sinti und Roma in der Bundesrepublik feststellen, daß über 90% der Sinti und die große Mehrheit der Roma einen festen Wohnsitz haben.[20] Auch ein häufiger Wechsel des Wohnorts ist nicht feststellbar. In der Expertenbefragung von *Freese* et al. wurde gefunden, daß zum Befragungszeitpunkt von 1828 in die Erhebung eingegangenen Erwachsenen zwei Drittel seit mindestens 16 Jahren an einem Wohnort lebten (vgl. *Freese* et al. 1980, 353). Die Reisetätigkeit der Sinti und

---

[19] Vgl. zu den nationalsozialistischen Verbrechen besonders *Kenrick* und *Puxon* (1981) und *Zülch* (1979).
[20] Vgl. *Hundsalz* (1982, 46, 161 ff.).

Roma hat stark abgenommen,[21] ist jedoch für viele nach wie vor ein Teil ihrer Erwerbstätigkeit als selbständige Händler. Nach *Freese* et al. ist das Ausmaß der wirtschaftlichen Integration der Gruppe gering: nur etwa ein Viertel ist überhaupt erwerbstätig; fast 85% davon sind selbständig, nur ca. 15% unselbständig tätig; bei den unselbständigen Tätigkeiten dominieren wiederum unselbständige Hilfstätigkeiten (vgl. *Freese* et al. 1980, 317). Mehr als ein Drittel der Sinti und Roma müssen als Armutsbevölkerung bezeichnet werden, nach den Erhebungen von Hundsalz beziehen etwa 25% Sozialhilfe und 25–30% der Familien mußten Anfang der 80er Jahre mit weniger als 1000 DM Monatseinkommen auskommen.[22] Die wirtschaftlichen Schwierigkeiten der Gruppe hängen mit den ethnischen Vorurteilen, dem weit unterdurchschnittlichen schulischen Qualifikationsniveau und „anti-modernen" Einstellungen, die vor allem gegen unselbständige Tätigkeiten gerichtet sind, vor allem aber auch mit der durch Modernisierung von Kommunikation, Handel und Unterhaltung bewirkten Strukturkrise der traditionellen „Zigeuner-Nischenökonomie" zusammen.

Trotz der katastrophalen Wirkungen der nationalsozialistischen Politik gegen die „Zigeuner", die auch ihre Kultur gefährdeten, besteht die Gruppe als eigenständige ethnische Minderheit weiter.[23] Seit Ende der 70er Jahre hat sich eine Bürgerrechtsbewegung und ein Zentralrat Deutscher Sinti und Roma gebildet, dessen Aktivitäten erste Fortschritte in der Lage der Gruppe zu bewirken scheinen, vor allem aber das Bewußtsein in der politischen Öffentlichkeit der Mehrheitsgesellschaft für die historischen und gegenwärtigen Dimensionen des Minderheitenproblems zu schärfen beginnen.[24]

Diese Entwicklungen in den 80er Jahren sind jedoch durch Ereignisse im Zusammenhang mit den osteuropäischen Revolutionen der Gegenwart gefährdet. „Die Zigeuner sind Opfer der Revolution, die im Osten die Völker befreite" (Der Spiegel 1990, 37). Hatte das bisherige System die Roma zumindest vor extremen Formen des Rassismus geschützt, setzten die politischen Revolutionen der Gegenwart harsche Diskriminierungen und offene Aggressionen frei (vgl. ibidem). Im Gefolge dieser Ereignisse suchten und suchen Tausende von Roma, vor allem aus Rumänien, Asyl in der Bundesrepublik. Über den Umfang dieser Flucht und die Wahrscheinlichkeit des Verbleibens dieser Gruppe lassen sich z.Z. noch keine genaueren Angaben machen; mit Sicherheit ist jedoch das über Jahrhunderte prekäre Verhältnis zwischen Mehrheitsbevölkerung und den Sinti und Roma neuen Spannungen ausgesetzt.

---

[21] 75% der Sinti geben an, weniger als 3 Monate jährlich unterwegs zu sein (vgl. ibidem, 46 und 49).
[22] Vgl. *Hundsalz* (1982, 21).
[23] Über die Werte- und Gruppenstruktur deutscher Sinti informiert detailliert *Tenfelde* (1981).
[24] In *Rose* (1987) wird das deutlich, wenn auch dort vor allem die Versäumnisse angesprochen werden.

2.4 Juden

In der Gegenwart gibt es 65 jüdische Gemeinden in der Bundesrepublik mit ca. 28.000 Mitgliedern. Da ein Teil der jüdischen Bevölkerung nicht Gemeindemitglieder sind, wird die Gesamtzahl der Juden in der Bundesrepublik auf ca. 50.000 geschätzt.[25] Diese jüdische Minderheit stellt jedoch nur noch in geringem Maß eine Kontinuität des deutschen Judentums dar. „Die wenigen deutschen Juden, die die Vernichtungslager überlebt (haben, *F.H.*) oder aus der Emigration zurückgekehrt sind, fallen zahlenmäßig kaum ins Gewicht. Die jüdische Gemeinschaft stellt im wesentlichen eine Gemeinschaft der Massenvernichtung entronnener, zufällig überlebender, ungewollt in der Bundesrepublik gestrandeter osteuropäischer Juden dar. Es ist eine Gemeinschaft, die in den Nachkriegsjahren auf gepackten Koffern gesessen hat und die heute bemüht ist, sich mit der Realität der Bundesrepublik zu arrangieren – wenn auch unter Schmerzen und Schuldgefühlen" (*Brumlik* et al. 1986a, 8). Hinzugekommen sind spätere Flüchtlingsgruppen aus Osteuropa und Zuwanderer aus Israel. *Richarz* geht so weit zu sagen, daß die jüdischen Gemeinden in der Bundesrepublik „heute primär Einwanderergemeinden für ausländische Juden" seien (*Richarz* 1986, 23).

Als nach dem Sieg über das nationalsozialistische Deutschland die Verbrechen gegen die Juden bekannt wurden, herrschte bei Juden in aller Welt die Überzeugung und Erwartung vor, daß Deutschland ein gebanntes Land sein werde, in dem Juden niemals mehr leben würden und dürften (vgl. ibidem, 14). Diese Erwartung hat sich nicht erfüllt; aber noch heute werden Juden in Deutschland von anderen Juden mit dem Vorwurf konfrontiert, im Land ihrer Mörder zu leben.

Vor 1933 hatte es ca. eine halbe Million Juden in Deutschland gegeben. Etwa 15.000 Juden hatten als Ehepartner von Nicht-Juden überlebt, weitere ca. 2000 in der Illegalität, und eine kleine Anzahl deutscher Juden wurde aus Konzentrationslagern noch lebend befreit. „Die meisten Illegalen und Lagerhäftlinge strebten nach sofortiger Auswanderung. Bei den Partnern aus Mischehen handelte es sich um Juden, die der eigenen Religion und Tradition entfremdet waren und nur geringe Kenntnisse vom Judentum hatten

---

[25] Vgl. *Richarz* (1986, 22). Dieser Aufsatz – wie der gesamte Band von *Brumlik* et al. (1986), in dem der Beitrag von Richarz veröffentlicht wurde – ist grundlegend für die Beschreibung und Analyse der Lage der Juden in der Bundesrepublik. Auf die Entwicklung der kleinen jüdischen Gruppe während der Eigenstaatlichkeit der DDR gehen wir hier nicht ein. Nach Schätzungen von *Richarz* (ibidem, 21) umfaßten die jüdischen Gemeinden dort ca. 350 zumeist ältere Personen.

... Dennoch wurden gerade sie nach Kriegsende oft zu den Gründern der neuen jüdischen Gemeinden, deren Hauptfunktion zunächst die Sammlung und Versorgung der Überlebenden war" (ibidem, 16).

Zentren eines jüdischen Lebens in den Jahren 1945–1950, mit eigenen Synagogen, Schulen und jiddischsprachigen Zeitungen, waren jedoch Lager für aus Konzentrationslagern befreite osteuropäische Juden, die zunächst dort geblieben waren, wo sie in Deutschland befreit worden waren, z.T. aber auch wegen eines neuen Antisemitismus aus Polen in die amerikanische Besatzungszone kamen. Zeitweise hielten sich bis zu 200.000 jüdische sogenannte „Displaced Persons" (DPs) in alliierten Lagern in Deutschland auf.[26] Ihr Aufenthalt war jedoch vorübergehend, sie wanderten zum größten Teil nach Israel, in die USA oder Kanada aus. Es verblieb aber aus verschiedenen Motiven eine Restgruppe von ca. 12.000 jüdischen DPs in Deutschland, die zusammen mit der Restgruppe der deutschen Juden in den 50er Jahren die Mitgliedschaft der jüdischen Gemeinden ausmachten (vgl. ibidem, 18). „Beide Restgruppen unterschieden sich grundlegend in Kultur, Sprache, Mentalität und Verfolgungserlebnissen. Die deutschen Juden waren extrem assimiliert, meist mit Christen verheiratet und dadurch ambivalent an Deutschland gebunden. Die osteuropäischen Juden waren wesentlich jünger, sprachen Jiddisch, kamen aus stark jüdischem Milieu und hatten ihre ersten Erfahrungen mit Deutschen bei der Selektion im Lager gemacht. Diese Unterschiede mußten zu Schwierigkeiten und Divergenzen im Gemeindeleben führen ..." (ibidem). Mit der Rückwanderung deutscher Juden in den 50er Jahren wuchs die Zahl der Gemeindemitglieder auf über 20.000; die Überalterung der Gemeinden wurde seit den 60er Jahren demographisch durch Zuwanderer aus Israel und jüdische Flüchtlinge aus Osteuropa mehr als ausgeglichen, so daß seit etwa 25 Jahren die Zahl der Gemeindemitglieder zwischen 27 und 28.000 liegt und die früheren deutschen Juden nur noch 10 bis 20 Prozent der jüdischen Gemeinden ausmachen (vgl. ibidem, 22/23).

Seit der Wiederbegründung jüdischen Lebens in Deutschland ist das Verhältnis zum Staat der Bundesrepublik und zum Staat Israel politisch und psychologisch für die jüdische Minderheit von großer Bedeutung. Für den Staat der Bundesrepublik ist auf der anderen Seite das Verhältnis zur jüdischen Minderheit und zu Israel zentral bei der Begründung und Sicherung seiner politischen Legitimation. Am Beispiel der Juden versuchen „öffentliche Instanzen in der Bundesrepublik ... immer wieder zu verdeutlichen ..., wie sehr sich Deutschland vom nationalsozialistischen Übel abgekehrt habe"

---

[26] Zu diesen Lagern vgl. *Jacobmeyer* (1986) und *Peck* (1988).

(*Ginsburg* 1986, 109). Die Anwesenheit von Juden war und ist für die moralische Wiederanerkennung der Deutschen international von großer Wirkung (vgl. *Diner* 1986, 254). *Bodemann* sieht sogar – unter anderen Vorzeichen – eine neue ideologische Instrumentalisierung der Juden durch den Staat (vgl. *Bodemann* 1986, 52).[27] Das Verhältnis der jüdischen Minderheit zum Staat Israel hat zentral zu tun mit den „innerjüdischen" Vorwürfen an die Juden in Deutschland, mit den Mördern ihres Volkes zu leben. Für die Juden in Deutschland „stellt Israel mehr als für alle anderen eine psychische Stütze, einen Identifikationsersatz dar, müssen sie doch ständig und immer wieder vor sich und vor den Juden der Welt rechtfertigen, warum sie durch Anwesenheit im Haus des Henkers den Eindruck erwecken, nach Auschwitz sei zwischen Deutschen und Juden Normalität eingekehrt..." (*Diner* 1986, 253/254). Gemeinsame Identifikation mit dem Staat Israel dürfte auch dazu beitragen, die starken innergemeindlichen Unterschiede zu überbrücken. Die identifikatorische Bindung an Israel wie zahlreiche Beziehungen und Reisen dorthin machen dieses Land Teil des „ethnic space" für Juden in der Bundesrepublik, wie *Ostow* (1985, 8) ausführt.

Die jüdischen Gemeinden in der Bundesrepublik sind heute primär *Einwanderergemeinden* mit starker Fluktuation und kultureller Heterogenität.[28] Die gegenwärtigen Zuwanderungen von Juden aus der Sowjetunion verstärken noch diesen Charakter als Einwanderergemeinden. Religiöse Kenntnisse und Interessen sind in den Gemeinden nicht besonders stark ausgeprägt, es fehlt ihnen häufig an religiösem Fachpersonal. Die Gemeindeführer konzentrieren sich vor allem auf Interessenvertretung, Sozialarbeit und zionistische Aktivitäten. Die Gründung einer Hochschule für jüdische Studien in Heidelberg im Jahr 1979 soll die Ausbildung theologisch qualifizierten Personals verbessern helfen (vgl. *Richarz* 1986, 24).

---

[27] *Loreck* (1987, 37) beschreibt auf dieser kritischen Linie sarkastisch ein typisches Programm einer „Woche der Brüderlichkeit": „Staatsvertreter würdigen den Anteil der Juden an Demokratie und Kultur, nennen dabei die Namen vieler Toten, von Albert Einstein bis Martin Buber. Damit suggerieren sie, es hätte eine deutsch-jüdische Symbiose gegeben, die erst nach 1933 von Hitler und Himmler unterbrochen worden wäre. Im Gegenzug bescheinigen die Repräsentanten des Judentums der Bundesrepublik, daß sie ein stabiler Faktor der Demokratie sei und sagen noch einmal Dankeschön für die 'Wiedergutmachung'."
[28] Diese Heterogenität zeigt sich beispielsweise in der Berliner Gemeinde, in welcher 40% der Mitglieder aus der Sowjetunion stammen, darin, daß Mitteilungen auf Deutsch, Hebräisch und Russisch herausgegeben werden und Gemeindeangestellte u.a. nach ihren Sprachfähigkeiten ausgewählt werden (vgl. *Ostow* 1985, 3).

Der Zentralrat der Juden ist das Leitungs- und Vertretungsorgan der jüdischen Gemeinden in der Bundesrepublik; an größeren jüdischen Einrichtungen in der Bundesrepublik sind weiterhin zu nennen die Zentralwohlfahrtsstelle der Juden in Deutschland, die zionistische Organisation, der jüdische Frauenbund, die Bnai Brith Logen und der jüdische Studentenverband; die Allgemeine Jüdische Wochenzeitung ist mit dem Zentralrat verbunden (vgl. ibidem, 25).
Staatlichem und gesellschaftlichem Bemühen, ein positives Verhältnis zur jüdischen Minderheit in der Bundesrepublik herzustellen, steht die Fortexistenz eines Antisemitismus als Vorurteil und eines antijüdischen Verhaltens gegenüber.[29] Jenseits aller Bemühungen, diesen Antisemitismus als Trennendes zu überwinden, bleiben Deutsche und Juden jedoch durch die jüngste Geschichte in einer „negativen Symbiose" verbunden: „Für beide, für Deutsche wie für Juden, ist das Ergebnis der Massenvernichtung zum Ausgangspunkt ihres Selbstverständnisses geworden, eine Art von gegensätzlicher Gemeinsamkeit – ob sie es wollen oder nicht. Deutsche wie Juden sind durch dieses Ereignis neu aufeinander bezogen worden. Solch negative Symbiose, von den Nazis konstituiert, wird auf Generationen hinaus das Verhältnis beider zu sich selbst, vor allem aber zueinander, prägen" (*Diner* 1986, 243). Das gilt für die Beziehungen zum Staat Israel wie zu der jüdischen Minderheit in der Bundesrepublik selbst.

2.5 Arbeitsmigranten

Hatten wir bisher in unserem Überblick zu ethnischen Minderheiten in der Bundesrepublik einzelne ethnische Gruppen beschrieben, sprechen wir nun, nicht zuletzt aus Gründen einer notwendigen Darstellungsökonomie, von Gruppen, die durch Migration und bestimmte Gemeinsamkeiten ihrer sozialen Lage konstituiert wurden, als solche – in einem strengen Sinne – selbst keine ethnischen Minderheiten sind, aber eine Vielzahl ethnischer Gruppen umfas-

---

[29] Für einen theoretisch interessanten Beitrag zur Erklärung der Fortexistenz eines Antisemitismus in der Bundesrepublik vgl. *Bergmann* und *Erb* (1986); Verfassungsschutzberichte geben einen Überblick zur Entwicklung antisemitischer „Vorfälle" und Verhaltensweisen; solche Vorfälle zwingen jüdische Einrichtungen zu besonderen Sicherheitsmaßnahmen, beispielsweise beim Bau von Gemeindeeinrichtungen. „Vorsichtsmaßnahmen überall: Beim Bau des neuen jüdischen Gemeindezentrums in Frankfurt – Kosten 25 Millionen Mark – sind 3,5 Millionen für Sicherheitsvorkehrungen aufgewendet worden – automatische Kameras, besondere Schließvorrichtungen an den Türen, Spezialglas" (*Loreck* 1987, 34)..

Tabelle 2.1 Ausländische Wohnbevölkerung (in Tausend) nach ausgewählten Staatsangehörigkeiten (am 31.12.1989) und ausländische Arbeitnehmer (März 1990).

Staatsangehörigkeit	1989/1990	
	Absolut	%
EG-Staaten insgesamt	1325,4	27,4
Italien	519,5	10,7
Griechenland	293,6	6,1
Spanien	127,0	2,6
Portugal	74,9	1,5
Türkei	1612,6	33,3
Jugoslawien	610,5	12,6
Polen	220,4	4,5
Sonstige	1387,4	28,6
Insgesamt (alte Bundesländer)	4.845,9	100
Ausländische Arbeitnehmer (alte Bundesländer)	1.782,3	36,8
Alte und neue Bundesländer zusammen	5.037,1	–
Anteil der Ausländer an der Gesamtbevölkerung		6,4

(Quelle: Statistisches Jahrbuch (1991, 72 u. 124).

sen, die durch verschiedene Formen von Migration in der Bundesrepublik entstanden sind. Das trifft zu auf Arbeitsmigranten (Abschnitt 2.5), auf „heimatlose Ausländer" (Abschnitt 2.6) wie auf Flüchtlinge (Abschnitt 2.7).

Arbeitsmigranten sind Einwanderer, die vor allem aus ökonomischen Gründen ihr Herkunftsland verlassen und im Einwanderungsland eine neue Existenz zu gründen suchen. Arbeitsmigration ist in der Geschichte der Bundesrepublik der für die Herausbildung ethnischer Pluralität bei weitem wichtigste Prozeß (vgl. Tabelle 2.1).

Von den 4,8 Mill. Ausländern Ende 1989 in der (alten) Bundesrepublik stammen ca. 3,6 Mill. aus den Anwerbeländern der Arbeitsmigration. Bei den weiteren 1,4 Mill. Ausländern in Gesamtdeutschland ist anzunehmen, daß ein relevanter Teil von ihnen mit ihren Familienangehörigen ebenfalls als de-facto Arbeitsmigranten angesehen werden kann.

Arbeitsmigration in Deutschland beginnt nicht erst in der Zeit der Bundesrepublik, sondern ist Teil des raschen Industrialisierungs- und Modernisierungsprozesses, der im 19. Jahrhundert einsetzt.[30]

---

[30] Die folgende Darstellung stützt sich auf *Heckmann* (1981, 146ff.); dort sind auch die Quellenangaben für die genannten Daten verzeichnet.

Die 80er und 90er Jahre des vergangenen Jahrhunderts waren zwar noch durch eine starke Auswanderung aus Deutschland gekennzeichnet – zwischen 1880 und 1900 wanderten z. B. ca. 2 Mill. Deutsche nach Nordamerika aus – doch kam es bereits in der ersten Hälfte der 70er Jahre zu akuten Arbeitskräfteverknappungen an bestimmten Schwerpunkten der rasch voranschreitenden Industrialisierung, vor allem in der Schwerindustrie des Ruhrgebietes. Die sich wechselseitig fördernde Entwicklung von Bergbau und Eisenindustrie im Ruhrgebiet hatte zunächst einheimische Arbeitskräfte, seit etwa 1860 auch Zuwanderer aus dem Rheinland und Hessen in den industriellen Produktionsprozeß integriert und angesiedelt. Mit dem weiteren Vordringen des Bergbaus in die sogenannte Emscherzone kam es zu Beginn der 70er Jahre erneut zu akutem Arbeitskräftemangel im Ruhrbergbau, der durch eine breite Zuwanderung aus den preußischen Provinzen Ostpreußen, Westpreußen, Posen und Oberschlesien ausgeglichen wurde. In den Ostprovinzen hatten Geburtenüberschüsse und das Ausbleiben einer Industrialisierung zu einem hohen Überhang an Arbeitskräften geführt. Die Ost-West-Wanderung dauerte selbst in Depressionsjahren fort und erstreckte sich zeitlich bis zum Ersten Weltkrieg. Sie führte in den betroffenen Gebieten schon bald ebenfalls zu einer Arbeitskraftverknappung, vor allem in der Großlandwirtschaft, und induzierte ihrerseits eine Zuwanderung polnischer Arbeiter aus Rußland in die preußischen Ostprovinzen. Gemäß den saisonalen Schwankungen dieses Arbeitskräftebedarfs handelte es sich dabei im wesentlichen um eine Pendelwanderung, die nach unregulierten Anfängen in die Kontrolle der sogenannten Feldarbeiterzentrale, einer halbstaatlichen Arbeitsvermittlung, übernommen wurde.

Waren es zunächst Deutsche, welche in das Ruhrgebiet abwanderten, kamen seit der zweiten Hälfte der 80er Jahre vor allem Einwohner polnischer Nationalität. Im Jahre 1911 waren als Resultat der Wanderung über 36% der Bergarbeiter des Ruhrgebiets polnischer Nationalität. Plausible Schätzungen gehen davon aus, daß vor dem Ersten Weltkrieg 350.000 bis 450.000 Polen im Ruhrgebiet ansässig geworden waren. Eine geringere Anzahl von Arbeitern wurde auch in der Steiermark und Slowenien angeworben und blieb im Ruhrgebiet.

Mag es formaljuristisch strittig sein, die Zuwanderung von Polen ins Ruhrgebiet als Einwanderung zu begreifen – die Polen besaßen ja aufgrund der Aufteilung ihres Landes die deutsche Staatsangehörigkeit- in soziologischer Hinsicht handelte es sich eindeutig um einen Einwanderungsprozeß. Die Polen waren ihrer sozio-ökonomischen Herkunft – wie fast alle Arbeitsmigranten – deklassierte Kleinbauern, Handwerker und unterbeschäftigte oder arbeitslose Landarbeiter. Von ihrer ökonomischen Stellung her gesehen, füllten sie durch inländische Arbeitskräfte unbesetzbare Arbeitsplätze aus. Was aber vor allem ihre Zuwanderung von typischen Binnenwanderungsprozessen unterschied, war ihre ethnisch-nationale Identität. Das Bemühen um die Erhaltung dieser Identität führte zur Begründung zahlreicher kultureller und religiöser Assoziationen, zu informellen oder institutionalisierten Formen sozialen Verkehrs, der Begründung einer eigenen Presse, und zum Aufbau einer eigenen Gewerkschaft, nach *Wehler* (1966, 447) die bedeutendste organisatorische Leistung des Polentums in Westdeutschland. Der Aufbau eines eigenständigen sozio-kulturellen Systems durch die Polen ist die „klassische" Reaktion von Einwandererminderheiten auf spezifische Bedürfnisse ihrer sozialen Lage im Einwanderungsland.

„Deutschland, früher eines der ersten Auswanderungsländer, ist zu einem der bedeutendsten Einwanderungsländer geworden" konstatierte *Britschgi-Schimmer* (1916, 31). Die Polen unberücksichtigt, die ja größtenteils juristisch nicht als Ausländer galten, arbeiteten und lebten 1910 1,2 Mill. Ausländer im Deutschen Reich, von denen die Hälfte aus Österreich-Ungarn stammten. Von 1871 bis 1910 betrug die Steigerungsrate der Ausländerbeschäftigung 509,3% (vgl. ibidem, 34).

Im Ersten Weltkrieg wurde ein System der Zwangsbeschäftigung von Ausländern, vor allem von Belgiern, entwickelt, das allerdings in seinen Ausmaßen und Methoden mit dem später im Nationalsozialismus praktizierten nicht vergleichbar ist. Die Beschäftigungsprobleme in der Zeit der Weimarer Republik bewirkten einen starken Rückgang der Ausländerarbeit. Auf dem Höhepunkt der Krise im Jahre 1932 waren nur noch ca. 140.000 Ausländer in Deutschland beschäftigt.[31]

Die Bevölkerungsentwicklung in der Bundesrepublik war schon vor der Arbeitsmigration von Ausländern durch starke Zuwanderungsprozesse gekennzeichnet. Im Jahre 1950 waren 9,4 Mill. oder rd. 18% aller Einwohner der Bundesrepublik solche, die ihren Wohnsitz vor 1939 außerhalb des Territoriums der Bundesrepublik hatten; von 1949 bis 1960 wanderten allein aus der DDR 1,7 Mill. Menschen zu. Insgesamt waren bis zum Jahr 1961 13,34 Mill. „Heimatvertriebene" und „Zuwanderer" (aus der SBZ, Ost-Berlin und der DDR) in die Bundesrepublik gekommen. Trotz des Umfangs dieser Zuwanderung und einer bis in die erste Hälfte der 50er Jahre andauernden hohen Arbeitslosigkeit kam es bereits 1952 zu Knappheitserscheinungen auf dem Arbeitsmarkt, genauer, auf bestimmten Teilarbeitsmärkten – anfangs in der Landwirtschaft, etwas später im Baugewerbe – die zu ersten, wenn auch zunächst nur kurzfristigen

---

[31] Über die Zwangsarbeit von Ausländern im Nationalsozialismus vgl. den Abschnitt „Heimatlose Ausländer" (2.6).

und relativ unorganisierten Anwerbungen ausländischer Arbeitskräfte führten. Eine Nürnberger Dissertation (*Schneider* 1953, 123) wies nach, daß schon im Sommer 1952 Italiener in der Landwirtschaft Südbadens gearbeitet haben, wenn auch nur in geringer Zahl, da das italienische Konsulat die Vermittlungen sehr zögernd vornahm: es muß alle Versuche einer simplen Aufrechnung deutscher Arbeitsloser gegen ausländische Arbeiter in Zweifel stellen, wenn man erinnert, daß diese erste Beschäftigung von Ausländern bei einer jährlichen Arbeitslosenquote von 9,5% und einer jahresdurchschnittlichen Arbeitslosenzahl von 1,65 Millionen erfolgte.

Schnelles wirtschaftliches Wachstum und die Aufstellung der Bundeswehr, die dem Arbeitsmarkt mehrere Hunderttausend Arbeitskräfte entzog – zur Zahl der Truppen müssen noch die ca. 200.000 Zivilbediensteten gerechnet werden – führten zu einem Rückgang der Arbeitslosigkeit und zur Erhöhung der Zahl der offenen Stellen. Als im Jahre 1955 der erste Anwerbevertrag mit Italien geschlossen wurde, waren aber immer noch 1,07 Millionen Menschen in der Bundesrepublik arbeitslos, was einer Jahresdurchschnittsquote von 5,6% entsprach; die Zahl der offenen Stellen belief sich auf 204.000. Insgesamt arbeiteten 1955, im ersten Jahr der systematischen Anwerbung, ca. 80.000 ausländische Arbeiter in der Bundesrepublik, deren Zahl bis 1959 auf ca. 166.000 anwuchs.

Die eigentliche Periode der Gastarbeiterbeschäftigung begann erst mit den 60er Jahren. Die starke Ausweitung der Ausländerarbeit wird zum einen durch das Aussetzen der bisherigen externen Zuwanderung verursacht: die Schließung der Grenze der DDR im Jahre 1961 bewirkte eine eklatante Verschärfung der Arbeitsmarktlage in der Bundesrepublik. „Bis zum 13. August 1961 war die Arbeitsmarktlage immer wieder durch deutsche Zuwanderer aus Mitteldeutschland – jährlich 150.000 bis 300.000 – gemildert worden; zum großen Teil waren es Arbeitnehmer in den leistungsfähigsten Jahrgängen" (*Kruse* 1966, 423). Zum anderen verknappten interne, sozialstrukturell-demographische Prozesse die Erwerbsfähigkeitsquote in der Bundesrepublik: der Anteil der Personen im erwerbsfähigen Alter (15 bis unter 65 Jahre) sank von 67,2% im Jahre 1961 auf 63,4% im Jahre 1970. Die Erwerbstätigkeitsquote veränderte sich im gleichen Zeitraum von 47,6% auf 43,7%. Dies wurde sowohl durch geburtenschwache, ins Arbeitsleben eintretende Jahrgänge als durch die relative Zunahme der aus dem Erwerbsleben ausscheidenden Jahrgänge bedingt. Die Verlängerung und Ausweitung der gesellschaftlichen Ausbildungszeit wirkte in die gleiche Richtung wie auch die Verkürzung der Arbeitszeit. Waren in den 50er Jahren durch den steigenden Anteil der erwerbstätigen Frauen zusätzliche Arbeitskräfte rekrutiert worden, so ging die Erwerbstätigkeit der Frauen in den 60er Jahren sogar leicht zurück. Die relative Gleichzeitigkeit eines Ausfalls bisheriger externer Zuwanderung, die Verknappung der internen Rekrutierung, sowie das Ausfallen einer bisherigen Neurekrutierungsquelle führten also bei fortschreitendem Wirtschaftswachstum zu starken Disproportionen auf dem Arbeitsmarkt. Insgesamt ging die Zahl der deutschen Erwerbstätigen von 1960 bis 1972 um 2,3 Mill. zurück. Die Internationalisierung des Arbeitsmarktes wurde als Ausweg gefunden. Die Beschäftigung von ca. 280.000 ausländischen Arbeitern im Jahre 1960, was einem Anteil an den abhängig Beschäftigten von 1,3% entsprach, weitete sich fast kontinuierlich aus – unterbrochen nur durch den von der Krise 1966/67 bedingten Rückgang – und erreichte im Jahre 1973 mit einer Zahl von 2,6 Millionen ihren Höhepunkt und einen Anteil an den abhängig Beschäftigten von 11,9%.

Die Zuwanderung von über 2 Millionen Gastarbeitern in den 60er Jahren führte aufgrund der dargestellten Faktoren nur zu einem relativ geringen Anstieg der Zahl der Erwerbstätigen insgesamt, von 26,3 Millionen auf 26,7 Millionen, die sich auch bis zur Rezession von 1973 nur unbedeutend veränderte. Das bedeutet, die Gastarbeiterbeschäftigung füllte zum größten Teil einen Ersatzbedarf auf, erhöhte aber auch geringfügig die Zahl der Erwerbstätigen insgesamt.

Nach dem Anwerbestop im Jahre 1973 und mit der Krise der unqualifizierten Arbeit sank die Zahl der ausländischen Beschäftigten in den folgenden Jahren um etwa 1 Million, aber die durch die Arbeitsmigration induzierte Zuwanderung von Familienangehörigen sorgte bei gleichzeitiger Rückwanderung dafür, daß die Arbeitsmigrantenbevölkerung insgesamt relativ konstant bei ca. 3,6 Mill. blieb (vgl. Tabelle 2.1).[32] [33]

2.6 „Heimatlose Ausländer"

„Heimatloser Ausländer" ist ein 1951 geschaffener Rechtsstatus für Menschen, die während des Nationalsozialismus zur Zwangsarbeit

---

[32] Auf Einzelaspekte der Lage, des Bewußtseins und Verhaltens dieser Bevölkerungsgruppe werden wir in den folgenden Kapiteln immer wieder eingehen.
[33] Die temporäre Beschäftigung von zuletzt ca. 85.000 Ausländern in der DDR (vgl. *Elsner* 1990, 47) wurde wie ein Staatsgeheimnis behandelt. Wissenschaftliche Untersuchungen liegen hierüber nicht vor, nur journalistische Recherchen und Reportagen jüngeren Datums. Eine Einwanderungssituation hat sich nicht herausgebildet; wir können auf diese Gruppe, die sich im Gefolge der jüngeren Ereignisse stark reduzierte, nicht näher eingehen.

nach Deutschland oder in von Deutschen besetzte Gebiete verschleppt worden waren und als „displaced persons" nach dem Krieg in den Westzonen blieben.[34] Unter ihnen sind Osteuropäer wie Polen, Russen oder Ukrainer besonders stark vertreten.

Im System der Kriegswirtschaft war es zur rücksichtslosen Ausbeutung ausländischer Arbeitskräfte gekommen. Die drei wesentlichen Hauptformen waren die Arbeit der in den okkupierten Gebieten rekrutierten bzw. zwangsrekrutierten Ausländer, die Zwangsarbeit von Kriegsgefangenen, schließlich, in der brutalsten Form, die Zwangsarbeit von Konzentrationslagerhäftlingen, die unter Bedingungen erfolgte, welche selbst den Erhalt der Arbeitskraft verunmöglichte. Hunderte von Außenstellen der Konzentrationslager wurden geschaffen, um eine möglichst effektive Verteilung der Häftlinge nach den Anforderungen der Produktion zu gewährleisten.

Der bei weitem größte Teil dieser bei Kriegsende ca. 11 Mill. Zwangsarbeiter kehrte in ihr Heimatland zurück oder wanderte aus; ein Teil jedoch wollte oder konnte weder zurückkehren noch in ein außereuropäisches Land auswandern. Den Status der „displaced persons" und später der heimatlosen Ausländer bekamen auch – als kleine Gruppe – politische Flüchtlinge aus dem sowjetischen Machtbereich, die auf Auswanderung hofften, dies aber z.T. ebenfalls nicht realisieren konnten und in den westlichen Besatzungszonen blieben.

Der Status des heimatlosen Ausländers beinhaltet eine weitgehende Gleichstellung mit deutschen Staatsbürgern, schließt aber politische Rechte aus. Formal bleiben die heimatlosen Ausländer Staatsbürger ihres Herkunftsstaates; ihr Status geht auf die nachfolgenden Generationen über. Gab es bei Schaffung des Gesetzes ca. 200.000 heimatlose Ausländer, so hat sich die Gruppe heute aufgrund demographischer Prozesse und durch Einbürgerungen auf ca. 32.000 Menschen verkleinert.[35] Ethnisch aber bedeutet die Einbürgerung nicht ohne weiteres auch die Aufgabe der z.B. polnischen oder ukrainischen Herkunftskultur, wie auf der anderen Seite die Fortexistenz des Status „heimatloser Ausländer" in der 2. oder 3. Generation durchaus mit Assimilierung und Aufgabe der Herkunftskultur einhergehen kann; im Ergebnis ist es schwer, die durch diese Entwicklungen konstituierten wirklichen ethnischen Gruppen umfangsmäßig zu bestimmen.[36]

---

[34] Vgl. ausführlicher zu „heimatlosen Ausländern" *Harmsen* (1958), *Wierer* (1960) und *Stepień* (1989).
[35] Vgl. Bundesminister des Inneren (1991, 83).
[36] Für die Fallstudie eines Stadtteils, der hauptsächlich von heimatlosen Ausländern bewohnt wird, vgl. *Heckmann* et al. (1981).

2.7 Ausländische Flüchtlinge

Durch ausländische Flüchtlinge sind neue ethnische Minderheitengruppen in der Bundesrepublik entstanden, aber auch bereits existierende Minderheiten verstärkt worden. Flüchtlinge sind Menschen, die infolge von Kriegen, Bürgerkriegen, Unterdrückung von politischen, religiösen, sozialen und ethnischen Minderheiten, aufgrund von Vertreibungen, Repressionen und Menschenrechtsverletzungen ihre Herkunftsländer verlassen (vgl. *v. Rooyen* 1986, 6). Auch wenn die Aufnahme ausländischer Flüchtlinge als sogenanntes Asylantenproblem politisch immer wieder in der Bundesrepublik eine große Rolle spielt oder als Problem hochgespielt wird, sind die europäischen Staaten im internationalen Maßstab nicht mehr, wie noch nach dem 2. Weltkrieg, die am meisten betroffenen Länder. Grenzüberschreitende Fluchtbewegungen finden heute hauptsächlich in Afrika, im Nahen Osten, in Asien und auch in Mittelamerika statt (vgl. ibidem). Weltweit schätzt die Flüchtlingsorganisation der UNO, die UNHCR, die Zahl der Flüchtlinge auf 10–15 Millionen (vgl. EKD 1986,3). Diese in den außereuropäischen Krisengebieten entstandenen Fluchtbewegungen wirken aber in ihren Ausläufern bis nach Europa hinein.[37] Die in Osteuropa in jüngster Zeit entstandenen und sich weiter verstärkenden gewalttätigen ethnischen Konflikte tragen allerdings ebenfalls ein Potential von massenhafter Fluchtwanderung in sich.

Die Bundesrepublik hat – als einziger Staat der Welt – ein individuelles Recht auf Asyl in ihrer Verfassung, dessen Aufnahme von Erfahrungen im Umgang mit des Nationalsozialismus politisch Verfolgten begründet ist. „Die Mitglieder des Parlamentarischen Rats haben Einschränkungen des Asylrechts ausdrücklich diskutiert und verworfen" (EKD 1986, 13). Durch Verfahrensregelungen, die häufiger einer Veränderung unterzogen wurden, ist das praktische Asylrecht aber immer wieder modifiziert und eingeschränkt worden.[38]

Nach ihrem rechtlichen Status und nach ihrer ethnischen Zugehörigkeit betrachtet ist die ca. 832.000 Personen umfassende Flüchtlingspopulation sehr heterogen. Rechtlich gibt es als Hauptgruppen Asylberechtigte, Asylbewerber, „De-facto-Flüchtlinge" und Kontingentflüchtlinge. Der jeweilige rechtliche Status hat erhebliche Implikationen für die gesamte Lebenslage der Betroffenen.

---

[37] Für eine gute Übersicht zu historischen und strukturellen Ursachen weltweiter Flüchtlingsbewegungen vgl. *Opitz* (1987).
[38] Auf Einzelheiten solcher Regelungen können wir hier nicht eingehen; vgl. dazu z. B. *Alt* (1987) und EKD (1986); grundlegend zum Asylrecht in der Bundesrepublik ist *Köfner* und *Nicolaus* (1986).

Asylberechtigte haben mit ihren Familienangehörigen den durch Behörden und Gerichte zugesprochenen Status politisch Verfolgter im Sinne des Grundgesetzes; ihr Aufenthalt ist gesichert und sie sind Deutschen auf dem Arbeitsmarkt gleichgestellt. Sogenannte *Kontingentflüchtlinge* werden als Gruppe aufgenommen und erhalten insgesamt, d. h. ohne individuelles Verfahren, politisches Asyl. Kontingentflüchtlinge sind Flüchtlinge, die von einer Regierung aufgenommen werden; in der Bundesrepublik sind beispielsweise die aufgenommenen vietnamesischen „boatpeople" solche Kontingentflüchtlinge. *Asylbewerber* sind Flüchtlinge, die einen Antrag auf Asyl gestellt haben und deren Antrag sich im Bearbeitungsverfahren befindet; zu dieser Gruppe gehören auch diejenigen, deren Antrag abgelehnt wurde, die jedoch gegen die getroffene Entscheidung bei den Verwaltungsgerichten klagen. Wird der Asylantrag endgültig abgelehnt, bedeutet das für die Betroffenen nicht automatisch den Zwang zur Ausreise oder die Abschiebung. Ein beträchtlicher Teil der abgelehnten Asylbewerber kann aufgrund der Genfer Flüchtlingskonvention von 1951, die die Bundesrepublik unterzeichnet hat, aus humanitären oder politischen Gründen nicht abgeschoben werden. Sie bilden die Gruppe der sogenannten *De-facto-Flüchtlinge*; zu ihnen zählen z. B. Iraner, Palästinenser, Flüchtlinge aus den ehemaligen sozialistischen Ländern und aus Afghanistan. „Unter diesen Schutz fallen zwischen 40% und 70% aller abgelehnten Asylbewerber. Die Quote ist unterschiedlich hoch, weil die Abschiebungspraxis der verschiedenen Bundesländer unterschiedlich ist" (*Alt* 1986, 6). Der Status der De-facto-Flüchtlinge ist ungesichert. Sie besitzen keinen gefestigten Rechtsstatus wie Asylberechtigte, ihr Aufenthalt beruht auf administrativen Entscheidungen, die praktisch jederzeit wieder aufgehoben werden können (vgl. *Kuper* 1986, 3).

Die soziale Lage der Asylsuchenden ist stark von ihrem prekären Rechtsstatus bestimmt. Das Asylverfahren beim Bundesamt für die Anerkennung ausländischer Flüchtlinge dauert oft mehrere Jahre; während dieser Zeit sind die Asylbewerber einer Reihe von Aufla-

Tabelle 2.2 Ausländische Flüchtlinge in der Bundesrepublik 1990

Asylberechtigte	ca. 83.500
Kontingentflüchtlinge	ca. 35.300
Asylbewerber	ca. 236.000
De-facto-Flüchtlinge	ca. 310.000
Familienangehörige von Asylberechtigten und -bewerbern (Schätzwert)	ca. 167.000
Gesamte Flüchtlingspopulation	ca. 832.000

Quelle: Der Bundesminister des Inneren (1991, 83/84).

gen unterworfen, die (ein kürzlich gelockertes) Arbeitsverbot, Einschränkung der Freizügigkeit, beschränkte Einkaufs- und Selbstversorgungsmöglichkeiten und in den meisten Bundesländern Aufenthalt in sogenannten Sammelunterkünften einschließen. „Die menschliche Isolierung, die Belastungen des Lagerdaseins, die erzwungene Untätigkeit und die allgemeine Kälte des gesellschaftlichen Klimas führen nach den Erfahrungen der kirchlichen Sozialbetreuer zunehmend zu psychischen und sozialen Langzeitschäden bei vielen der Asylsuchenden und ihren Familien. Auch die Asylberechtigten, die als politisch Verfolgte anerkannt werden, leiden unter diesen Folgen" (EKD 1986, 5/6). Die in jüngster Zeit stark angestiegenen Gewalttaten gegen ausländische Flüchtlinge erschweren ihre Situation weiter.

De-facto-Flüchtlinge haben den Aufenthaltsstatus der „Duldung", der alle sechs bis zwölf Monate überprüft wird. Sozialhilfe wird, unterschiedlich zwischen den Bundesländern, in Geld oder Sachleistungen gewährt; für zwei Jahre besteht ein Arbeitsverbot. Für Flüchtlinge, die aus sozialistischen Ländern kamen und die größte Gruppe unter den De-facto-Flüchtlingen bilden, bestanden z.T. günstigere Regelungen, die u.a. einschlossen, daß sie aufgrund eines Beschlusses der Innenministerkonferenz aus dem Jahre 1966 nicht abgeschoben werden konnten und sich ihr aufenthaltsrechtlicher Status verfestigte.

Die Lage der ausländischen Flüchtlinge, seien sie nun Wirtschafts- oder politische Flüchtlinge, und speziell ihr Verhältnis zur deutschen Mehrheitsgesellschaft wird immer wieder durch Phasen erhöhter medialer Aufmerksamkeit und politisch kontroverser Diskussionen über ihre Motive, über das Asylrecht und die Aufnahmekapazität der bundesdeutschen Gesellschaft belastet. Auf diese schwierige Situation, die ausführliche Analysen verlangt, kann hier nicht näher eingegangen werden.

Politische Flüchtlinge haben stärker als Arbeitsmigranten die Motivation, bei Verbesserung der Lage in ihrem Heimatland dorthin zurückzukehren. Bleiben sie jedoch über längere Zeiträume, finden Akkulturations- und „Anbindungsprozesse" an die neue Gesellschaft statt, die denen der Arbeitsmigranten ähneln und die zu einer Bleibemotivation führen können. In diesem Sinne muß auch ein Teil der Flüchtlingspopulation der Bundesrepublik als Einwanderer angesehen werden.[39]

---

[39] Empirische Untersuchungen dazu liegen nicht vor; sie wären jedoch auch wegen der Unsicherheiten über die Entwicklungen im Herkunfts- wie Aufnahmeland wie bezüglich der Motive der betroffenen Menschen außerordentlich schwierig durchzuführen.

2.8 Die Sorben

Mit der Vereinigung der beiden deutschen Staaten im Jahre 1990 gehört eine weitere ethnische Minderheit, die Sorben, zur Bundesrepublik. In der „alten Bundesrepublik" ist die Kenntnis über diese Gruppe bisher recht bruchstückhaft und vorläufig.[40] Die Sorben leben im Osten der beiden neuen Bundesländer Brandenburg und Sachsen. Man kann sie als regionale Minderheit bezeichnen, da es nicht zu einer nationalstaatlichen Eigenentwicklung unter ihnen gekommen ist.[41]

Die Sorben sind historisch und kulturell eine slawische Gruppe, die sich gegenüber der „deutschen Ostkolonisation" als ethnisch eigenständige Gruppe in der Lausitz behaupten konnte. Zu Beginn des Deutschen Kaiserreiches von 1871 geht man von ca. 130.000 Sorben aus, von denen 80.000 in Brandenburg und 50.000 in Sachsen ansässig waren (vgl. *Brockhaus* 1879, zit. nach *Hansen* 1990, 1). Gegenwärtige Schätzungen sprechen von einer sorbischen Bevölkerung von 60.000 (vgl. z. B. *Domowina* 1990, 4; *Geismar* u. *Fuhrmann* 1990, 15).[42]

Die sorbische Bevölkerung in Brandenburg bewohnt die Niederlausitz (um Cottbus) und wird auch als Niedersorben bezeichnet; die sorbische Bevölkerung in der Oberlausitz in Sachsen (um Bautzen) heißt analog Obersorben. Es gibt zwei eigenständige sorbische Sprachen, Obersorbisch und Niedersorbisch. Niedersorbisch ist dem Polnischen verwandt, Obersorbisch dem Tschechischen. „Die deutsche Sprache beherrschen ausnahmslos alle sorbische Bürger" (*Domowina* 1990, 10). Zwischen beiden sorbischen Sprachen gibt es

---

[40] Der DDR-Literatur über die Sorben muß man mit Vorsicht gegenübertreten, da die Legitimation der SED-Politik gegenüber den Sorben als „vorbildlicher Nationalitätenpolitik" ein Hauptinteresse dieser Schriften war. Unsere knappe Skizze stützt sich auf verschiedene kleinere Zeitschriftenaufsätze, Dokumente und Interviews. Die Interviews wurden von Brigitte Sonnabend im Rahmen einer Diplomarbeit an der Hochschule für Wirtschaft und Politik in Hamburg mit Schlüsselpersonen der sorbischen Gruppe im Sommer 1990 durchgeführt (*Sonnabend* 1990).

[41] Vgl. zu diesen Begriffen und zur Typologie ethnischer Minderheiten Kapitel 4.

[42] Zahlenangaben über ethnische Minderheiten sind eine schwierige Angelegenheit; Gruppengrößen variieren aufgrund unterschiedlicher Kriterien, aufgrund von Erhebungsproblemen und weiteren methodischen Aspekten, werden aber auch nicht selten politisch manipuliert. Beispiel: „Die seit Jahrzehnten geläufige Zahl von 100.000 Sorben beruht auf großzügiger Handhabung von Ermittlungen der Zahl der Bürger mit sorbischen Sprachkenntnissen durch das Institut für sorbische Volksforschung der Akademie der Wissenschaften der DDR aus dem Jahre 1956. Eine Überprüfung dieser Zahl wurde durch die entsprechenden staatlichen Stellen nicht genehmigt, um nicht die 'erfolgreiche Nationalitätenpolitk' in Zweifel zu ziehen" (*Domowina* 1990, 4).

Verständnisprobleme, so daß zumeist Deutsch als Kommunikationsmedium zwischen den Gruppen gewählt wird (vgl. *Sonnabend* 1990, 17). Niedersorben sind überwiegend protestantisch; Obersorben haben eine starke Bindung an die katholische Kirche und verwenden Sorbisch als anerkannte Liturgiesprache. In Gottesdiensten, Feiern und Prozessionen verbinden sich in sorbischen Orten religiöse und ethnische Momente und die katholische Kirche ist eine starke Stütze der sorbischen Kultur (vgl. ibidem, 27).

Dem Germanisierungsdruck Preußens und des Kaiserreiches wurden noch vor dem 1. Weltkrieg Anstrengungen zur Bewahrung sorbischer Kultur und Sprache entgegengestellt. Als Dachorganisation sorbischer Vereine wurde 1912 die „Domowina" gegründet. Die Weimarer Republik garantierte in Artikel 113: „Die fremdsprachigen Volksteile des Reiches dürfen durch die Gesetzgebung und Verwaltung nicht in ihrer freien, volkstümlichen Entwicklung, besonders nicht im Gebrauch ihrer Muttersprache beim Unterricht sowie bei der inneren Verwaltung und der Rechtspflege beeinträchtigt werden." Aber Verfassungsnorm und Verfassungswirklichkeit stimmten in der Sorbenpolitik nicht überein (vgl. *Hansen* 1990, 3). Der Repression durch den Nationalsozialismus – 1937 wurde die Domowina verboten – wollte die SED eine beispielhafte Nationalitätenpolitik entgegenstellen. Dafür wurden auch beträchtliche Mittel zur Verfügung gestellt und eine eindrucksvolle Liste von Einrichtungen geschaffen.[43] Im Bildungswesen wurde Sorbisch-Unterricht vermittelt und an zehn Oberschulen war Sorbisch – fakultativ – Unterrichtssprache (vgl. *Urban* 1980, 154). *Hansen* faßt die Gesamtheit dieser Institutionen unter dem Konzept der kulturellen Teilautonomie zusammen; es war allerdings eine Teilautonomie unter der Kontrolle der SED, die den Domowina Verband bis 1989 unter ihre Herrschaft gebracht hatte. „Aber alles, was sorbisch war, mußte sich marxistisch-leninistisch artikulieren, stieß viele, nicht nur religiös gebundener Sorben ab, ließ bei der sorbischen Mehrheit kaum Identifikationen mit der Domowina zu, war kontraproduktiv ..." (*Zülch* 1990, 14). Über den Alltag der Beziehungen zwischen Mehrheit und Minderheit schreibt einer der jetzt prominenten deut-

---

[43] Domowina Verlag, staatliches Ensemble für sorbische Volkskultur, Haus für sorbische Volkskunst, sorbisches Folklorezentrum, Produktionsgruppe „Sorbischer Film" bei der Defa, deutsch-sorbisches Volkstheater, sorbisches Museum, sorbisches Institut für Lehrerbildung, Arbeitsstelle für Schulen im zweisprachigen Gebiet der Akademie der Pädagogischen Wissenschaften, Institut für sorbische Volksforschung der Akademie der Wissenschaften der DDR, Institut für Sorabistik an der Universität Leipzig, Sorbisches Studio des Rundfunks der DDR, zentrale sorbische Sprachschule des Rates des Bezirks Cottbus, zentrale sorbische Sprachschule des Rates des Bezirks Dresden (vgl. *Domowina* 1990, Anlage 5).

schen Fürsprecher der Sorben, der im sorbischen Gebiet als Arzt tätige *Hans-Eberhard Kaulfürst*:

„Als ich nach Bautzen kam, wurde mir zeitig bewußt, daß es mit der vielgepriesenen nationalen Gleichheit auf der Grundlage der sogenannten Leninschen Nationalitätenpolitik nicht weit her war. Man hatte zwar nichts gegen die Leute, die ihre Lieder und Tänze übten und Ostereier verzierten – aber Sorbisch in der Öffentlichkeit zu sprechen wurde, so merkte ich, mit z.T. scharfen Worten unterdrückt: 'Hier wird Deutsch geredet' oder 'Laß das Sorbischgequatsche!'" (*Kaulfürst* 1990, 21).

Wie andere Autoren weist *Kaulfürst* auch auf die ambivalente Wirkung der großzügigen finanziellen Unterstützung der Sorben durch den Staat hin: die finanziellen Zuwendungen an die Gruppe wurden zu einer Quelle der Mißgunst und des Vorurteils gegen die Gruppe in der deutschen Mehrheitsbevölkerung.[44]

Das gravierendste Problem für die Sorben war und ist jedoch der Land und Dörfer zerstörende Braunkohletagebau, in der DDR nach den energiepolitischen Entscheidungen der SED immer stärker forciert. Seit der Jahrhundertwende, vor allem aber in den letzten Jahrzehnten, sind rund 60 Dörfer zwangsgeräumt und zerstört worden. Die Bewohner wurden zumeist in städtische Neubaugebiete umgesiedelt und aus ihren Traditionen gerissen (vgl. *Geismar* u. *Fuhrmann* 1990, 15). Forderungen nach alternativen Energiekonzepten gehören darum zu den zentralen Punkten einer sich nach „der Wende" neu formierenden sorbischen Bewegung.

Die Zukunft der Gruppe im vereinigten Deutschland ist, wie alles in der ehemaligen DDR, von vielen Unsicherheiten gekennzeichnet. Zwar sind die Sorben Gegenstand von allgemeinen, ihnen kulturelle Rechte zusichernden Artikeln im Einigungsvertrag; in welcher Weise und mit welchen Mitteln dies geschehen kann, ist jedoch zur Zeit offen. Offen ist auch, wer in Zukunft mit welcher Autorität für die Gruppe sprechen kann: eine sich zu reformieren versuchende Domowina, ein kürzlich gegründeter „Sorbischer Volkskongreß" als neues Organ oder, nicht zuletzt, die sorbische katholische Kirche der Oberlausitz.

2.9 Fazit

In der Bundesrepublik leben ca. 5 Millionen Ausländer. Noch immer sind ethnischer Minderheitenstatus und Ausländerstatus bei der ethnischen Pluralisierung der Bevölkerung der Bundesrepublik

---

[44] Solche Einzelurteile werden hier angeführt, da sozialwissenschaftliche empirische Untersuchungen zum Mehrheits-Minderheitenverhältnis nicht vorliegen.

Fazit

eng verbunden. Nur bei den „alten" ethnischen Minderheiten wie Sorben, Dänen und z.T. Sinti und Juden sind Staatsbürgerschaft und ethnischer Minderheitenstatus miteinander verknüpft. Über Einbürgerungen ist auch bei ehemals heimatlosen Ausländern, Arbeitsmigranten und Flüchtlingen Staatsbürgerschaft mit einem ethnischen Minderheitenstatus verbunden. Eine schwierig zuordbare Gruppe sind die „Aussiedler". In ihren Motiven scheinen sie Arbeitsmigranten und z.T. Flüchtlingen zu ähneln, aber das Privileg der Staatsangehörigkeit versetzt sie in eine materiell bessere Situation als andere Gruppen von Zuwanderern; ist bei Teilgruppen der Aussiedler, wie z. B. den Siebenbürger Sachsen, ihre ethnische Identität relativ eindeutig, ist sie bei anderen Teilgruppen, die z.B. erst in der Bundesrepublik die deutsche Sprache lernen, relativ unsicher. Ob diese letztgenannten Teilgruppen ethnische, an ihrem Herkunftskontext orientierte stabilere Subkulturen bilden oder sich schnell assimilieren, kann zur Zeit nicht beurteilt werden.

Durch Zuwanderungen entstandene „neue" ethnische Minderheiten ergeben mit den „alten" ethnischen Minderheiten eine Struktur, die durch wenige, relativ große Gruppen wie z.B. Türken, Italiener, Polen oder Griechen, und durch eine Vielzahl von kleinen und kleinsten Minderheiten gekennzeichnet ist, wie etwa Afghanen, Eritreer oder Chilenen, die Basisstrukturen ethnischer Interaktion und Organisierung aufweisen, deren Stabilität aber eher unsicher ist. Insgesamt hat die Kultur des Staates Bundesrepublik durch die genannten Prozesse eine ethnische „Auflockerung" und Bereicherung erfahren. Der Begriff der „multikulturellen Gesellschaft" will als analytischer wie normativer Begriff auf diese Zusammenhänge verweisen; wegen der eindeutigen Dominanz deutscher Kultur(en) in der Gesamtgesellschaft überinterpretiert er jedoch die angesprochenen Veränderungen.[45]

Das folgende Kapitel 3 möchte eine Einführung in das soziale Phänomen der Ethnizität und damit verknüpfte Kategorien und Zusammenhänge geben.

---

[45] Auf politische Implikationen dieser Veränderungen gehen wir in Kapitel 9 näher ein.

# 3 Ethnizität und Grundkategorien von Ethnizität: Volk, Nation, ethnische Gruppe und ethnische Minderheit

Im einleitenden Kapitel über verschiedene ethnische Minderheiten in der Bundesrepublik war eine theoretische Diskussion des Konzepts der ethnischen Minderheit noch nicht erfolgt; das Kapitel hatte vor allem eine „inhaltliche", informatorische Zielrichtung. Die nun folgenden zwei Kapitel möchten die der gesamten Untersuchung zugrunde liegende Konzeption von ethnischer Minderheit entwickeln und darstellen; dabei wird ethnische Minderheit als eine Erscheinungsform des sozialen Grundphänomens der Ethnizität aufgefaßt, mit dem wir uns einleitend zunächst abrißartig beschäftigen. Danach sollen neben ethnischer Minderheit weitere Vergesellschaftsformen auf ethnischer Basis wie Volk, Nation und ethnische Gruppe diskutiert werden.

3.1 Ethnizität

Daß Gruppen von Menschen, die Gemeinsamkeiten von Kultur besitzen, geschichtliche und aktuelle Erfahrungen miteinander teilen, Vorstellungen über eine gemeinsame Herkunft haben und auf dieser Basis ein bestimmtes Identitäts- und Solidarbewußtsein ausbilden, ist eine soziale Tatsache, die nicht erst in der Gegenwart bekannt geworden ist.[1] Diese „soziale Tatsache" scheint ein allgemeines und grundlegendes Charakteristikum menschlicher Vergesellschaftung zu sein, eine universalistische Kategorie, vergleichbar mit Kategorien wie Arbeitsteilung, Ungleichheit, Kultur, Macht oder Sozialisation, die in allen Gesellschaften vorzufinden sind, wenngleich in relevant *unterschiedlichen* Erscheinungsformen und *Bedeutungen*.

Für den genannten Tatbestand, der – in seinen gruppenbildenden Aspekten – schon auf unterschiedlichste Weise bezeichnet wurde, z. B. als Stamm, Rasse, Volk, Nation, ethnische Gruppe, bietet sich seit dem Buch von *Glazer* und *Moynihan* (1975) der Begriff der

---

[1] Dieses „Vorverständnis" von Ethnizität wird im Verlauf der Argumentation des Abschnitts 3.1 im einzelnen begründet.

"Ethnizität" an, der sich international und mit der Etablierung ethnischer Minderheitenforschung auch in der Bundesrepublik zunehmend durchsetzt.

Trotz dieser Universalität hat Ethnizität in der soziologischen Theoriebildung einen seiner Bedeutung als sozialem Phänomen angemessenen Stellenwert bisher nicht erhalten, ja es wurde sogar – international – bei Sozialwissenschaftlern wie Politikern davon ausgegangen, daß Ethnizität in ihrer gesellschaftlichen Bedeutung kontinuierlich nachlasse:[2] mit der Entwicklung der Industriegesellschaft würden religiöse, kulturelle und sprachliche Unterschiede in den Gesellschaften eingeebnet, ethnische Grenzen würden verschwinden, ganz allgemein „ascribed status" von „achieved status" immer mehr zurückgedrängt werden. „Modernisierung" gehe mit ethnischer Entdifferenzierung einher.[3]

Entgegen dieser Überzeugung und Erwartung gibt es jedoch viele Anzeichen für ein „ethnic revival": „Auf allen Kontinenten und in praktisch jedem Staat ist Ethnizität wieder zu einer starken sozialen und politischen Kraft geworden. Die ethnisch plurale Sozialstruktur der meisten Staaten; deren Politik einer kulturellen Integration; die wachsende Häufigkeit und Intensität ethnischer Rivalitäten und Konflikte; die Ausbreitung ethnischer Bewegungen: all diese Trends und Phänomene zeigen die zunehmende Bedeutung von Ethnizität in der modernen Welt" (*Smith* 1981, 12). Auch Anfang der 90er Jahre ist diese Aussage gültig, ja sie scheint noch mehr an Gültigkeit gewonnen zu haben.

Von „der Bedeutung der Sache" her betrachtet haben sich auch in der Bundesrepublik Deutschland Bedingungen entwickelt, die auf eine stärkere wissenschaftliche Beachtung von Ethnizität hindrängen. Zu traditionellen ethnischen Minderheiten – wie Sinti, Dänen, Sorben oder Juden – sind, wie weiter oben gezeigt, vor allem durch die Verfestigung des Prozesses der Arbeitsmigration, neue und ihrem Umfang nach wesentlich größere ethnische Gruppen hinzugekommen. Diese Vorgänge beinhalten Tendenzen einer ethnischen Pluralisierung der Bevölkerungs- und Sozialstruktur und stellen an die Sozialwissenschaften die Anforderungen einer theoretisch-konzeptuellen und empirischen Forschung, die die bisher weitgehend praktizierte sogenannte Ausländerforschung hinter sich läßt und überwindet.

Ethnizität ist in der „modernen Welt" ein zunehmend wichtiges Phänomen; dennoch ist Ethnizität nicht immer von Bedeutung, wenn

---

[2] Über die Vernachlässigung von Ethnizität in der soziologischen Theoriebildung vgl. z. B. *Banton* (1967, 2) und *Esser* (1980, 118/119).
[3] Für eine interessante Diskussion dieser These vgl. *Esser* (1988); wir gehen auf diese Diskussion weiter unten ein.

Mitglieder ethnischer Gruppen untereinander oder mit Mitgliedern anderer Gruppen in Beziehung treten; sie können sich auf anderer Grundlage organisieren, Aktivitäten entwickeln und identifizieren.[4] Wenn Ethnizität Bedeutung annimmt, kann diese sehr unterschiedlich sein: „... die Bedeutung von Ethnizität variiert: zum einen kann Ethnizität eine Ressource sein, die zum Vorteil einer sozialen, kulturellen oder rassischen Gruppe von Menschen in bestimmten Situationen und für bestimmte Zwecke mobilisiert wird; zum anderen gibt es Situationen, in denen Ethnizität überhaupt keine Bedeutung zukommt; schließlich kann Ethnizität in Situationen, in denen andere Ziele und Zwecke im Vordergrund stehen, sogar zu einer Belastung werden, der man durch Leugnung oder Meidung zu entkommen sucht" (*Wallman* 1979a, IX).

Sind hiermit gewissermaßen situative Bedingungen unterschiedlicher Bedeutung von Ethnizität angesprochen, muß andererseits auf gesellschaftsstrukturelle Bedingungen verwiesen werden, welcher Ethnizität und ethnischen Gruppen jeweils ganz unterschiedliche Relevanz zukommen lassen. „Die Relevanz von Ethnizität als Prinzip sozialer Organisation ist unterschiedlich in unterschiedlichen Typen von Gesamtgesellschaften." (*Francis* 1976, 17) „Soziale Systeme unterscheiden sich stark nach dem Grad, zu welchem ethnische Identität als zugeschriebener Status die Person in der Vielzahl von Positionen und Rollen beschränkt, die sie einnehmen kann" (*Barth* 1969, 18).

Die unterschiedliche Bedeutung von Ethnizität hat schließlich eine zeitliche Dimension: Ethnizität kann sich innerhalb einer Gesellschaft im Zeitverlauf wandeln, sich in ihrer Bedeutung verstärken, abschwächen oder ganz auflösen. Assimilation etwa bedeutet für eine bestimmte Gruppe ein Verschwinden von Ethnizität als sozialem Organisations- und Orientierungsprinzip; mit „symbolic ethnicity" wird seit einiger Zeit eine Haltung von Amerikanern der dritten oder vierten Einwanderergeneration bezeichnet, für die die Kultur ihres „Herkunftslandes" im Alltagsleben nur noch insofern Bedeutung hat, als sie an bestimmten Bräuchen und Gewohnheiten der Herkunftskultur festhalten. Ethnische Grenzziehungen, Institutionen, Aktivitäten und ethnisches Bewußtsein können unter bestimmten Bedingungen aber auch wieder verstärkt werden. Eine zunehmende Bedeutung von Ethnizität kann mit Anstrengungen einer ethnischen Gruppe selbst zusammenhängen: als Antwort auf gemeinsame Diskriminierungserfahrungen versuchen Angehörige ethnischer Gruppen, durch wechselseitige Unterstützung und Bele-

---

[4] „Ethnische Zugehörigkeit ist nicht immer das angemessenste Prinzip, nach welchem man soziale Aktivitäten oder Identität organisiert" (*Wallman* 1979a, X).

bung einer Gruppenkultur ihre Gruppe und ethnische Kultur zu stärken. Die Stärkung der ethnischen Gruppe wird Teil eines Widerstandes gegen Diskriminierung und Benachteiligungen: „Ethnische Mobilisierung kann ein Schutzmechanismus sein, etwa bei Italienern, die in die Vereinigten Staaten wanderten, mit Anfeindungen und Not konfrontiert wurden und sich auf sich selbst besannen, um ihre italienische Kultur in der neuen Umgebung wiederzuerrichten" (*Cashmore* 1984a, 89). Ethnizität ist hier eine Ressource, auf die zur Mobilisierung von Interessen zurückgegriffen wird.

Die Möglichkeit, über Ethnizität Interessen zu mobilisieren, ist auch ein wesentlicher Teil von Erklärungen für die starke Bedeutung, die Ethnizität in der „modernen Welt" hat. Durch Mobilisierung zuvor unverbundener Unzufriedenheiten würde Ethnizität manchem Konflikt „erst auf die Beine helfen" (*Esser* 1988, 235).[5] Oder: „Ethnizität ist in manchen Fällen eine Antwort benachteiligter Gruppen auf den Zusammenbruch bisheriger . . . politischer und ökonomischer Herrschaftsstrukturen und stellt den Versuch dieser Gruppen dar, über kulturelle Mobilisierung ihre ökonomische und politische Lage zu verbessern" (*Bell* 1975, 172).

Mit der schnellen Veränderung von Werten und Glaubensinhalten in modernen Gesellschaften verbreite sich ein Gefühl der Entwurzelung („sense of uprootedness", ibidem, 143); in dieser Situation biete Ethnizität einen „psychologischen Anker". Ethnizität sei eine der Identitäten, die man in der modernen Gesellschaft annehmen könne, aus einer Wahlsituation heraus. Besonders wirkungsvoll sei schließlich, daß Ethnizität Interessenvertretung und Gefühle verknüpfen könne: „Ethnizität ist so wirksam, weil über Ethnizität Interessen und Gefühle miteinander verknüpft werden können. Ethnizität schafft gemeinsame Identifikationen über sinnlich erfahrbare Dinge wie Sprache, Essen, Musik, Namen – in einer Zeit, in der andere soziale Rollen immer unpersönlicher und abstrakter werden" (ibidem, 169).

Sind die bisher angeführten Punkte für die Bedeutung von Ethnizität in der Moderne eher Aufzählungen von Einzelaspekten, hat sich in der Bundesrepublik seit 1988 eine hochinteressante, theoretisch fundierte und systematische Diskussion zum Zusammenhang von Ethnizität und moderner Gesellschaft entwickelt. Die beiden wichtigsten Beiträge dazu stammen von *Esser* (1988) und *Nassehi* (1990,

---

[5] *Esser* (ibidem) sieht aber auch die genau gegenläufige Wirkung als Möglichkeit: ethnische Orientierungen könnten andere Interessenlinien überkreuzen und so zu einer „Zersplitterung von Konfliktlinien" führen.

1990a).[6] *Esser* untersucht zunächst die Bedeutung von Ethnizität und ethnischer Differenzierung in traditionellen Theorien moderner Gesellschaften, bei *Max Weber, Marx, Parsons* und *Luhmann*. Trotz der bekannten grundsätzlichen Unterschiede zwischen den Theorien dieser „Klassiker" ist ihnen gemeinsam, daß sie von einem zunehmenden Rückgang ethnischer Differenzierung in modernen Gesellschaften ausgehen. Sowohl Parsons wie Luhmanns Theorie der funktionalen Differenzierung wirft Esser vor, daß sie funktionale Differenzierung mit dem Verschwinden ethnischer Differenzierung gleichsetzten. Esser argumentiert seinerseits, daß gerade Modernisierung auf verschiedene Weise ethnische Differenzierung fördere: sie könne, z. B. in Form der ethnischen Koloniebildung,[7] eine Reaktion auf die Verunsicherung der „Mobilisierung" in modernen Gesellschaften sein; ethnische Schichtungen als Form ethnischer Differenzierung stelle sich gerade beim Beginn und dem ungleichmäßigen Voranschreiten von Modernisierung ein, und schließlich eigne sich, wie bereits weiter oben angeführt, Ethnizität in besonderer Weise für die Mobilisierung ganz unterschiedlicher Deprivationen:

„Ein Grund für den 'Erfolg' ethnischer Bewegungen gerade in differenzierten und komplexen Gesellschaften ist die 'arbitrariness' der Organisationsbasis askriptiv motivierter Bewegungen ... Gerade wegen dieses arbitären Charakters der Organisationsbasis lassen sich – fallweise und nur ausnahmsweise dauerhaft – sehr vielschichtige, uneindeutige, sich überkreuzende Interessen ganz unterschiedlich motivierter und eingebundener Akteure organisieren und mobilisieren. Gerade weil 'funktionale Differenzierung' die Auflösung einfacher Interessenslinien bedeutet, werden 'sichtbare', askriptive Merkmale zur (nunmehr oft einzigen) Möglichkeit der Mobilisierung eines Tages-Interesses über alle sonstigen trennenden Linien hinweg" (*Esser* 1988, 243).

In letzter Instanz sieht *Esser* aber die in der modernen Gesellschaft beobachtbare Bedeutung von Ethnizität und ethnischer Beziehungen als Modernisierungslücke (vgl. ibidem, 246). Mit der „Auffüllung von Modernisierungslücken" würden auch die Grundlagen ethnischer Mobilisierung entfallen.

Nassehi wirft *Esser* vor, daß er mit dieser Argumentation im Nachhinein „der Ausblendung ethnischer und nationaler Semantiken aus

---

[6] *Esser* trug seine Theorie zuerst auf einer Tagung der Arbeitsgruppe „Migration und ethnische Minderheiten" der DGS 1987 in Ludwigshafen vor; der kritische Diskussionsbeitrag von *Kreckel* zu *Esser* auf der gleichen Tagung erschien wie *Essers* Artikel in der Zeitschrift für Soziologie (*Kreckel* 1989); *Nassehi* trug seine Theorie auf der Tagung der gleichen Arbeitsgruppe während des Soziologentages 1990 in Frankfurt vor; die weiter unten angeführten Zitate sind der Kurzfassung des Soziologentagsvortrags entnommen (*Nassehi* 1990a); eine Langfassung ist in der „Sozialen Welt" veröffentlicht (*Nassehi* 1990).
[7] Vgl. zu diesem Konzept Kapitel 6.

dem soziologischen Diskurs der Moderne", nämlich bei *Marx, Weber, Parsons* und *Luhmann,* doch Recht geben würde. *Nassehi*s theoretische Basis sind ebenfalls Grundgedanken der Theorie funktionaler Differenzierung, aber er geht davon aus, daß das Fehlen des Problems ethnischer Differenzierung sich keineswegs kategorial aus dieser Theorie ergibt.

„Folgt man *Luhmann* ... in seiner Diagnose, daß sich die Inklusionsform von Personen im Modernisierungsprozeß von der vormodernen, alternativlosen Gruppensolidarität in Richtung universeller Inklusion in die Funktionssysteme der Gesellschaft umgestellt hat, und beobachtet man gleichzeitig, daß diese universelle Inklusion mit normativen Postulaten – Freiheit und Gleichheit – im Gefolge der Französischen Revolution idealisiert wurde, ergibt sich m.E. eine Brücke zur Frage der *ethnischen Inklusion*. Denn gerade *Freiheit und Gleichheit* als Grundbegriffe bürgerlicher Revolutionen sind aufs engste mit der Entstehung von Nationalismus und ethnischen Semantiken verbunden. Betrachtet man die *Funktion* solcher Ideen, so wird man feststellen, daß Nationalbewußtsein und Ethnizität als wesentliche Kategorien kollektiver Identifikationen genuin moderne Erscheinungen sind, mithin also mit funktionaler Differenzierung ursächlich verknüpft sind" (*Nassehi* 1990a, 2).

Nicht mehr Religion, sondern Sprache, Literatur und eigene Geschichtsschreibung sei die überwölbende Sinninstanz kollektiver Identität. Die Leistung des Nationalismus bestehe darin, alle Bevölkerungsschichten zu erfassen, nachdem keines der funktionalen Teilsysteme mehr einen Fixpunkt für kollektive Identitäten bieten konnte. Das Zerbrechen der alten Ordnung habe nach einem Ersatz verlangt, nach einer Semantik, die eine Inklusion in die Gesellschaft neben der Inklusion in die einzelnen Teilsysteme ermöglichte. Diese Funktion sei durch ethnische und nationale Semantiken ausgefüllt worden.[8]

Wesentliche Merkmale des Verständnisses von Ethnizität in den Sozialwissenschaften sind weiterhin in der Diskussion über das Konzept der ethnischen Gruppe enthalten. Trotz unterschiedlicher Verständnisweisen des Konzepts läßt sich in der Literatur ein Definitionselement durchgängig feststellen: ethnische Gruppen seien gekennzeichnet durch soziokulturelle Gemeinsamkeiten von Menschengruppen. Beispielhaft: „Die ethnische Gruppe ist eine Gruppe von Menschen, die durch kulturelle Homogenität miteinander verbunden ist" (*Berry* 1951, 75). Oder: „Gruppen, deren Mitglieder ein spezifisches soziales und kulturelles Erbe teilen, das von Generation zu Generation weitergegeben wird, werden als ethnische Gruppen bezeichnet" (*Rose* 1974, 139). Neben soziokulturellen Gemeinsamkeiten lassen sich aus der Literatur als weitere wesentliche Definitionselemente vor allem Gemeinsamkeiten geschichtlicher Erfahrungen, eine auf Selbst-Bewußtsein und Fremdzuweisung gegründete

---

[8] Auf die Veränderungen der Bedeutung von Ethnizität in der jüngsten Moderne, die *Nassehi* weiter diskutiert, gehen wir hier nicht ein.

kollektive Identität, ein Zusammengehörigkeitsbewußtsein sowie ein Feld wechselseitiger Beziehungen und Kommunikation in der Gruppe herausarbeiten.[9]

Neben wirklichen gemeinsamen geschichtlichen Erfahrungen sind für ethnische Gruppen *Vorstellungen* einer gemeinsamen Herkunft von besonderer Bedeutung; Vorstellungen einer „Abstammungsgemeinschaft" sind nach *Max Weber* konstitutiv für ethnische Gruppen, „ganz einerlei, ob eine Abstammungsgemeinschaft vorliegt oder nicht" (*Weber* 1972, 237). *Francis* spricht im gleichen Sinne von fiktiver oder tatsächlicher Abstammungsgleichheit bei ethnischen Gruppen; ethnische Beziehungen seien eine Variante eines Grundprinzips sozialer Organisation, des Prinzips genealogischer Organisation.[10] Ethnische Beziehungen kann man damit als quasi-verwandtschaftliche Beziehungen bezeichnen.

Vorstellungen gemeinsamer Herkunft nehmen nicht nur die Form verwandtschaftlicher oder genealogischer Abstammungsgemeinschaften an, sondern auch die Form eines gemeinsamen geschichtlichen Gruppenschicksals; hierbei handelt es sich um Deutungen,

---

[9] Vgl. hierzu z. B. Bromley (1974, 6), Cashmore (1984a, 85), *Farley* (1982, 6), Shibutani und Kwan (1965, 47). Im einzelnen lauten diese Definitionen:
Bromley: Eine ethnische Gruppe ist „... eine historisch konstituierte Gruppe von Menschen, die spezifische kulturelle Merkmale (einschließlich einer Sprache), bestimmte Verhaltensweisen und Bewußtseinsformen miteinander teilen..."
Cashmore: „... ethnisch ... beschreibt eine Gruppe, die einen bestimmten Grad an Kohärenz und Solidarität besitzt, und zu der Menschen gehören, die ... ein Bewußtsein gemeinsamer Herkunft und gemeinsamer Interessen haben. Eine ethnische Gruppe ist nicht die bloße Aggregierung von Menschen ..., sondern ein durch bewußte Gemeinsamkeit von Menschen konstituierter Zusammenhang."
Farley: „Als ethnische Gruppe soll eine Gruppenstruktur bezeichnet werden, in welcher Menschen sich selbst einer spezifischen Gruppe zurechnen und auch von anderen Menschen dieser Gruppe zugerechnet werden; der Zurechnungsprozeß erfolgt auf der Basis sozialer und kultureller Merkmale."
Shibutani und *Kwan:* „... eine ethnische Gruppe besteht aus Menschen, die sich selbst aufgrund wirklicher oder vorgestellter gemeinsamer Herkunft als ähnlich betrachten und auch von anderen so gesehen werden."

[10] „Eine genealogische Beziehung existiert, wenn der soziale Zusammenhang zwischen Menschen, ihr 'Zusammengehören', entweder als Blutsverwandtschaft oder als Verwandtschaft durch Heirat definiert wird. Gruppen, die auf dem genealogischen Prinzip sozialer Beziehungen basieren, umfassen die Familie und andere Typen von Verwandtschaftsgruppen, wie die Lineage oder den Clan" (*Francis* 1976, 7). „Wir ... werden den Terminus 'gemeinsame Ethnizität' für eine Gruppe von Menschen gebrauchen, die man als zusammengehörig betrachtet, weil sie glauben, von einem gemeinsamen Vorfahren, oder einem Paar oder einer Gruppe von Vorfahren abzustammen, wie fern diese auch zurückliegen mögen" (ibidem).

„Konstruktionen", Mythen oder auch Erfindungen, deren Inhalte von gegenwärtigen Gruppenbedürfnissen bestimmt sind und die es mit der geschichtlichen Wahrheit nicht besonders ernst nehmen. Bekannt ist diese Art von „ethnischer Geschichtsschreibung" vor allem vom Nationalismus, worauf wir in Abschnitt 3.1.1.3 noch eingehen werden. Sie scheint aber ein allgemeines Kennzeichen verschiedener Arten ethnischer Kollektive zu sein. *Cashmore* (1984a, 88) erwähnt z. B. die Rastafarian Bewegung junger Afrikaner in London, die historisch unhaltbare Konzeptionen eines „goldenen Zeitalters Afrikas" zu Inhalten ihrer Gruppenkultur machten.

Betonen viele Definitionen gemeinsame Merkmale ethnischer Gruppen, hat *Barth* (1969) für sein vielfach beachtetes Konzept vor allem Wert gelegt auf die Grenzziehung und Aufrechterhaltung der Grenze als wesentliches Kriterium von ethnischen Gruppen: „Der wichtigste Punkt der Analyse ist aus unserer Sicht die ethnische Grenze, die die Gruppe definiert, nicht der kulturelle Stoff, der die Gruppe kennzeichnet... Wenn eine Gruppe im Interaktionsprozeß mit anderen ihre Identität behauptet, schließt dies immer Kriterien von Zugehörigkeit und Symbole für Zugehörigkeit und Ausschluß ein" (*Barth* 1969, 15).

Diese Grenzziehungen, so kann man hinzufügen, knüpfen an bestehenden Unterschieden an; nicht jedoch deren Qualität oder „objektives" Ausmaß sind für die Grenzziehungen relevant, sondern die Bedeutung, die bestimmten Unterschieden für die Grenzziehungen durch die Gruppe gegeben wird.[11] Gegenüber den bisher angeführten Merkmalen der „Gemeinsamkeit" in ethnischen Gruppen ist *Barths* Vorschlag nicht als Alternative, sondern als Ergänzung anzusehen.

Faßt man nach dieser Rekonstruktion der Diskussion von Ethnizität und ethnischer Gruppe zusammen, kommt man zu folgenden Hauptelementen des Ethnizitätskonzepts: soziokulturelle Gemeinsamkeiten, Gemeinsamkeiten geschichtlicher und aktueller Erfahrungen, Vorstellungen einer gemeinsamen Herkunft, eine auf Selbst-Bewußtsein und Fremdzuweisung beruhende kollektive Identität, die eine Vorstellung ethnischer Grenzen einschließt, und

---

[11] „Unterschiede der Bart- und Haartracht, Kleidung, Ernährungsweise, der gewohnten Arbeitsteilung der Geschlechter und alle überhaupt ins Auge fallenden Differenzen ... können im Einzelfall Anlaß zur Abstoßung und Verachtung der Andersgearteten und, als positive Kehrseite, zum Gemeinsamkeitsbewußtsein der Gleichgearteten geben ..." (*Weber* 1972, 236); „Anlaß" allerdings erst dann, wenn etwas zum Anlaß gemacht wird.

ein Solidarbewußtsein.¹² Ethnizität in diesem Sinne ist ein allgemeines Konzept, das in seiner Bedeutung zunächst eine „Gruppe an sich", eine soziale Kategorie ist, noch kein soziales Handeln konstituiert; Ethnizität bietet aber über ethnische Mobilisierung die „Chance" für Vergesellschaftung und Vergemeinschaftung oder besser, mit *Benedict Anderson* (1988), für die Entstehung vorgestellter Gemeinschaften („imagined communities").

Die diskutierten Bedeutungen von Ethnizität und ethnischer Gruppe implizieren im übrigen keineswegs, daß ethnische Gruppen notwendigerweise homogen sind; ethnische Gruppen können zwar, aber müssen keineswegs homogene Gruppen sein: intra-ethnische Konflikte wie inter-ethnische Allianzen sind durch das Vorliegen gemeinsamer Ethnizität nicht ausgeschlossen.

Der im folgenden Abschnitt weitergeführte Argumentationsschritt knüpft an der grundlegenden Einsicht an, daß die historisch-zeitliche, gesellschaftsstrukturelle und situative Bedeutung von Ethnizität variabel ist. Will man die moderne Bedeutung von Ethnizität als Grundlage von Vergesellschaftung und Vergemeinschaftung, vor allem aber auch das für diese Untersuchung zentrale Konzept der ethnischen Minderheit, verstehen, müssen die historischen Prozesse skizziert werden, die die moderne Bedeutung herausgebildet haben.

Ethnizität beginnt in Europa ihre moderne Bedeutung anzunehmen, als seit der Renaissance und besonders mit der bürgerlichen Revolution der Prozeß der modernen Staaten- und Nationalstaatsbildung einsetzt. Ethnische Gruppen sind nicht gewissermaßen „an sich" gesellschaftlich relevant, sondern gewinnen mit der Entstehung der Nationen ihre spezifische Bedeutung, zugespitzt formuliert: Nationenbildung als umfassender Vereinheitlichungsprozeß und Nationalstaat schaffen eigentlich erst ethnische Gruppen und Minderheiten in ihrer gegenwärtigen Bedeutung; ethnische Gruppen werden zu Minderheiten, als sich „Mehrheiten" in der Form von Nationen bilden. Ein Verständnis des Phänomens „ethnische Minderheit" erfordert folglich ein Verständnis des Prozesses der Nationwerdung als Form moderner Vergesellschaftung.

Es soll daher im folgenden Abschnitt – in einer groben Skizze – die Entwicklung zur Nationalgesellschaft mit besonderer Beach-

---

¹² Vermutlich sei – so *Lale Yalçin-Heckmann* in einer Diskussion zur Thematik – das zentrale Merkmal einer Vorstellung gemeinsamer Herkunft auch verbunden mit Vorstellungen von Gemeinsamkeiten in der Zukunft oder sogar einer gemeinsamen Zukunft der ethnischen Gruppe. Mit Sicherheit läßt sich sagen, daß ethnische Bewegungen, die sich bestimmte Programmatiken gegeben haben, solche Vorstellungen gemeinsamer Zukunft formulieren.

tung der Bedeutungsentwicklung von Ethnizität aufgezeigt werden.[13] Man könnte das Erkenntnisinteresse dieses Abschnitts als Fragen auch so formulieren: Was führt zu dem herausragenden Stellenwert von Ethnizität in Nationalgesellschaften, zur Tendenz, ihre Bevölkerungen homogenisieren und assimilieren zu wollen? Oder: warum tut sich die Nationalgesellschaft mit ethnischer Pluralität so schwer?

3.1.1 Die Herausbildung der modernen Bedeutung von Ethnizität und die Entstehung ethnischer Minderheiten im Prozeß der Nationalstaatsbildung

3.1.1.1 Vornationalstaatliche Verhältnisse

Am Beispiel vornationalstaatlicher Verhältnisse kann gezeigt werden, daß sich soziale Systeme signifikant nach dem Grad, in welchem Ethnizität als Prinzip sozialer Organisation wirkt, unterscheiden lassen.

Antike und Mittelalter kannten noch keine Nationen in einem der modernen Bedeutung vergleichbaren Sinne. Wenn man im Mittelalter und beginnender Neuzeit, etwa an den Universitäten, von Nationen sprach, war damit die Herkunft aus einer bestimmten Region gemeint, ohne daß diese Region aber durch Sprache oder ethnische Gemeinsamkeit abgegrenzt sein mußte (vgl. *Kimminich* 1985, 27). Nation galt „in der Fremde" als Organisierungsprinzip,[14] aber nicht „zu Hause". Daß Bevölkerungen unterschiedlicher Kultur und Sprache nach dem Personalitätsprinzip einem Lehnsherrn unterstellt waren und dadurch zu einem politischen Gebilde wurden, war „der Normalfall", nicht eine Abweichung. Ethnisch heterogene Gruppen bewohnten Territorien, die im späteren Nationalstaat zu Gebieten von „Völkern", d. h. ethnisch relativ homogenen Bevölkerungen wurden. Völker wie etwa Franzosen, Deutsche, Dänen oder Italiener existierten im Mittelalter noch nicht. Ihre Herausbildung ist das Resultat ethnischer Vereinheitlichungsprozesse; die Behauptung ihrer „ursprünglichen" Existenz ist Teil der Mythenbildung des Nationalismus.

---

[13] Wenn dort von Nation und Nationalstaat gesprochen wird, ist das *ethnische* Nation- und Nationalstaatskonzept gemeint; auf weitere Konzepte von Nation und Nationalstaat gehen wir in Kapitel 9 ein.

[14] Vgl. ibidem, 29; *Kimminich* meint allerdings, daß im Begriff „Heiliges Römisches Reich deutscher Nationen", der sich in Reichsgesetzen seit dem 15. Jahrhundert nachweisen lasse, bereits eine ethnische Konnotation enthalten gewesen sei; der Begriff bedeutete, daß die entsprechenden Gesetze nur in den deutschsprachigen Gebieten des Reiches galten (vgl. S. 27).

Die politische Organisationsform „Reich" war gleichgültig gegenüber der ethnischen Zusammensetzung ihrer Bevölkerungen.[15] Die herrschenden Eliten von Adel und Ritterschaft waren international in ihrer Herkunft und kulturellen Orientierung. Gemeinsame Identität bei ihnen beruhte auf der Gemeinsamkeit des Status, nicht ethnischer Zugehörigkeit.[16] Das Christentum als vorherrschende Weltanschauung im Mittelalter und die Kirche waren universalistisch ausgerichtet.

Identität und Solidarität beim „gemeinen Mann" waren räumlich definiert, über das Dorf, ein Tal oder eine Region, über gemeinsame Interessen, Heiratskreise und Verwandtschaftsbeziehungen, über physische Grenzen. Seine Herren, die nicht selten Fremde waren, wechselten relativ häufig, Klassenunterschiede und kulturelle Fremdheiten verhinderten ethnische Gemeinsamkeitsgefühle zwischen Adel und Bauern. Ansätze von Ethnizität bildeten sich in der lehnsabhängigen Bevölkerung auf der Basis kleinerer Territorien oder Regionen. Insgesamt konnte Ethnizität unter diesen Bedingungen jedoch gesellschaftlich und politisch nur eine untergeordnete Rolle spielen (vgl. *Francis* 1976, 54/55). Es gab auch keine Notwendigkeit dafür: „Da in einem Reich die gesellschaftliche Integration von der Elite, nicht der breiten Bevölkerung abhängig ist, gibt es auch keine Notwendigkeit für kulturelle Vereinheitlichung und ethnische Homogenität" (ibidem, 57). Hinzukommt: der Grad an politischer, administrativer und territorialer Integration in den mittelalterlichen „Staaten" war ohnehin gering; das zeigt sich z. B. im Fehlen einer festen Hauptstadt und dem Umherziehen der „zentralen Gewalt" zwischen verschiedenen Orten.

3.1.1.2 Vereinheitlichungsprozesse

Der Personenverband als politisch-soziale Organisationsform des Mittelalters entwickelte sich in der Neuzeit weiter zum Territorialstaat; die Fürsten der Renaissance setzten Staatenbildung gegen lokale Feudalgewalten und kosmopolitisches Christentum durch (vgl. *Haferland* 1957, 204). Diese Staatenbildung wird für die Ent-

---

[15] *Walzer* geht davon aus, daß in der bisherigen Geschichte multi-nationale „Reiche" oder „Empires" die verbreitetste politische Struktur waren: „In der bisherigen Geschichte dominierte als politische Struktur fast immer das multinationale Reich (Empire). Der klassische Stadt-Staat ist in der Antike eher ein Sonderfall, und die Nation ist eine moderne Neuigkeit" (*Walzer* 1983, 20).

[16] „In der feudalen Standesordnung, in welcher Adel und Geistlichkeit die große Masse der Bauern beherrschten, war die Identifikation mit der eigenen, sozial vererbten Klasse wichtiger als die Loyalität zur ethnischen Herkunft oder sich neu formierenden Nation" (*Gordon* 1964, 22).

wicklung der Nationen und Nationalgesellschaften von großer Bedeutung, da sie einen Schritt auf dem Weg zur Schaffung größerer und homogenerer gesellschaftlicher Einheiten darstellt. Die politische, sozialökonomische und kulturelle Integration gesellschaftlicher Strukturen in größere, übergeordnete Einheiten ist, auf dem eingeschlagenen Weg fortfahrend, Ziel und Inhalt von Nationalstaatsgründung und Nationbildung. Verbunden damit sind sozialökonomische und kulturelle Prozesse: es entstehen große Wirtschafts- und Markträume, innerhalb derer Produktion und Austausch intensiviert werden, sowie Bereiche einer Nationalkultur, die kulturelle Vereinheitlichungsprozesse implizieren.

Die Hauptseiten dieser Prozesse sollen im folgenden kurz skizziert werden: politisch-staatliche, ökonomische und kulturelle Vereinheitlichungsprozesse; der für die Herausbildung der Nationalgesellschaften und ethnischen Minderheiten bedeutsame Nationalismus als politische Ideologie und soziale Bewegung macht einen weiteren Aspekt der Diskussion aus.

Adelige, ritterliche und kirchliche Feudalherren, später auch die Städte, waren im Mittelalter bestrebt, eine feste politische Organisation und selbständige Staatsgewalt zu verhindern. Das Ergebnis war ein Agglomerat von größeren, kleinen und kleinsten Herrschaftseinheiten, die nur locker über das Lehensband miteinander verbunden waren. Nur für bestimmte Zeiträume waren die mittelalterlichen Reiche so etwas wie politische Machteinheiten (vgl. *Heller* 1963, 126/127).

„Indem die Landesfürsten nach außen gegen Kaiser und Kirche, nach innen gegen die in den Landständen organisierten Feudalgewalten die absolute Befehlsgewalt auf ihrem Territorium erkämpfen, entsteht der moderne souveräne Staat" (ibidem, 16). Dieser sich mit der Neuzeit herausbildende Territorialstaat ist gekennzeichnet durch kontinuierliche Machtausübung von Seiten einer Autorität, durch die Monopolisierung von Gewalt und das Halten eines stehenden Heeres, durch die Institutionalisierung formaler und einheitlicher Rechtssysteme sowie die Errichtung eines Verwaltungssystems und einer Bürokratie.[17] Die fließenden, unscharfen räumlichen „Grenzen" bzw. Grenzgebiete zwischen einzelnen Personenverbänden werden zu klaren Grenzen im souveränen Territorialstaat.[18] Zugehörigkeiten werden damit auch territorial definiert.

---

[17] Wegen seines systematischen und einheitlichen Charakters bot sich bei der herrschenden Rechtszersplitterung den Territorialstaaten das römische, und zwar das durch die justinianische Bürokratie systematisierte römische Recht zur Einführung an (vgl. *Heller* 1963, 134). Für die „nationale" Integration war dieses fremde Recht von großer Bedeutung.

[18] „Traditionelle Staaten kennen nur Grenzgebiete, keine Grenzen" (Giddens 1985), 4).

Die mit den genannten Bedingungen ablaufenden Vereinheitlichungsprozesse des staatlichen Systems wie der Lebensbedingungen der Bevölkerung verstärken sich noch in der Phase des sogenannten Absolutismus. Der danach mit der bürgerlichen Revolution entstehende Nationalstaat als erster „Höhepunkt" dieses politisch-staatlichen Vereinheitlichungsprozesses dehnt seine Funktionen aus und will jetzt auch die Vereinheitlichung der Bevölkerung: „Die Homogenisierung der Staatsbevölkerung, die der absolutistische Staat eher zufällig als bewußt planend begonnen hatte, wurde für den Nationalstaat zu einem zentralen Anliegen. Der Staat wurde jetzt als die politisch organisierte Nation angesehen ... die Legitimität und das gute Funktionieren demokratischer Regierung erforderten, daß die Bürger eine lebendige soziale Einheit mit einem kollektiven Bewußtsein bildeten. Es war deswegen das Recht und die Pflicht des Nationalstaats, alles zu beseitigen, was diesem Ziel im Wege stand: traditionelle Identitäten und partikularistische Solidaritäten, zu denen auch gemeinsame Ethnizität gehörten, die die Staatsbevölkerung spalteten, sollten, auch unter Einsatz von brutaler Gewalt, ausgerottet werden" (*Francis* 1976, 73). Die politische Legitimation des Nationalstaats erforderte Homogenität und erzeugte Vereinheitlichungsdruck.

Starke Vereinheitlichungswirkungen sind in ökonomisch-sozialen Prozessen enthalten, die wir hier in Stichworten als Herausbildung und Entwicklung von Tauschwirtschaft, von Kommunikationsnetzen, als Industrialisierung, Akkumulation und Konzentration von Kapital bezeichnen. Sie umspannen einen Zeitraum vom Beginn der Neuzeit bis zur Gegenwart.

Der Übergang von einer Subsistenzwirtschaft zur Tausch- und Geldwirtschaft mit immer größeren Märkten verknüpft Bevölkerungen und Räume miteinander, die zuvor isoliert waren, führt zur Herausbildung gemeinsamer Interessen zwischen ihnen und – durch die Notwendigkeiten des Verkehrs bedingt – zu Formen wechselseitiger Anpassung. Die Erfindung der Drucktechnik bedeutet eine Kommunikationsrevolution. Der Ausbau großräumiger Verkehrs- und Kommunikationssysteme ist Voraussetzung, aber auch Folge der Ausbreitung von Verkehrswirtschaft. Beginnen diese Prozesse allmählich mit Beginn der Neuzeit, um sich kontinuierlich-diskontinuierlich fortzubewegen, so nehmen sie mit der Industrialisierung, mit Kapitalakkumulation und -konzentration ein dramatisches Tempo an; Industrialisierung und ökonomische Rationalisierung reißen die Menschen aus ihren überkommenen Verhältnissen und gleichen nicht nur die Arbeits-, sondern auch die übrigen Lebensverhältnisse immer größerer Bevölkerungen einander an. Die These der im Laufe von „Modernisierung" abnehmenden Bedeutung von Ethnizität bezieht sich empirisch auf die Beobachtung dieser Vorgänge.

Die Bevölkerung der Territorialstaaten war kulturell und sprachlich heterogen; ihre Zugehörigkeiten und Zusammenfassungen folgten nicht kulturellen Mustern, sondern waren Resultat der Machtpolitik von Fürsten beim Kampf um die Begründung, Festigung und Ausweitung von Territorien. Ein kulturelles oder ideologisches Interesse an kultureller Vereinheitlichung existierte bei den Fürsten per se nicht, jedoch gab es zunehmend pragmatische Gründe, die Förderung von Staat, Verwaltung und Wirtschaft mittels einer einheitlichen Verkehrssprache zu unterstützen. Für den aufkommenden und sich im 18. Jahrhundert ausbreitenden ethnischen Nationalismus als politische Ideologie und soziale Bewegung wird die Sprachvereinheitlichung – und auch „Sprachreinigung" – jedoch jenseits pragmatischer Überlegungen zum ideologischen Ziel. Die schrittweise Institutionalisierung öffentlicher und schließlich staatlich kontrollierter Schulsysteme wird zum wichtigsten Vehikel, die Sprachvereinheitlichung herzustellen.

Sprachvereinheitlichung ist jedoch nur eine Seite des kulturellen Vereinheitlichungsprozesses. Dieser läßt sich insgesamt als Begründung und Propagierung einer Nationalkultur kennzeichnen: „Grammatiker versuchten Mundarten in eine Schriftsprache zu fassen. Die Sprache wurde verfeinert. Völkische Epen, Sagen und Gesänge wurden gesammelt. Die ersten Dichter und Schriftsteller schrieben in der revidierten Muttersprache. Altertumsforscher und Historiker entdeckten alte Dokumente und literarische Schätze; einige echt, einige gefälscht, aber alle wurden Gegenstände nationaler Größe" (*Deutsch* 1972, 43). Die kulturelle Bewegung festigt sich seit dem 18. Jahrhundert in vielerlei Zirkeln und Vereinen zur sozialen Bewegung eines ethnischen Nationalismus.

3.1.1.3 Ethnischer Nationalismus

In der Nationalismusforschung wird eine wichtige Differenzierung vorgenommen: zwischen einem ethnischen, gemeinsame Herkunft und Kultur als für Nation konstitutive Faktoren betonenden Nationalismus, und einem politischen, die Gemeinsamkeit politischer Wertvorstellungen betonenden Nationskonzept. Über beide Konzepte werden wir ausführlicher und mit Bezug auf ihre minderheitenpolitischen Implikationen in Kapitel 9 diskutieren. Im Rahmen dieses Kapitels 3 über Ethnizität interessiert uns vor allem der ethnische Nationalismus und seine Wirkungen auf ethnische Minderheitenbildung.

Der ethnische Nationalismus entsteht in Deutschland im 18. Jahrhundert als intellektuelle Bewegung, wird aber im 19. Jahrhundert zur politischen Ideologie und sozialen (Massen-)Bewegung. Ist er in seinen Anfängen, etwa bei *Herder*, verbunden mit humanitären Ideen, wandelte er sich jedoch im späten 19. und 20. Jahrhundert zu einer überwiegend ethnozentrischen, unfriedlichen Ideologie. Als politische Ideologie strebt der Nationalismus „im Kern" eine Übereinstimmung ethnischer und staatlicher Grenzen, d. h. den Nationalstaat an, will also kulturell homogene gesellschaftliche Gebilde schaffen: „Der Nationalstaat faßt – idealiter – alle Angehörigen einer nationalen Gruppe, und niemanden sonst, zu einer einheitlichen politischen Struktur zusammen" (*Walzer* 1983, 224).

Die Bedeutung von Nationalismus als politischem Prinzip wird deutlich, wenn man sich Situationen vor Augen hält, in denen das Prinzip verletzt ist oder die „nationale Idee" nicht oder noch nicht erfüllt ist: das Prinzip ist verletzt, wenn a) nicht alle „Mitglieder" der Nation im Nationalstaat eingeschlossen sind; b) Fremde, d. h. „Angehörige" anderer Nationen im Staatsgebiet wohnen oder c), wenn beide genannten Bedingungen zusammentreffen; auch wenn d) es überhaupt (noch) keinen Nationalstaat gibt, die „Angehörigen" der Nation also in verschiedenen „fremden" Staaten leben müssen (vgl. *Gellner* 1983, 1).

Die Forderungen des ethnischen Nationalismus beziehen sich dabei häufig auf Bevölkerungen, die historisch und gegenwärtig fiktive kulturelle Einheiten darstellen; Einheit und Gemeinsamkeit wird behauptet und in historischen Projektionen „hergestellt", wo sie nicht bewiesen werden kann. Geschichtslegenden über die Herkunft und Entwicklung „des Volkes" werden erfunden. Sprachen wiederbelebt, Geschichte und Traditionen neu gedeutet.

„So wurde im 19. Jahrhundert von berühmten Gelehrten mit hohem intellektuellen Aufwand eine quasi naturwüchsige und zwangsläufige Kontinuität der deutschen Geschichte von ihren Anfängen bis zur „Erfüllung" im zweiten deutschen Reich zurechtgestrickt. Der im Rom erzogene Cheruskerfürst *Arminius*, der religiöse Reformator *Luther, Friedrich der Große*, der französisch sprechende und deutsch nur radebrechende 'König von Preußen', wurden zu Helden des Kampfes um den deutschen Nationalstaat umgedeutet" (*Oberndörfer* 1987). Als Beispiel einer besonders im deutschen Bildungsbürgertum über Jahrzehnte einflußreichen „nationalen" Geschichtsschreibung kann auf *Gustav Freytags* „Bilder aus deutscher Vergangenheit", die erstmals 1859–1865 erschienen und bis ins 20. Jahrhundert immer wieder aufgelegt wurden, verwiesen werden.

Als vom aufkommenden Bürgertum getragene Modernisierungsbewegung greift der Nationalismus dabei dennoch häufig auf Fiktionen einer ländlichen, einfachen „unverdorbenen" Kultur im Volke zurück.

Der Nationalismus wirkt auf der einen Seite weiter vereinheitlichend und integrierend, mobilisiert Kräfte für die Entwicklung der Gesellschaft, produziert aber auf der anderen Seite, in Verbindung mit einer Selbstaufwertung, auch einen starken Anpassungsdruck und offene Feindschaft gegenüber kulturell „anderen". Das kann an der deutschen Entwicklung demonstriert werden.

Für den deutschen Nationalismus sind *Fichte, Arndt* und *Paul de Lagarde* von zentraler Bedeutung. Die Deutschen sind für *Fichte* die Inkarnation eines „Urvolkes", denn sie allein würden eine gewachsene, lebendige Sprache besitzen. *Fichte* wollte davon überzeugen, daß unter allen neueren Völkern nur die Deutschen jenes Volk seien, in welchem der Keim zur menschlichen Vervollkommnung liege. Hier wird zum erstenmal ausgesprochen, daß am deutschen Wesen die Welt genesen werde (vgl. *Lenk* 1971a, 75). Die Vorstellung von der Einzigartigkeit der Deutschen ist bei *Fichte* verbunden mit der pauschalen Abwertung jeglicher „Ausländerei" (vgl. ibidem, 81).

Auch die Schriften von *Arndt* sind voll von Aggressivität gegenüber Nicht-Deutschen, gegenüber Juden und Slawen. Bei *Paul de Lagarde* heißt es in einem Vortrag 1855: „Es ist zweifellos nicht statthaft, daß in irgendeiner Nation eine andere Nation bestehe; es ist zweifellos geboten, diejenigen welche ... jene Dekomposition befördert haben, zu beseitigen: es ist das Recht jedes Volkes, selbst Herr auf seinem Gebiet zu sein, für sich zu leben, nicht für Fremde" (zitiert nach ibidem, 92).

Der ethnische Nationalismus akzentuiert also kulturelle Verschiedenheit als nicht erwünschte Unterschiedlichkeit und Unangepaßtheit, die es zu assimilieren oder, in seinen „schärferen" Varianten, gewaltsam zu vertreiben gelte. Ethnizität, ein universelles Phänomen menschlicher Vergesellschaftung, nimmt im Nationalismus eine neue, herausragende Bedeutung als Prinzip politischer und sozialer Organisation an. Es ist das Prinzip von Nation und Nationalstaat im Nationalismus als politische Ideologie mit der Norm, Nationalstaaten als kulturell möglichst homogene Gebilde zu etablieren, das die im Sinne der Nationalkultur heterogenen Gruppen, die im Staatsgebiet leben oder dorthin einwandern, zu ethnischen Minderheiten macht.

Anpassungs- und Assimilierungsdruck bzw. offene Feindschaft gegenüber ethnischen Gruppen haben aber auch häufig die Tendenz, deren Widerstand und ethnische Gruppensolidarität hervorzurufen bzw. zu verstärken und somit auch von seiten der ethnischen Mehrheiten zum Konstitutionsprozeß ethnischer Minderheiten beizutragen.

Im nächsten Abschnitt 3.2 sollen Volk, Nation, ethnische Gruppe und ethnische Minderheit als Formen ethnischer Vergesellschaftung diskutiert werden. Als Grundlage dafür lassen sich in einem Zwischenfazit die bisherigen Überlegungen wie folgt zusammenfassen:

Die Herausbildung moderner Gesellschaften seit dem Mittelalter ist gekennzeichnet durch die Gleichzeitigkeit und den Zusammenhang zunehmender Differenzierung und Vereinheitlichung. Vereinheitlichungsprozesse finden statt in Bezug auf Bevölkerung und Territorium, politisch-staatliche, ökonomische und kulturelle Institutionen. Ethnische Vereinheitlichung ist Teil eines gesamten Vereinheitlichungsprozesses. Er findet im Nationalstaat einen Höhepunkt. Die politische Ideologie und soziale Bewegung des ethnischen Nationalismus gibt Ethnizität als Prinzip sozialer Organisation eine erhöhte Bedeutung; sie produziert und verbreitet Anpassungs- und Assimilierungsdruck, z.T. auch Vertreibungsdruck. Vereinheitlichungsstreben und Nationalismus lassen das (noch) nicht „Vereinheitlichte" zum nicht erwünschten „Abweichenden" werden; ethnisches Vereinheitlichungsstreben konstituiert ethnische Minderheitenlagen. Anpassungs- und Assimilierungsdruck oder offene Feindschaft gegen ethnische Gruppen hat die Tendenz, deren Widerstand hervorzurufen, die ethnische Minderheitenlage zu verstärken und damit dem Vereinheitlichungsprozeß entgegenzuwirken.

3.2 Grundkategorien von Ethnizität

Ziel der folgenden Ausführungen ist es, zentrale Konzepte von Ethnizität, vor allem ethnischer Kollektive, einer Präzisierung zuzuführen. Die Konzepte bzw. Begriffe, die wir als ethnische Kollektive bzw. ethnische Vergesellschaftungsformen bezeichnen, sind Volk, Nation, Nationalstaat, ethnische Gruppe, ethnische Mehrheit und ethnische Minderheit.

Ethnizität als allgemeines soziologisches Konzept bezeichnet – wie oben ausgeführt – die für individuelles und kollektives Handeln bedeutsame Tatsache, daß eine relativ große Gruppe von Menschen durch den Glauben an eine gemeinsame Herkunft, durch Gemeinsamkeiten von Kultur, Geschichte und aktuellen Erfahrungen verbunden ist und ein bestimmtes Identitäts- und Zusammengehörigkeitsbewußtsein besitzt. Ethnizität als sozialer „Tatbestand" ermöglicht – zusammen mit anderen Faktoren – die Bildung und den Erhalt ethnischer Kollektive. Für einige der zentralen ethnischen Kollektive sollen in den folgenden Passagen mit Bezug auf die Literatur begrifflich-definitorische Vorschläge für die in den kommenden Kapiteln zu verwendenden Konzepte gemacht werden.

Wenn wir Begriffsdiskussionen führen, liegt diesen ein methodologisches Verständnis zu Grunde, daß Begriffe bzw. Konzepte die Bausteine von Hypothesen und Theorien sind, ihre Bedeutungen also von höchster Relevanz für die Theoriebildung sind; weiter arbeiten wir mit der Prämisse, daß im Falle von „Begriffsverwirrungen" bloßes nominalistisches Neudefinieren ohne Bezug auf den historisch überkommenen Sinn von Begriffen „sinnlos" ist. Historisch-systematisches Verfahren, wie wir unser Vorgehen kennzeichnen, kann aber auch nicht bei einer bloßen Rekonstruktion von Bedeutungsunterschieden stehenbleiben. Vielmehr soll über das Aufzeigen der Genese einer bestimmten Bedeutung im Kontext der Ideen- und „Realgeschichte" der Nachweis unterschiedlicher Objekt- und Bezugsbereiche von Bedeutungen ermöglicht werden, was eine Präzisierung der Begriffsverwendung gestattet, die sich am historisch überkommenen Sinn orientiert. Die Berücksichtigung überkommenen Sinns ermöglicht aber auch neue Verwendungsweisen des Begriffs durch die „sinnvolle" Übertragung überkommener Bedeutungen auf neue Sachverhalte und Neukonzeptionen durch bewußte Modifikation des historischen Sinns.

Wichtig für die folgende Diskussion ist auch die Unterscheidung zwischen Begriff und Terminus. Prinzipiell könnte jeder Begriff mit jedem sprachlichen Symbol belegt werden. „In der Praxis der Soziologie wäre das aber ein törichtes Vorgehen" (*Kreckel* 1988, 2). Nicht nur wegen der immer wieder auftauchenden Verständigungsnotwendigkeit über den Gebrauch eines Terminus; hinzukommt: „... soziologische Termini sind niemals unschuldig, sie mischen sich unweigerlich ein in die symbolisch strukturierte Realität, die sie zu erfassen suchen – und mischen dort mit. Der Übergang zwischen soziologischer Fachsprache und Alltagssprache ist fließend" (ibidem).

3.2.1 Volk

In den „Fünf Schwierigkeiten beim Schreiben der Wahrheit" sagt *Brecht*: „Wer in unserer Zeit statt Volk Bevölkerung und statt Boden Landbesitz sagt, unterstützt schon viele Lügen nicht. Er nimmt den Wörtern ihre faule Mystik."[19] Wenn *Francis* formuliert: „Das Wort 'Volk' erscheint wie ein Fremdkörper im Vokabular der modernen Soziologie ..." (1965, 38), dürften die meisten gegenwärtigen Sozialwissenschaftler dem emphatisch zustimmen. Ist „Volk" als soziologische Kategorie unbrauchbar?

Eine soziologische Diskussion um den Volksbegriff wird neben seiner offensichtlichen ideologischen Belastung auch durch „intervenierende" Bedeutungen erschwert, die aus staatsrechtlichen Theorien stammen. Die demokratische Lehre der Volkssouveränität versteht unter Volk den Träger der Souveränitäts- und Herrschaftsrechte; Volk steht hier nicht für ein ethnisches Kollektiv, sondern ist eine politisch- staatsrechtliche Kategorie, die im Zeitalter der bürgerlich- demokratischen Revolution gegen die Lehre der Souveränität der Fürsten verfaßt wurde.[20] Auf diese Bedeutung möchten wir

---

[19] Zitiert nach *Greverus* (1978, 158).
[20] Bevölkerungen gleicher staatlicher Zugehörigkeit werden staatsrechtlich als Staatsvolk bezeichnet. „Staatsvolk" ist jedoch nicht immer identisch mit „Volk" als ethnisch relativ homogener Gruppe, da zur Gesamtheit der Menschen, die der Staatsgewalt unterworfen sind, auch ethnische Minderheiten gehören können. Vom „Staatsvolk" sind schließlich juristisch Nichtstaatsangehörige zu unterscheiden, die zwar auch der Regelungsmacht des Territorialstaats unterworfen sind, aber einen rechtlichen Sonderstatus haben. (Ausländerrecht) (vgl. hierzu *Zippelius* 1985, 69/70).

hier nicht näher eingehen.[21] Die durch Vermischung der staatsrechtlich-politischen und soziologisch-ethnischen Bedeutungen entstandenen und geschaffenen Konfusionen und Ideologien können durch den Vorschlag von *Francis*, strikt zwischen „Ethnos" und „Demos" zu unterscheiden, vermieden werden (vgl. *Francis* 1965 und *Lepsius* 1986).

Die fast traumatische Belastung des Volksbegriffs in der Gegenwart resultiert vor allem aus der zentralen Stellung, die er innerhalb der nationalsozialistischen Ideologie, besonders in der Volksgemeinschaftsdoktrin und im sogenannten Blut- und Bodenmythos innehatte. Volk ist aber bereits seit der Romantik in Deutschland ein ideologischer und wertender Begriff. Die bis heute in politische Denkmuster hineinwirkende Vorstellung, „Volk als einen Organismus, eine gewachsene Gemeinschaft, etwas ursprünglich kulturell Zusammengehöriges zu betrachten ..." (*Greverus* 1978, 160), ist eine diesem Kontext entstammende ideologische Konstruktion. Damit verwandt sind die Lehren vom Volk als Kollektivpersönlichkeit, ausgestattet mit einem spezifischen „Volksgeist" (*Herder*) und Lehren von der ursprünglichen Einheitlichkeit des Volkes (die dann durch Klassenbildung zerstört worden sei und im Nationalstaat wieder hergestellt wurde); auch die Vorstellung, daß es überall Völker geben müsse, und daß die Menschheit sich in Völker gliedere, ist ein verwandter ideologischer Topos (vgl. *Mühlmann* 1969d, 1248).

Mit diesen Konstruktionen wird das Volk „zu einer apriorischen Willensgemeinschaft und vorgegebenen politischen Einheit metaphysiziert, die es nirgends ist noch war." (*Heller* 1963, 162) Ohne sich hier mit den genannten Ideologien näher zu beschäftigen, ist es wichtig darauf zu verweisen, daß es häufig gerade die staatliche Einheit war, die die sogenannte „natürliche" Einheit des Volkes hergestellt hat. „Der Staat ist mit seinen Machtmitteln durchaus im Stande, selbst aus sprachlichen und anthropologisch verschiedenen Völkern ein einziges zu machen" (ibidem, 165).[22]

Vor einer Antwort auf die Frage, ob „Volk" (noch) eine sinnvolle soziologische Kategorie sei, sollte die Frage beantwortet werden, ob es eine Realität gibt, die bisher zumindest teilweise, mit dem Volksbegriff – oder Volksbegriffen – bezeichnet wurde. Wir gehen davon aus, daß es die Realität ethnischer Groß-Kollektive gibt, die neben und „über" ethnischen Teilkollektiven existieren und die sich durch die zentralen Merkmale von Ethnizität, nämlich den Glauben an

---

[21] Vgl. hierzu näher Kapitel 9.
[22] „... relativ konstant sind nicht die „Völker", auch nicht die „Stämme" und schon gar nicht die „Rasse", sondern ausschließlich a) bestimmte soziale Schichten als Träger einer Kulturtradition ... b) assimilative Institutionen" (*Mühlmann* 1969d, 1250). Vgl. auch Abschnitt 3.1.1.2.

eine gemeinsame Herkunft, Gemeinsamkeiten von Kultur und Geschichte sowie zumindest Elementen eines Identitäts- und Zusammengehörigkeitsbewußtseins kennzeichnen lassen. Franzosen, Schweden, Deutsche, Schotten, Polen, Tschechen, Armenier beispielsweise sind Namen für „Völker". Wenn wir vor 1990 von „Deutschen" in diesem ethnischen Sinne sprachen, waren damit Angehörige beider deutscher Staaten, aber etwa auch deutsche Bevölkerungen auf dem Balkan gemeint.

Ist es sinnvoll, die Realität dieser ethnischen Kollektive mit dem Volksbegriff zu bezeichnen? Sollte man den Begriff Volk nicht einfach als einen politischen Kampfbegriff – wie z. B. „Rasse" fallenlassen?[23] Zunächst einmal ist „Volk" so stark im öffentlichen Bewußtsein verankert, daß Vorschläge von Wissenschaftlern, diesen Terminus fallenzulassen bzw. zu ersetzen, etwa durch „Ethnie" (*Mühlmann* 1969d), mehr oder minder wirkungslos bleiben würden. Damit würde sich Wissenschaft der Chance begeben, die ideologischen Belastungen, die „Volk" anhängen, durch neue Interpretationen und Definitionen abbauen zu helfen. Innerwissenschaftlich könnte beispielsweise „Ethnie" durchaus aufgenommen werden, aber zentrale Kategorien der Soziologie sind nun einmal auch Begriffe der Kommunikation mit und des Hineinwirkens in eine breitere Öffentlichkeit. Den Begriff soziologisch fallenzulassen, einen Begriff, der immerhin eine Grundtatsache moderner menschlicher Vergesellschaftung bezeichnet, heißt geradezu, ihn den Ideologen zu überlassen.[24]

Von vorliegenden wissenschaftlichen Definitionsvorschlägen möchten wir beispielhaft auf die von *Banton*, *Deutsch* und *Francis* eingehen. *Banton* (1984) nennt mit Bezug auf das deutsche Wort „Volk" „culture groups" und „would-be nation" als zentrale Definitionselemente. Sehr nüchtern, wohltuend nüchtern, ist auch der Volksbegriff von *Deutsch* (1972, 204):

„Ein Volk ist ein ausgedehntes Allzweck-Kommunikationsnetz von Menschen. Es ist eine Ansammlung von Individuen, die schnell und effektiv über Distanzen hinweg und über unterschiedliche Themen und Sachverhalte miteinander kommunizieren können. Dazu müssen sie ergänzend Kommunikationsgewohnheiten haben, gewöhnlich eine Sprache und immer eine Kultur als gemeinsamer Bestand von gemeinsamen Bedeutungen und Erinnerungen, der es wahrscheinlich macht, daß diese Individuen in der Gegenwart und in der nahen Zukunft gemeinsame Präferenzen und Wahrnehmungen miteinander teilen. Die Angehö-

---

[23] Zur Begründung der Unwissenschaftlichkeit eines „sozialwissenschaftlichen" Rassenbegriffs vgl. *Heckmann* (1979).
[24] Hat der Begriff „Volk" nicht nur eine belastete Geschichte, ist das bei „völkisch" anders. Bei ethnischen Gruppen und Minderheiten von „völkischen Minderheiten" (*Zippelius* 1985, 7) zu sprechen halte ich für nicht mehr vertretbar.

rigen ein und desselben Volkes sind sich in Bezug auf ihre Gewohnheiten und ihre Charakterzüge einander ähnlich und ergänzen einander in Bezug auf andere Gewohnheiten."

Francis (1965, 196) schlägt vor, „als Volk eine jede dauerhafte, durch ein gemeinsames kulturelles Erbe gekennzeichnete, zahlreiche Verwandtschaftsverbände (kinship groups) zu einer unterscheidbaren Einheit zusammenfassende Gesamtgesellschaft zu betrachten. 'Verwandtschaftsverband' soll dabei heißen: ein auf tatsächlicher oder fiktiver Abstammung beruhendes, zahlreiche Familien sowohl gleichzeitig als auch in zeitlicher Abfolge zu einer Einheit verbindendes Sozialgebilde."

Zu diesen Definitionsvorschlägen: Hebt *Banton* die Beziehung von Volk zu „Nation" definitorisch hervor, eine Kategorie, auf die wir im nächsten Punkt eingehen, ist für *Deutsch* vor allem die Fähigkeit wechselseitiger Kommunikation in einer Menschengruppe wichtig; hinzukommen bei ihm, historisch bedingte, gemeinsame Ziele und Ähnlichkeiten von „Charakterzügen". Geht man auf unser weiter oben dargestelltes Verständnis von Ethnizität zurück, so fehlt hier die Vorstellung gemeinsamer Herkunft; Gemeinsamkeiten von Kultur und Geschichte werden, anders umschrieben, in den Begriff aufgenommen. Fragwürdig erscheint mir die starke Heraushebung der Kommunikationsfähigkeit als konstitutives Definitionselement; sie ist, bedingt z. B. durch unterschiedliche Bildungsstände, soziale Ungleichheiten und Generationen innerhalb eines Volkes vielfachen „Störungen" ausgesetzt. Problematisch bei Francis empfinde ich die Vorstellung einer durch Verwandtschaftsverbände konstituierten Einheit; Volk und andere ethnische Kollektive sind zwar durch reale Beziehungsnetze – wie beispielsweise Verwandtschaft – verknüpft, zu einem großen Teil stehen ethnische Kollektive aber nur für *Möglichkeiten, Chancen* von Interaktionen und Beziehungen, für Vorstellungen von Gemeinsamkeit; man könnte allerdings von *quasiverwandtschaftlichen* Beziehungen sprechen: bei Verwandtschaft wie bei Volk besteht die Vorstellung eines lebende und tote Generationen einschließenden Zusammenhangs. Schließlich erscheint bei *Francis* die Bezeichnung des ethnischen Kollektivs Volk als „Gesamtgesellschaft" wenig sinnvoll, da Gesamtgesellschaft heute immer staatlich verfaßte Gesellschaften bezeichnet, Volk und Staat jedoch in ganz unterschiedlichen Relationen zueinander stehen können, d. h., Volk oft ethnische Kollektive bezeichnet, die nicht in einer, sondern in mehreren Gesamtgesellschaften leben.

Volk ist für uns das umfassendste ethnische Kollektiv, das durch den Glauben an eine gemeinsame Herkunft, Gemeinsamkeiten von Kultur und Geschichte sowie ein bestimmtes Identitäts- und Zusammengehörigkeitsbewußtsein gekennzeichnet ist. Volk steht also zum einen für Vorstellungen, zum anderen für (kooperative und konfliktäre) reale Beziehungen, des weiteren, über ethnische Mobilisierung, für Chancen von „Gemeinschaftshandeln". Volk in diesem Sinne ist ein Produkt der Herausbildung moderner Gesellschaften.[25]

3.2.2 Nation und Nationalstaat[26]

„Volk" und „Nation" stehen in enger Verbindung; das führt nicht selten zum synonymen Gebrauch beider Begriffe; auch die semantische Wurzel von Nation – nasci, geboren werden – legt die Vorstellung einer Abstammungsgemeinschaft, die man in älteren Definitionen des Volksbegriffs findet, nahe. Dennoch lassen sich beide Begriffe deutlich voneinander trennen; auch ist das Maß an Übereinstimmung im Verständnis des Nationsbegriffs in der Literatur größer als beim Volksbegriff.

Nation ist eine Entwicklungsstufe von Gesamtgesellschaften, die sich seit der bürgerlichen Revolution herausbildete: „Dem Mittelalter ist die Nation in unserem Sinne völlig unbekannt, und noch im 18. Jahrhundert erweisen sich die kirchlichen und dynastischen Bindungen in der Politik den nationalen gegenüber als die bei weitem stärkeren. Erst im Zeitalter des entwickelten Kapitalismus haben sich die Völker zu Nationen konstituiert. Seit der Französischen Revolution und dem napoleonischen Imperialismus, ursprünglich als Reaktion gegen diesen, haben sich die Nationen in immer wachsendem Maße als die stärksten staatsbildenden Kräfte erwiesen" (*Heller* 1963, 162).

Wie „Volk" hat auch „Nation" zuerst eine innergesellschaftliche Bedeutung; in den bürgerlich demokratischen Revolutionen wird der Kampf gegen den Absolutismus im Namen des Volkes oder der Nation geführt. Zu Beginn des 19. Jahrhunderts verstand man unter Nation die durch Bildung und Besitz herrschende Klasse, den „besseren, denkenden Teil des Volkes", wie *Hans von Gagern* 1818 sagte (vgl. ibidem).

Im 19. Jahrhundert verliert der Begriff Nation seine partikularistische Bedeutung und bezieht sich auf ethnische Kollektive, die nicht nur ein ethnisches Gemeinsamkeitsgefühl teilen, sondern politischverbandlich als Staaten organisiert sind. (vgl. *Weber* 1972, 242, 528/ 529)

---

[25] Der Name Volk wird natürlich auch für Kollektive in „vormodernen" Zeiten gebraucht. Mit diesen Verwendungsweisen und den damit bezeichneten Realitäten können wir uns hier nicht beschäftigen.
[26] Im Kontext des Kapitels zur Ethnizität wird hier nur auf den ethnischen Nationsbegriff eingegangen. Nation als „politische Willensgemeinschaft" wird in Kapitel 9 diskutiert.

In repräsentativen Definitionen wird das wie folgt aufgefaßt:

„Zur Nation wird das Kulturvolk, das an sich politisch amorph ist, dadurch, daß es sein Zusammengehörigkeitsbewußtsein zu einem politischen Willenszusammenhang entwickelt. Keineswegs genügt zur Konstituierung der Nation das bloß ethnische Gemeinsamkeitsgefühl" (*Heller* 1963, 261).

„Eine Nation ist ein Volk im Besitz eines Staates. Um einen Staat in Besitz zu nehmen, müssen einige Mitglieder dieses Volkes den Hauptteil der Führungskräfte dieses Staates stellen, und eine größere Zahl von Volksangehörigen muß sich mit dem Staat irgendwie identifizieren und ihn unterstützen" (*Deutsch* 1972, 204).

„... Nationen können ... durch Bewußtsein wie durch Kultur ... und die Konvergenz beider mit politischen Strukturen definiert werden ... Die Fusion von Bewußtsein, Kultur und Politik wird zur Norm" (*Gellner* 1983, 55).

Der Zusammenhang von ethnischem Gemeinsamkeitsbewußtsein und staatlicher Organisation wird – so lassen sich die meisten Konzepte in der Literatur zusammenfassen – für „Nation" als konstitutiv angesehen. Nationalstaatsbildung kann dabei das Resultat des Strebens eines Volkes oder Teilen eines Volkes nach eigenständiger staatlich-politischer Organisation auf der Basis eines ethnischen Gemeinsamkeitsgefühls sein;[27] wir konnten jedoch in Abschnitt 3.1.1.2 zeigen, daß es häufig eine überkommene Staatsorganisation ist, die das ethnische Gemeinsamkeitsgefühl und ethnische Vereinheitlichung erst fördert und *herzustellen* versucht.

Auf diesem Hintergrund überrascht es nicht, daß ethnische Homogenität von Nationalstaaten nur selten anzutreffen ist. Das zeigen Zahlen, die auf einer Untersuchung von *Connor* (1972) basieren: aus der Gesamtheit von 132 Staaten auf der Welt im Jahre 1971 waren nur 12 (9,1%) ethnisch homogen, 53 Staaten (40,2%) hatten sogar eine Bevölkerung, die aus fünf und mehr ethnischen Gruppen bestand.

Für Nation und Nationalstaat als zusammenhängende Konzepte schlagen wir resümierend folgende Definitionen vor: Nation und Nationalstaat bezeichnen eine historische Entwicklungsstufe von

---

[27] Für ethnische Kollektive, die nach eigenständiger politisch-staatlicher Organisation und Macht für ihre Gruppe kämpften, findet man in der Literatur nicht selten den Begriff der Nationalität (vgl. *Deutsch* 1972, 204). Das Erreichen der Eigenstaatlichkeit mache sie zu Nationen. Nationalität steht in der Literatur aber auch für eine ethnische Bewegung, die Anspruch auf körperschaftliche Mitbeteiligung an der gesamtstaatlichen Herrschaftsausübung und eine relative Autonomie durchsetzen will (vgl. *Francis* 1965, 180). Aus der Anerkennung solcher Ansprüche auf gesamtstaatlicher Ebene entsteht ein neues Modell des Staates, der Nationalitätenstaat, der im Zeitalter des Nationalismus eine Alternative zum Nationalstaat darstellt. „Im Nationalitätenstaat gibt es keine einzige staatstragende Nation, sondern nur eine Reihe von formal gleichgestellten Nationalitäten, die ... untereinander um die Vormachtstellung (oder doch machtpolitische Gleichstellung) ringen" (ibidem, 181).

Gesamtgesellschaften in der Moderne. Nation ist ein ethnisches Kollektiv, das ein ethnisches Gemeinsamkeitsbewußtsein teilt und politisch-verbandlich in der Form des Nationalstaats organisiert ist. Der Nationalstaat ist eine politische Organisationsform, in welcher der Anspruch einer Übereinstimmung von politisch-staatsbürgerlicher und ethnischer Zugehörigkeit gestellt wird; das Staatsgebiet eines Nationalstaats umfaßt dabei häufig nicht nur die Wohngebiete *eines* Volkes, in ihrer Gesamtheit oder in Teilen, sondern auch die Wohngebiete weiterer ethnischer Gruppen.

Daß das angesprochene Gemeinsamkeitsbewußtsein ein Glaube sei, auf vorgestellten Gemeinsamkeiten beruhe, daß Nation eine „imagined community" sei, ist häufig gesagt worden. Das „Vorgestellte" des Nationkonzepts ist besonders gut von *Anderson* (1988, 15–17) dargelegt worden: Nation ist für ihn eine vorgestellte politische Gemeinschaft („imagined community"), vorgestellt als begrenzt und souverän. „Vorgestellt" deswegen, weil die Mitglieder der Nation sich niemals „face-to-face" kennenlernen können, es also eine Anonymität der Mitgliedschaft gebe. Als „Gemeinschaft" (community) würde die Nation vorgestellt, weil sie ungeachtet realer Ungleichheit und Abhängigkeit untereinander als „kameradschaftlicher" Verbund von gleichen verstanden werde.[28]

So richtig die Kennzeichnungen *Andersons* sind, darf man sie jedoch nicht überinterpretieren: Nationen sind nicht nur real als Produkte bloßer Vorstellung und Einbildung – da Vorstellungen und Einbildungen als solche „real" sind, bilden sie auch als solche eine spezifische gesellschaftliche Realität – sie sind auch real als Gemeinsamkeit bestimmter Merkmale: ethnischer Merkmale beim ethnischen Nationsbegriff, politisch-institutioneller beim politischen Nationsbegriff.[29] Nation ist immer zugleich *Programm* und eine *Wirklichkeit*, die „das Programm noch nicht erfüllt hat." Oder, mit *A.D. Smith*: „Die in moderner Zeit entstehende Nation muß zugleich als Konstrukt und als wirklicher Prozeß gesehen werden" (*Smith* 1989, 342).

Gegenüber Ideologien des Nationalismus ist schließlich darauf zu verweisen, daß „Nation" kein einheitlich handelndes „Gebilde" oder ethnisches Kollektiv ist, oder gar als Akteur zu verstehen sei. Hermann Heller, dessen Staatstheorie soziologisch fundiert ist, hat hierzu treffend ausgeführt:

---

[28] „Begrenzt" heißt bei *Anderson*, die Nation sei niemals identisch mit der Menschheit oder entfalte auch nicht, wie viele Religionen, ihre Programmatik auf den Einschluß aller Menschen. Das Merkmal der Souveränität schließlich habe damit zu tun, daß die Nation ein Produkt der Aufklärung und der bürgerlichen Revolution sei, welche die Legitimität der überkommenen Ordnung zerstört habe; Nationen träumten davon, frei zu sein; Maßstab und Symbol dieser Freiheit sei der souveräne Staat.

[29] Vgl. hierzu näher Abschnitt 9.1.

„Die Wirklichkeit von Volk und Nation zeigt ... in aller Regel keine Einheit, sondern einen Pluralismus von politischen Willensrichtungen, und selbst in den seltenen Augenblicken einer allgemeinen nationalen Erhebung steht der im staatlichen Handeln zum Ausdruck gelangenden nationalen Einheit noch immer eine in Zielen oder Mitteln dissentierende Vielfalt im Volke gegenüber. Namentlich kann in der ausgebildeten Klassengesellschaft von einer aktionsfähigen politischen Einhelligkeit des nationalen Willenszusammenhangs keine Rede sein. Sowohl durch den politischen Klassenzusammenhang wie auch innerhalb derselben Klasse, durch ökonomische und geistige, konfessionelle, dynastische und alle möglichen Gegensätze wird eine große Mannigfaltigkeit von Gegnerschaften erzeugt" (*Heller* 1963, 163/164). Wenn in Analysen der Gegenwartsgesellschaft ein Zurücktreten oder gar Obsoletwerden der Bedeutung von Klassenlagen und eine Individualisierung und Pluralisierung von Lebenslagen konstatiert wird, widerlegt das nicht Aussagen über die „Uneinheitlichkeit" von Nationen, sondern bestärkt sie eher noch.

3.2.3 Ethnische Gruppen und ethnische Minderheiten

Das Konzept der ethnischen Gruppe ist bisher vor allem in angelsächsischer-englischsprachiger Literatur verbreitet („ethnic group") und gehört neben ethnischer Minderheit („ethnic minority") zu den am häufigsten verwendeten Begriffen auf dem Gebiet inter-ethnischer Beziehungen. Deutschsprachige Definitionsvorschläge stammen von *Max Weber* und *Francis*.[30]

Im Zusammenhang mit der Grundlagendiskussion über Ethnizität in Abschnitt 3.1 waren wir schon auf „ethnische Gruppe" als soziologisches Konzept eingegangen. Gegenüber den dort genannten zentralen Elementen des Konzepts erscheint mir ergänzend der Hinweis notwendig, daß damit – im Unterschied zu „Volk" und „Nation" – *Teilbevölkerungen* in staatlich verfaßten Gesamtgesellschaften gemeint sind; das wird in den vorliegenden Definitionen offenbar implizit so verstanden, aber nicht explizit genannt. Für die Möglichkeit einer Unterscheidung zwischen „ethnischer Gruppe" und Volk, die im übrigen zentrale Merkmale teilen, erscheint mir diese Akzentuierung notwendig.

Der folgende Definitionsvorschlag, auf Abschnitt 3.1 basierend, geht davon aus, daß die dort diskutierten Konzeptionen von ethnischer Gruppe in unterschiedlichem Maße – unvollständig sind; wir versuchen daher, die wesentlichen Elemente des Konzepts zusammenzufassen:

---

[30] *Francis* hat sich aber vor allem an den angelsächsischen Diskussionen beteiligt. Im deutschsprachigen Raum fehlte bisher auch eine angemessene Resonanz für das Thema ethnischer Beziehungen; vgl. zu *Weber* und *Francis* Abschnitt 3.1.

Ethnische Gruppen sind Teilbevölkerungen von staatlich verfaßten Gesamtgesellschaften; diese „Teilbevölkerungen" sind ethnische Kollektive, die Angehörige eines Volkes oder, wesentlich häufiger, Teile von Völkern sind. Wie andere ethnische Kollektive haben ethnische Gruppen eine Vorstellung gemeinsamer Herkunft sowie ein Zusammengehörigkeitsbewußtsein und sind durch Gemeinsamkeiten von Geschichte und Kultur gekennzeichnet. Eine kollektive Identität begründet sich zum einen auf ein Bewußtsein der Gruppe von sich selbst, zum anderen als Urteil und Zuschreibung „von außen", d. h. seitens anderer Gruppen; kollektive Identität und Zugehörigkeitsdefinitionen werden über Grenzziehungen der ethnischen Gruppen selbst wie über Abgrenzungen durch andere ethnische Kollektive bestimmt. Ethnische Gruppen sind durch gemeinsame Institutionen und Beziehungssysteme verbunden.

Trotz des Vorhandenseins gemeinsamer Institutionen und Beziehungssysteme in ethnischen Gruppen sind diese zunächst keine „wirklichen Gruppen", sondern eher soziale Kategorien. „Wirkliche Gruppen" sind *Teil* der ethnischen Gruppe, und die ethnische Gruppe bietet vielfache Chancen zum Aufnehmen von Beziehungen, zur ethnischen „Vergesellschaftung" und „Vergemeinschaftung"; wie Nationen oder Völker sind ethnische Gruppen keine „Akteure", aber sie teilen Gemeinsamkeiten, die „Vergesellschaftung" und „Vergemeinschaftung" erleichtern.

Diese Zusammenhänge treffen auch auf die Konzepte ethnische Minderheit und ethnische Mehrheit zu, auf welche hier abschließend eingegangen werden soll.[31] Ethnische Minderheiten sind ethnische Gruppen, aber von einer spezifischen Art: der Begriff der Minderheit, der sich historisch auf die bei einer Abstimmung oder Wahl Unterlegenen und die von politischer Herrschaft Ausgeschlossenen bezieht, meint nicht nur ethnische Sonderheit und deren Merkmale im Sinne der genannten Definition von ethnischer Gruppe, sondern auch eine damit verbundene Benachteiligung oder Diskriminierung, eine Stellung minderer Rechte, minderen Ansehens und minderer Ressourcenverfügung; damit ist deutlich, daß Minderheit nicht notwendigerweise auch zahlenmäßige Minderheiten bezeichnet, sondern ein *Verhältnis zwischen Gruppen*, die Lebenssituation einer Bevölkerung. Ethnisch unterschiedene Gruppen, die in ethnisch heterogenen Staaten leben und über gleiche Rechte und „Lebenschancen" verfügen, sind ethnische Gruppen, aber nicht ethnische Minderheiten. Ethnische Minderheiten sind innerhalb eines Systems ethnischer Schichtung benachteiligte,

---

[31] Wir begrenzen uns beim allgemeinen Minderheitenbegriff auf eine kursorische Darstellung, da wir uns in anderen Arbeiten, die sich mit den vorhergehenden Ausführungen zusammenfügen lassen, ausführlicher hierzu geäußert haben (vgl. *Heckmann* 1981 und 1983).

unterdrückte, diskriminierte und stigmatisierte ethnische Gruppen.[32] Ethnische Mehrheiten dagegen sind die im System ethnischer Schichtung dominierenden ethnischen Gruppen.[33]
Ethnische Minderheiten sind keine einheitlichen Phänomene; es ist für theoretische und empirische Zwecke sinnvoll, den allgemeinen Begriff weiter auszudifferenzieren und eine Typologie ethnischer Minderheiten zu entwerfen, die struktur- und handlungsrelevante Unterschiede zwischen verschiedenen ethnischen Minderheiten herausarbeitet. Die im folgenden Kapitel 4 entwickelte Typologie unterscheidet ethnische Minderheitengruppen nach den Entstehungsbedingungen ihrer Lage, nach der sozialstrukturellen Stellung der Gruppe innerhalb der Gesamtgesellschaft und nach den ethnisch-politischen Orientierungen der Gruppe. Diese Bedingungen werden in Beziehung gesetzt zu drei größeren historischen Prozessen: zur Begründung des modernen Nationalstaats (nationale und regionale Minderheiten), zur großen internen und internationalen Migration im Gefolge der (ungleichzeitigen) Industrialisierung (Einwandererminderheiten), schließlich zum Kolonialismus und in seiner Konsequenz zur Begründung „junger" Nationalstaaten in der Dritten Welt (kolonisierte Minderheiten, neue nationale Minderheiten).

Abschließend fassen wir die zentralen Kategorien von Ethnizität noch einmal zusammen.

3.3 Zusammenfassung: Definitionsvorschläge für Grundkategorien von Ethnizität

1. *Ethnizität* bezeichnet die für individuelles und kollektives Handeln bedeutsame Tatsache, daß eine relativ große Gruppe von Menschen durch den Glauben an eine gemeinsame Herkunft, durch Gemeinsamkeiten von Kultur, Geschichte und aktuellen Erfahrungen verbunden sind und ein bestimmtes Identitäts- und Solidarbewußtsein besitzen.

---

[32] „Die in einem System ethnischer Schichtung Unterprivilegierten werden üblicherweise als Minderheit bezeichnet" (*Shibutani* und *Kwan* 1965, 35).

[33] Es gibt neben der Tradition, benachteiligte ethnische Gruppen als Minderheiten zu verstehen, eine nicht selten auch im wissenschaftlichen Kontext anzutreffende Formel, Minderheiten als herrschende, elitäre Minderheiten zu bezeichnen; man spricht etwa von der weißen Minderheit in Südafrika. Wir gehen jedoch davon aus, daß im Zusammenhang inter-ethnischer Beziehungen erstgenannter Sinn in der Literatur vorherrscht und verwenden aus Konsistenzgründen den Begriff der ethnischen Minderheit nur als benachteiligte und/oder diskriminierte Gruppe.

2. Ethnizität ermöglicht die Bildung *ethnischer Kollektive*; ethnische Kollektive beinhalten zum einen soziale Beziehungsstrukturen; zum anderen sind sie „soziale Kategorien", die über ethnische Mobilisierung für die „Chance" zum Gemeinschaftshandeln stehen.
3. *Volk* ist das umfassendste ethnische Kollektiv, das durch den Glauben an eine gemeinsame Herkunft, Gemeinsamkeiten von Kultur und Geschichte sowie ein Zusammengehörigkeitsbewußtsein gekennzeichnet ist. Volk steht für (kooperative und konfliktäre) reale Beziehungen, gleichzeitig aber auch für Chancen von „Gemeinschaftshandeln". Volk in diesem Sinne ist ein Produkt der Herausbildung moderner Gesellschaften.
4. *Nation* und *Nationalstaat* bezeichnen eine historische Entwicklungsstufe von Gesamtgesellschaften in der Moderne. Nation ist ein ethnisches Kollektiv, das ein ethnisches Gemeinsamkeitsbewußtsein teilt und politisch-verbandlich in der Form des Nationalstaats organisiert ist. Der Nationalstaat ist eine politische Organisationsform, in welcher der Anspruch einer Übereinstimmung politisch-staatsverbandlicher und ethnischer Zugehörigkeit gestellt wird; das Staatsgebiet eines Nationalstaats umfaßt dabei häufig nicht nur die Wohngebiete eines Volkes, in ihrer Gesamtheit oder in Teilen, sondern auch die Wohngebiete weiterer ethnischer Gruppen.
5. *Ethnische Gruppen* bezeichnen Teilbevölkerungen von staatlich verfaßten Gesamtgesellschaften; diese Teilbevölkerungen sind von der Mehrheitsbevölkerung differente ethnische Kollektive, die Angehörige eines Volkes oder, wesentlich häufiger, Teile von Völkern sind. Wie andere ethnische Kollektive haben ethnische Gruppen eine Vorstellung gemeinsamer Herkunft sowie ein Zusammengehörigkeitsbewußtsein und sind durch Gemeinsamkeiten von Kultur und Geschichte gekennzeichnet. Eine kollektive Identität begründet sich zum einen auf ein Bewußtsein der Gruppe von sich selbst, zum anderen als Urteil und Zuschreibung „von außen", d.h. anderer Gruppen; ethnische Gruppen sind z.T. durch gemeinsame Institutionen und Beziehungssysteme verbunden, z.T. stehen sie (nur) für die Mobilisierbarkeit gemeinsamen Handelns.
6. *Ethnische Minderheiten* sind die innerhalb eines Systems ethnischer Schichtung benachteiligten, unterdrückten, diskriminierten und stigmatisierten ethnischen Gruppen. Nach den Entstehungsbedingungen ihrer Lage, nach unterschiedlichen sozialstrukturellen Stellungen und politischen Orientierungen lassen sich folgende Typen ethnischer Minderheiten unterscheiden: nationale und regionale Minderheiten, Einwandererminderheiten, kolonisierte Minderheiten und neue nationale Minderheiten.

7. *Ethnische Mehrheiten* sind die in einem System ethnischer Schichtung dominierenden Gruppen.

Nach den grundlegenden und allgemeinen Analysen zur Ethnizität und über ethnische Kollektive folgt in Kapitel 4 eine detailliertere Untersuchung über ethnische Minderheiten als zentraler Gegenstand unserer Arbeit, die die in Punkt 6 angeführten Konzepte begründet.

4 Zur Typologie ethnischer Minderheiten

In der Literatur wird der Begriff der Minderheit (minority) oder ethnischen Minderheit (ethnic minority) zumeist undifferenziert für eine Vielzahl unterschiedlicher ethnischer Gruppen verwendet. Sein Gebrauch ist jedoch nicht vollkommen willkürlich, sondern steht für bestimmte Gemeinsamkeiten von Gruppen: für jeweils von ihnen erfahrene Diskriminierungen, Vorurteile wie auch bestimmte Formen der „Abweichung" und des „Andersseins" und Formen des Bewußtseins darüber. Auf Unterschiede der sozialstrukturellen Stellung und sozialökonomischen Lage, des konkreten Verhaltens und, vor allem, der Geschichte der Minderheit, geht dieser deskriptive Begriff jedoch nicht ein.[1] Das ist ein durchaus folgenreiches Defizit, impliziert das Zusammenfassen sehr heterogener Bevölkerungsgruppen unter einem Begriff doch die a priori getroffene Entscheidung, daß es sich um *einen* Untersuchungsbereich handele, und daß von prinzipiellen Identitäten, Gemeinsamkeiten und Ähnlichkeiten zwischen z. B. kolonisierten Indianern, „Gastarbeitern", nationalen und regionalen Minderheiten auszugehen sei.

Von der Gemeinsamkeit der „Objektstellung", d. h. Objekt von Vorurteil und Diskriminierung zu sein, kann jedoch nicht ohne weiteres auch auf andere Gemeinsamkeiten geschlossen werden. Als Fazit dieser Überlegungen und zugleich Programmatik für die folgenden Ausführungen läßt sich mit *Francis* (1965, 123) sagen: „Auffallende Variationen im Verhalten von Minderheiten legen den Schluß nahe, daß es sich gar nicht um ein homogenes Phänomen handelt, sondern daß sich deutlich mehrere Arten von Minderheiten unterscheiden lassen. Typische Unterschiede im Verhalten von Minderheiten lassen sich vielmehr dann erklären, wenn es gelingt, sie statt mit Hilfe von äußeren Merkmalen auf Grund konstitutiver Unterschiede zu differenzieren." Für diese Differenzierung entwerfen wir eine historisch-systematische Typologie, in die der Entstehungskontext der Minderheitenlage und wichtige Seiten der gegenwärtigen Situation der Minderheit, wie ihre sozialstrukturelle Stellung, verschiedene Dimensionen von Beziehungen zwischen Mehrheit und Minderheit und politische Orientierungen eingehen.

Die im folgenden dargestellte historisch systematische Typologie ethnischer Minderheiten wird entwickelt im Kontext der Analyse

---

[1] Vgl. zum Nachweis *Heckmann* (1981, 19–21).

dreier größerer historischer Prozesse: der Begründung des modernen Nationalstaats, der großen internen und internationalen Migration als Folge der Auflösung der feudal-agrarischen Produktionsweise und Sozialstruktur, schließlich der Wirkungen des Kolonialismus und in seiner Konsequenz der Begründung der „jungen" Nationalstaaten.

4.1 Nationalstaat und ethnische Minderheiten

4.1.1 Nationale Minderheiten

Der Entstehung nationaler Minderheiten liegen Prozesse zugrunde, die wir als Wandel vom Territorialstaat zum Nationalstaat analysiert hatten. Während der Territorialstaat tendenziell gleichgültig gegenüber der ethnischen Zugehörigkeit seiner Bevölkerung war und seine Einheit durch die Institution des Monarchen ideologisch absicherte, erstrebt der Nationalstaat die Übereinstimmung von staatlicher Organisation und ethnischer Zugehörigkeit seiner Bevölkerung. Die im „fremden" Staatsgebiet wohnenden Bevölkerungsgruppen abweichender ethnischer Identität wurden damit zu ethnischen Minderheiten. Der Nationalstaat mit seiner Tendenz zur kulturellen Homogenisierung übt einen starken Assimilierungsdruck auf die Minderheiten aus;[2] in ihren bürgerlichen Rechten sind die Angehörigen der Minderheit häufig Diskriminierungen ausgesetzt.

Die politische Geschichte Europas im 19. Jahrhundert ist zu einem bedeutenden Teil die Geschichte der Herausbildung der Nationalstaaten, und gleichzeitig der Entstehung nationaler Minderheiten, ihres Kampfes um Eigenstaatlichkeit bzw. um Anschluß an Staaten gleicher nationaler Zugehörigkeit, oder für die Respektierung ihrer nationalen Eigenheiten in Sprache und Kultur. Gebiets- und Bevölkerungsabtretungen als Folge der Konflikte von Nationalstaaten untereinander führten zur Auflösung, aber auch zu ständiger Neubildung von Minderheitenlagen. Nach dem Wiener Kongreß von 1815 entwickelte sich der nationalstaatliche Gedanke zur politischen Bewegung nicht nur in Italien[3] und Deutschland, sondern auch auf dem Balkan gegenüber den (multi-ethnischen) Osmanischen und Habsburgischen Reichen. Nach der Niederlage des Deutschen Reiches, der Habsburgischen Monarchie und des Osmanischen Reichs im Ersten Weltkrieg wurde das von Woodrow Wilson proklamierte Selbstbestimmungsrecht der Völker zu einem Hauptprinzip der ter-

---

[2] Vgl. hierzu näher Kapitel 9.
[3] In der italienischen Einigungsbewegung entstand der für ganz Europa einflußreiche Begriff des Irredentismus, der das Bestreben nationaler Minderheiten zum Anschluß an das „eigene" Staatsgebiet bezeichnete.

ritorialen und staatlichen Neuordnung Europas. Hier erweist sich der widersprüchliche Zusammenhang zwischen der Gründung der Nationalstaaten und der Entstehung nationaler Minderheiten: gerade der Versuch, die Einheit von Staat und Nation herzustellen, führte aufgrund historischer Siedlungsstrukturen, die einer Kongruenz von Staatsgebiet und sprachlich-kulturell-geschichtlicher Besonderheit entgegenstanden, notwendig zur Herausbildung von Minderheitenlagen. Somit entstanden aufgrund der Pariser Friedensverträge eine Vielzahl neuer Minderheitenlagen; in Minderheitenrechtsverträgen[4] der Alliierten mit Polen, der Tschechoslowakei, Rumänien, Jugoslawien und Bulgarien sollte der Schutz der nationalen Minderheiten in den betreffenden Staaten gesichert werden.[5]

Minderheitenschutz war zu einem wichtigen Politikum geworden, da die meisten Nationalstaaten ihren Minderheiten gegenüber eine Unterdrückungspolitik betrieben. Zumeist wurde eine mehr oder minder zwangs- oder gewalthafte Assimilierungspolitik verfolgt; Konflikte zwischen Nationalstaat und Minderheit entzündeten sich vor allem an der Auseinandersetzung um die Anerkennung der Minderheitensprache im Schulwesen und als Amtssprache; der Entfaltung politischer, kultureller und kirchlicher Organisationen der Minderheit setzte der Staat häufig repressive administrative Maßnahmen oder Gesetze entgegen, die auf eine Einschränkung der bürgerlichen Rechte der Minderheit hinausliefen. Die Minderheitenschutzverträge sollten hier einen Wandel schaffen. Der Völkerbund institutionalisierte eine Beschwerdeninstanz in Genf; der Internationale Gerichtshof in Haag sollte Streitfälle entscheiden und Gutachten erstellen. Von seiten der Minderheiten selbst wurden in den 20er Jahren Versuche unternommen, ihre Rechte durch Zusammenarbeit auf nationaler Ebene abzusichern. So schlossen sich beispielsweise die nationalen Minderheiten in Deutschland zu einem Verband zusammen; ihr Organ trug kennzeichnenderweise den Namen „Kulturwille", dann nach 1926 „Kulturwehr". Auch im internationalen Rahmen wurden Versuche zur Zusammenarbeit eingeleitet, sichtbar in den Genfer Minderheitenkongressen von 1925 und 1926, auf denen alle europäischen Minderheiten vertreten waren. Seitens der Interparlamentarischen Union, bekannter Pazifistenorganisationen wie der „Organisation Centrale pur une Paix durable" und der „Union der Völkerbundlichen" wurden ebenfalls Versuche gemacht, international den Gedanken und die Politik des Minderheitenschutzes zu fördern (vgl. *Robinson* 1928, 22 ff.). Auf den Genfer Kongressen wurden aber bereits die Grenzen dieser

---

[4] Eine gute Quellensammlung hierzu ist *Kraus* (1927).
[5] Estland, Lettland und Litauen mußten bei ihrer Aufnahme in den Völkerbund rechtsverbindliche Erklärungen ähnlichen Inhalts zum Schutz der in ihrem Territorium wohnenden nationalen Minderheiten abgeben.

Bemühungen deutlich; zum einen gelang es nur sehr unverbindliche, allgemein gehaltene Resolutionen zu verabschieden, zum anderen wurden besonders Bemühungen der alldeutschen Verbände, die als Ehrengäste an den Kongressen teilnahmen, deutlich, Minderheitenpolitik zum Instrument der deutschen Außenpolitik zu machen (vgl. *Skala* 1926, 313).

Nationale Minderheiten haben oder streben intensive Beziehungen zu dem Nationalstaat an, in dem „ihre" ethnische Gruppe Staatsvolk ist, z. B. die Dänen in der Bundesrepublik mit Dänemark, die Deutschen in Dänemark mit der Bundesrepublik. Unter bestimmten Bedingungen wird auch der Anschluß an den „zugehörigen" Nationalstaat gefordert.

Im Unterschied zu Arbeitsmigranten, die zumindest in der Anfangsphase des Migrationsprozesses sich sozialstrukturell wenig ausdifferenzieren, sind nationale Minderheiten als „Alteingesessene" durch sozialstrukturelle Heterogenität gekennzeichnet, d. h., die in der Gesamtgesellschaft „normale" Struktur z. B. hinsichtlich sozialökonomischer Stellung, Siedlungsweise oder demographischer Verhältnisse findet sich auch in der Minderheit wieder.

Die Hauptmerkmale nationaler Minderheiten zusammenfassend läßt sich sagen: Nationale Minderheiten sind sozialstrukturell heterogene Bevölkerungsgruppen, die in Folge der Konstitution des Nationalstaats aufgrund historischer Siedlungsstrukturen, oder Staatsgebietsveränderungen als Resultat von Vereinbarungen oder Konflikten zwischen Nationalstaaten, innerhalb eines in Bezug auf ihre ethnische Identität, Kultur und Geschichte fremden Staatsgebiets leben. Als Staatsbürger sind sie häufig eines Teils ihrer bürgerlichen Rechte beraubt oder in der Ausübung von Rechten behindert; sie sind typischerweise einem starken Assimilierungsdruck unterworfen. Ihr politisches Ziel sind enge Beziehungen zu oder der Anschluß an den in Bezug auf ihre historisch-kulturelle Identität zugehörigen und ihren sozial-ökonomischen Interessen förderlichen Nationalstaat.

4.1.2 Regionale Minderheiten

Mit der Begründung und Festigung des Nationalstaats sind kulturelle Vereinheitlichungs- und ethnische Akkulturations- und Assimilierungsprozesse verbunden, die ethnisch zuvor eigenständige Bevölkerungen in Nationen „aufgehen" lassen. Diese Prozesse werden z. T. mit Zwang und Gewalt durchgesetzt, werden eingeleitet und vorangetrieben bei der Einführung bzw. Verbreitung öffentlicher Bildung und Erziehung, sind Teil alltäglichen Verwaltungshandelns und auch Resultat von allgemeinen Modernisierungsprozessen in der Wirtschaft, den Verkehrs- und Kommunikationssystemen.

Diese Vereinheitlichungs- und Assimilierungsprozesse tragen jedoch nicht immer den „vollen Sieg" davon. Regionale Minderheiten sind Bevölkerungsgruppen, die – aus unterschiedlichen Gründen – den Vereinheitlichungs- und Assimilierungsprozessen gegenüber ihre ethnische Identität bewahrt haben oder als ethnische und politische Bewegung „verschüttete" ethnische Traditionen und Kultur und bestimmte Bilder der Vergangenheit wiederentdecken und wiederbeleben wollen. In der Bundesrepublik sind die Sorben ein Beispiel für eine regionale Minderheit; Katalanen, Waliser, Schotten, Basken, Okzitaner oder Rätoromanen sind in Europa weitere Beispiele für regionale Minderheiten, die an vor-nationalstaatlicher ethnischer Identität anknüpfen wollen.

Regionalistische Bewegungen waren besonders in den 70er Jahren in Europa von stärkerer Bedeutung, in den traditionellen europäischen Zentralstaaten wie Frankreich, Spanien und Großbritannien, aber auch etwa in Belgien und Italien (vgl. *Kreckel* et al. 1986, 3). Mit nationalen Minderheiten teilen regionale Minderheiten das Merkmal, sozialstrukturell heterogen zu sein; sie sind nicht Bewegungen etwa nur einer „Klasse" oder Schicht; was sie von nationalen Minderheiten unterscheidet ist nicht nur die Ursache ihrer Minderheitenlage, sondern auch die politische Perspektive: zwar verstehen sich einige der regionalistischen Bewegungen als Bewegungen von „Nationen" mit dem Ziel der Eigenstaatlichkeit, überwiegend streben sie jedoch im Rahmen des Nationalstaats einen politischen und kulturellen Autonomiestatus an, der sich aus der vor-nationalstaatlichen Vergangenheit legitimiert; sie sind auch nicht, wie nationale Minderheiten, auf den Anschluß an oder enge Beziehungen mit einem als historisch und kulturell als „zugehörig" empfundenen bestehenden anderen Nationalstaat orientiert.

Theoretische Diskussionen über die auslösenden Momente regionalistischer Bewegungen können hier nur stichwortartig erwähnt, aber nicht eigentlich diskutiert werden. Genannt werden können eine Überzentralisierungshypothese, Hypothesen absoluter und relativer Deprivation der Regionen und die Erklärung der regionalistischen Bewegung als Protest gegen den Gemeinschaftsverlust und die „Kälte" der modernen Industriegesellschaft (vgl. *Smith* 1981, 27–54).[6] Auch *Hechter*s Theorie des internen Kolonialismus (*Hech-*

---

[6] Von diesen Hypothesen ist die Deprivationshypothese am bekanntesten; *Smith* (ibidem) zeigt ihre konzeptuellen und empirischen Schwächen; *Kreckel* et al. (1986, 445) resümieren für ihre empirische Untersuchung, „daß die These von der 'objektiven' Benachteiligung als direkter Grundlage regionalistischen Protests sich ... für keine der drei untersuchten Regionen aufrechterhalten läßt." Die Regionen waren Schottland, Katalanien und Okzitanien.

ter 1975), die Analogien zwischen Beziehungen von Kolonialmacht und Kolonisierten zu Beziehungen zwischen Zentrum und regionalen Peripherien in modernen Nationalgesellschaften behauptet, gehört in diese Reihe.

Zusammengefaßt: regionale Minderheiten sind Bevölkerungsgruppen in modernen Nationalstaaten, deren gegenüber dem Staatsvolk „abweichende" ethnische Identität historisch überkommen ist oder die sich in regionalistischen Bewegungen durch einen historischen Bezug auf vor-nationalstaatliche Verhältnisse kulturell und politisch formieren; politische Forderungen regionaler Minderheiten tendieren zu politischer und kultureller Autonomie innerhalb des Nationalstaats.

4.2 Migration und ethnische Minderheiten

Bedeutende interne und internationale Bevölkerungsbewegungen sind Teilmomente des Prozesses der Auflösung der feudalistisch agrarischen Produktionsweise und Sozialstruktur und der gleichzeitigen Herausbildung der neuen Produktions- und Gesellschaftsstruktur des industriellen Kapitalismus. Die Auswanderung aus Europa ist zu sehen als Teil des größeren Migrationsprozesses, dessen interne Bewegungen man gewohnt ist, als Landflucht zu bezeichnen. Er nahm seinen Ausgang in der Freisetzung landwirtschaftlicher Arbeitskräfte und von Handwerkern bei gleichzeitig sprunghafter Bevölkerungsvermehrung.[7]

Aus- bzw. Einwanderung resultiert aus einem fundamentalen Ungleichgewicht zwischen Gesellschaften unterschiedlichen Entwicklungsniveaus: relative Kapitalarmut und die Existenz einer Surplusbevölkerung im Auswanderungsland stehen Land- und andere Naturreichtümer, Kapitalbildung bzw. transferiertes Kapital und wachsender Arbeitskräftebedarf im Einwanderungsland gegenüber. Die Angleichung dieses Verhältnisses zwischen Ländern führt zu

---

[7] „Migration vom Land in städtisch-industrielle Gebiete war in vielen Ländern weit umfangreicher und bedeutsamer als überseeische Auswanderung. Wer eine Beschäftigung oder andere Erwerbschancen in den schnell wachsenden Industriegebieten fand, blieb; wer nichts fand ging nach Canada, in die Vereinigten Staaten oder nach Argentinien ... Die dominanten Bevölkerungsbewegungen waren deshalb inner-europäisch, waren keine Auswanderung" (*Qualey* 1964, 35).

einem Nachlassen der Auswanderung und einer Verlagerung der Wanderungsbewegungen.[8]

Am Beispiel des klassischen Einwanderungslandes USA sollen im folgenden zwei der wichtigsten Minderheitenlagen von Einwanderern skizziert werden: (ländliche) Siedlungseinwanderer und (städtische) Arbeitsmigranten.[9]

4.2.1 Einwandererminderheiten: Siedlungseinwanderer

Die bisherige Diskussion operierte mit einem nicht näher hinterfragten, quasi alltagsbegrifflichen Konzept von Einwanderung. Zu diesem gehört etwa die vage Vorstellung, Einwanderer seien Siedler, ja Pioniere geworden, eine Vorstellung, die sich bei konkreter Untersuchung als Mythos erweist. Zunächst: Ein Großteil der in den ersten beiden Jahrhunderten in die USA gewanderten Bewohner kamen keineswegs als freie Siedler und Pioniere, sondern unter dem System des „indentured service", einer Form von sklavenähnlicher, jedoch temporärer Zwangsarbeit.[10]

---

[8] Das ökonomische Wachstumstempo Deutschlands sowie West- und Nordeuropas in den beiden letzten Jahrzehnten des 19. Jahrhunderts und der Zeit bis zum Ersten Weltkrieg bewirkten beispielsweise ein Nachlassen der Auswanderung in die Vereinigten Staaten bei gleichzeitiger Zunahme der Einwanderung aus Süd- und Osteuropa nach Deutschland.

[9] Im Rahmen einer vollständigen Systematik von Einwandererminderheiten müßte auch auf ethnische Minderheiten eingegangen werden, die durch Fluchtmigration entstanden sind. Wir möchten hierfür auf Abschnitt 2.7 über ausländische Flüchtlinge in der Bundesrepublik hinweisen, können im Kontext des Kapitels 4 jedoch eine allgemeine Analyse dieses Typs von Migration nicht leisten.

[10] Dieses System hatte drei Hauptformen entwickelt: 1. die „indentured servants" unterzeichneten einen Vertrag mit dem Agenten einer Schiffahrtsgesellschaft oder mit einem Kapitän, in welchem sie sich für eine bestimmte Zeit – im Durchschnitt 4-6 Jahre – als „Erstattung" für die Kosten der Überfahrt zur Zwangsarbeit verpflichteten. Die Agenten oder Schiffahrtskapitäne verkauften ihre Rechte an den „indentured servants" in einer öffentlichen Auktion, die einem Sklavenmarkt ähnelte. 2. Die Gruppe der sog. „redemptioners" oder „free-willers" hatte keinen Vertrag vor der Reise unterzeichnet, sondern mußte ihre Dienste bei der Ankunft selbst verkaufen bzw. wurde von den Kapitänen meistbietend veräußert. 3. Eine weitere Gruppe von „indentured servants" bestand aus zwangsverschleppten Personen, zumeist Armen, politischen Verfolgten, Kriminellen, aber auch einer großen Zahl gekidnappter Personen einschließlich Kindern (vgl. *Davie* 1949, 31-33). „Die Profite, die durch solche Praktiken (Kidnapping, F.H.) gemacht wurden, waren so groß, daß sie zum Anreiz für die Gründung regelrechter Geschäftsunternehmen in London, in Seehäfen wie Bristol und verschiedenen kontinentaleuropäischen Häfen wurden" (ibidem, 31).

Die Hauptphase der eigentlichen Masseneinwanderung in die Vereinigten Staaten sind das 19. Jahrhundert und im 20. Jahrhundert die Zeit bis zum Ersten Weltkrieg. Der Einwanderer des 19. Jahrhunderts ist kein Grenzer. „Er setzte Fertigkeiten voraus, die im europäischen Dorf nicht herangebildet wurden. Weder seiner Erfahrung noch seinem Temperament nach eignete sich der Einwanderer für die Pionierarbeit" (*Hansen* 1948, 51). Er ist auch kein Pionierfarmer, der dem Grenzer folgte und erste Formen der Kultivation des Bodens entwickelte und auch Vieh züchtete. Erst den Pionierfarmern folgten die seßhaften Farmer, von denen viele Einwandererfarmer oder Siedlungseinwanderer waren. Sie kauften bereits gerodete Farmen auf, wozu sie nicht unbeträchtliche Geldbeträge benötigten. Vor diesem Erwerb stand für sie eine Phase der Lohnarbeit, in der sie versuchten, Geldmittel für solch einen Kauf zu sparen. Genauere Zahlenangaben über den Anteil der Einwanderer im 19. Jahrhundert, die als Farmer siedelten, liegen unseres Wissens nicht vor. Viele Einwanderer mußten jedoch nach einiger Zeit ihre Farmen aufgeben und andere Formen der Existenzsicherung suchen. Sozialstrukturell bedeutet also das erobernde Vordrängen der „frontier" über den Kontinent, daß ein Teil der Einwanderer nach einer transitorischen Phase der Lohnarbeit oder, bei Vorhandensein von Ersparnissen – was allerdings selten war – eine kleinbäuerliche oder bäuerliche, d.h. agrarisch-mittelständische Stellung einnahm, die jedoch von großer Unsicherheit gekennzeichnet war und den Einwandererfarmer häufig zwang, in ein Lohnarbeitsverhältnis zurückzukehren.

Bei den Siedlungseinwanderern des 19. Jahrhunderts kann man dann von einem ethnischen Minderheitenstatus oder von einer ethnischen Gruppe sprechen, wenn es zu relativ geschlossener nationaler Ansiedlung und der Entwicklung eines nationalspezifischen Institutionen- und Assoziationssystems kam und sich somit eine sozial-kulturelle Eigenständigkeit herausbilden konnte.[11] Durch das dominante Muster der Kettenmigration, nach welchem Verwandte und Nachbarn sich „nachziehen" und relativ geschlossen siedeln, kam es zur „Verpflanzung" vieler Gemeinden (vgl. *Kamphoefner* 1984). Relativ geschlossene ethnische Siedlungen gab es beispielsweise von deutschen Einwanderern im Mittleren Westen und in Texas (vgl. *Conzen* 1984).

Einen zahlenmäßig nicht bedeutsamen, aber interessanten Fall geschlossener Siedlungen stellen religiöse Gemeinschaften mit

---

[11] „Geschlossen" kann auch die Siedlungsform von Einzelfarmen bedeuten, wenn ein Gruppenzusammenhang über einen größeren Raum institutionell gesichert ist, z.B. durch eine Pfarrgemeinde, Vereine und soziale Kontaktkreise.

gleichsam transportiertem Sozialsystem dar, die kollektiv gewandert sind und das System ihrer sozialen Beziehungen auf neuem Territorium weiterführen. *Francis* (1965, 231 ff.) hat z. B. die Migration der Mennoniten aus Rußland nach Kanada verfolgt, wo sie ein fast identisches Siedlungs- und Sozialsystem wiedererrichteten. Sie tendieren zur Isolation und Abschirmung assimilierender oder überhaupt verändernder Einflüsse. Auch bei ihnen kann man von einem ethnischen Minderheitenstatus ausgehen, der durch ihre spezifische religiöse Identität verstärkt wird.

Siedlungseinwanderer könnte man definieren als agrarisch- mittelständische Gruppe mit zunächst unsicherer ökonomischer Lage, die die Gefahr des Abstiegs in einen Lohnarbeiterstatus in sich birgt. Von ethnischen Minderheiten läßt sich zum einen sprechen, wenn es Siedlungseinwanderern gelingt, ein ethnisches Institutionensystem zu errichten oder, zum anderen, wenn über Ketten- oder Gruppenmigration „mitgebrachte" Kulturmuster und Institutionen im Einwanderungskontext fortgeführt und gesichert werden.

4.2.2 Einwandererminderheiten: Arbeitsmigranten[12]

Arbeitsmigranten sind Migranten, die aus wirtschaftlichen Gründen ihre Herkunftsgesellschaft verlassen und zum Zweck der Arbeitsaufnahme in eine andere Gesellschaft wandern.[13] Diese Migranten können qualifiziert und sogar hochqualifiziert sein; ganz überwiegend handelt es sich jedoch bei der Arbeitsmigration um die Wanderung von wenig- oder unqualifizierten Personen, um Arbeiterimmigration. Arbeitsmigration wird in unserer Untersuchung als Arbeiterimmigration verstanden.

Arbeitsmigration kann temporär und als dauerhafte Wanderung erfolgen. Auch für die dauerhafte Wanderung von Arbeitsmigranten ist charakteristisch, daß sie für lange Zeit den Wunsch und die Vorstellung einer Rückkehr in ihr Herkunftsland haben, die sich dann aber als Rückkehrillusion oder „myth of return" erweisen.[14] Ihre

---

[12] An anderer Stelle, z. B. *Heckmann* (1981), haben wir von „Arbeiterimmigranten" gesprochen, was semantisch korrekter ist; inzwischen hat sich jedoch der Terminus Arbeitsmigranten (und Arbeitsmigration) durchgesetzt.

[13] Arbeitsmigranten wandern zwar aus vielerlei ökonomischen und sozialen Zwängen (und Hoffnungen), aber letztlich doch aus einer „freiwilligen" Entscheidung. Davon sind politisch Verfolgte zu unterscheiden, die zwangsemigrieren müssen. Exilierte Minderheiten können in unserer Untersuchung nicht näher beachtet werden; über sie existiert eine breite, zumeist interdisziplinär angelegte Literatur.

[14] Vgl. hierzu näher *Heckmann* (1981, 241–248).

sozial-kulturelle Selbstorganisation im Einwanderungsland erfolgt in der Form von ethnischen Kolonien.[15]
Die Entwicklung der Arbeitsmigration in Deutschland hatten wir bereits in Abschnitt 2.5 skizziert. Es läßt sich feststellen, daß Arbeitsmigration in Deutschland Nachfragelücken zumeist in der industriellen Arbeiterschaft auffüllte, die durch den rapiden Industrialisierungsprozeß entstanden waren und die durch die Transformation der agrarischen Sozialstruktur allein nicht besetzt werden konnten. In Gesellschaften wie den Vereinigten Staaten des 19. Jahrhunderts und gegenwärtigen, durch Ölförderung reich gewordenen Ländern des Nahen und Mittleren Osten erfolgt ein Großteil der Rekrutierung einer Arbeiterschaft überhaupt durch Arbeitsmigration.

Zur Entwicklung in den Vereinigten Staaten läßt sich anmerken: Der wichtigste Faktor der amerikanischen Wirtschaftsentwicklung im 19. Jahrhundert war die Eroberung, Erschließung und landwirtschaftliche Nutzung riesiger neuer Territorien gewesen. Die Zeit um 1890 war der Wendepunkt dieser Entwicklung und die Industrie wurde zum wichtigsten Bestandteil der gesellschaftlichen Produktion. (vgl. *Fite* und *Reese* 1973, 267) Zur wichtigsten Quelle der Rekrutierung neuer Arbeitskräfte für die rasch wachsende amerikanische Industrie wurde die Einwanderung. Seit dem Ende der „frontier" im Jahre 1890 wurde Industriearbeit zur fast ausschließlichen Möglichkeit der Existenzsicherung der Einwanderer; Einwanderung kann seitdem mit Arbeitsmigration gleichgesetzt werden (vgl. hierzu *Hvidt* 1975, 12).

Die Diskussion zusammenfassend: Arbeitsmigranten sind Bevölkerungsgruppen zumeist ländlicher Herkunft, die im Einwanderungsland überwiegend als unterste Schicht der industriellen Lohnarbeit beschäftigt sind und sich in diskriminierenden Lebensverhältnissen reproduzieren müssen; von Arbeitsmigranten als ethnischer Minderheit läßt sich sprechen, wenn sie ein eigenständiges sozialkulturelles System, die Einwandererkolonie entwickeln, welche Ergebnis der Wechselwirkung von Herkunftsfaktoren und den Lebens- und Arbeitsbedingungen der Einwanderungsgesellschaft ist.[16]

4.3 Der Kolonialismus und die Entstehung von Minderheiten

Im Prozeß und Resultat der Ausbreitung des neuzeitlichen Kolonialismus seit dem 16. Jahrhundert entstanden bestimmte Sozialstrukturen in den Kolonialgebieten und späteren Nationalstaaten, welche

---
[15] Vgl. zum Konzept der ethnischen Kolonie ausführlich Kapitel 6.
[16] Wir haben an anderer Stelle (*Heckmann* 1981) gezeigt, daß diese Arbeitsmigration in die USA und ihre frühe soziologische Analyse ein fruchtbarer Bezugspunkt für das Verständnis von Prozessen der Arbeitsmigration in Westeuropa seit dem 2. Weltkrieg darstellt.

in der Forschung ebenfalls mit dem Minderheitenbegriff bezeichnet werden, von den bisher untersuchten Minderheitenlagen aber in Bezug auf ihre Genese und Struktur unterschieden werden müssen. Die gesellschaftliche Stellung und Lage der Schwarzen in Nordamerika und Südafrika, chinesischer und indischer Bevölkerungen, welche größtenteils unter dem der Sklaverei ähnlichen System des „indentured service" in verschiedene Gebiete Südostasiens und Afrikas „wanderten", die Lage der Indianer und anderer Urbevölkerungen, auch die ethnische Heterogenität der jungen Nationalstaaten und daraus resultierende Probleme müssen als wichtige Minderheitenlagen angesehen werden, deren Entstehung und Struktur nur aus dem Kontext des neuzeitlichen Kolonialismus verständlich wird. Es bleibt oberflächlich, sozialstrukturelle Unterschiede verwischend statt eruierend, diese verschiedenen Soziallagen nach Art merkmalsreihender Begriffsbildung in *einem* Minderheitenbegriff zusammenzufassen.

Im folgenden diskutieren wir *kolonisierte* und *neue nationale Minderheiten*. Auf die gesellschaftliche Lage der Schwarzen in den USA und das Apartheid-System, die beide historisch aus dem Kolonialismus erklärt werden müssen, können wir hier nicht näher eingehen.[17]

4.3.1 Kolonisierte Minderheiten[18]

„Die riesigen, unbevölkerten Länder Amerikas sind fruchtbar und zur Ansiedlung geeignet, denn sie sind bar jeder bürgerlichen Einwohnerschaft, es gibt hier nur wilde und unzivilisierte Menschen, die hin- und herziehen – kaum anders als die wilden Tiere des Landes." Diese Worte *William Bradfords* (zitiert nach *Jacobs* et al. 1975,

---

[17] Die Stellung beider Gruppen ist soziologisch mit Hilfe des Kastenbegriffs analysiert worden, zuerst bei *Warner* (1936) und *Myrdal* (1944). Der Kastenbegriff soll die stark segregierten Verhältnisse rassistisch-ethnischer Unterdrückung bezeichnen. Der Kastenbegriff beinhaltet: (a) eine starke Hierarchie zwischen Gruppen; (b) askriptive Mitgliedschaft in der Gruppe durch Geburt und lebenslang; (c) die Vorschrift der Endogamie, d. h., innerhalb der eigenen Gruppe zu heiraten und sozialen Verkehr auf die eigene Gruppe zu beschränken. Die historischen Ursprünge sowohl von Apartheid als auch „Deep South" (dem rassistischen System des amerikanischen Südens nach dem Bürgerkrieg bis zur „civil-rights"-Bewegung der 60er Jahre) liegen im Kolonialismus und in der Sklaverei.
[18] In früheren Veröffentlichungen hatten wir von „Minderheitenvölkern" gesprochen; wir waren damit einem Irrtum und einer Ideologie des Volksbegriffs (aus der Romantik) aufgesessen, die die „ursprüngliche Existenz" von Völkern behauptet; vgl. hierzu auch Abschnitt 3.2.1.

33) kennzeichnen die Haltung der Europäer, die in den Kolonien zu siedeln begannen.[19]

Das Land der einheimischen Bevölkerung wurde im Grunde als Niemandsland angesehen, das auf seine Inbesitznahme durch die europäischen Kolonisatoren wartete. Die „Ureinwohner", zumeist auf dem Entwicklungsniveau der Stammesgesellschaften stehend, wurden ihres Landes und anderen Besitzes beraubt, getötet, vertrieben, gefangen, durch Krankheiten dezimiert und durch Alkohol demoralisiert, ihre Kultur wurde zerstört, schließlich wurden sie in sogenannte Reservate gezwungen. Zu diesen Gruppen sind z. B. zu zählen die Indianer Nordamerikas, des südamerikanischen Tieflandes und der Westindischen Inseln, die Ureinwohner Australiens, die Pygmäen und Buschmänner Afrikas, die polynesische Bevölkerung Hawaiis, kurz jene Bevölkerungen, die man gegenwärtig auch unter dem Begriff der „4. Welt" zusammenfaßt. Ihre Unterdrückung hat sich häufig niedergeschlagen in Formen kollektiver Apathie, ist sichtbar in hoher Kindersterblichkeit, geringer Lebenserwartung, Alkoholismus und hohen Selbstmordquoten. Vereinzelt zeigen sich in jüngster Zeit Ansätze von politischer Bewußtseinsbildung und der Entwicklung eines Widerstandspotentials, z. B. bei den Indianern Nordamerikas. Unter kolonisierten Minderheiten schließen wir Stammesgesellschaften mit vorindustriellen Produktionsweisen ein, die (noch?) in relativer Freiheit und Unabhängigkeit leben können, nicht ein; sondern nur solche Gruppen, die durch den Kolonialismus mit Zwang in „moderne" Gesellschaften inkorporiert worden sind. Mit Bezug auf kolonisierte Minderheiten in den USA führt *Blauner* (1976) aus:

„Kolonisierte Gruppen werden durch Machtmittel und Gewalt zu Teilen der neuen Gesellschaft gemacht; sie werden erobert, versklavt oder vertrieben. Die 'Dritte-Welt-Formulierung' ist also eine scharfe Attacke auf den Mythos, daß Amerika das Land der Freien sei. Die Dritte-Welt-Perspektive führt uns zu den Ursprüngen der amerikanischen Geschichte zurück und erinnert daran, daß diese Nation ihre Existenz dem Kolonialismus verdankt und daß es neben Siedlern und Einwanderern immer unterworfene Indianer und schwarze Sklaven gab, und später besiegte Mexikaner, alle koloniale Untertanen" (*Blauner* 1976, 70). Was *Blauner* hier über die Vereinigten Staaten sagt, kann analog für viele durch Kolonisierung entstandene Gesellschaften gesagt werden.

Wir können die diskutierten Merkmale zu folgender Definition zusammenfassen: Kolonisierte Minderheiten sind Nachkommen der Urbevölkerung kolonial eroberter und besiedelter Territorien, denen in einem Prozeß der Beraubung, Liquidierung und Verdrän-

---

[19] Auch ein Teil der Wissenschaft scheint bis in die Gegenwart diesen Standpunkt zu teilen, wie aus folgendem Zitat erhellt: „Die Besiedlung des riesigen amerikanischen Kontinents, der enormen, leeren Regionen von den Allegheny Mountains bis nach Kalifornien ..." (*Hvidt* 1975, 157).

gung ihre überkommene ökonomische Lebensgrundlage genommen und deren Sozialstruktur und Kultur weitgehend zerstört wurden. Sie befinden sich zumeist in einem widerstandsunfähigen Zustand der ökonomischen, psychosozialen und physischen Verelendung, haben einen geringen Akkulturations- und Assimilierungsgrad[20] und sind weitestgehend aus dem gesellschaftlichen Arbeits- und Kommunikationsprozeß ausgegliedert.[21]

4.3.2 Neue nationale Minderheiten

Die jungen Nationalstaaten der Dritten Welt konstituierten sich als politische Einheiten fast alle auf der Grundlage der kolonialen Gebietseinteilung und Grenzziehung. Dieser Gebietseinteilung lagen ökonomische, militärstrategische und politische Kalkulationen der Kolonialmächte zugrunde. „Divide et impera" war das politisch instrumentierte Grundprinzip kolonialer Herrschaftspraktik und bedeutete die Aufsplitterung historisch entstandener Gesellschaften und Bevölkerungen und die administrative Wiederzusammenfassung von ethnisch heterogenen Bevölkerungsgruppen in der Kolonialverwaltung. Die ethnisch-kulturellen Unterschiede wurden häufig verstärkt durch das unterschiedliche ökonomisch-soziale Entwicklungsniveau dieser kolonial-administrativ zusammengefaßten Bevölkerungen. Minderheitensituationen, d.h. die Unterdrückung bzw. Diskriminierung ethnischer Gruppen in den jungen Nationalstaaten, resultieren aus dem Kampf der herrschenden Eliten der unterschiedlichen ethnischen und regionalen Gruppen um die Vorherrschaft im Gesamtsystem, d.h. aus dem Versuch einer ethnischen Gruppe, sich als „Staatsvolk" zu etablieren, sowie der Durchwirkung dieser Prozesse durch das System der internationalen Beziehungen; Gruppen, die sich durchgesetzt haben, entwickeln das Bestreben, die innerlich disparaten und fragilen Staaten zu integrieren und wenden Politiken der Assimilierung an. „Getrieben von einer Furcht vor Balkanisierung, wollen insbesondere politische Führer in Afrika Tribalismus und ethnische Bewegungen bekämpfen, indem sie die Mitglieder einander feindlicher ethnischer Grup-

---

[20] Vgl. *Farley* (1982, 129).
[21] Von kolonisierten Minderheiten können dekolonisierte Minderheiten unterschieden werden. Unter diesem Begriff lassen sich Angehörige der „Urbevölkerung" der ehemaligen Kolonien zusammenfassen, die in die „Mutterländer" gekommen sind; ein wichtiges Motiv dafür waren Interessen- und Loyalitätsbeziehungen zur ehemaligen Kolonialmacht und Unsicherheitsgefühle gegenüber den aus Unabhängigkeitsbestrebungen hervorgegangenen Regierungen der neuen Staaten. In den „Mutterländern" sind dekolonisierte Minderheiten häufig Objekt rassistischer Diskriminierung und ethnischer Vorurteile.

pen zu brüderlichen Bürgern eines neuen 'Nationalstaats' machen. Unglücklicherweise kann gerade ein solcher Integrationsversuch die vorhandenen ethnischen Antagonismen noch verstärkten..." (*Smith* 1981, 10).

Die politisch und ökonomisch Unterdrückten, in der Ausübung ihrer staatsbürgerlichen Rechte und in der Entfaltung eigenkultureller Tätigkeit diskriminierten ethnischen Gruppen innerhalb der jungen Nationalstaaten sollen als „neue nationale Minderheiten" bezeichnet werden. Der Begriff ist verwendbar nur für jene Staaten, die sich tatsächlich auf dem Entwicklungsweg zum (ethnischen bzw. demotischen) Nationalstaat befinden, bzw. sich an diesem orientieren.[22] Ein zu diesem Nationalstaat alternatives Modell staatlicher und politisch-kultureller Organisation, der multi-ethnische Nationalstaat mit ethnisch pluraler Machtausübung und weitgehender kultureller Autonomie wäre eher in der Lage, die Entstehung neuer nationaler Minderheiten zu verhindern und ein gleichberechtigtes, gleichgewichtiges Verhältnis der ethnischen Gruppen herzustellen.

In der Lage der „neuen nationalen Minderheiten" handelt sich um Probleme, in denen Momente der Stellung und Lage der klassischen nationalen Minderheiten wie der von regionalen Minderheiten zusammenkommen; von nationalen Minderheiten dort, wo die Möglichkeit und das Interesse der Minderheit besteht, sich an einen durch die politisch-kulturelle Geschichte und Identität verbundenen Nationalstaat – oder einen sich herausbildenden Nationalstaat – anzuschließen, von regionalen Minderheiten, wo die Etablierung des nationalstaatlichen Prinzips zur Zurückdrängung bzw. Unterdrückung traditionaler Kultur und Identität führt, ohne daß die Orientierung bzw. Anlehnung der betroffenen Minderheit an einen „zugehörigen" Nationalstaat existiert. Die Vermischung dieser Elemente ist Spiegel der Unfertigkeit der Prozesse der „Nationwerdung" in den jungen Nationalstaaten selbst, nicht Resultat unklarer Konzeptualisierung.

Zusammenfassend: Neue nationale Minderheiten sind sozialstrukturell heterogene, ethnisch-historisch gesonderte Bevölkerungsgruppen in den jungen Nationalstaaten, die in ihren ökonomischen Möglichkeiten, politischen Rechten und kultureller Entfaltung diskriminiert werden. Ihre Lage ist Resultat der Zusammenfassung historisch-kultureller und ökonomischer Sonderheiten zu politisch-administrativen Einheiten durch den Kolonialismus, die zur territorialen und bevölkerungsmäßigen Grundlage der jungen Nationalstaaten wurden. In ihrer Lage vermischten sich Probleme und Orientierungen der „klassischen" nationalen Minderheiten und der regionalen Minderheiten.

---

[22] Zu den Begriffen vgl. Kapitel 9.

Neben dem Entstehungskontext liegt unserer Typologie ethnischer Minderheiten das Merkmal der sozialstrukturellen Stellung der Gruppen zugrunde. Wir arbeiten mit der allgemeinen Hypothese, daß die sozialstrukturelle Stellung einer ethnischen Minderheit für die Lebensverhältnisse, das Verhalten und Bewußtsein der Gruppenangehörigen wie für die Beziehungen zur ethnischen Mehrheit von zentraler Bedeutung ist. Im nächsten Kapitel diskutieren wir diese Zusammenhänge am Beispiel der Arbeitsmigration.

5 Ethnische Minderheiten in der Sozialstruktur: das Beispiel der Arbeitsmigranten

Wesentliche Aspekte der sozialstrukturellen Stellung ethnischer Minderheiten sind für verschiedene Minderheitengruppen bereits im vorhergehenden Kapitel 4 genannt worden. Sozialstrukturelle Stellung war eines der Kriterien, das in die Typenbildung einging. Im jetzt folgenden Kapitel 5 soll eine genauere und detailliertere Analyse der Art und der Bedeutung der sozialstrukturellen Stellung ethnischer Minderheiten und des Verhältnisses von Sozialstruktur und Ethnizität am Beispiel der Arbeitsmigranten in der Bundesrepublik unternommen werden; diese Begrenzung und zugleich Schwerpunktsetzung ergibt sich vor dem Hintergrund der Arbeitsmigration als bedeutendster Form ethnischer Minderheitenbildung in der Bundesrepublik, die den Interessenzusammenhang unserer gesamten Untersuchung darstellt.[1]

Verhalten und Bewußtsein ethnischer Minderheiten und die Beziehungen zwischen Minderheiten und Mehrheiten werden nicht nur beeinflußt durch jeweilige ethnische Kulturen, Gruppenstrukturen und Grenzziehungen, sondern zugleich von Bedingungen, die von der je unterschiedlichen Stellung der Minderheiten in der Sozialstruktur der Gesamtgesellschaft abhängen. Es hat Einfluß, ob z. B. italienische Einwanderer ungelernte Arbeiter, Akademiker oder selbständige Gewerbetreibende sind, wie ihre Qualifikationsverhältnisse und ihr Einkommen beschaffen sind, ob die große Mehrheit der Migranten *einer* dieser Kategorien zugehört oder gleichmäßig über sie verteilt ist, oder ob die Gruppen über soziale und politische Rechte verfügen und wenn ja, welche das sind.

„Sozialstruktur", ein vielgebrauchter, aber nicht immer eindeutig verwendeter Begriff, erfordert zunächst einige Vorbemerkungen zur Verständigung über seine hier unterstellte Bedeutung. Struktur heißt, formal bestimmt bzw. als allgemeinwissenschaftlicher Begriff, die Verbindung oder Beziehung bestimmter „Elemente" und eine bestimmte Anordnung dieser Elemente in relativer Stabilität. In

---

[1] In der ehemaligen DDR gab es keine der „alten" Bundesrepublik vergleichbare Arbeitsmigration, sondern nur ein vergleichsweise geringes Maß an Ausländerbeschäftigung, die nach einer Art Rotationsprinzip verfuhr. Kapitel 5 bezieht sich darum auch nur auf die „alte" Bundesrepublik.

einem solchen „formalen" Verständnis würde Sozialstruktur analog die Beziehungen zwischen Individuen, Individuen und Gruppen und von Gruppen untereinander bezeichnen: Sozialstruktur heißt dann Gruppenstruktur der Gesellschaft und steht für existierende und in bestimmter Weise strukturierte soziale Beziehungen. Neben diesem relativ formalen Begriff gibt es eine Tradition des Verständnisses von Sozialstruktur als Gruppenstruktur, die nicht (nur) die Existenz sozialer Beziehungen in ihrer Strukturierung bezeichnet, sondern Gemeinsamkeiten von Merkmalen bestimmter Bevölkerungsgruppen; so werden etwa die berufliche Gliederung der Bevölkerung, ihre Gliederung in Stadt- und Landbewohner, nach Konfessionen oder nach sozialen Klassen und Schichten als Aspekte von Sozialstruktur verstanden. Hier werden zunächst nicht existierende Beziehungen bezeichnet, sondern gemeinsame Merkmale und Bedingungen, die per se keine „Vergesellschaftung" oder „Vergemeinschaftung" darstellen, aber eine solche erleichtern. Beide Verständnisweisen von Sozialstruktur, wirkliche Gruppenstrukturen und Kategorien gemeinsamer Merkmalsträger, legen wir unserer Diskussion zu Grunde.[2]

In inhaltlicher Hinsicht hat aus der Vielzahl strukturierender Aspekte die sozial-ökonomische Ungleichheitsstruktur in Sozialstrukturanalysen die größte Aufmerksamkeit gefunden; der Stellung im Wirtschaftsprozeß und – für die große Mehrheit der Bevölkerung – der Stellung im (Erwerbs-)Arbeitsprozeß und auf dem Arbeitsmarkt kommt dabei in fortgeschrittenen kapitalistischen Industriegesellschaften für die Konstituierung sozial-ökonomischer Ungleichheit zentrale Bedeutung zu.[3] Sozial-ökonomische Ungleichheit soll auch in der folgenden Analyse als Dimension von Sozialstruktur einen zentralen Platz einnehmen. Ungleichheit als Dimension von Sozialstruktur hat aber weitere wichtige Seiten, von denen politische, rechtliche und sozialisatorische Aspekte in den folgenden Untersuchungen Beachtung finden werden.

Im Sinne der vorgetragenen Überlegungen wird zunächst die Stellung der Arbeitsmigranten im Arbeitsprozeß, vor allem auf dem

---

[2] In einigen Zusammenhängen wird Sozialstruktur und Gesellschaftsstruktur synonym verwendet, wir unterscheiden jedoch zwischen beiden: Im Unterschied zu Sozialstruktur kann man unter Gesellschaftsstruktur *herrschende Organisationsprinzipien* einer Gesellschaft, z. B. Marktsystem, Öffentlichkeit oder Sozialstaatlichkeit, verstehen.

[3] Der Arbeitsmarkt und nicht das Bildungssystem ist – neben dem grundlegenden Ungleichheitsverhältnis von Arbeit und Kapital, das den Arbeitsmarkt stark beeinflußt – zentrale Determinante von Ungleichheit in der Gesellschaft. Die Krise des Arbeitsmarktes in den letzten Jahren verdeutlichte, daß „Bildung" nur eine notwendige, aber keine hinreichende Determinante für das Erreichen von Positionen ist (vgl. hierzu auch *Kreckel* 1983a, 141).

Arbeitsmarkt, dargestellt werden; in einem Differenzierungsprozeß hat sich aus der relativ homogenen Struktur der Arbeitsmigranten als Arbeiter eine Gruppe von Selbständigen entwickelt, über die wir weiter unten sozialstrukturell als ethnisches Kleinbürgertum sprechen werden. Viele Diskussionen über Sozialstruktur, Ungleichheit und Ethnizität schließlich münden ein in Vorstellungen von „ethnischer Schichtung", ein anderer Hauptpunkt dieses Kapitels.

In Sozialstrukturanalysen der Bevölkerung der Bundesrepublik fehlt im allgemeinen immer noch eine Beschäftigung mit der „ausländischen" Bevölkerung; sie werden offenbar als zwar anwesend, aber nicht zugehörig betrachtet und fallen somit aus den Untersuchungen und theoretischen Vorstellungen über Sozialstruktur heraus. Im Gegensatz hierzu setzten wir in unseren Sozialstrukturanalysen voraus, daß die Arbeitsmigranten und ihre Familien zur Sozialstruktur der Bundesrepublik gehören, daß sie einen Zugehörigkeitsstatus besitzen. Im Streit um die Einwanderungsthese wird von der Seite, die das Vorliegen einer Einwanderungssituation leugnet, die Zugehörigkeit der „Gastarbeiter" zur Sozialstruktur der Bundesrepublik bestritten. Das Verständnis von Sozialstrukturen als Strukturen von Nationalgesellschaften, deren wichtigster Zugehörigkeitsstatus die Staatsbürgerschaft sei, unterstützt dieses Argument. Nimmt man jedoch Teilhabe am wirtschaftlichen Leben, als Produzenten wie Konsumenten, Ortsbezogenheit über Arbeit und Wohnen, Teilhabe (wenn auch eingeschränkt) am kulturellen und sozialen Leben, kurz das Kriterium des „Lebensmittelpunktes", muß bei den Arbeitsmigranten soziologisch von einem *Zugehörigkeitsstatus* als Ergebnis zunehmender Verknüpfung mit der Sozialstruktur der Bundesrepublik ausgegangen werden.

Es ist für diese Fragen instruktiv, einen kurzen Blick auf das klassische Einwanderungsland USA zu werfen und den Prozeß zunehmender Verknüpfung und Zugehörigkeit der Arbeitsmigranten zu verfolgen. Über die Stellung der Neueinwanderer in „Yankee City" schreiben *Warner* und *Srole* (1945, 68/69):

„Wenn ein Einwanderer zuerst nach Yankee City kommt, findet er sich in der anormalen Situation, keiner sozialen Schicht anzugehören und nur eine Identität als Ausländer zu haben. Er hat nur wenige oder keine Besitztümer mitgebracht; ... in seinem Verhalten entspricht er nicht den amerikanischen Vorstellungen – kurz, die Abweichungen seiner sozialen Persönlichkeit sind so stark, daß sie Beziehungen mit den Einheimischen ausschließen, mit Ausnahme solcher auf einer unpersönlichen, ökonomischen Ebene ... In einem gewissen Sinn befindet sich der Neueinwanderer außerhalb der Sozialstruktur von Yankee City, hat aber ein Minimum an Status dadurch, daß er arbeitet und in der Stadt wohnt" (*Warner* u. *Srole* 1945, 68/69).

Ökonomische Beziehungen als Produzent und Konsument werden in „Yankee City" zur Grundlage und zum Ausgangspunkt der Verknüpfung mit der neuen Gesellschaft und bilden die Basis für die

Herausbildung von Zugehörigkeit. In der Bundesrepublik verdeckt der ideologische Streit um die Aussage, ob die Bundesrepublik ein Einwanderungsland sei, die Tatsache, daß längst in Bezug auf die Arbeitsmigranten eine Einwanderungssituation entstanden ist, daß die Migrationsbevölkerung zur Sozialstruktur gehört. In vorsichtigen Formulierungen des Inhalts, daß die ausländischen Arbeiter ihren Lebensmittelpunkt in der Bundesrepublik haben, nähert man sich in Teilen der politischen Öffentlichkeit der Erkenntnis des Vorliegens einer Einwanderungssituation und damit eines Zugehörigkeitsstatus an. Dieser Zugehörigkeitsstatus ist jedoch zugleich durch Merkmale doppelter Bindung gekennzeichnet, da im allgemeinen über Familien-, Verwandtschafts-, Weltanschauungs- und Loyalitätsbeziehungen, die häufig ökonomische Aspekte einbeziehen, Bindungen an die Herkunftsgesellschaft weiterbestehen.[4]

Um die sozialstrukturelle Stellung der Arbeitsmigranten bestimmen zu können, ist es zunächst notwendig, im nächsten Abschnitt skizzenhaft auf einige allgemeine Entwicklungstendenzen der Sozialstruktur der Bundesrepublik einzugehen.

5.1 Zu einigen Entwicklungstendenzen und Merkmalen der gegenwärtigen Sozialstruktur der Bundesrepublik

Die dynamische Entwicklung des Produktions- und gesamten Wirtschaftsprozesses in der Bundesrepublik, gekennzeichnet u.a. durch Rationalisierungstendenzen, starke Produktivitätsfortschritte, Krisen der Arbeitsmärkte, neue Anforderungen an die Qualifikationen der Erwerbstätigen und insgesamt einen Wandel zur Dienstleistungsgesellschaft, hat zu Veränderungen der Sozialstruktur geführt; vorläufig, da überzeugende konzeptuelle und empirische Analysen noch ausstehen, scheinen sich die Veränderungen vor allem als Verunsicherungen im Gebrauch überkommener Konzeptionen auszuwirken:

„Ist die Bundesrepublik Deutschland der 80er Jahre, so jüngst *Bolte/Hradil* (1984, 359), weder eine Klassen-, noch eine Ständegesellschaft, weder eine 'eindeutig geschichtete', noch eine 'nivellierte Mittelstandsgesellschaft', sondern eine durch mehrdimensionale Statusabstufungen, milieuspezifische Lebensstile, individualisierte Lebenskarrieren sowie durch spezifische Randgruppenerscheinungen differenzierte, mittelschichtsdominante Wohlstandsgesellschaft? Eine

---

[4] Sozialstrukturell bemerkenswert ist, daß transnationale Beziehungen, die bisher vor allem im Adel und im Großbürgertum vorhanden waren, nun auch in einer wichtigen Schicht der Arbeiterschaft in den Einwanderungsgesellschaften Westeuropas existieren.

Formulierung die bei aller empirischen Triftigkeit gleichzeitig Ratlosigkeit verrät darüber, daß angesichts einer komplexer gewordenen sozialen Wirklichkeit sozialer Ungleichheit 'alte' oder 'klassische' ungleichheitstheoretische Konzepte nicht länger tauglich erscheinen" (*Berger* 1986, 2).

Dennoch lassen sich einige Haupttrends aufzeigen, deren Kenntnis für eine sozialstrukturelle „Verortung" der Migrationsbevölkerung in der Bundesrepublik wichtig sind. Zunächst kann man festhalten, daß trotz neuer Formen von Selbständigkeit insgesamt Erwerbstätigkeit in lohn- oder gehaltsabhängiger Stellung nach wie vor das bei weitem dominierende Verhältnis ist. Sie umfaßt gegenwärtig 88,8 % der erwerbstätigen Bevölkerung (vgl. Statistisches Bundesamt 1989, 85). Die jeweilige Stellung auf dem Arbeitsmarkt und die Veränderungen des Arbeitsmarktes sind für die in abhängiger Stellung Arbeitenden zentrale Instanz ihrer Zuteilung von Ressourcen, Risiken, „Lebenschancen" und insgesamt ihrer Position in der Hierarchie gesellschaftlicher Ungleichheit. Veränderungen der Beschäftigungsstruktur und des Arbeitsmarktes in den 80er Jahren sind dadurch gekennzeichnet, daß im Zuge technischer und arbeitsorganisatorischer Neugestaltung qualifizierte Arbeitnehmergruppen in bestimmten Branchen ihre Positionen sichern oder verbessern konnten, während die Chancen wenig Qualifizierter abnehmen und sie häufig zu Verlierern der neuen ökonomischen Entwicklung werden. Der generelle Strukturwandel bedeutet für die Arbeitsplatzentwicklung eine relative Abnahme der Beschäftigten im produzierenden Gewerbe und eine Zunahme der Beschäftigten im Dienstleistungsbereich, d. h. rückläufige Arbeiter- und steigende Angestelltenzahlen (vgl. *Dietz* 1987).

Betrachtet man die Sozialstruktur der Bundesrepublik und anderer entwickelter Länder unter dem Aspekt der Gleichheits-Ungleichheitsverhältnisse, so läßt sich für die letzten 30 Jahre trotz vieler Veränderungen des Arbeits- und Wirtschaftsprozesses und der Durchführung verschiedener sozialer Reformen eine überraschende Stabilität feststellen.[5] Die Ungleichheitsrelationen zwischen den großen Gruppen der Gesellschaft haben sich nicht wesentlich verändert. „Etwas pauschal kann man dies dahingehend zusammenfassen, daß die Kinder der Eltern, die sich vor 30 Jahren in dem unteren Drittel der Einkommens-, Macht-, Bildungs- und Prestigehierarchie befanden, sich auch heute noch in der überwiegenden Mehrzahl der Fälle in dem unteren Drittel der Einkommens-, Macht-, Bildungs- und Prestigehierarchie befinden" (*Beck* 1983, 35). Daß es in einzelnen Ungleichheitsdimensionen Annäherungen gegeben hat, daß es auch zu Aufstiegsbewegungen in einzelnen Gruppen (Erhöhung des Anteils von Frauen und Arbeiterkindern an den

---

[5] Vgl. hierzu und zu den folgenden Ausführungen *Beck* (1983, 35).

Hochschulen), aber auch, in Form der „neuen Armut", zu neuen Ungleichheiten gekommen ist, modifiziert das Gesamtbild, ändert es jedoch nicht grundlegend.

Daß dennoch das Thema der sozialen Ungleichheit eher an gesellschaftlicher Brisanz abgenommen hat und auch im sozialwissenschaftlichen Bereich an Aufmerksamkeit verlor, dürfte mit Prozessen zusammenhängen, die *Beck* mit dem Begriff der „Individualisierung" gekennzeichnet hat; wir werden weiter unten zeigen, daß Auswirkungen von Arbeitsmigration und „ethnischer Schichtung" auf die Sozialstruktur in die gleiche Richtung gehen.[6] So sind zwar die Verteilungsrelationen sozialer Ungleichheit ziemlich konstant geblieben, gleichzeitig jedoch die konkreten Lebensbedingungen der Menschen stark verändert worden; vor allem durch Veränderungen im Niveau von Einkommen und Bildung ist es in den 60er und 70er Jahren zu Verbesserungen in Lebensbedingungen und Lebensperspektiven gekommen; gerade im unteren Bereich sozialer Ungleichheit hat dies eine hohe Bedeutung, da mit den erreichten Verbesserungen zum ersten Mal Arbeitshaushalte bestimmte individuelle Entfaltungsmöglichkeiten gewonnen haben, die zuvor Angestellten- und Beamtenhaushalten vorbehalten waren. „Individualisierung" resultiere auch von gesteigerter geographischer und sozialer Mobilität, gesteigerten Konkurrenzbeziehungen in der Gesellschaft, der Ausdehnung von Wirkungen der Arbeitsmarktdynamik und der Senkung der Erwerbsarbeitszeit (vgl. ibidem, 38/39). Gleichzeitig seien „sozialmoralische Milieus", z. B. Arbeiterkulturen, in ihrer Bedeutung relativiert und ausgehöhlt worden; damit verliere auch „die vorgängige Einbindung der Menschen in alltags- und lebensweltlich identifizierbare Klassenstrukturen an sozialer Evidenz" (ibidem, 40).

Im folgenden Abschnitt soll untersucht werden, wie sich die skizzierte allgemeine Veränderung der Sozialstruktur auf die spezifische Stellung der Arbeitsmigranten ausgewirkt hat.

5.2 Migranten auf dem Arbeitsmarkt der Bundesrepublik

Arbeitsmigration resultiert aus einem fundamentalen Ungleichgewicht zwischen Gesellschaften unterschiedlichen Entwicklungsniveaus: Kapitalarmut und die Existenz einer Surplusbevölkerung im

---

[6] Vgl. hierzu Abschnitt 5.5.

Auswanderungsland stehen Kapitalreichtum und wachsender Arbeitskräftebedarf im Einwanderungsland gegenüber.[7] Der hierarchische Charakter des Systems internationaler Beziehungen zwischen den hochentwickelten Ländern, die in bestimmten Phasen ihrer Entwicklung Einwanderung, d. h. zusätzliche Arbeitskräfte wünschen, und den weniger entwickelten Ländern, deren Surplusbevölkerung eine ständige potentielle Auswanderungsbevölkerung darstellt, ist die fundamentale Bedingung dafür, daß es überhaupt zu einer Aus- bzw. Einwanderung von Arbeitskräften kommt.

Zeitpunkt, Richtung und Umfang dieser Migration verläuft nach den Bedürfnissen der entwickelten Länder. Bei Ausweitung des Arbeitskräftebedarfs können sie Arbeitskräfte „einführen", in Stagnationsphasen die Einwanderer als „Puffer" auf dem Arbeitsmarkt benutzen und Teile von ihnen zurückschicken oder die weitere Zuwanderung unterbinden. Der Entwicklungsunterschied zwischen Auswanderungs- und Einwanderungsland garantiert den „Metropolen" zugleich, daß die Zuwanderer bereit sind, härteste Arbeitsbedingungen, diskriminierende Lebensverhältnisse und eine Existenz auf der untersten Stufe der Hierarchie sozialer Ungleichheit in der Einwanderungsgesellschaft hinzunehmen.

Für die Analyse der Stellung von Migranten auf dem Arbeitsmarkt der Bundesrepublik muß man unterscheiden zwischen einer ersten Phase, die durch hohe Nachfrage nach ungelernten und angelernten Arbeitskräften charakterisiert war und einer zweiten Phase der Ausländerbeschäftigung, die mit dem Anwerbestop von 1973 beginnt und als Krise der Ausländerbeschäftigung bezeichnet werden muß. Gehen wir zunächst auf die erste Phase ein. Durch Wirtschaftswachstum, demographische Veränderungen und das Aussetzen der Zuwanderung aus der DDR seit 1961 kam es vor allem in den 60er und Anfang der 70er Jahre, unterbrochen nur durch den konjunkturellen Einbruch von 1966/67, zu permanenten Arbeitskräfteverknappungen, die durch die Internationalisierung des Arbeitskräftemarkts gelöst wurden. Die sogenannte Gastarbeiterbeschäftigung führte allerdings nur zu einer geringen Ausweitung der Beschäftigung insgesamt, sie war kompensatorischer Natur und füllte einen Ersatzbedarf auf.[8]

---

[7] In der Theorie abhängiger Reproduktion und Industrialisierung wird versucht, die Existenz und Fortdauer dieses Ungleichgewichts zwischen „Metropolen" und „Peripherie" zu erklären; siehe hierzu näher *Senghaas* (1972a). Kapitalreichtum muß allerdings nicht notwendigerweise Resultat eines hohen Entwicklungsniveaus sein; in den arabischen Ländern z. B. wird versucht, das aus dem Ölreichtum gewonnene Kapital für diese industrielle Entwicklung einzusetzen und durch Arbeitskräfteimport diese Ziele zu realisieren.
[8] Vgl. hierzu im Detail *Heckmann* (1981, 149–152).

Zur Verortung der sozialstrukturellen und Arbeitsmarktstellung der Arbeitsmigranten, die ja fast ausschließlich *Arbeiter*immigranten sind und zur Kategorie der Industriearbeiter gehören, ist es notwendig, ihre Position in Relation vor allem zu den einheimischen Arbeitern zu bestimmen. Hierzu läßt sich in Bezug auf die Mobilität Einheimischer in der ersten Phase der Arbeitsmigration feststellen, daß die Einnahme der unteren und untersten Positionen auf dem Arbeitsmarkt durch Migranten zum „Aufstieg" einheimischer Arbeiter beigetragen hat. Ohne für die Untersuchung dieser Frage über exakte sozialwissenschaftliche Mobilitätsstudien zu verfügen, läßt sich die genannte These an Hand von Zahlen der Arbeitsmarkt- und amtlichen Statistik belegen:

Im Zeitraum 1961 bis 1971, der Periode der stärksten Anwerbung und Zuwanderung ausländischer Arbeiter, nahm z.B. die Gesamtzahl der abhängig Erwerbstätigen im Produzierenden Gewerbe geringfügig von 10 Mill. auf 10,2 Mill. zu. In diesem Zeitraum verringerte sich die Zahl der deutschen Arbeitnehmer im Produzierenden Gewerbe um 870.000, während die der beschäftigten ausländischen Arbeitnehmer um fast 1,1 Mill. anstieg. Beide Bewegungen haben sich gegenseitig bedingt und zeigen einen Substitutionsprozeß „Deutsche durch Ausländer" (vgl. Bundesanstalt für Arbeit 1974, 16).

Der Substitutionsprozeß vollzieht sich in der Gruppe der Arbeiter, und hier vor allem im ungelernten und angelernten Bereich. Für die gesamte Sozialstruktur der Bundesrepublik ergibt sich im genannten Zeitraum für die Entwicklung der Arbeiterschaft folgendes: zwischen 1961 und 1971 wächst die Zahl der ausländischen Arbeiter von ca. 428.000 auf 1,95 Mill., d.h. um gut 1,5 Mill.; da im gleichen Zeitraum die Arbeiterschaft insgesamt nicht zunimmt, sind 1,5 Mill. inländische Arbeiter in dieser Periode ersetzt worden, vor allem im Bereich der unqualifizierten Arbeit. Das zeigt sich auch darin, daß der Anteil der ausländischen Arbeiter an der Arbeiterschaft insgesamt von 3,3 % im Jahre 1961 auf 16 % im Jahre 1971 hochschnellte (vgl. *Burbaum* u.a. 1974, 234). Das gleichzeitig starke Anwachsen der Angestellten um 2,3 Mill. in diesem Zeitraum legt den Schluß nahe, daß eine wichtige Rekrutierungsquelle für die gewachsene Angestelltenschaft ein Aufstieg deutscher Arbeiter war.

Vor der systematischen Anwerbung ausländischer Arbeiter war es dem DGB im Jahre 1955 gelungen, die arbeits- und sozialrechtliche Gleichstellung der ausländischen Arbeiter sowie das Vermittlungsmonopol der Bundesanstalt für Arbeit durchzusetzen. Mit dieser „Gleichstellung" waren aber im Grunde nur „elementare(n) Vorkehrungen eines arbeits- und sozialrechtlichen Schutzes ..., die extremen Formen der Ausbeutung vorbeugen sollen" (*Kühne* 1981, 44) erreicht; sie schützten zugleich die inländische Arbeiterschaft; über Arbeitserlaubnis- und Aufenthaltsrecht existierten viele Möglichkeiten einer staatlichen Regulierung der Ausländerbeschäftigung, die auch auf den individualrechtlichen Regelungsbereich der Arbeitsbedingungen durchschlugen und eine deutliche Diskriminierung darstellten (vgl. ibidem).

Faßt man für die erste Phase der Arbeitsmigration die Arbeitsmarktstellung der Migranten nach Tätigkeit, Qualifikation, Hierarchie und Prestige zusammen, läßt sich sagen: die ausländischen Arbeiter verrichten einen bedeutenden Teil der unqualifizierten, ungelernten und angelernten Arbeit in der Volkswirtschaft der Bundesrepublik; diese Arbeit ist körperlich und/oder nervlich besonders belastend und unfallgefährdet; ausländische Arbeiter sind vor allem als Produktionsarbeiter und in Großbetrieben tätig; die Arbeit, die sie verrichten, ist unbeliebt und besitzt einen geringen Prestigewert (vgl. *Heckmann* 1981, 155–161).

Abstrahierend von ethnischen Faktoren begründen diese Strukturen zwischen einem Großteil der einheimischen Arbeiter und der ganz überwiegenden Zahl ausländischer Arbeiter ein Schichtungsverhältnis.

In der zweiten Phase der Beschäftigung von Arbeitsmigranten seit der Krise von 1973 verschlechtert sich ihre Position und die Zahl der von ihnen eingenommenen Arbeitsplätze geht von 2,6 Mill. um ca. 1 Mill. zurück. Dies kann zum einen durch die Verteilung eines großen Teils der Migranten auf besonders konjunkturempfindliche Bereiche erklärt werden; sie wurden in ihren Beschäftigungsbereichen von den konjunkturellen Krisen stärker als deutsche Arbeitnehmer getroffen. Die konjunkturellen Faktoren wurden aber durch den Strukturwandel verstärkt: der Strukturwandel führte zu einem Rückgang der Beschäftigten im produzierenden Gewerbe, dem wichtigsten Beschäftigungsbereich der Arbeitsmigranten (vgl. *Dietz* 1987, 126/127).

In Bezug auf die Qualifikation bedeutet der Strukturwandel eine Entwicklung zugunsten der qualifizierten Beschäftigten; zwar gab es bestimmte Verbesserungen der Qualifikation der Arbeitsmigranten, aber das Ausmaß der Qualifikationsverbesserungen war bei den Deutschen schneller, so daß eine Annäherung nicht stattfand (vgl. ibidem, 126); die Chancen, die die Entwicklung des Dienstleistungsbereichs boten, konnten somit weitgehend von den ausländischen Arbeitskräften nicht wahrgenommen werden. Zusammengefaßt: sie waren als „Randbelegschaft" überproportional vom Arbeitsplatzabbau im produzierenden Gewerbe betroffen und am Wachstum im Dienstleistungsbereich kaum beteiligt (vgl. *Dohse* 1986, 634).

Neben den sich wechselseitig verstärkenden konjunkturellen und strukturellen Faktoren trugen auch Diskriminierungspraktiken in den Betrieben zu dem Beschäftigungsrückgang bei, wenn diese Effekte auch quantitativ kaum abzuschätzen sind. Immerhin „weist aber die bei Konjunkturschwankungen auftretende unterschiedliche Entwicklung ausländischer und deutscher Arbeiter gleicher Qualifikation (z. B. bei den Facharbeitern) in den einzelnen Wirtschaftsabteilungen ebenso daraufhin, daß nicht allein die berufliche Qualifikation den sogenannten Konjunkturpuffereffekt bei der Ausländerbeschäftigung auslöst" (*Dietz* 1987, 126). *Dohse* (1986, 631) weist darauf hin, daß in Umkehrung des Sozialstaatsprinzips, das üblicherweise ausgleichend für Lebensunterhaltsrisiken eintritt, staatliche Ausländerpolitik den Druck auf Ausländer in dem Maß erhöht, „wie sie aus dem Markt herausfallen".[9] Differenziert man die Arbeitsmigranten nach Geschlecht, sind die ausländischen Frauen „die stärksten Beschäftigungsverlierer" (ibidem, 633).[10]

Die zweite Phase der Ausländerbeschäftigung in der Bundesrepublik, die in der Gegenwart andauert, läßt sich als Krise der unqualifizierten Arbeit zusammenfassen. War in der ersten Phase die aufenthaltsrechtliche Stellung der meisten Arbeitsmigranten prekär, ihre Arbeitsmarktpositionen auf Grund der Nachfrage nach unqualifizierter und angelernter Arbeit aber günstiger, hat sich im Laufe der zweiten Phase diese Relation umgekehrt; die aufenthaltsrechtliche Stellung – wenn auch weit davon entfernt, der Einwanderungssituation angemessen zu sein – hat sich für diese Mehrzahl der Arbeitsmigranten mit zunehmendem Aufenthalt und infolge rechtlicher Verbesserungen verfestigt, während ihre Arbeitsmarktsituation zunehmend schwieriger geworden ist. Waren sie „Hebel" im Aufschwung, so wird ihre „Pufferfunktion" auf dem Arbeitsmarkt durch überdurchschnittliche Arbeitsplatzverluste, Arbeitslosigkeit und auch Rückwanderung deutlich: sie pufferten die einheimische Arbeiterschaft z.T. vor noch stärkerer Betroffenheit durch die Arbeitsmarktkrise ab.

Rationalisierungsschübe hatten im bisherigen Verlauf des industriellen Produktionsprozesses neben höheren Qualifikationsanforderungen immer auch eine Vielzahl neuer, unqualifizierter Arbeitsplätze geschaffen. Das ist ja der Kern der sogenannten Polarisierungsthese. Noch 1975 führten *Schiller* und *Diefenbach* in Bezug auf den Zusammenhang von technischem Wandel und Ausländerbeschäftigung aus: „... technischer Wandel hat weder bisher zu einer bedeutsamen Abnahme unqualifizierter Tätigkeiten geführt noch wird das in Zukunft zu erwarten sein. Weiterhin ist kaum anzunehmen, daß Arbeitsstreß und Arbeitsbelastungen nachlassen werden ... Von daher gesehen wird die Beschäftigung ausländischer Arbeiter eine Notwendigkeit bleiben" (*Schiller* u. *Diefenbach* 1975, 120). Auch die Erfahrungen mit früheren Mechanisierungsschüben in der amerikanischen Industrie zeigten einen Zusammenhang zwischen der

---

[9] Beispielsweise beim Bezug von Sozialhilfe, die nach dem Ausländerrecht ein Ausweisungstatbestand sein kann.
[10] Deutsche Frauen – unter Einbeziehung der Teilzeitarbeit – sind dagegen die stärksten Beschäftigungsgewinner (vgl. ibidem).

Einführung neuer Maschinerie, Dequalifizierungsprozessen und der zunehmenden Beschäftigung von Arbeiterimmigranten als unqualifizierten Arbeitskräften.[11]

Aber in den 70er und 80er Jahren führten die Umstrukturierungen in der Arbeitswelt der Bundesrepublik, vor allem im verarbeitenden Gewerbe, in dem die Mehrzahl der Arbeitsmigranten beschäftigt ist, zu starken Arbeitsplatzverlusten. Im Gegensatz zu früheren Phasen erfordert die gegenwärtige Rationalisierung mit ihren neuen Technologien und Formen der Arbeitsorganisation vor allem neue und höhere Qualifikationen, so daß die Arbeitsplatzverluste im Bereich der einfachen Tätigkeiten überdurchschnittlich sind. Die ausländischen Arbeiter gehören eindeutig in das Lager der „Rationalisierungsverlierer".

Diese Prozesse, aber auch arbeitsmarktpolitische Entscheidungen der letzten Jahre (Beschäftigungsförderungsgesetz) führten dazu, daß sich in der Bundesrepublik immer mehr eine Arbeitsmarktstruktur herausbildet, wie sie zuerst für die USA in der Form der sogenannten Segmentationstheorie beschrieben und erklärt worden ist. Die Segmentations- bzw. „dual"- oder „split labor market"-Theorie entstand in den USA aus dem Interesse, die Stellung von „minority workers" zu erklären. Gegen die neoklassische Arbeitsmarkttheorie behauptet sie die Existenz von relativ autonomen Teilarbeitsmärkten. *Michael J. Piore*, einer der Begründer der Theorie, formuliert einführend und mit Bezug auf Migranten: „Die Hypothese des dualen Arbeitsmarktes versucht, das Funktionieren von Arbeitsmärkten im Rahmen eines Modells zu erklären, in dem der Markt in einen primären und einen sekundären Sektor geteilt ist. Migranten finden sich im sekundären Sektor. Die Arbeitsplätze im primären Sektor sind größtenteils Einheimischen vorbehalten" (*Piore* 1983, 351). Als allgemeine Arbeitsmarkttheorie behauptet die Segmentationstheorie, daß neben Migranten als weitere Gruppen von Arbeitskräften Unqualifizierte, Ältere, viele Jugendliche und Frauen zum sekundären Segment gehörten.

Als Kern der Segmentationstheorie läßt sich nennen: 1) Segmentation löst Flexibilitätsprobleme des betrieblichen Personaleinsatzes infolge konjunktureller Schwankungen; Auslastungsschwankungen

---

[11] *Davie* (1949, 238/239) schildert das ausführlich am Beispiel der Arbeitsvollzüge im Steinkohlebergbau und resümiert: „Diese Arbeit kann nach einer kurzen Anlernzeit schnell von Neueinwanderern übernommen werden, die vor ihrer Auswanderung in die Vereinigten Staaten noch nie ein Bergwerk gesehen hatten. Erfindungen haben auch das Qualifikationsniveau in Textilbetrieben, Eisen- und Stahlfabriken sowie anderen Produktionsbereichen herabgesetzt und es möglich gemacht, unqualifizierte, unerfahrene Neueinwanderer ohne Sprachkenntnisse zu beschäftigen."

der betrieblichen Produktion infolge konjunktureller oder einzelbetrieblicher Einflüsse werden durch Ausweitung oder Verringerung des sekundären Arbeitskräftesegments flexibel aufgefangen; das primäre Segment der Stammbelegschaft unterstützt diese Politik und versucht damit, Beschäftigungsrisiken von sich abzuwälzen; die Randbelegschaft puffert die Kernbelegschaft gegen Beschäftigungsrisiken ab. 2) Segmentation entsteht aus bestimmten betrieblichen Qualifikationsanforderungen; die Komplexität moderner Produktionsprozesse und die Verantwortung für komplizierte und teure Maschinen erfordern eine betriebsspezifische Ausbildung; zunehmend wird die Qualifikation der Arbeitskräfte den Eigenschaften der jeweiligen Arbeitsplätze und Betriebe durch betriebliches Lernen und betriebsinternen Aufstieg angepaßt (vgl. *Schiller* 1984, 634). Der Betrieb hat ein Interesse, diese Arbeitskräfte als Stamm- oder Kernbelegschaft auch bei Schwankungen des Auslastungsgrades der Produktion zu halten.

Die Segmentierung des Arbeitsmarktes als eine Form der Neustrukturierung, die nicht einfach eine Rezessionserscheinung und temporär ist, hat dazu beigetragen, die Arbeitsmarktposition der ausländischen Arbeiter zu verschlechtern. Die Sozialisations- und Schulverhältnisse, niedrige Ausbildungsquoten und eine geringe Beteiligung an der beruflichen Weiterbildung in der 2. Generation der Arbeitsmigranten legen den Schluß nahe, daß sich die Krise ihrer Position auf dem Arbeitsmarkt auch in Zukunft nicht ändern wird; vieles spricht für das Vorhandensein von Verhältnissen, in denen die bestehende Lage reproduziert wird.

Im folgenden Abschnitt geht es darum, Konzepte für die Beschreibung der Sozialstrukturposition der Gruppe zu diskutieren.

5.3 Arbeitsmigranten: Unterprivilegierung und Merkmale einer frühproletarischen Lage

Für die sozialstrukturelle Position einer Bevölkerungsgruppe im Ungleichheitssystem der Gesellschaft ist, wie ausgeführt, die Arbeitsmarktstellung von zentraler Bedeutung. Nimmt man weitere Dimensionen sozialer Ungleichheit in die Betrachtung auf, ergibt sich, daß die Arbeitsmigrantenbevölkerung auch in Bezug auf Wohnen, schulische Ausbildung und Gesundheitsversorgung gegenüber der einheimischen Arbeiterschaft stark benachteiligt ist. Besonders schwerwiegend ist jedoch die rechtliche Ungleichheit, die aus dem Ausländerstatus, d. h. Nicht-Staatsbürgerstatus, resultiert: Unsicherheiten des Aufenthalts, vor allem aber auch die politische Machtlosigkeit durch Ausschluß vom politischen Partizipationsprozeß – für die Politiker sind die „Ausländer" als Wähler keine Klientel – verstärken die soziale Benachteiligung der Gruppe.

Es gibt verschiedene Vorschläge, die Spezifik der Ungleichheitsposition der Arbeitsmigranten konzeptuell zu erfassen. Für England, wo jedoch in Bezug auf die Großzahl der Arbeitsmigranten die rechtliche Ungleichheit fortfällt, möchten *Rex* und *Tomlinson* (1979) von einer „underclass" sprechen: „... die Unterschiede zwischen den Minderheiten und der Arbeiterschaft sind nicht nur quantitativ, sondern qualitativ und strukturell, da die Einwanderersituation durch eine unterschiedliche Stellung auf dem Arbeitsmarkt und unterschiedliche Wohn- und Schulverhältnisse gekennzeichnet ist" (*Rex u. Tomlinson* 1979, 275/276). Nicht nur Übersetzungsprobleme – weder „Unterschicht" noch „Unterklasse" wären angemessene deutsche Termini für „underclass" – sondern auch die strikte Trennung von „working class" und Arbeitsmigranten, die hier vorgenommen wird, erscheint uns problematisch. Arbeitsmigranten sind ein Teil der Arbeiterschaft, wenn auch durch eine spezifische Stellung innerhalb der Arbeiterschaft gekennzeichnet.

Häufig werden die ausländischen Arbeiter und ihre Familien in der Bundesrepublik als Angehörige einer „Randgruppe" bezeichnet und in einen Zusammenhang mit anderen „Rand"- oder „Problemgruppen" gestellt. Zu den Randgruppen werden in der Literatur – in einer fast schon grotesk zu nennenden, dennoch aber nicht unrepräsentativen Aufzählung – etwa folgende Bevölkerungsgruppen gerechnet: Gastarbeiter, Obdachlose, Nichtseßhafte, Fürsorgezöglinge, Heimkinder, Rocker, Vorbestrafte, Bestrafte, Behinderte, Kiffer, Fixer, Alkoholiker, Tablettensüchtige, alte Menschen, Prostituierte, Zuhälter, Homosexuelle, sexuelle Randgruppen, Selbstmörder, Zigeuner, schließlich „Farbige" (vgl. *Müller* 1974). Was die angeführten Bevölkerungsgruppen trotz ihrer Unterschiedlichkeit verbindet und damit auch den Randgruppenbegriff noch sinnvoll macht, ist die von allen erfahrene Stigmatisierung und Diskriminierung sowie ganz wesentlich ihre Ausgliederung aus bzw. Nichteingliederung in die sozialen Verkehrskreise der „Mehrheit". In diesem Sinne der Ausgliederung oder Nichteingliederung stehen die Randgruppen „am Rande". Bezüglich der Entstehungsbedingungen dieser „Randlage" und relevanter Sozialstrukturdimensionen sind sie aber außerordentlich heterogen, so daß ihre Zusammenfassung zu *einer* sozialstrukturellen Kategorie uns nicht sinnvoll erscheint.

Zu Verständnisschwierigkeiten beim Randgruppenbegriff trägt in der deutschsprachigen Literatur erheblich bei, daß Randgruppe z.T. als Gruppe von „Randseitern" im Sinne von „marginal man" der Marginalitätstheorie von *Park* und *Stonequist* gesehen wird bzw. mit diesem Begriff zusammengefaßt wird.[12]

---

[12] Vgl. zu dieser Theorie näher Kapitel 8.

Probleme tauchen auch bei dem in der öffentlichen Diskussion häufig genannten Konzept des „Subproletariats" für die Analyse der Stellung der Einwanderer in der Sozialstruktur auf. Der Begriff wird recht schillernd gebraucht; z. B. als Bezeichnung für den Teil des „Proletariats", dessen Arbeitskraft nicht verwertbar ist.[13] Er wird in der Öffentlichkeit auch in Verbindung gebracht mit sozialen Problemen, wie z. B. Kriminalität oder Jugendarbeitslosigkeit. Subproletariat steht offenbar für Bevölkerungsgruppen, die außerhalb des Arbeitsprozesses stehen, deren soziale Lage unsicher ist und die überdurchschnittlich starke Tendenzen zu „abweichendem Verhalten" zeigen. Es handelt sich bei diesem Begriff allerdings wohl mehr um eine umgangssprachliche Metapher als einen entwickelten soziologischen Begriff. Auch der Historische Materialismus kennt die Kategorie des „Subproletariats" nicht, allenfalls den Begriff des „Lumpenproletariats". Einmal vorausgesetzt, Subproletariat sei eine soziologisch brauchbare Kategorie, wird aus den vorliegenden Verwendungszusammenhängen deutlich, daß sie zwar einzelne Aspekte der sozialen Lage der Migrantenbevölkerung thematisiert, insgesamt jedoch für den angesprochenen Kontext nicht brauchbar ist, da die Arbeitsmigranten nicht außerhalb oder unterhalb des „Proletariats" stehen, sondern einen Teil davon bilden.[14]

Auf der Basis einer Analyse von *Marshall* (1950) über globale Entwicklungstrends der Sozialstruktur entwickelter kapitalistischer Gesellschaften lassen sich dagegen Konzepte zur Beschreibung der Stellung von Arbeitsmigranten gewinnen. Für die Erklärung der Veränderungen der kapitalistischen Gesellschaft in den letzten 200 Jahren stellt *Marshall* die Betrachtung des Verhältnisses von Klassenstruktur und Bürgerrechten in den Mittelpunkt. Nach *Marshall* hat die kapitalistische Gesellschaft im Verlauf der letzten beiden

---

[13] Vgl. z. B. das Stichwort „Subproletariat" im Lexikon zur Soziologie, hrsg. von *Fuchs* u. a. (1973).

[14] Das Wort Proletariat ist römischen Ursprungs. Es bezeichnet die Nachkommen von Vollbürgern, die wegen ihrer Besitzlosigkeit von Pflichten gegenüber dem Staat befreit waren, dem Staat nichts als ihre Nachkommen (prolos) lieferten. Der Begriff tauchte im 18. Jahrhundert wieder auf als Bezeichnung des „gemeinen Volkes" und wird zu Beginn des 19. Jahrhunderts gleichgesetzt mit den „arbeitenden Klassen". Den modernen Begriff, sofern er noch Verwendung findet, umschreibt *Maus* (1969) folgendermaßen: „Der Begriff des Proletariats umfaßt alle, die im Unterschied zu Sklaven, Leibeigenen und Hörigen als Personen rechtlich frei sind, jedoch im Gegensatz zum selbständigen Handwerker, Bauern oder Unternehmer über keine eigenen Arbeitsinstrumente und Produktionsmittel verfügen und nicht von Grund- oder Kapitalrente leben. Zur Sicherung ihres Lebens sind sie gezwungen, ihre körperliche wie geistige Arbeitskraft gegen Lohn oder Gehalt zu fremdbestimmten Leistungen zu veräußern ... In den Industriestaaten gilt der Fabrikarbeiter als prototypisch für das Proletariat ..."

Jahrhunderte unter zwei gegensätzlichen Einflüssen gestanden, Klassenspaltungen und Bürgerrechten. Klasse sei eine, oder besser, *die* Quelle grundlegender Ungleichheiten in der Gesellschaft. Das Bürgerrecht sei ein gegenläufiger Einfluß, der auf größere Gleichheit hinziele: wer Bürger einer nationalen Gemeinschaft sei, habe universelle Rechte, die er mit allen Mitgliedern dieser Gemeinschaft teile (vgl. hierzu auch *Giddens* 1983, 17).

Das Bürgerrecht teilt *Marshall* in drei große Komplexe, die sich schrittweise nacheinander entwickelt hätten, bzw. besser, die schrittweise erkämpft worden seien. „... ich schlage vor, das Bürgerrecht in drei Teile zu gliedern. Die Analyse ist hierbei stark durch die Betrachtung der geschichtlichen Entwicklung, weniger durch abstrakte Logik angeleitet; ich nenne diese drei Teile oder Elemente bürgerliche, politische und soziale Rechte" (*Marshall* 1950, 10).

„Bürgerliche Rechte" meint Freiheits- und Eigentumsrechte, „politische Rechte" meint vor allem aktives und passives Wahlrecht und „soziale Rechte" bezeichnet soziale Sicherungsrechte und das Recht auf einen angemessenen Mindestlebensstandard. Für die (englische) Arbeiterklasse sieht Marshall eine wesentliche Verbesserung ihrer Lage durch schrittweise Teilhabe an diesen Bürgerrechten, durch die sich auch die Gesamtheit der Klassen- und Ungleichheitsverhältnisse verändert habe (vgl. ibidem, 75). Die Gesellschaft sei aber nach wie vor hierarchisch; der „Kriegszustand" zwischen Bürgerrechten und Klassensystem führe zu einem ausgehandelten Waffenstillstand, nicht zum Sieg einer Seite. Wendet man das Konzept der Entwicklung der Bürgerrechte auf die Lage der Arbeitsmigranten an, kommt man zu folgenden Ergebnissen: (1) bezüglich politischer Rechte sind sie von politischer Partizipation ausgeschlossen; selbst die Gewährung eines kommunalen Wahlrechts wäre nur eine erste Verbesserung dieses Zustandes; (2) bei sozialen Rechten im Sinn sozialer Sicherungsrechte besteht zwar rechtlich eine weitgehende Gleichstellung, allerdings nicht immer auch eine faktische; zudem kann die Inanspruchnahme sozialer Rechte, beispielsweise bei der Sozialhilfe, sogar Anlaß für die administrative Beendigung des Aufenthalts werden; (3) die „civil rights", also Freiheits- und Eigentumsrechte bestehen zwar im Prinzip, aber ihre Wahrnehmung ist, vor allem für Nicht-EG-Ausländer, durch die Unsicherheiten des Aufenthaltsrechts bedroht.

Gegenüber der einheimischen Arbeiterschaft, die Bürgerrechte in langen Auseinandersetzungen erreichte, existieren also für die Arbeitsmigranten bestimmte Lebensrisiken weiter, wie sie für die frühproletarische Lage kennzeichnend waren; Härten des Lohnarbeitsverhältnisses, durch Sozialpolitik und Einkommensentwicklung für einen Großteil der Arbeiter–Bürger aufgehoben oder abgeschwächt, bestehen für die Arbeiter–Nichtbürger z.T. noch weiter.

Faßt man diese Analysen zusammen, läßt sich sozialstrukturell bei der Population der Arbeitsmigranten von einer unterprivilegierten Schicht innerhalb der Arbeiterschaft sprechen, die Merkmale einer frühproletarischen Lage aufweist.[15]

5.4 Die Entstehung eines ethnischen Kleinbürgertums

Die zu Beginn des Prozesses der Arbeitsmigration vorherrschende sozialstrukturelle Homogenität der eingewanderten Bevölkerung verändert sich im Zeitverlauf; es kommt zu Differenzierungen, zum einen aufgrund unterschiedlicher „Arbeitsmarktschicksale" der Migranten, zum anderen durch das Aufnehmen einer selbständigen Tätigkeit seitens ehemaliger Arbeitsmigranten. Diese neuen Selbständigen begründen eine ethnische Ökonomie; sie ist als „Ergänzungsökonomie" auf die Bedürfnisse der ethnischen Gruppe ausgerichtet, sucht aber als „Nischenökonomie" auch die Nachfrage der Mehrheitsgesellschaft.[16] Sozialstrukturell bedeutet dies die Entstehung eines ethnischen Kleinbürgertums.[17] Nach Daten des Mikrozensus von 1986 gab es in der Bundesrepublik fast 150.000 ausländische Selbständige einschließlich mithelfender Familienangehöriger (vgl. *Erichsen* 1988, 23). Ihre Betriebe sind fast durchweg Kleinbetriebe mit nur wenigen Beschäftigten. Die Industrie- und Handelskammer von Berlin berichtet, daß bei den türkischen Betrieben die durchschnittliche Beschäftigungsquote 3,5 Personen betrage (vgl. *Şen* 1986, 93).

Ein erster Motivationskomplex für den Wunsch, eine selbständige Tätigkeit aufzunehmen, kann mit dem Begriff des transitorischen Lohnarbeiterbewußtseins gekennzeichnet werden; „transitorisch" sowohl in Bezug auf das Land, in das man gewandert ist, als auch in Bezug auf den Lohnarbeiterstatus. Rückkehr und Aufbau einer selbständigen Existenz im Herkunftsland macht den wichtigsten Inhalt des „Gastarbeiterbewußtseins", d. h. des Bewußtseins des Arbeitsmigranten in der Anfangsphase der Migration, aus.[18] Für eine große Zahl der Arbeitsmigranten erweist sich im Zeitverlauf

---

[15] Damit ist selbstverständlich nicht gesagt, daß der materielle Status frühproletarische Merkmale aufweise.
[16] Eine Beschreibung der ethnischen Ökonomie wird im folgenden Kapitel über ethnische Koloniebildung gegeben; siehe Abschnitt 6.2.3.
[17] „Selbständige", „Mittelstand" oder „Kleinbürger" heißt sozialstrukturell die Gruppe von Erwerbstätigen, die über eigene Arbeitsmittel verfügt; neben der eigenen Arbeitskraft wird häufig die Arbeitskraft von Familienangehörigen und/oder anderer Arbeitskräfte eingesetzt.
[18] Vgl. hierzu näher *Heckmann* (1981, 238–248).

die Rückkehr als „myth of return"; ein Teil von ihnen versucht den lange gehegten Wunsch, sich selbständig zu machen, im Einwanderungsland zu erfüllen.[19] Ein weiterer Motivationskomplex für Selbständigkeit liegt in Arbeitsmarktentwicklungen begründet. Die Krise der unqualifizierten Arbeit machte die Arbeitsmarktposition der Migranten zunehmend schwieriger und führte zu weit überdurchschnittlicher Arbeitslosigkeit. Selbständigkeit wurde zu einem Versuch der Existenzsicherung, um Arbeitslosigkeit zu überwinden.[20]

Es verwundert darum wenig, daß die Qualifikation der ehemaligen Arbeitsmigranten für die Führung eines eigenen Betriebes in vielen Fällen unzureichend ist;[21] auch die Kapitalausstattung der Betriebe ist meist außerordentlich schwach. Beides führt häufig zu wirtschaftlichen Schwierigkeiten, die es nicht zu der angestrebten Existenzsicherung kommen läßt. Die große Arbeitsmotivation der neuen Selbständigen und der Zugang zu billigen Arbeitskräften über die eigene Familie, Verwandte oder Freunde stellen allerdings Aktiva der Betriebe dar und geben ihnen eine Überlebenschance. Die Realisierung des Wunsches nach Selbständigkeit nicht im Herkunfts-, sondern im Einwanderungsland bedeutet also zwar das Verlassen des Lohnarbeiterstatus, aber für die Mehrzahl noch keineswegs das Erringen einer gesicherten mittelständischen oder kleinbürgerlichen Position. Festzuhalten bleibt aber, daß mit der Entstehung eines ethnischen Kleinbürgertums eine sozialstrukturelle Differenzierung der zuvor sehr homogenen Migrantenbevölkerung eingesetzt hat, die sich auf Interessenbildung und Bewußtseinsformen in den jeweiligen ethnischen Minderheitengruppen auswirken wird.[22]

Für die gesamte Sozialstruktur der Bundesrepublik bedeuten die aufgezeigten Prozesse, daß nicht mehr nur in der Arbeiterschaft, sondern auch unter den Selbständigen eine neue Schicht ethnisch differenter Personen existiert. Diese Ausdifferenzierungen sollen im abschließenden Abschnitt 5.5 als Entstehen ethnischer Schichtung,

---

[19] Nach Untersuchungen des Instituts für Türkeistudien sind die türkischen Selbständigen überwiegend Migranten der ersten Generation, für die Selbständigkeit „als Wert für sich" gilt (vgl. *Erichsen* 1988, 23).

[20] In der Berliner Untersuchung über türkische Selbständige gaben 17,3% der Befragten als Motiv für die Gründung von Betrieben eigene Arbeitslosigkeit an; 21,7% wollten Arbeit für Familienmitglieder schaffen und 8,6% der Befragten eine „sichere Tätigkeit erreichen" (vgl. Blaschke u. Ersöz 1986, 16). Nach den Untersuchungen des Instituts für Türkeistudien hatte die große Mehrheit der selbständigen Türken ihre Betriebe in den 80er Jahren gegründet (vgl. *Erichsen* 1988, 24).

[21] Vgl. Blaschke und Ersöz (1986, 16) und Şen (1986, 24).

[22] Auf Differenzierungsvorgänge durch Herausbildung einer nicht-selbständigen Schicht mit höheren und akademischen Qualifikationen gehen wir nicht ein.

die ein neues Schichtungsprinzip der Sozialstruktur darstellt, theoretisch zusammengefaßt und in einigen ihrer Konsequenzen betrachtet werden.

5.5 Ethnische Schichtung

Ethnische Schichtung bedeutet zunächst einmal, daß in einer Gesellschaft zwischen verschiedenen ethnischen Gruppen ein Ungleichheits- oder Schichtungsverhältnis besteht. Als Implikation dessen bedeutet ethnische Schichtung weiterhin, daß Positions- und Statuszuweisung auch auf der Basis von ethnischer Zugehörigkeit erfolgt; d. h., der Erwerb von Positionen und eines allgemeinen Prestigestatus für Personen ist nicht nur etwa von Schulbildung, beruflicher Qualifikation oder Besitz abhängig, sondern auch von ethnischer Zugehörigkeit und dem Platz, den eine bestimmte ethnische Gruppe in der Hierarchie der verschiedenen ethnischen Gruppen in der Gesellschaft einnimmt. Es gibt also nicht nur eine Bildungsschichtung, Berufs- oder Einkommensschichtung in der Gesellschaft, sondern auch eine Zuordnung von Personen und die Verteilung gesellschaftlicher Ressourcen und Lebenschancen nach unterschiedlich bewerteter ethnischer Zugehörigkeit.[23]

Da ethnische Zugehörigkeit als Statusmerkmal von Personen „vorhanden" ist, und nicht in einer Wettbewerbssituation erworben wird, handelt es sich bei ethnischer Schichtung um einen Zuschreibungsprozeß, der entgegen den Prinzipien einer „modernen" Gesellschaft *askriptiv* erfolgt.

Grenzfälle ethnischer Schichtung sind zum einen Sozialstrukturen, in denen soziale Positionszuweisung und ethnische Zugehörigkeit weitgehend zusammenfallen, d. h., die soziale Ungleichheitsstruktur mit der ethnischen Ungleichheitsstruktur identisch ist und zum anderen, als Gegenteil, wenn Positionserwerb und -zuweisung völlig unabhängig von ethnischer Zugehörigkeit erfolgen, d. h., ethnische Schichtung als Strukturierungsprinzip nicht existiert.

---

[23] Zum Konzept der ethnischen Schichtung vgl. z. B. *Shibutani* und *Kwan* (1965, 33): „In den Vereinigten Staaten hängt heute der soziale Status einer Person von ihrer Position in zwei koexistierenden Schichtungssystemen ab: sozialökonomischem und ethnischem Schichtungssystem. Die sozial-ökonomische Position wird zu einem großen Teil durch den Beruf und das Einkommen des Haushaltsvorstandes bestimmt ... Aber Amerikaner werden auch nach ihrer ethnischen Zugehörigkeit bewertet."
Noel (1968, 157) versteht als ethnische Schichtung: „... ein System rassischer, religiöser oder nationaler Schichtung wird als wesentliches Kriterium für die Zuweisung der sozialen Stellung mit ihren unterschiedlichen Belohnungen herangezogen."

Eine allgemeine Erklärung für die Entstehung von ethnischer Schichtung wird von *Noel* (1968) gegeben: Ethnozentrismus, Wettbewerb um gemeinsam angestrebte Güter und Machtungleichheit zwischen ethnischen Gruppen werden als notwendige und hinreichende Bedingungen für die Herausbildung ethnischer Schichtung genannt. „Wettbewerb schafft die Motivation für Schichtung, Ethnozentrismus kanalisiert den Wettbewerb entlang ethnischer Grenzlinien und Machtunterschiede bestimmen, ob eine Gruppe die andere unterordnen kann" (*Noel* 1968, 157).

In der Bundesrepublik entwickelt sich ethnische Schichtung nicht aus einer relativen Gleichheitssituation durch das spätere Auftreten und Wirken der drei zentralen Bedingungen Ethnozentrismus, Wettbewerb und Machtungleichheit, sondern die Ungleichheit schaffenden Bedingungen sind bereits im Zuwanderungs- und Ansiedlungsprozeß und in der für die „importierten" Arbeitskräfte „vorgesehenen" Arbeitsmarktposition enthalten. Ethnozentrismus ist vorhanden als ideologischer „Traditionsbestand", der auch nach den traumatischen Erfahrungen mit Nationalismus und Nationalsozialismus nicht einfach verschwindet, sondern, in nur z.T. modifizierter Form, weiterwirkt; Wettbewerb, nicht mit der „ganzen Gesellschaft" sondern mit den gering qualifizierten Schichten der Arbeiterschaft, existiert vor allem auf dem Arbeits- und Wohnungsmarkt, Machtungleichgewichte ergeben sich aus Herkunftsbedingungen der Migranten, ihrer relativ schwachen Stellung auf dem Arbeitsmarkt wie dem Ausschluß von politischen Rechten in der Einwanderungsgesellschaft.

Resultat des Wirkens des neuen Strukturierungsprinzips der ethnischen Schichtung ist die Entstehung einer sozialen Schicht, die in der überkommenen Sozialstruktur nicht vorhanden war und die wir als unterprivilegierte Schicht innerhalb der Arbeiterschaft mit Merkmalen einer frühproletarischen Lage gekennzeichnet hatten. Für die Veränderung der Sozialstruktur durch diese Prozesse kann man von einem Unterschichtungsvorgang sprechen: Die vorhandene Sozialstruktur ist, bildhaft gesprochen, gewissermaßen nach unten verlängert worden; oder unter die vorhandene Schichtstruktur ist eine Schicht „geschoben" worden.[24] Das bezieht sich zunächst nur auf die Arbeiterschaft; mit der Entstehung eines „ethnischen Kleinbürgertums", das viele Benachteiligungen der Lebensverhältnisse mit der ethnischen Arbeiterschaft teilt, kann man aber analog feststellen, daß auch der „Mittelstand" nach unten verlängert worden ist.

Ein weiteres Konzept gestattet, inner-ethnische wie inter-ethnische Unterschiede und Gemeinsamkeiten analytisch in Sozialstrukturun-

---

[24] Vgl. für solche Formulierungen *Hoffmann-Nowotny* und *Hondrich* (1982a, 614) und *Hoffmann-Nowotny* (1975, 74).

tersuchungen zu erfassen. Das Konzept der „*ethclass*" von *Milton Gordon* (1978) arbeitet mit der Prämisse, daß sowohl von sozialer Schichtzugehörigkeit wie von ethnischer Zugehörigkeit relevante Einflüsse auf Gruppenbildung und Bewußtsein von Menschen ausgehen. Kombiniert man die beiden Merkmale, kommt man zu einer Differenzierung der Sozialstruktur ethnischer Minderheiten, die für die Bildung und Artikulierung von Meinungen und Einstellungen, für Interessenbildung und für die Konstituierung sozialer Verkehrskreise, kurz für die Bildung „sozialer Milieus" oder „Subgesellschaften" bedeutsam ist. Das Wort „ethclass" ist ein Kunstwort, das leider nicht angemessen übersetzbar ist. Gordon arbeitet mit der Vorstellung, daß sich die Gesamtgesellschaft aufspalte in verschiedene Subgesellschaften („subsocieties") mit zugehörigen Subkulturen: Subgesellschaften entstehen aus der Gemeinsamkeit von Personen in Bezug auf ethnische Gruppenzugehörigkeit, Schichtenzugehörigkeit, städtische oder ländliche sowie regionale Lebensweise bzw. Herkunft. Beispiele für solche „subsocieties" und zugehörige Subkulturen sind z. B. „upper-middle class white Protestant, southern urban" oder „lower-middle class white Jewish, western urban".

Stadt-Land Unterschiede sowie regionale Besonderheiten seien dabei, eingeebnet zu werden, so daß vor allem „class" und ethnische Gruppe konstitutiv für Subgesellschaften seien . Soziale Schichten wie ethnische Zugehörigkeit „werden zu Quellen der Gruppenidentität, begründen bestimmte soziale Verkehrskreise und bilden bestimmte Verhaltensweisen heraus" (*Gordon* 1978, 119). Die Gemeinsamkeit von ethnischer und „class"-Zugehörigkeit führe zur Herausbildung der „ethclass" als Typus von „subsociety". Kulturelles Verhalten, Primärgruppenbeziehungen und Gruppenidentifikation seien durch die „ethclass" bestimmt, mit je unterschiedlichem Gewicht von „class" und ethnischer Zugehörigkeit in den genannten Bereichen.

Will man sozialstrukturell die Differenzierung der gesamten ethnischen Minderheitenpopulation einer Gesellschaft sowohl unter Berücksichtigung inter-ethnischer wie inner-ethnischer Unterschiede herausarbeiten, erscheint „ethclass" als fruchtbares Konzept. „Ethclasses" sind Gruppen, die sich durch Gemeinsamkeiten sowohl der ethnischen Zugehörigkeit wie der Sozialstrukturstellung bilden. Beispiele für solche „ethclasses" in der Bundesrepublik wären etwa die „Subgesellschaft" türkischer Facharbeiter, italienischer oder griechischer Selbständiger oder portugiesischer unqualifizierter Arbeiter. Zu vermuten, aber noch nicht empirisch überprüft, ist, daß sich auf der Basis von „ethclasses" soziale Lebenswelten, Verkehrskreise und soziale Milieus in den ethnischen Minderheiten entwickeln.

Abschließend möchten wir einige Wirkungen ethnischer Schichtung diskutieren, die in drei Hypothesen gefaßt sind. Die erste Hypothese beinhaltet die Wirkung ethnischer Schichtung auf die Binnenstruktur ethnischer Gruppen: (1) Ethnische Schichtung fördert Vergemeinschaftungstendenzen in ethnischen Gruppen, „da die Klumpung von objektiven und kulturellen Merkmalen Tendenzen zur extern bedingten Schließung und zur intern sich entwickelnden Kohäsion stark begünstigt" (*Esser* 1988, 240).

Diese Vergemeinschaftungstendenzen kommen den Bedürfnissen vieler Arbeitsmigranten nach ethnischer Kommunikation und Solidarität entgegen, stabilisieren aber wiederum ethnische Schichtung, da sie deren Durchbrechung durch Aufnahme außerethnischer Kontakte und das Eintreten in einen universalistischen Wettbewerb behindern.

Hypothese (2) thematisiert die Wirkung ethnischer Schichtung und Unterschichtung als Wirkung von Arbeitsmigration auf die ethnische(n) Mehrheit(en). Wir bezeichnen sie als Hypothese der Aufstiegsillusion: (2) Ethnische Schichtung und Unterschichtung bewirkt durch die „Verlängerung" des Ungleichheitssystems nach unten, daß sich Positionsinhaber ohne Veränderung ihrer Position als relativ aufwärts mobil sehen können; durch Auftauchen einer neuen Gruppe „unter ihnen" sind sie scheinbar aufgestiegen; die bisher untersten Schichten der Arbeiterschaft wie des kleinen Mittelstandes haben eine Schicht, auf die sie nun ihrerseits herabschauen können.

Die Wirkung der Aufstiegsillusion ergibt sich als Effekt des Zusammentreffens von Zuwanderung und ethnischer Schichtung; sie bezieht sich auf Personen, die keine wirkliche Mobilität erfahren haben, sondern in ihren Positionen verharrt sind. Daneben gibt es aber im Resultat von Einwanderung, speziell von Arbeitsmigration einen wirklichen Aufstiegseffekt für Einheimische, der mit „Aufstiegsillusion" nicht gemeint ist. Wirkliche Aufstiege als Ergebnis von Einwanderung in die Bundesrepublik hatten wir in Abschnitt 5.2 aufgezeigt. Über die Wirkung permanenter Einwanderung auf Mobilitätsprozesse in den USA schreibt *Kahl* (1957, 248):

„Die europäische Masseneinwanderung wie die Stadt-Wanderung der Schwarzen haben große Auswirkungen auf das Schichtungssystem gehabt. Jede Generation von Amerikanern machte die Erfahrung, daß jeweils neue Gruppen den untersten Platz in der Sozialstruktur der Städte einnahmen. Dies erlaubte den bisher unten stehenden älteren Einwohnern aufzusteigen, Angestelltentätigkeiten zu übernehmen und Vorgesetzte der Neuankömmlinge zu werden" (*Kahl* 1957, 248).

Gehen in der dargestellten Weise von ethnischer Schichtung „stabilisierende" Wirkungen auf die Sozialstruktur und das herrschende Ungleichheitssystem aus, enthält ethnische Schichtung jedoch andererseits ein gravierendes Spannungs- und Konfliktpotential: (3) Ethnische Schichtung verletzt universalistische Prinzipien und Chancengleichheitsvorstellungen, die für moderne, demokratische Gesellschaften konstitutiv sind. In dem Maße, in dem der ersten Generation der Einwanderer, die ihre Maßstäbe zu einem bedeutenden Teil aus den Herkunftsgesellschaften bezog, nachfolgende Generationen universalistische Prinzipien in ihren Erwartungshorizont aufnehmen, wird die Tendenz der ethnischen Minderheiten wachsen, einen Widerspruch zwischen universalistischer Ideologie und partikularistischer Askription nicht zu akzeptieren und ethnische Schichtung und ihre Wirkungsmechanismen zu bekämpfen.

Besteht ethnische Schichtung dennoch fort, entsteht eine „anomische" Situation, in der Ziele und Mittel, diese Ziele legitim zu erreichen, auseinanderklaffen; folgt man den bekannten Überlegungen Mertons, entsteht aus dieser Konstellation ein Druck zu abweichenden Verhalten, das die Formen von Ritualismus, Rückzug, Innovation oder Rebellion annehmen kann.

Möglich ist aber auch eine Form der Anpassung, die Esser als „Deferenz-Integration" bezeichnet, die Hinnahme von Ungleichheiten beinhaltet, und die mit „Ritualismus" oder „Rückzug" verwandt zu sein scheint; sie kann eine überraschende Stabilität zeigen:

„... bei der Deferenz-Integration ordnet sich der Akteur in – von ihm durchaus als suboptimal erkannte – Verhältnisse ein, da die Unwirksamkeit der eigenen Bemühungen ohnehin angenommen wird. ... Die Deferenz-Integration sorgt v.a. dafür, daß Akteure Handlungen in 'rollenfremden' Bereichen unterlassen; also in institutionelle Abläufe nicht selbst aktiv eingreifen, Regelungen aus anderen Subsystemen der Gesellschaft (z.B politische oder administrative Entscheidungen) klaglos akzeptieren..." (*Esser* 1980, 204). „Deferenz-Integration kann so gesehen als ein Modus der Stabilisierung von gesellschaftlicher Differenzierung angesehen werden, der die partielle Gleichstellung in einigen Bereichen mit askriptiven Ausschlüssen und Statusvererbungen in anderen Bereichen durchaus auch dauerhaft vereinbar macht..." (ibidem, 250).

Genauere Kenntnis über die Bedingungen für das Entstehen jeweiliger Handlungsformen von Anomie oder der „Deferenz-Integration" herauszuarbeiten sollte eine Aufgabe zukünftiger Forschung sein.

6 Ethnische Kolonien als Binnenstruktur ethnischer Minderheiten

6.1 Zum Konzept der ethnischen Kolonie

Um „den alltäglichen Lebensbereich zu stabilisieren" und Anpassungsprobleme zu lösen, die sich in sprachlichen, sozialen, arbeitstechnischen und rechtlichen Unsicherheiten äußerten, gründeten die nach 1870 ins Ruhrgebiet einwandernden Polen zunächst kirchliche Vereine. „Pflege des gemeinsamen Glaubens, heimatlicher Sitten und der Geselligkeit" waren die satzungsgemäßen Ziele dieser Vereine (vgl. *Wehler* 1966, 444/445). Später entwickelte sich eine Vielzahl weiterer interessen- und bedürfnisspezifischer polnischer Vereine: die Sokol (Turn-), Wahl-, Bildungs-, Jugend-, Frauen-, Mäßigkeits-, Schützen-, Lotterie-, Gesangs-, Theater-, Konsum-, Handwerker-, Volkslese- und andere Vereine; seit 1900 schlossen sie sich zu einzelnen Verbänden zusammen (vgl. *Kaczmarek* 1922, 41). Die nach *Wehler* bedeutendste organisatorische Leistung des westlichen Polentums war die 1902 begründete Zjednoczenic Zawodowc Polski, die polnische Berufsvereinigung und Gewerkschaft der Bergleute und Hüttenarbeiter. Die ZZP begründete eine gemeinsame Kranken- und Sterbekasse und richtete Rechtshilfe- sowie Arbeitsplatzvermittlungsstellen ein. Ein entwickeltes polnisches Pressewesen versuchte die nationalkulturelle Identität der polnischen Minderheit zu bewahren und zu stärken.

Über deutsche Nachbarschaften in Chicago gegen Ende des 19. Jahrhunderts schreibt *Keil* (1984, 404):

„Hier fanden die Immigranten ein praktisch alle Ansprüche abdeckendes institutionelles Netz vor, das von lokalen Versicherungsgesellschaften bis zu Banken, von auf ethnische Produkte spezialisierten Lebensmittelläden bis zu Kneipen, von Kirchen bis zu Konfessionsschulen, von Turnvereinen bis zu Karnevalsgesellschaften, von Geheimlogen bis zu sozialistischen Klubs reichte. Für den neu ankommenden Einwanderer waren sie eine notwendige und willkommene, ihm in einer sonst fremden Umgebung Sicherheit gebende Auffangstation."

Formen sozialer, kultureller, religiöser und politischer Selbstorganisation ethnischer Minderheiten sind Gegenstand der Ausführungen dieses Kapitels. Strukturen (formaler und informeller) ethnischer Selbstorganisation, für deren Bezeichnung wir den Begriff der ethnischen Koloniebildung vorschlagen,[1] lassen sich bei unterschiedli-

---

[1] Zur Bezeichnung des gleichen Sachverhalts findet man auch den Begriff der „ethnischen Gemeinde", „community" (unübersetzt) und Diaspora.

chen ethnischen Minderheiten beobachten; besondere Aufmerksamkeit finden in unserer Darstellung Formen ethnischer Selbstorganisation bei Arbeitsmigranten.

Das Konzept der „Kolonie" knüpft an begrifflichen Traditionen der frühen Einwanderungsforschung an: sozial-kulturelle, religiöse und politische Organisationen, gemeinsame Wohnbezirke wie auch die Einwanderergruppe selbst wurden in klassischen Einwanderungsländern als Einwandererkolonie bezeichnet.[2]

Kolonie war in der Antike eine Gruppe von Menschen die aus dem Mutterland auswanderte, um in anderen Territorien zu siedeln wie auch die Bezeichnung der Ansiedlung selbst, die über Handel und kulturelle Beziehungen locker mit dem Herkunftsland verbunden blieb. Im Römischen Reich wurden damit Veteranensiedlungen und Garnisonen, zumeist in erobertem Gebiet benannt. Die gleichzeitige Bezeichnung der Ansiedlung, des eroberten Territoriums und der unterworfenen Bevölkerung wie auch der Gruppe der Auswanderer, Eroberer und Siedler und ihre sozialpolitische Organisation taucht auch im Koloniebegriff zur Zeit des Kolonialismus und Imperialismus wieder auf. In der Gegenwart meint Kolonie auch die Bürger einer bestimmten Nationalität, die in einem fremden Land arbeiten und wohnen, aber ihre nationale Identität und einen bestimmten sozialkulturellen Zusammenhang bewahren. Der räumliche Aspekt hat sich in einem Begriff erhalten, der zur Zeit der schnellen Industrialisierung und Urbanisierung vor allem im westlichen Deutschland geprägt wurde: Kolonie als die „geschlossene Siedlung von Angehörigen eines Werks, die in der Regel außerhalb einer Ortschaft oder an ihren Rand erbaut wurde" (*Heinrichsbauer* 1936, 25).

Im historischen Koloniebegriff sind also drei zusammengehörige Elemente enthalten: eine ausgewanderte Menschengruppe, die auf zunächst fremdem Territorium ihre nationale Identität erhält, die Formen ihrer ökonomischen und sozialkulturellen Organisation sowie ein Gebiet, in dem „gesiedelt" wird, ohne daß dies ein geschlossenes Siedlungsgebiet sein muß. Für die Arbeitsmigranten im 19. und 20. Jahrhundert heißt „siedeln" das Finden eines Arbeitsplatzes und einer Wohnung; auch sind ihrer ökonomischen Organisation enge Grenzen gesetzt; sie müssen sich weitgehend in bestehende ökonomische Verhältnisse und Organisationsformen einfügen. Ethnische Kolonie soll in unserer Analyse von Prozessen der Arbeitsmigration eine zusammenfassende Konzeption sein, welche verschiedene, auf der Basis von Selbstorganisation entstandene Beziehungsstrukturen unter Einwanderern in einer bestimmten räumlich-territorialen Einheit bezeichnet;[3] ihre Ent-

---

[2] Vgl. z. B. *Davie* (1949); *Mills* et al. (1967); *Park* u. *Miller* (1969); *Thomas* u. *Znaniecki* (1958).

[3] „Räumlich-territoriale Einheit" kann heißen sowohl Nachbarschaft, Stadtviertel, Stadtgebiet wie metropolitaner Raum; entscheidend ist, daß es möglich ist, in dem jeweiligen Raum soziale Beziehungen aufzubauen und zu erhalten.

stehung und Entwicklung ist eine Leistung der Minderheitengruppe.[4]

Koloniebildung ist die *freiwillige* Aufnahme oder Weiterführung innerethnischer Beziehungen. Anders als beim Ghetto, in dem räumliche Integration und soziale Organisierung durch Zwang zusammenfallen, ist die Entwicklung eines sozial-kulturellen Eigensystems der Minderheit nicht notwendig mit der Existenz segregierter und/oder zusammenhängender Wohnbezirke verbunden, wenn auch diese der sozial-kulturellen Organisation der Minderheit vermutlich förderlich sind und empirisch häufig – wie beim Ghetto, doch aufgrund anderer Mechanismen – zusammentreffen.

Im folgenden soll zunächst die Entstehung und Struktur ethnischer Kolonien untersucht werden.

6.2 Entstehung und Struktur ethnischer Kolonien

Ethnische Kolonien entstehen zum einen als institutionelle Antwort auf die Bedürfnisse der Migranten in der Migrations- und Minderheitensituation, zum andern als „Verpflanzung" und Fortsetzung sozialer Beziehungen, die bereits in der Herkunftsgesellschaft existierten. Migration ist mit großen Unsicherheitsmomenten verbunden, mit der Destabilisierung von Verhaltensweisen und Selbstverständnissen; zugleich müssen für neuartige materielle und soziale Problemlagen neue Problemlösungen gefunden werden. Bei der „Verpflanzung" und Fortsetzung sozialer Beziehungen kommt der Verwandtschaft, die wir als ein erstes Strukturelement der ethnischen Kolonie diskutieren, eine überragende Bedeutung zu. Neben der Verwandtschaft unterscheiden wir als weitere Strukturelemente ethnischer Kolonien das Vereinswesen, religiöse Gemeinden, politische Organisationen, informelle soziale Verkehrskreise und Treffpunkte, spezifisch ethnische Medien, schließlich eine ethnische Ökonomie. Im folgenden gehen wir auf verschiedene Institutionen der ethnischen Kolonie ein.[5]

6.2.1 Verwandtschaftssystem und Kettenmigration

Eine vor fast einer Generation von *Oscar Handlin* verfaßte Geschichte der Einwandererfahrungen in den USA, „The Uproo-

---

[4] Für die Darstellung von Beispielen zur Begründung ethnischer Kolonien aus der klassischen Immigrationsforschung vgl. *Heckmann* (1981, 210–214).
[5] Informelle Verkehrskreise, Treffpunkte und ethnische Medien als weitere Elemente ethnischer Kolonien werden nicht in die Darstellung einbezogen.

ted", prägt in den USA die Vorstellung einer breiten Öffentlichkeit über die Amerikaeinwanderung. Im deutschen Sprachraum dürften ähnliche Vorstellungen existieren. „Wie der Titel 'Die Entwurzelten' anzeigt, ist das von Handlin vermittelte Bild eines von extremer Diskontinuität und Desorientierung. Entscheidend ist bei dieser These die Isolation des Einzelnen oder der Kernfamilie im Wanderungsprozeß. ... Handlins Einwanderer erscheinen, um ein Bild aus der Physik zu entlehnen, wie isolierte Atome, die durch die Brownsche Molekularbewegung der amerikanischen Gesellschaft aufs Geratewohl herumgestoßen werden, und deren Wege kaum mehr als durch Zufall bestimmt sind. Handlins Interpretation übersieht ein entscheidendes Element im Auswanderungsprozeß, nämlich die Kettenwanderung" (*Kamphoefner* 1984, 321).

Kettenwanderung ist eine Form der Wanderung, in welcher Migranten soziale Beziehungen zu bereits Ausgewanderten, die im Herkunftskontext begründet sind, vor allem Verwandtschaft und (frühere) Nachbarschaft, für ihren Migrationsprozeß nutzen: von den Ausgewanderten erfahren sie über Chancen, erhalten Hilfe für ihre Reise, für das Finden von Arbeitsplätzen und Wohnungen, auch für die Anpassung an die neue Umgebung. Beziehungen aus dem Herkunftskontext werden in die Einwanderungsgesellschaft „verpflanzt" bzw. am neuen Ort wiedererrichtet.

Kettenwanderung ist eine universelle und wahrscheinlich auch die quantitativ bedeutendste Form der Migration. *Kamphoefner* (1984) zeigt sie detailliert und eindrucksvoll für die deutsche Amerikaauswanderung im 19. Jahrhundert. Das „verpflanzte Dorf" war ein weit verbreitetes Siedlungsmuster. Deutsche, die nach Amerika kamen, ohne irgend jemanden zu kennen, waren insgesamt nur eine kleine Minderheit (vgl. ibidem, 337). Auffällig war auch die Stabilität lokaler und regionaler Konzentrationen über längere Zeiträume (vgl. ibidem, 324). *Forman* (1971, 5) hat einige Untersuchungsergebnisse über die Arbeitsmigration in die Vereinigten Staaten zu Beginn des 20. Jahrhunderts zusammengefaßt: „... es gab nicht nur irische Kolonien, sondern innerhalb dieser versuchte jede Familie 'in der Nähe von Freunden und Verwandten aus dem gleichen Dorf zu wohnen'.[6] Auch *Thomas* und *Znaniecki* fanden, daß polnische Einwanderer aus bestimmten Orten in Polen 'mit anderen Einwanderern aus dem gleichen Ort lieber als mit anderen Polen Umgang pflegten'.[7] *Zorbough* bemerkt Analoges für Sizilianer in Chicago."[8] *Park* und *Miller* fanden bei italienischen Einwanderern, daß sie nicht nur

---

[6] Das Zitat im Zitat entstammt *Shannon* (1963, 34).
[7] Das Zitat im Zitat entstammt *Thomas* und *Znaniecki* (1920, Band V, 32, 33).
[8] *Zorbough* (1929, 164).

nach Regionen und Städten der „Alten Welt", sondern auch nach Dörfern und z.T. sogar Straßenzügen und Nachbarschaften wieder zusammenwohnten, „daß Nachbarn aus Italien auch hier wieder Nachbarn waren" (*Park* u. *Miller* 1969, 146).[9]

Für die chinesische Auswanderung führt *Watson* (1977, 1) aus: „... Chinesen, die Arbeit suchten, verfuhren nicht nach einem Zufallsprinzip; sie wanderten in bestimmte überseeische Gemeinden aus, wo schon Landsleute aus dem gleichen Distrikt waren. Beispielsweise stammt die Mehrheit der chinesischen Bevölkerung auf Hawai aus einem kleinen Distrikt in der Nähe der portugiesischen Kolonie Makao." Mit dem Verweis auf eine Reihe empirischer Untersuchungen u.a. in Indonesien, Kolumbien, Venezuela und den Philippinen zeigt *Hugo* (1981, 203), daß Kettenwanderung auch in den gegenwärtigen Entwicklungsländern das vorherrschende Wanderungsmuster ist.

Zur Art und zum Ausmaß von Kettenwanderung in die Bundesrepublik gibt es zwar keine genauen Untersuchungen; es existieren allerdings zahlreiche Hinweise und einzelne Fallstudien, die die Existenz von Kettenwanderung und die „Verpflanzung" von Verwandtschafts- und Nachbarschaftsbeziehungen belegen.

Nach Erhebungen der Bundesanstalt für Arbeit wollten die von den Außendienststellen angeworbenen Arbeiter neben einer möglichst gut bezahlten Tätigkeit – gleich welcher Art – vor allem eine Vermittlung an bestimmte Orte im Bundesgebiet, in welchen sie schon Verwandte oder Freunde hatten. „Vor allem ausländische Arbeitneh-

---

[9] Einen in jüngster Zeit viel diskutierten Fall italienischer Kettenwanderung in die USA haben *Bianco* und *Anguili* 1980 in einer Studie dargestellt, die *König* (1981) rezensiert hat. *König* schreibt: „Der Hintergrund (der Studie, F.H.) ist leicht umrissen. Seit geraumer Zeit hat eine Kettenwanderung aus der Gemeinde Roseto Valfortore in Apulien nach den Vereinigten Staaten stattgefunden, wo seit 1880 von den Emigranten eine Schwesterstadt Roseto Pennsylvania gegründet wurde. Eine Familie hatte die andere nachgezogen mit dem Ergebnis, daß noch heute ca. 95% der Einwohner entweder selber direkt von Roseto Valfortore stammen oder doch direkte Nachkommen der Einwanderer sind. Diese erstaunlich homogene Gruppe wird noch dadurch in ihrem Einfluß verstärkt, daß sich unmittelbar um Roseto, Penna eine Reihe anderer Siedlungen von Italienern aus anderen Regionen niedergelassen haben (Venezianer, Abruzzesen, Sizilianer u.a). Entscheidend wurde aber ein ganz anderer Umstand, daß im Jahre 1963/64 Roseto, Penna plötzlich ins Zentrum der öffentlichen Meinung Amerikas rückte, nachdem ein Team von amerikanischen Kardiologen, Ernährungsspezialisten, Psychoanalytikern und Soziologen in Roseto den Ort in den Vereinigten Staaten mit der höchsten Lebenserwartung und Immunität vor Herzkrankheiten entdeckte – und das trotz der Ernährungsgewohnheiten, die nach amerikanischen Vorstellungen als ganz besonders ungesund galten, was sich auch in hoher Verbreitung von Übergewicht kundtat" (*König* 1981, 769).

mer, die erstmals ins Bundesgebiet gehen, nehmen bei der Erfüllung derartiger Ortswünsche fürs erste auch geringere Verdienste in Kauf." (Bundesanstalt für Arbeit 1973, 47) War das zunächst praktizierte Anwerbeverfahren eher ein Hindernis für Kettenwanderung, entwickelte sich Ende der 60er Jahre eine weitere Anwerbeform, die nach dem Prinzip der Kettenwanderung verfuhr. Es kam zur Praxis der namentlichen Anforderungen von Gastarbeitern bei den offiziellen Anwerbestellen durch bestimmte Unternehmen, die bereits Verwandte oder Freunde dieser beschäftigten.[10] Dieses Verfahren hatte auch zum Ziel, die häufig vorkommende private Anwerbung und illegale Einreise der Angeworbenen als Touristen zu verhindern.

Voraussetzung von Kettenwanderung ist die Kontinuität von Beziehungen zwischen den Ausgewanderten und ihrem Herkunftskontext. *Ostow* (1974) zeigt das beispielhaft in einer ethnologischen Untersuchung über ein sardisches Dorf. Das Dorf verfügt über vier Kolonien in europäischen Großstädten, in Charleroi, Mailand, München und Turin, die alle eng mit dem Heimatort verbunden bleiben. „An allen Orten war die große Mehrheit der Migranten durch Verwandte geholt und unterstützt worden..." (*Ostow* 1974, 27) Das Verwandtschaftssystem erweise sich dabei als außerordentlich flexibel und anpassungsfähig gegenüber neuen Anforderungen und Umgebungen; es erleichtere die Anpassung an die industrielle Arbeits- und Lebensweise, statt sie zu erschweren.

Neben dem von *Ostow* gewählten Verfahren, die Migrationswege aus dem Dorf in die Metropolen zu verfolgen, besteht die andere Möglichkeit, im Einwanderungskontext ausgewanderte regionale und lokale Gruppen zu finden und ihre Beziehungen „zurück ins Dorf" (oder in die Stadt) zu verfolgen. *Schöningh-Kalender* (1986) tat das für eine türkische Gruppe in Mannheim, *Rothenburg-Unz* (1984) für Sizilianer in Reutlingen.[11] Bei der Untersuchung sizilianischer Familien zeigte sich ein Zusammenhang „zwischen Herkunftsgesellschaft im Dorf, Kettenmigration, die auf dem Wege der familiären und verwandtschaftlich-freundschaftlichen Beziehungswege organisiert wurde, und Konzentrationsprozessen im Aufnahmeort. Dies bedeutet, daß z.B. die italienische Bevölkerung in Reutlingen und Umgebung nicht einfach diffus aus Süd-Italien stammt, sondern schwerpunktmäßig aus drei Regionen – Sizilien,

---

[10] Die Vorteile der Anwerbung von „Landsmannschaften" bestanden vor allem darin, daß die Anlernzeit der neu Eingestellten verkürzt und ihre betriebliche Anpassung erleichtert wurde. Außerdem konnte durch die Beschäftigung von Freunden und Verwandten die Fluktuation und das Ausmaß von Vertragsbrüchen verringert werden. (vgl. McRae 1981, 15/16)

[11] Auch die frühe Untersuchung von *Offermann* (1979) über Koloniebildung in Nürnberg fällt unter dieses Verfahren.

Apulien, Basilicata – und innerhalb dieser Regionen aus ganz bestimmten, wenigen Ortschaften" (*Rothenburg-Unz* 1984, 65). *Gitmez* und *Wilpert* (1987, 95) fanden in Berlin Netzwerke anatolischer und kurdischer Migranten, z. B. 35 Familien mit 180 Personen aus benachbarten Dörfern in Malatya; 100 Familien aus einem einzigen Dorf im zentral- östlichen Teil der Türkei (Erzincan) mit etwa 550 Person; 140 Familien mit etwa 1050 Personen aus sechs benachbarten Dörfern im Südosten der Türkei (Urfa); 250 nicht-moslemische kurdische Familien mit etwa 1850 Personen aus dem Südosten der Türkei (Siirt).

Kettenmigration schlägt sich empirisch als „Verwandtschaftsdichte" nieder: 70% der Arbeitsmigranten in der Bundesrepublik haben Verwandte im Bundesgebiet und pflegen engen Kontakt mit ihnen ; bei Italienern lebt nach Befragungsergebnissen bei fast 90% derjenigen mit Verwandten im Bundesgebiet zumindest ein Teil der Verwandten auch am Wohnort der Befragten, bei Türken ergibt sich für diesen Sachverhalt ein Wert von zwei Dritteln, was den geringeren Konsolidierungsgrad des Migrationsprozesses widerspiegelt.[12]

Faßt man die genannten Aspekte zusammen, läßt sich festhalten, daß Verwandtschaft und – in geringerem Maß – (frühere) Nachbarschaft die ersten Strukturelemente im Entstehungsprozeß von ethnischen Kolonien bei Arbeitsmigranten darstellen; hier liegen „Verpflanzungen" sozialer Beziehungen aus dem Herkunftskontext in den Immigrationskontext vor; das bedeutet jedoch keineswegs, daß diese sozialen Beziehungen nach Art und Intensität nicht einem Wandel in der neuen Umgebung unterworfen sind; hinzukommt, daß im Migrationskontext neue Verwandtschaftsbeziehungen geknüpft werden. Der „Verpflanzungsprozeß" trägt auch dazu bei, daß enge soziale Beziehungen vor allem innerhalb der eigenen Ethnie verlaufen.[13]

6.2.2 Vereine, politische Organisationen, religiöse Vereinigungen

Wird das Verwandtschaftssystem bei der Gründung der ethnischen Kolonie „verpflanzt" und neu strukturiert, entstehen dagegen Vereine, politische Organisationen und religiöse Vereinigungen als wei-

---

[12] Vgl. *Nauck* (1988, 516); vgl. hierzu für die Schweiz *Braun* (1970, 73).
[13] Nach einer für die Stadt Frankfurt repräsentativen Untersuchung haben alle ethnischen Gruppen enge innerethnische Kontakte. Den höchsten Grad hatten Türken: 91% gaben an, enge freundschaftliche und verwandtschaftliche Beziehungen zu Landsleuten zu unterhalten. (vgl. *Schöneberg* 1982, 467; die Häufigkeit verwandtschaftlicher Beziehungen allein gibt *Schöneberg* nicht an). Demgegenüber hatten nur 30% aller befragten Arbeitsmigranten enge Kontakte zu Einheimischen (vgl. ibidem, 536).

tere Strukturelemente ethnischer Kolonien aus spezifischen Bedürfnissen in der Migrationssituation. Grundlegenden Orientierungs- und Existenzsicherungsbedürfnissen entsprach in der bundesdeutschen Immigrationssituation der Typus des *Arbeitervereins*, der die früheste Form von Vereinsgründungen von Migranten darstellte und eine Solidarfunktion für die neu Eingewanderten erfüllte. Der Arbeiterverein erinnert an die „mutual-aid-societies" der Einwanderer in den USA, ist aber funktional nicht äquivalent damit. In den USA waren diese Vereine wegen des Fehlens eines gesellschaftlichen Systems der sozialen Sicherung äußerst wichtig, sogar lebensnotwendig für diejenigen Migranten, die nicht durch verwandtschaftliche Bindungen unterstützt wurden. Exemplarisch die Entstehung einer solchen Vereinigung in „Yankee City":

„Im Jahre 1924 schufen erwachsene russische Männer eine Organisation, die der russische Wohlfahrtsverein genannt wurde ... Die Mitgliedschaft bestand aus Einwanderern der ersten Generation, 25 Personen im Jahre 1929 und 12 im Jahre 1933 ... Die Organisation war ein Wohlfahrtsverein, der seinen Mitgliedern wöchentlich drei Dollar im Krankheitsfall zahlte, wenn die Krankheit bis zu 6 Monaten dauerte; für längere Krankheiten bis zu einem Jahr wurden 5 Dollar wöchentlich gezahlt; beim Todesfall eines Mitglieds betrug die Unterstützung 100 Dollar, beim Todesfall der Ehefrau 50 Dollar. Der Wohlfahrtsverein ist auch auf Beerdigungen präsent, stellt die Sargträger und schickt Blumen. Gemeinsame Freizeitaktivitäten finden mit Ausnahme eines Sommerpicknicks nicht statt. Man trifft sich einmal im Monat zu Vereinszusammenkünften in den Wohnungen der Mitglieder" (*Warner* u. *Srole* 1945, 265).

Zur quantitativen Bedeutung der Selbsthilfeorganisation muß man darauf verweisen, daß es beispielsweise um 1920 in Chicago 110 solcher „mutual-aid-societies" allein bei den Italienern gab, in denen 150.000 Menschen zumeist auf der Basis gemeinsamer lokaler oder regionaler Herkunft organisiert waren (vgl. *Park* u. *Miller* 1969, 129).

Aufgrund der prinzipiellen, wenn auch nicht lückenlosen arbeits- und sozialrechtlichen Gleichstellung ausländischer zu einheimischen Arbeitern betrafen und betreffen die Solidarbedürfnisse der Migranten in der Bundesrepublik nicht so sehr – wie in den USA – das Überleben überhaupt, sondern eine angemessene Kenntnis und Vertretung von Interessen und Rechten. Der Arbeiterverein war eine Form der Selbstorganisierung der Migranten, der das Ziel gemeinsamer Interessenvertretung, Solidarität und Geselligkeit verfolgte.

Arbeitervereine waren u.a. Gegenstand der Nürnberger Untersuchung von *Offermann* (1979). Im Jahre 1963 wurde z. B. der „Türkische Arbeitnehmerverein in Nürnberg und Umgebung" gegründet, dem schnell 250 Mitglieder angehörten und der über eigene Räume verfügte. Die Mitglieder trafen sich am Freitagabend in den Vereinsräumen, um gesellig zusammenzusitzen und Karten zu spielen, der Verein führte aber auch Veranstaltungen zum Ausländer- und Arbeitsrecht durch. Ein 1973 gegründeter griechischer Arbeiterverein hatte sich die Interessenvertretung gegenüber den deutschen Behörden zur Aufgabe gemacht. Er vereinigte unterschiedliche politische Gruppierungen, hatte ein eigenes Büro und arbeitete eng mit dem DGB zusammen. Bei Informationsveranstaltungen erreichte der Verein weit mehr Menschen als seine 120 Mitglieder. Auch gesellige Veranstaltungen gehörten zum Aktivitätsspektrum des Vereins (vgl. *Offermann* 1979, 215 u. 185).

Der Aufbau eines differenzierten, professionellen Beratungssystems für die Migranten nahm dem Typus des Arbeitervereins im Verlauf der 70er Jahre zunehmend eine wichtige Funktion; durch die Familienzusammenführung entfielen auch bestimmte Geselligkeitsbedürfnisse der zunächst allein gekommenen Migranten, die der Arbeiterverein erfüllte, so daß seine Bedeutung mit diesen Entwicklungen schnell abnahm.

Die wichtigsten Typen von Vereinen im Stadium entwickelter Koloniebildung sind der Elternverein, das „Zentrum", Regionalvereine und Sportvereine. Der *Elternverein* ist primär ein Organ von Interessenvertretung, zentriert um die vielfältigen schulischen Probleme der zweiten und dritten Einwanderergeneration; die Schulfragen im engeren Sinne hängen dabei immer mit wichtigen Aspekten der gesamten Lebenssituation der Familien und ihrer Lebensplanung zusammen. Die Unsicherheiten des Bleibens oder Zurückwanderns sind immer auch Belastungen der schulischen und sozialisatorischen Verhältnisse der Kinder und Jugendlichen. Die Elternvereine scheinen auch der Ort zu sein, wo sich primär die Auseinandersetzung innerhalb der ethnischen Gruppe um das adäquate Schulmodell abspielt; mit besonderer Schärfe werden diese Auseinandersetzungen in vielen Städten der Bundesrepublik innerhalb der griechischen Kolonien geführt. *Breitenbach* (1986, 184) berichtet von ihrer Frankfurter Untersuchung:

„An der Frage: Schulische Integration oder Nationalschule schieden sich die Meinungen griechischer Eltern. Unabhängig von ihrer parteipolitischen Einstellung fanden sich Befürworter der griechischen Nationalklassen (innerhalb deutscher Schulen) bzw. einer eigenen Griechischen Schule in allen befragten Vereinen. Ausgenommen davon setzte sich der Verein Griechischer Eltern und Erziehungsberechtigter seit seiner Gründung mit Entschiedenheit für die Integration griechischer Schüler in die deutsche Regelklasse ein. Der Schulstreit wurde mit Leidenschaft ausgetragen, und es drohte zeitweilig sogar eine Spaltung der „Neuen" Griechischen Gemeinde."[14]

„Das Zentrum" als Vereinstyp stellt die organisatorische und lokale Zusammenfassung vielfältiger Bedürfnisse, Interessen und Tätigkeiten auf ethnischer Grundlage dar. Kultur, Sport, gesellige Freizeitgestaltung, nicht selten generationsmäßig und nach Geschlechtern differenziert, gehören zu den Aktivitäten dieses Vereinstyps; Chöre, Tanz- und Theatergruppen sind Formen kultureller Aktivität im

---

[14] Vgl. für ausführliche Darstellungen auch *Zografou* (1981, 129–252).

„Zentrum", die man aber auch in anderen Vereinstypen findet. Das Zentrum verfügt über bestimmte Einrichtungen wie einen gastronomischen Betrieb, Räume für Veranstaltungen oder eine Bibliothek (vgl. näher zu diesem Vereinstyp *Breitenbach* 1986, 191; *Heckmann* 1982, 169).

Regionalvereine repräsentieren Minderheitenkulturen innerhalb der Nationalkulturen der Auswanderungsländer im Immigrationskontext; so gibt es im spanischen Kontext etwa galizische Vereine, im italienischen Vereine der Kalabrier oder Sarden und in griechischen Kolonien Vereine der Kretaner. Regionalvereine haben die Pflege der regionalen Kultur zum Ziel; folkloristische und gesellige Aktivitäten spielen dabei die Hauptrolle (vgl. *Heckmann* 1982, 169, 170).[15]

Bedeutendster Typus des Vereins im Freizeitbereich ist bei den Arbeitsmigranten der *ethnische Sportverein*; er organisiert einen Teil der Sporttreibenden oder -interessierten innerhalb der ethnischen Minderheit, ein anderer Teil ist in einheimischen Vereinen organisiert.[16] Dabei sind es vor allem Jugendliche, die in den einheimischen Vereinen Mitglieder sind; mit zunehmendem Alter erfolgen häufig Übertritte zu ethnischen Vereinen.[17] Zum einen dürften fehlende oder eine wenig entwickelte Jugendarbeit der ethnischen Vereine, zum anderen aber auch ein mit zunehmendem Alter wachsendes ethnisches Bewußtsein für diesen Trend verantwortlich sein. Neben steigendem Identifikationsbedürfnis der jungen Erwachsenen mit ihrer Herkunftsgruppe spielt vermutlich auch sozialer Druck der ethnischen Kolonie, besonders bei guten Sportlern, hierfür eine wichtige Rolle und erklärt die stärkere Einbindung in ethnische Vereine bei Älteren. Auch der Wunsch, Diskriminierungen in einheimischen Vereinen auszuweichen, dürfte für ethnische Vereinsbildung oder den Übertritt zu ethnischen Vereinen mitverantwortlich sein.

Analog zur ortssymbolisierenden Funktion von Sportvereinen kann man davon sprechen, daß ethnische Vereine ihre ethnische Gruppe

---

[15] Dem Regionalverein entsprechen Vereinigungen, die Menschen aus einem bestimmten Ort, aus einem Dorf oder einer Stadt zusammenführen. (vgl. hierzu näher *Josephides* 1987, 48)

[16] Bei einer Berliner Untersuchung über türkische Sportler und Vereine ergab sich, daß 43,5% der Sportler im Berliner Sportverband den ethnischen Vereinen angehörten. Insgesamt gab es 1983 30 türkische Sportvereine in Berlin (vgl. *Roman-Schüssler* u. *Schwarz* 1985, 41).

[17] Aus der gleichen Berliner Untersuchung: „83,2% der unter 15jährigen türkischen Sportler sind in deutschen Vereinen organisiert, bei den 15–18jährigen immerhin noch 63,67%. Bei den älteren Jahrgängen schlägt dieses Verhältnis aber zu ungunsten der deutschen Vereine um: Die 19–21jährigen sind nur noch zu 33,18%, die 22–25jährigen zu 24,86% und die über 35jährigen noch zu 23,36% in deutschen Vereinen organisiert" (ibidem).

in der lokalen Öffentlichkeit repräsentieren und symbolisieren sowie ein Identifikationsobjekt für die ethnische Gruppe darstellen. Das dürfte auch das starke Zuschauerinteresse an Veranstaltungen der ethnischen Vereine erklären.

Zu *religiösen Vereinigungen*: „Migration bedeutet fast immer, daß ein bestimmter Unterschied zwischen der Religion der Migranten und der des Einwanderungslandes besteht ... Migranten schließen sich darum zusammen, um in der neuen Umgebung ihre vertraute Religion auszuüben; hinzukommt, daß religiöse Organisationen des Heimatlandes aktive Bemühungen starten, die religiösen Bindungen der Migranten zu erhalten. Die erste Pflicht eines Moslem ist es, in seiner neuen Umgebung einen Ort des Gebets zu schaffen... In vergleichbarer Weise entstehen orthodoxe und katholische Missionen in Einwanderergemeinden" (*Rex* 1987, 1). Während die bisher diskutierten Vereinigungen zwar auch z.T. in Dachverbänden organisiert sind, ist ihre Gründung aber vor allem lokalen Initiatoren zuzuschreiben; die Organisierung verläuft „von unten nach oben", von den lokalen Vereinen hin zu Dachverbänden. Bei religiösen Vereinigungen und ethnischen Kirchengemeinden verläuft der Gründungsprozeß zumeist im Zusammenspiel von überregionalen Organisationsstrukturen und lokalen Initiativen. Die lokalen Vereinigungen oder Gemeinden werden damit von Anbeginn Teil einer Großorganisation oder Kirche. Kennzeichnend für alle religiösen Vereinigungen und Gemeinden innerhalb ethnischer Gruppen scheint zu sein, daß sie sich in ihren Aktivitäten und Wirkungen weit mehr als nur auf den religiösen Bereich beziehen, indem sie auf die spezifischen Bedürfnisse, die aus der Immigrationssituation erwachsen, einzugehen versuchen. Das läßt sich historisch wie für gegenwärtige Verhältnisse zeigen. Wenn auch insgesamt der Migrationsprozeß zu einer Abschwächung der Religiösität führe, so *Thomas* und *Znaniecki* über die polnische Arbeitsmigration in die USA zu Beginn dieses Jahrhunderts, sei der Einfluß kirchlicher Organisationen auf das Leben der Einwanderer außergewöhnlich stark, die Kirche sei mehr als nur eine religiöse Gemeinschaft (vgl. *Thomas* u. *Znaniecki* 1958, 211, Dokument 139). *Offermann* (1979, 132/133) zeigt für italienische, spanische und portugiesische katholische Kirchengemeinden in Nürnberg eine große Breite nicht-religiöser Aktivitäten. *Breitenbach* (1986, 187) sagt über die Missione Cattolica Italiana in Frankfurt, daß sie weitgehend die Funktionen übernahm, „die in Italien eine dörfliche Infrastruktur bietet"; die vielseitigen Aktivitäten, die sich sowohl an die Familien als auch an einzelne Alters- und Interessengruppen wenden, mache die Missione „zum Mittelpunkt der italienischen Bevölkerungsgruppen in Frankfurt" (ibidem). Eine Ausweitung über im strikten Sinne religiöse Aktivitäten, wenn auch in einem anderen Sinn, findet man schließlich bei einem bedeutenden Teil der türkischen Moschee-Vereine, die eng mit politischen Gruppierungen und Richtungen verbunden sind.[18] Sind die bisher dargestellten Organisationen der ethnischen Kolonie primär auf den Immigrationskontext bezogen, spiegeln die direkt *politischen Gruppen* vielmehr bestimmte Fraktionierungen und Interessen des Herkunftskontextes. Trotz der schwierigen Kommunikation zwischen Herkunftsland und Einwanderungsland, trotz der Offenheit der amerikanischen Gesellschaft, die den Einwanderern schnell Staatsangehörigkeit und damit Wahlrecht und Partizipationsmöglichkeiten gab, blieben auch die Einwanderer in den USA im 19. Jahrhundert in der Politik ihrer Herkunftsländer involviert: „Obwohl die europäischen Einwanderer zunehmend an amerikanischer Politik teilnahmen, führten sie politische Kontroversen mit europäischem Hintergrund in ihrer neuen Umgebung weiter" (*Jones* 1974, 144). In der Bundesrepublik dominiert weiter der Bezug auf den Herkunftskontext; wir diskutieren das beispielhaft für die türkische Gruppe. Ziele wie ein „Großtürkisches Reich" oder die Rückkehr zu einem islamischen Staat, die von politischen Organisationen der Rechten vertreten werden, haben wenig mit dem Leben der türkischen Einwandererminderheit in der Bundesrepublik zu tun; auch die Ziele der linken Organisationen in der Bundesrepublik sind primär auf Veränderungen im politischen und ökonomischen System der Türkei gerichtet. Nur in lokalen Organisationen von Dachverbänden scheint nicht selten ein stärkerer Bezug zur Immigrationssituation zu bestehen (vgl. *Breitenbach* 1986, 191/192). Seit etwa Mitte der 70er Jahre schien bei türkischen Organisationen eine Hinwendung zur Ausländerpolitik in der Bundesrepublik stattzufinden. „Jedoch kam es nicht zur Erarbeitung konkreter Alternativkonzepte zur herrschenden Ausländerpolitik, sondern nur zu Stellungnahmen – zumeist in Schlagwörtern oder Parolen – zu einzelnen ausländerpolitischen Problemen. Teilweise vernachlässigte man sogar die Information der eigenen Landsleute über die Rechte der Ausländer in der BRD" (*Sezer* 1986, 75). Orientierung auf das Heimatland und Radikalisierung sind mit schwindenden Mitgliederzahlen in den 80er Jahren verbunden. Vor allem die 2. Generation der Einwanderer zeigt wenig Interesse an den politischen Organisationen.

Die These des Herkunftsbezuges der politischen Organisationen unter Arbeitsmigranten in der Bundesrepublik ist bisher nicht für die größten ethnischen Gruppen im Überblick und Vergleich untersucht worden; nationalitätenspezifische Unterschiede sind auf jeden Fall zu erwarten. Unterstützt wird die Herkunftsorientierung der

---

[18] Für einen Überblick zu den politischen Organisationen der Türken vgl. *Gitmez* u. *Wilpert* (1987), *Özak* u. *Sezer* (1987) und *Sezer* (1986).

politischen Organisationen sicherlich, wenn den Einwanderern im politischen System des Einwanderungslandes – wie in der Bundesrepublik – keine oder nur geringfügige Partizipationsmöglichkeiten angeboten werden. Die politische Integration und Partizipation in Parteien des Einwanderungslandes zeigt *Hammar* (1985, 104- 106) am Beispiel Schwedens; der Bezug politischer Gruppen auf den Herkunftskontext ist dort relativiert, wenn auch nicht aufgehoben.[19]

Die Herkunftsorientierung führt nicht selten dazu, daß politische Spannungen im Auswanderungsland als (auch gewaltmäßige) Auseinandersetzungen zwischen verschiedenen Gruppen der ethnischen Kolonie im Einwanderungsland ausgetragen werden; die Beziehungen zwischen ethnischer Minderheit und der Mehrheitsgesellschaft erfahren dadurch starke Belastungen.[20]

6.2.3 Ethnische Ökonomie

Wenn man heute als Zypriot in London lebt, kann man fast alle wirtschaftlichen Dienstleistungen in Betrieben und Geschäften erhalten, die von anderen Zyprioten besessen und geführt werden. Das von der European Science Foundation geförderte Projekt von *Rex* et al. (1987) fand heraus:

„Fast alle Dienstleistungen werden von Zyprioten angeboten und viele Mitglieder der Kolonie gehen zu zypriotischen Friseuren, Schustern, Buchhaltern, Rechtsanwälten, und unter bestimmten Umständen, auch zu zypriotischen Ärzten (obwohl die normalerweise recht teuer sind). Es gibt sogar einen Katalog und ein Telefonverzeichnis aller zypriotischen Geschäfte und es gibt nur wenige Waren und Dienstleistungen, die ein Zypriot in London nicht innerhalb der ethnischen Kolonie finden würde. Manche Menschen kaufen auch bewußt aus ethnischer Solidarität bei Landsleuten" (*Josephides* 1987, 45).

---

[19] Eine partielle Erklärung für die Herkunftsorientierung politischer Einwandererorganisationen ist in einem Argument von *John Rex* (1987, 8/9) enthalten: „Der Aspekt, politischer Verfolgung zu entgehen, ist als Motiv häufig präsent, selbst wenn das primäre Wanderungsmotiv ein ökonomisches ist. Alle Auswanderungsländer, über die wir hier diskutieren, waren mit Ausnahme Finnlands Militärdiktaturen und in allen gibt es oder gab es verbotene politische Parteien, die sich nur im Exil betätigen konnten."
[20] Mit Bezug auf den Zeitraum 1975–1979, der in der Türkei von bürgerkriegsähnlichen Konflikten gekennzeichnet war, schreiben *Özak* und *Sezer* (1987, 56): „Die Verbreitung der radikalen türkischen Organisationen (in der Bundesrepublik, F.H.) führte zu gewalttätigen Auseinandersetzungen. Die gegnerischen türkischen Gruppen nutzten die relativ liberale politische Lage der BRD aus und erklärten sich gegenseitig den Krieg."

Dieses Bild einer (fast) vollständigen ethnischen (Dienstleistungs-Ökonomie), das wir auch aus der Arbeitsmigration in die Vereinigten Staaten kennen, läßt sich so in der Bundesrepublik nicht finden. Jedoch gibt es eine *„Ergänzungsökonomie"* bzw. ethnisch differenzierte Ergänzungsökonomien, die sich auf eine spezielle Nachfrage einstellen, die aus der Migrationssituation resultiert und die von einheimischen Anbietern nicht abgedeckt wird.

Zu den wichtigsten Betrieben dieser Ergänzungsökonomie gehören Lebensmittelgeschäfte, Export-Import-Geschäfte, Videogeschäfte, Buchläden, Übersetzungsbüros, Banken, Reisebüros und Speditionen. Kennzeichnend für viele Betriebe ist ihre Multifunktionalität, d.h., daß sie unterschiedliche Waren und/oder Dienstleistungen anbieten, aber auch z.B. Wohnungen und Arbeitsplätze oder Autoverkäufe vermitteln und Lohnsteuerhilfe anbieten. Die Multifunktionalität etwa der Lebensmittelgeschäfte und Übersetzungsbüros erinnert im klassischen Einwanderungskontext an die Tätigkeit der zahlreichen Einwandererbanken, in denen Geldgeschäfte nur eine neben zahlreichen anderen Aktivitäten waren.

Von der auf eine jeweilige ethnische Gruppe ausgerichteten Ergänzungsökonomie läßt sich eine *„Nischenökonomie"* unterscheiden; ihr Angebot zielt primär auf die Nachfrage der Mehrheitsgesellschaft und umfaßt z.B. Restaurants, Schnellimbisse, Änderungsschneidereien, Autoreparaturwerkstätten oder Marktstände. Allerdings sind die Trennlinien zwischen Ergänzungs- und Nischenökonomie nicht immer sehr scharf. *Erichsen* (1988, 25) etwa fand in ihrer Untersuchung türkischer Selbständiger in Nordrhein-Westfalen und Baden-Württemberg, daß sie nicht auf einer „ethnischen Insel" existieren und daß die Besonderheit ihrer Erwerbstätigkeit nicht allein in ihrer ethnischen Prägung und Ausrichtung liege, sondern in einer Vermischung dieser Ausrichtung mit Bezügen zur Aufnahmegesellschaft. Die Untersuchung der Kundenstruktur zeige, daß meistens neben Türken auch Deutsche und andere Ausländer Kunden seien.

Von ihrer ökonomischen Struktur sind die Betriebe überwiegend Kleinbetriebe mit geringer Kapitalausstattung; die Qualifikation der neuen ethnischen Selbständigen für das Führen ihrer Firmen ist vielfach unzureichend, aber die starke Arbeitsmotivation unter Mithilfe von Familienangehörigen, Verwandten und Freunden sind Aktiva dieser Betriebe.[21] Was häufig als Stärke einer ethnischen Ökonomie bezeichnet wird, nämlich eine bestimmte ethnische „Solidarität" mit Preisabsprachen, Kreditassoziationen und der Einschränkung von Konkurrenz, läßt sich – zumindest bisher – in der Bundesrepublik nicht feststellen (vgl. *Erichsen* 1988, 26).

---

[21] Vgl. hierzu Abschnitt 5.4.

6.2.4 Homogenität und Heterogenität der ethnischen Kolonie

Wenn wir in unserer Diskussion von Ethnizität Gemeinsamkeiten der Kultur als konstitutives Merkmal angeführt hatten, darf das keineswegs als Behauptung der Existenz *einer* gemeinsamen Kultur oder der Einheitlichkeit der Kultur in ethnischen Gruppen verstanden werden. „Ethnische Kolonie" steht analog zwar für bestimmte ethnische Gemeinsamkeiten, aber keineswegs für eine homogene Kultur oder Gruppe; sie besteht aus einer Vielzahl von Gruppen, die nach unterschiedlichen Merkmalen differenziert sind.

Vielfältiges und aus unterschiedlichen Kontexten stammendes Material kann diese Aussagen belegen: *Breitenbach* (1986) hat ethnische Selbstorganisationen und das Vereinswesen von Arbeitsmigranten in Frankfurt untersucht und zeigt besonders für die türkische Bevölkerung deren „innere Uneinigkeit" und organisatorische Zersplitterung. Für die portugiesische Einwanderungsbevölkerung in Frankreich sprechen *Hily* und *Poinard* (1987, 138/139) vom „Mangel an Kohäsion in den Portugiesischen Vereinigungen". Mit Bezug auf die Arbeitsmigration in die Vereinigten Staaten schreibt *Ostendorf* (1983, 10): „Gerade in der brüchigen Einwanderersituation läßt sich die holistische Vorstellung einer gemeinsamen Kultur kaum halten. Mitglieder einer Gruppe waren sich weder über die Definition und Pflege der ethnischen Tradition noch über die Wünschbarkeit und den Stand der derzeitigen Assimilation einig. Traditionalisten kämpften mit Progressiven und beide buhlten um die Stimmen der Mitglieder mit 'shifting loyalties'." Während *Ostendorf* ideologische Friktionen in Relation zur Problematik der Assimilierung in den Vordergrund stellt, sehen *Mills* et al. (1967, 82) weitere, mit der Herkunft und sozial-ökonomischen Stellung in der Einwanderungsgesellschaft zusammenhängende „Fraktionierungen" in der ethnischen Kolonie: „Die Einwanderergruppe selbst ist fast niemals homogen, sondern gespalten nach ökonomischen Interessen, nach Rivalitäten zwischen Herkunftsorten, entlang von Stadt-Land Unterschieden und manchmal nach religiösen Differenzen, nach Bildungsstand und Beruf" (*Mills* et al. 1967, 82).

Systematisch lassen sich vor allem folgende, die ethnische Kolonie differenzierende und z.T. konfliktär spaltende Faktoren nennen: sozialstrukturelle, regionale, ideologisch-politische, religiöse und kulturelle. Sozialstrukturelle Differenzierungen der Kolonie, z.B. des Vereinswesens und der sozialen Verkehrskreise, haben ihre Quelle in der Differenzierung arbeitsmarktmäßiger und ökonomischer Stellungen, regionale Differenzierungen sind das Resultat der Kettenwanderung mit ihrer „Verpflanzung" von im Herkunftsland bestehenden Sozialsystemen; politisch-ideologische Fraktionierungen der Kolonie resultieren vor allem aus der Tendenz, politische

Organisationen in der Einwanderungssituation nach dem Muster und in Verbindung zu den politischen Fraktionierungen des Auswanderungslandes herzustellen; kulturelle Differenzierungen, auch in eine „höhere" und eine Volkskultur der Kolonie, sind durch Bildungsunterschiede der ethnischen Minderheit bedingt.

Die häufig behauptete Homogenität der ethnischen Kolonie scheint also vor allem eine „Außensicht" und Resultat vorurteilshafter Vorstellungen zu sein. Treffend schreiben *Mills* et al. (ibidem): „Wenn man ein gemeinsames charakteristisches Merkmal der Gruppe angeben will, dann ist es, daß die Einheimischen alle Mitglieder der Gruppe als ähnlich ansehen." Für Zwecke einer ethnischen Mobilisierung dürften jedoch auch Sprecher von Gruppen innerhalb der Kolonie die „Einheit der Kolonie" als politische Zielvorstellung und rhetorische Figur verwenden.

6.3 Funktionen und Wirkungen ethnischer Koloniebildung

Man muß nicht „Funktionalist" sein, um funktionales Denken in soziologischen Analysen für sinnvoll und notwendig zu erachten. Funktionales Denken, d. h. das Beziehen bestimmter Phänomene auf Existenznotwendigkeiten und Funktionsbedürfnisse von Systemen, ist – wie etwa kausales Denken – ein Grundtyp wissenschaftlichen Denkens überhaupt und per se kein Kennzeichen einer „strukturell-funktionalen" oder „funktional-strukturellen" soziologischen Theorieposition. Wir arbeiten hier mit dem allgemeinen Funktionsbegriff und unterscheiden heuristisch Funktionen und Wirkungen ethnischer Koloniebildung, die sich auf die Persönlichkeit der Migranten, auf die ethnische Minderheitengruppe wie auf das Verhältnis von Minderheit und Mehrheit beziehen.[22] Wir diskutieren Funktionen der „Neueinwandererhilfe", der Persönlichkeitsstabilisierung der Migranten, Selbsthilfefunktion, Sozialisationsfunktion und die Funktion der sozialen Kontrolle der ethnischen Kolonie; schließlich, auf das Verhältnis von Minderheit und Mehrheit bezogen, Funktionen der Interessenvertretung und Repräsentation; Anmerkungen über mögliche Dysfunktionen ethnischer Koloniebildung schließen den Abschnitt.

---

[22] Wirkungsanalyse bedeutet die Zuschreibung kausaler Effekte von Phänomenen auf andere und die Analyse der Bedeutung solcher Effekte: wenn diese Analyse mit Bezug auf Existenznotwendigkeiten und Funktionsbedürfnisse von Systemen erfolgt, wird die Wirkungsanalyse zur funktionalen Analyse, d. h., funktionale und Wirkungsanalyse sind verwandt.

Zur „*Neueinwandererhilfe*": die Existenz einer ethnischen Kolonie bedeutet für Neuankommende, daß sie nicht in eine völlig unbekannte Umgebung kommen, sondern bestimmte Elemente des Vertrauten aus ihrem Herkunftskontext wiederfinden, wenn auch in modifizierter Form.[23] Etwas zugespitzt formuliert: es ist nicht die Einwanderungsgesellschaft, in welche Zuwanderer kommen, sondern die Einwanderergesellschaft im Einwanderungsland. Die ethnische Kolonie als Einwanderergesellschaft reduziert somit den „Kulturschock" und kann Neuankommenden zugleich bestimmte „praktische", kognitive und emotive Anpassungshilfen geben.

„*Stabilisierung der Persönlichkeit*" als Funktion ethnischer Kolonien für den einzelnen Minderheitenangehörigen gewinnt ihre Bedeutung vor dem Hintergrund vielfältiger Verunsicherungen, die mit Migration verbunden sind. „Stabilisierung der Persönlichkeit" ist ein relativ allgemeiner Begriff, der differenziert und präzisiert werden muß. Geht man von einem Bedürfnis von Menschen nach primärgruppenhaften Beziehungen, von dem Wunsch, nicht in Isolation zu leben, aus, stellen die verschiedenen Strukturen der ethnischen Kolonie ein „Angebot" bzw. die Möglichkeit dar, dieses Bedürfnis zu befriedigen. Dieses „Angebot" reicht von durch Kettenwanderung verpflanzten Verwandtschafts- und Nachbarschaftsbeziehungen über religiöse Gemeinschaften bis zur Geselligkeit verschiedenster ethnischer Vereine und informeller Verkehrskreise oder Treffpunkte. Die Möglichkeit der Praktizierung der Herkunftskultur und die Zugehörigkeit zu eigenkulturellen Gruppen sind weiterhin wichtige Elemente einer Identitätssicherung bzw. Identitätsrekonstruktion bei Migranten, ein wesentliches Element der Stabilität von Persönlichkeiten in Wanderungsprozessen.[24] Die Akkulturation in eine neue Gesellschaft stellt im Grunde – häufig im Erwachsenenalter – eine zweite Sozialisation dar, die mit einem starken Lern- und Anpassungsdruck für den Zuwanderer der ersten Generation verbunden ist. Die Existenz eigenkultureller Strukturen und die Möglichkeit, sich in diesen zu bewegen, bedeutet eine Entlastung von diesem Druck. Wir sprechen also, mit Bezug auf die erste Einwanderergeneration, von der Entlastungsfunktion ethnischer Kolonien, die ein Teilmoment der Persönlichkeitsstabilisierungsfunktion ausmacht. Die Bedeutung ethnischer Kolonien für Persön-

---

[23] „Der Einwanderer ... kommt in eine Gesellschaft seiner Landsleute, und diese Gesellschaft, nicht die einheitliche amerikanische Gesellschaft, ist die Matrix, die seine ersten Eindrücke bestimmt" (*Park* u. *Miller* 1969, 120).

[24] Zur ethnischen Identität siehe näher Kapitel 8. *John Rex* (1987, 10) schreibt zum Zusammenhang von Koloniebildung und ethnischer Identität: „Die Assoziationen können u.a. als Angebot an die Migranten für die Rekonstruktion ihrer Identität gesehen werden, wobei jede Assoziation spezifische Nuancen aufweist."

lichkeitsstabilisierung wird durch eine Reihe von Untersuchungsergebnissen über die Inzidenz psychischer Erkrankungen belegt:

„In British Columbia (Kanada, *F.H.*), der einzigen Provinz mit einem wirklichen Chinesenviertel, haben Chinesen die geringste Quote psychischer Erkrankungen unter den ethnischen Minderheiten. In Ontario, wo Chinesen in kleinen Zahlen über die gesamte Provinz verstreut sind und kein wirkliches Zentrum haben, haben sie die höchste Quote psychischer Erkrankungen unter den ethnischen Minderheiten" (*Murphy* 1963, 25). „Die Inzidenz von Schizophrenie wie von manischen Depressionen korrelierte negativ mit der Wohndichte von Italienern im Raum Boston" (*Mintz* u. *Schwartz* 1964, 117). Auch für *Albrecht* (1972, 224) „... scheint die Gefahr der persönlichen und sozialen Desorganisation weniger groß zu sein, wenn es dem neuen Zuwanderer gelingt, Mitglieder einer ethnisch oder soziokulturell homogenen und bereits strukturierten Minderheitengruppe zu werden." Bei der Interpretation von Ergebnissen einer psychiatrischen Untersuchung von 200 türkischen Arbeitsmigranten glauben die Autoren das Ausbleiben ernster psychischer Störungen, vor allem von schweren Depressionen, bei den Untersuchten durch die „Einbettung in eine Gemeinschaft von Landsleuten und die dadurch erreichte Abschwächung von Kulturkonflikten erklären zu können" (vgl. *Häfner* et al. 1977, 274).

„*Selbsthilfe*" als Funktion ethnischer Koloniebildung hat historisch einen ganz hohen Stellenwert für die kollektive Bewältigung der Lebensverhältnisse von Arbeitsmigranten. Selbsthilfe im Rahmen der durch Kettenwanderung wiedererrichteten Verwandtschaftsbeziehungen oder in der Form freiwilliger Vereinigungen oder Vereine, in den USA „mutual- aid" oder „benefit-societies" genannt, war im Falle von Krankheit, Arbeitslosigkeit oder Tod von Familienangehörigen beim Fehlen sozial- oder wohlfahrtsstaatlicher Unterstützung unverzichtbare Notwendigkeit. In entwickelten Sozialstaaten wie der Bundesrepublik entfällt die Notwendigkeit für einen großen Teil dieser elementaren, materiellen Solidar-Selbsthilfe durch die ethnischen Koloniestrukturen; aber als „Lückenschließer" oder Ergänzung zu den sozialstaatlichen und verbandlichen Organen hat kollektive Selbsthilfe auch weiterhin einen hohen Stellenwert; als Selbsthilfe sind auch anzusehen die Unterstützung von Erwerbs- und Familienarbeit, Kranken- und Kinderbetreuung und Informationsaustausch im Rahmen innerethnischer Sozialbeziehungen.

Ethnische Koloniebildung ermöglicht weiterhin eine *kulturspezifische Sozialisation* nachfolgender Generationen der Minderheitengruppe, die für die Reproduktion der Gruppe notwendig ist; die Ausübung dieser Funktion ist allerdings nicht nur durch die ethnische Kolonie selbst, beispielsweise durch das Vorhanden- oder Nicht-Vorhandensein altersspezifischer Vereins- und Gemeindestrukturen, sondern auch durch Determinanten beeinflußt, die im Verhältnis von Minderheit und Mehrheit und der Minderheitenpolitik der Mehrheitsgesellschaft liegen; diese können von der Anerkennung und Förderung eines kulturellen Pluralismus bis zur Zwangsassimilierung reichen. Neben den kulturspezifischen sind *allgemeine*

Sozialisationsfunktionen ethnischer Kolonien zu nennen, z. B. über die Mitgliedschaft in Vereinen: zu den Grundlagen der Vereinsforschung gehört die These vom Verein als „Übungsfeld für sozial aktive Persönlichkeiten." Der (ethnische) Verein ist nach dieser These – wie andere Vereine auch – ein Organ sozialer und kultureller Qualifizierung, der das Spektrum der Tätigkeiten seiner Mitglieder und ihre Bedürfnisstrukturen ausweiten und ausdifferenzieren kann.

Die Mitgliedschaft in ethnischen Gemeinschaften und Vereinigungen bedeutet schließlich eine Form der sozialen Einbindung, die ein in Minderheiten- und/oder Mehrheitsgruppe unerwünschtes Verhalten zu vermeiden beitragen kann. Dies meinen wir mit der Funktion *„soziale Kontrolle"* durch ethnische Kolonien.

Als weitere Funktion ethnischer Koloniebildung kann *Interessenartikulation* und *Interessenvertretung* für die ethnische Minderheit oder einzelne Angehörige der Minderheit genannt werden. Angesichts des weitgehenden Ausschlusses der Arbeitsmigranten von politischer Partizipation können sie zum einen versuchen, über Organisationen in der Mehrheitsgesellschaft, wie Parteien, Gewerkschaften, Kirchen oder Wohlfahrtsverbände, ihre Interessen gewissermaßen treuhänderisch vertreten zu lassen, zum anderen aber über ethnische Institutionen wie politische Organisationen,[25] Vereine – etwa Elternvereine, die Schulprobleme ihrer Kinder artikulieren – oder auch religiöse Gemeinden ihre Interessen in politische Öffentlichkeiten tragen und eigenständig vertreten. Interessenartikulation und -vertretung haben auch eine Bedeutung gegenüber dem Herkunftsland und den staatlichen Repräsentanten des Herkunftslandes im Auswanderungsland, die versuchen, einen Einfluß auf „ihre" ausgewanderten Landsleute und zumeist (noch) Staatsbürger zu behalten. Als eine „politische" Funktion kann neben Interessenartikulation und -vertretung auch die *Repräsentation* der Minderheitengruppe in Öffentlichkeiten der Mehrheits- oder Gesamtgesellschaft durch ethnische Vereinigungen angesehen werden. Kulturelle und sportliche Gruppen und Aktivitäten haben hierbei einen besonderen Stellenwert. In welcher Art und in welchem Ausmaß politische Wirkungen von der ethnischen Kolonie ausgehen können, hängt nicht nur von dieser ab, sondern ist stark bestimmt vom Charakter des Verhältnisses von Mehrheit und Minderheit(en),[26] den Machtverhältnissen zwischen den Gruppen und ihren politischen Strategien.

---

[25] Deren Hauptaktivität liegt aber, wie oben ausgeführt, zumeist auf einer Politik, die auf das Herkunftsland bezogen ist.

[26] Dies kann gehen von einer Politik der Zwangsassimilierung bis hin zur kulturellen Autonomie der Minderheit, die vom Einwanderungsland politisch und finanziell gefördert wird.

Neben Funktionen ethnischer Koloniebildung lassen sich auch mögliche „Dysfunktionen" unterscheiden; gemeint sind dysfunktionale Wirkungen im Hinblick auf eine Verbesserung der sozialstrukturellen Stellung der Arbeitsmigranten, die wir zuvor als unterprivilegierte Schicht in der Arbeiterschaft mit bestimmten Merkmalen einer frühproletarischen Lage gekennzeichnet hatten. Besonders bei einer relativen Vollständigkeit der ethnischen Kolonie besteht die Gefahr einer ethnischen Selbstgenügsamkeit, die ein für das Aufbrechen der ethnischen Schichtung und für soziale Mobilität notwendiges Aufnehmen außerethnischer Kontakte und das Eintreten in einen universalistischen Wettbewerb behindert. Das Vorhandensein ethnischer Strukturen entbindet der Notwendigkeit, Kontakte außerhalb der eigenen Gruppe zu suchen, erschwert die Bildung der für Aktivitäten in der Mehrheitsgesellschaft notwendigen kommunikativen und attitudinalen Qualifikationen, behindert „intermarriage", kurz verstärkt Faktoren, die das bestehende System ethnischer Schichtung reproduzieren.

6.4 Die ethnische Kolonie: eine Übergangsinstitution?

Selbst bei relativer „institutional completeness" ist die ethnische Kolonie keine selbstgenügsame oder gar autonome „Gesellschaft"; neben den Beziehungen zur Mehrheitsgesellschaft bestehen Beziehungen der Migranten zur Herkunftsgesellschaft weiter oder werden neu geknüpft. Beziehungen zur Herkunftsgesellschaft realisieren sich über die Pflege von Verwandtschaftsbindungen mit Besuchen, verschiedenen anderen Formen der Kommunikation und des Austauschs, in der Form finanzieller Transaktionen und dem Eingehen neuer verwandtschaftlicher Bindungen durch Eheschließungen. Auch der Staat des Herkunftslandes, dessen Staatsbürgerschaft die Arbeitsmigranten besonders der ersten Generation häufig behalten, versucht über konsularische Aktivitäten einen Einfluß auf die ethnische Kolonie zu gewinnen und abzusichern, nicht selten „seine" Staatsbürger im Ausland zu kontrollieren. Mit Blick auf die mehrfachen Bindungen der Migranten ist die ethnische Kolonie eine „Zwischenwelt".[27]

---

[27] Daß sie auch subjektiv aus der Sicht zumindest der ersten Generation der Arbeitsmigranten keine „Heimat" geworden ist, mag man an der Tatsache ablesen, daß es fast immer der Wunsch von Migranten ist, im Todesfall im Heimatland, d. h. Herkunftsland bzw. -ort begraben zu werden (vgl. hierzu auch *Adbullah* 1991, 61).

Der Umstand, daß diese Zwischenwelt ein Produkt von Versuchen der Migranten ist, mit der Einwanderung verbundene Probleme in der neuen Umgebung zu lösen, macht die ethnische Kolonie auch zu einer Übergangsinstitution. Aus der Perspektive der Chicago Schule: „Die Einwandererkolonie in Amerika ist eine Brücke zwischen der alten und der neuen Welt auf dem Weg zur Assimilation" (*Stonequist* 1937, 85). Nur wo kontinuierliche Neueinwanderung stattfand, die die sich assimilierenden und aufsteigenden Gruppen der Einwanderer ersetzte, erhielt sich die Kolonie in ihrer überkommenen Struktur (vgl. *Davie* 1949, 490). Schwächen sich die Bedürfnislagen ab, auf welche die ethnischen Institutionen eine „funktionale Antwort" darstellen, verliert die ethnische Kolonie von der Seite ihrer konstituierenden Faktoren an Bedeutung, Binde- und Organisierungskraft.

Es können sich jedoch neue Motive und Lagen ergeben, die auch beim Fehlen relevanter Zuwanderung zu einer Rekonsolidierung ethnischer Selbstorganisation führen. Dies dürfte vor allem von grundlegenden Merkmalen des Mehrheits-Minderheitenverhältnisses abhängen: bei Geschlossenheit der Mehrheitsgesellschaft ist mit Formen von Selbstorganisation in der Minderheit zu rechnen, weil 1. andere Formen nicht möglich sind und 2. Selbstorganisation ein Weg ist, über ethnische Mobilisierung unerwünschte Verhältnisse zu ändern.

Die Stabilität ethnischer Organisationen hängt auch von ihrer Fähigkeit ab, für nachfolgende Generationen bedürfnisspezifische Angebote zu machen und sie über alters- und interessenspezifische Aktivitäten an die Kolonie zu binden.[28] Die sich herausbildende Institutionenstruktur hat zunehmend weniger mit den Inhalten und Formen der Organisierung der 1. Generation zu tun und wird zum Spiegel des je erreichten kollektiven Akkulturationsstandes.

Nach diesem Blick auf die innere Struktur der ethnischen Minderheit geht es im folgenden Kapitel über ethnische Vorurteile um eine zentrale Dimension inter-ethnischer Beziehungen.

---

[28] Vgl. hierzu z. B. *Davie* (1949, 490/491), *Lewin* (1948a), *Özak* u. *Sezer* (1987, 62), *Diaz* (1987, 64).

7 Ethnische Vorurteile, Rassismus, Kulturzentrismus und Nativismus

7.1 Einführung

Italiener werden als „Spaghettifresser" beschimpft; „Türken raus" steht auf Häuserwänden; weil jemand Ausländer ist, hat er Schwierigkeiten, eine Wohnung und einen Arbeitsplatz zu finden; Juden seien geldgierig und skrupellose Geschäftsleute; in der Schule möchten deutsche Kinder nicht neben polnischen Kindern sitzen; Eltern lehnen den Freund ihrer Tochter ab, weil er Afrikaner ist. Eine fast unendliche Liste ähnlicher Aussagen ließe sich aufstellen. All diese Phänomene haben etwas mit Vorurteilen zu tun, genauer mit ethnischen Vorurteilen. Ethnische Vorurteile können zu den sozialen Vorurteilen, d. h. den auf Personen und Gruppen bezogenen Vorurteilen, gerechnet werden. Die in der Bundesrepublik seit der Arbeitsmigration verbreitete „Ausländerfeindlichkeit" ist eine Form des ethnischen Vorurteils.

Vorurteile sind ein bedeutsamer Bereich der Beziehungsstrukturen zwischen ethnischen Gruppen, vor allem zwischen ethnischen Mehrheiten und Minderheiten. Die Minderheitenforschung, besonders in den USA, ging bis in die 70er Jahre sogar weitgehend davon aus, daß Minderheitenprobleme überhaupt Vorurteilsprobleme seien, daß die Beziehungen zwischen ethnischen Mehrheiten und Minderheiten vor allem aus Vorurteilen zu erklären seien.[1] Vorurteile würden zu Diskriminierungen führen; wenn man Diskriminierungen beseitigen wolle, müsse man Vorurteile bekämpfen.

In dieser Sichtweise sind bestimmte Verkürzungen und Verzerrungen enthalten, die wir im folgenden aufzeigen werden. Ein Hauptanliegen des Kapitels 7 ist es jedoch, einen konzeptionellen und theoretischen Rahmen für die Analyse des Stellenwerts von ethnischen Vorurteilen im Rahmen der Gesamtstruktur von Beziehungen zwischen ethnischen Gruppen zu entwickeln.

Eine der besten Definitionen von Vorurteil in der Literatur lautet: „Vorurteile sind negative oder ablehnende Einstellungen einem Menschen oder einer Menschengruppe gegenüber, wobei dieser Gruppe infolge stereotyper Vorstellungen bestimmte Eigenschaften

---

[1] Im einzelnen belegt ist die Dominanz dieser Forschungsperspektive bei *Heckmann* (1981, 71–81).

von vornherein zugeschrieben werden, die sich aufgrund von Starrheit und gefühlsmäßiger Ladung selbst bei widersprechender Erfahrung schwer korrigieren lassen" (*Davis* 1964, 78). Dieses, auch in vielen anderen Definitionen vorhandene Verständnis von Vorurteil als *Einstellung* ist, wie wir weiter unten im einzelnen diskutieren werden, ein durchaus sinnvolles Konzept; es bedeutet jedoch einen bestimmten „Psychologismus", da es nur *eine* Seite der Existenz von Vorurteilen, nämlich ihre Qualität als Einstellungen von Personen beinhaltet. Abwertende Aussagen und Urteile über ethnische Gruppen existieren jedoch nicht nur als Einstellungen von Personen, sondern auch als gesellschaftliche Ideologien, als „objektivierte Aussagensysteme" in ganz unterschiedlichen Formen, (von bildhaften Darstellungen, über Erzählungen, „Geschichten" bis hin zu elaborierten Monographien) häufig sogar in bestimmter Weise systematisiert: negative Aussagen über die Juden sind Teil einer Gesamtideologie des Antisemitismus, die Ablehnung von Schwarzen ist Teil einer rassistischen Ideologie, Haß zwischen Deutschen und Franzosen gehörte zur nationalistischen Ideologie. Wir wollen diese *zwei Existenzweisen der Vorurteile* – als gesellschaftliche Ideologien auf der einen und als Einstellungen von Personen auf der anderen Seite – unserer Diskussion zugrunde legen.

Das Übersehen der „gesamtgesellschaftlichen Existenzweise" von Vorurteilen als Ideologien kennzeichnet einen Großteil der ethnischen Vorurteilsforschung seit ihren Anfängen; an anderer Stelle haben wir das als Elementarisierung und Psychologisierung der Vorurteilsforschung kritisiert:[2]

Der Gebrauch von Eigenschaftslisten gehört seit der bekannten Untersuchung von *Katz* und *Braly* (1933) zu den wichtigsten Techniken der Vorurteilsforschung. *Katz* und *Braly* fanden etwa, daß 84% der befragten Studenten im Jahre 1932 Schwarze für abergläubisch hielten, 75% sie als faul einschätzten, je 38% sie für unbeschwert („happy-go-lucky") und unwissend hielten, und daß 26% meinten, Schwarze seien musikalisch. In einer deutschen Untersuchung über nationale Vorurteile (*Oehler* 1958, 254) wurde gefragt: „Was sind Ihrer Meinung nach typische französische Eigenschaften?" Es folgte eine Liste von auszuwählenden Eigenschaften, z.B. charmant, geistreich, großzügig, technisch fortschrittlich, sauber, bequem. *Cahnman* (1965, 63) stellte in einer Untersuchung an Münchener Schulen die Frage: „Glauben Sie, daß es Merkmale gibt, die Juden von anderen Menschen unterscheiden oder glauben Sie, daß Juden so sind, wie alle anderen Menschen auch?" „Laut und sparsam – Wie die Deutschen die Gastarbeiter beurteilen" überschreibt kennzeichnenderweise das Institut für Demoskopie Allensbach (1972) eine Untersuchung zum Image der Gastarbeiter, in welcher ebenfalls mit Eigenschaftslisten gearbeitet wurde. Das Feststellen von Eigenschaften der diskriminierten, aber auch der diskriminierenden Gruppe gehört seit ihren Anfängen in den 30er Jahren zu den herrschenden Trends der Vorurteilsforschung. Die häufige Anwendung von Polaritätsprofilen in der Vorurteils-

---

[2] Vgl. *Heckmann* (1981, 81/82).

forschung – in der Bundesrepublik bevor allem durch *Hofstätter* und seine Mitarbeiter[3] – unterstreicht diese Aussage.

Neben der Erforschung vorgestellter Eigenschaften von anderen Gruppen ist die Analyse von „Beziehungs- bzw. Interaktionsbereitschaften", operationalisiert durch die Bogardus-Skala oder andere Einstellungsskalen, als weiterer Haupttrend der Vorurteilsforschung zu nennen. Über die Frage nach der Bereitschaft, bestimmte soziale Beziehungen zu Mitgliedern anderer Gruppen aufzunehmen bzw. ihnen bestimmte Rechte zuzubilligen, soll das Ausmaß der sozialen Distanz, genauer müßte man sagen, der subjektiven sozialen Distanz, zu diesen Gruppen bestimmt werden.[4]

Eine den beiden Existenzweisen der ethnischen Vorteile als Ideologien und persönlichen Einstellungen gerecht werdende, sehr allgemeine Definition des Vorurteils könnte lauten: Ethnische Vorurteile sind negative, abwertende und feindselige Aussagen und Urteile über ethnische Gruppen; die Aussagen und Urteile sind stereotyp

---

[3] Vgl. die zahlreichen Beispiele in *Hofstätter* (1966).
[4] Das bekannteste empirische Instrument zur Messung sozialer Distanz ist die Bogardus-Skala. Die Bogardus-Skala operiert mit folgenden Anweisungen (zit. nach *Selltiz* et al. 1964, 371): „Geben Sie für jede der unten genannten rassischen oder nationalen Gruppe an, wozu Sie bei einem durchschnittlichen Mitglied dieser Gruppe bereit wären: als Heiratspartner zu akzeptieren, als Freund zu haben, als Nachbarn zu akzeptieren, als Arbeitskollegen zu akzeptieren, als Bürger meines Landes zu akzeptieren, als Besucher meines Landes zu akzeptieren, in mein Land nicht einreisen zu lassen."

	als Heiratspartner zu akzeptieren	als Freund zu haben	als Nachbarn zu akzeptieren	als Arbeitskollegen zu akzeptieren
Engländer	1	2	3	4
Schwarze	1	2	3	4
Franzosen	1	2	3	4
Chinesen	1	2	3	4
Russen etc.	1	2	3	4

	als Bürger meines Landes zu akzeptieren	als Besucher meines Landes zu akzeptieren	in mein Land nicht einreisen zu lassen	
Engländer	5	6	7	
Schwarze	5	6	7	
Franzosen	5	6	7	
Chinesen	5	6	7	
Russen etc.	5	6	7	

und wirklichkeitsunangemessen;[5] stereotyp bzw. stereotypisiert heißt: auf fehlerhaften Verallgemeinerungen beruhend, simplifiziert und starr.

Die Kennzeichnung von Vorurteilen als wirklichkeitsunangemessene Aussagen macht deutlich, daß nicht alle negativen, feindseligen oder abwertenden Aussagen über Personen oder Gruppen unter den Begriff des Vorurteils fallen; wirklichkeitsangemessene, zutreffende negative Aussagen über Personen und Gruppen können nicht als Vorurteile angesehen werden.

Pettigrew (1985, 81/82) erläutert: „War es etwa ein 'Vorurteil', das viele Amerikaner während des Zweiten Weltkriegs veranlaßte, Adolf Hitler und seine Nazi-Partei zu hassen? Falls diese Einstellung durch Tatsachen gerechtfertigt war, so waren die Amerikaner nicht voreingenommen. Wenn nun der Haß auf die Nazis auf alle Deutschen pauschal übertragen wird, ganz egal ob sie der Nazi-Partei angehörten oder nicht, so ist das eindeutig ein Vorurteil."

7.2 Ethnische Vorurteile als Einstellungen

Der sozialpsychologische Begriff des Vorurteils, für den paradigmatisch die weiter oben angeführte Definition von Davis stehen kann, baut theoretisch auf dem Konzept der Einstellung: Vorurteile sind Einstellungen, eine spezifische Kategorie negativer, feindseliger Einstellungen.[6] Struktur und Implikationen dieser theoretischen Fundierung sollen in Abschnitt 7.2 thematisiert werden.

In der Sozialpsychologie sind Einstellungen gelernte, relativ stabile Verhaltensdispositionen, konsistent auf ein bestimmtes „Objekt" zu reagieren (vgl. *Hormuth* 1979, 4/5). Als Komponenten von Einstellungen werden *kognitive, emotive* und *konative* Elemente, unterein-

---

[5] In der gesellschaftlichen Wirklichkeit ist es allerdings häufig schwierig und bleibt umstritten, welche Aussagen „wirklichkeitsangemessen" oder „-unangemessen" sind. Dessen eingedenk, läßt sich jedoch für ethnische Vorurteile feststellen, daß es zumeist „nach üblichen Standards" keine großen Schwierigkeiten macht, die unzutreffenden Behauptungen der Vorurteile aufzuzeigen, da diese überwiegend mit groben Verfälschungen arbeiten, wenn auch ihre Wirksamkeit u.a. darin besteht, daß sie ein „Körnchen Wahrheit" enthalten; aber eben nur das. Wir nehmen diese Fragen in 7.3.1 noch einmal auf.
[6] Frühere Diskussionen hatten positive wie negative Vorurteile unterschieden. Die Entwicklung verlief jedoch nach einem Vorschlag von *Allport* aus dem Jahre 1954: „Es ist sicher wichtig zu berücksichtigen, daß Voreingenommenheit sowohl für wie gegen etwas sein kann, aber das ethnische Vorurteil ist zumeist negativ. ... Entsprechend werden wir uns in diesem Buch mehr mit Voreingenommenheit gegen ethnische Gruppen beschäftigen als mit begünstigenden Vorurteilen" (*Allport* 1971, 20).

ander systemhaft verbunden, unterschieden; damit sind erkenntnis- und gefühlsmäßige Bezüge sowie bestimmte Handlungsbereitschaften gegenüber dem „Einstellungsobjekt" gemeint. Das starke Interesse an der Einstellungsforschung hing immer vor allem damit zusammen, daß man über die Einstellung als eine Determinante von Verhalten etwas erfahren wollte.[7] Auf der Basis des Einstellungskonzepts wird es möglich, die Struktur ethnischer Vorurteile inhaltlich näher zu bestimmen und die einzelnen Komponenten durch Beispiele zu veranschaulichen.

7.2.1 Zur inhaltlichen Struktur ethnischer Vorurteile

Wir beginnen mit der kognitiven Komponente. Kognitionen, als „psychische Grundfunktionen", bezeichnen Kenntnisse, die Menschen über Tätigkeiten des Wahrnehmens, Denkens, Urteilens, Lernens und Vorstellens erwerben. „Kognitive Komponente" ethnischer Vorurteile sollte wegen der „Sachunangemessenheit" von Vorurteilen allerdings nicht „Kenntnis" oder „Wissen" heißen, sondern besser Scheinkenntnis oder Scheinwissen, das durch verzerrte Wahrnehmungen, vor allem kategoriale Wahrnehmungsweisen, voreingenommenes Denken, vorschnelle Urteile, Überverallgemeinerungen und die Nicht-Beachtung individueller Unterschiede zustandekommt.

Voraussetzung für die „Plazierung" von Vorurteilen sind eine Definition der Gruppe, die das Vorurteil trifft und Vorstellungen über Grenzen zwischen der eigenen und der fremden Gruppe. Antisemitische Vorurteile benötigen die Unterscheidung „Deutscher" und „Jude"; gegenüber assimilierten Migranten der 2. oder 3. Generation bedarf das Vorurteil bestimmter Unterschiedsdefinitionen, einer Vorstellung von „wir" und „die anderen", um plaziert werden zu können.

Wenn wir jetzt zur näheren inhaltlichen Beschreibung des Scheinwissens oder der Stereotypik bei Vorurteilen kommen: hierzu gehören zunächst bestimmte, von der diskriminierenden Gruppe verwendete negative Kennzeichnungen oder Vorstellungen bezüglich der äußeren Erscheinung, der körperlichen Merkmale, der Kleidung und des „Habitus" der Gruppen, die Objekt von Vorurteil wur-

---

[7] Zu den Beziehungen zwischen Einstellungen und Verhalten bzw. Vorurteil und Diskriminierung siehe Abschnitt 7.2.2 weiter unten.

den; weiter Vorstellungen über „typische" Verhaltensweisen, Vorlieben und Praktiken der Gruppenangehörigen;[8] das „Wissen" über die Gruppen schließt auch moralische Bewertungen ein, wie z. B. Urteile auf den Dimensionen gut-böse, ehrlich-unehrlich oder solidarisch-unsolidarisch.

Ein besonders wichtiger und häufiger Komplex von Zuschreibungen betrifft die Behauptung des Vorliegens von Merkmalen bei der ethnischen Minderheit, die die ethnische Mehrheit vorgeblich bedrohen: die Bedrohung der Kultur durch Überfremdung, die Bedrohung durch Konkurrenz am Arbeits- und Wohnungsmarkt, Bedrohungen durch ein Gewaltpotential bei der ethnischen Minderheit, z. B. durch Kriminalität, politischen Extremismus, schließlich ein demographisches Bedrohungspotential durch schnelleres Bevölkerungswachstum der ethnischen Minderheiten.[9] Der Bedrohungsgehalt vorurteilshafter Aussagen wird häufig sprachlich durch die Verwendung einer bestimmten Metaphorik kommuniziert: nicht nur gegenüber Asylsuchenden, sondern schon lange gegenüber den Arbeitsmigranten benutzt man in der Bundesrepublik eine Naturkatastrophenmetaphorik; Ausländer*welle*, *-flut*, *-schwemme* oder *-strom*; eine weitere Art der Metaphorik, die Bedrohung suggeriert, entlehnt ihren Terminus dem militärischen Bereich: Die Ausländer als *Zeitbombe*; Ende der 70er, Anfang der 80er Jahre wurde das häufig gesagt und geschrieben.

Zwar gibt es innerhalb der Gesamtstruktur des Scheinwissens auch positive Kennzeichnungen, es überwiegen jedoch die negativen Zuschreibungen; wenn diese negativen Zuschreibungen insgesamt als negatives Bild der *Kultur der Gruppe*, gegenüber der das Vorurteil besteht, idealtypisch zusammengefaßt werden können, haben wir es mit kulturellen Überlegenheitsvorstellungen bei der diskriminierenden Gruppe zu tun; wenn das negative Gesamtbild der Gruppe als *biologisch determiniert* behauptet wird, wenn naturalisierend argumentiert wird, liegt eine rassistische Stereo-

---

[8] z. B. Erziehungspraktiken, religiöse Praktiken, Hygienepraktiken.
[9] Aus einem Leserbrief an die „Neue Westfälische" vom 20.3.82, abgedruckt in *Hoffmann* und *Even* (1984, 54): „Zugestanden, sie sind fleißig, freundlich, gute Arbeitskollegen, zum Teil gute Facharbeiter, und manche brachten es bis zum Meister. Unser Problem mit ihnen ist ihre starke Vermehrung. Die deutsche Frau hat im Durchschnitt 1,3 Kinder, die türkische Frau im Durchschnitt 5,2. Unsere türkischen Mitbürger vermehren sich also viermal so schnell. Es kommt der Zeitpunkt auf uns zu, wo sie uns in der Bevölkerungszahl nicht nur eingeholt, sondern sogar überflügelt haben. Dann sind wir nicht mehr Herr im eigenen Haus."

typik vor.[10] Konkrete vorurteilshafte Aussagen gegen bestimmte Gruppen, wie z. B. Ausländerfeindlichkeit, vermischen jedoch beide Typen von Aussagen.

Pettigrew (1985, 90) hat die Stereotypik von Vorurteilen unter einem interessanten psychoanalytischen Aspekt beschrieben:

Es sei eine Tatsache, „daß sich überall auf der Welt zwei gegensätzliche Formen von ethnischen Stereotypien wiederfinden, und zwar in Abhängigkeit von der jeweiligen gesellschaftlichen Stellung, welche die mit diesen Stereotypen belegten Gruppen einnehmen. Psychoanalytisch betrachtet wurzelt die eine Form solcher Stereotypien in den Ansprüchen des Über-Ich, die andere in jenen des Es. So gelten Außengruppen, die mit Über-Ich-Klischees belegt werden, oftmals als geschäftstüchtig, ehrgeizig, gerissen und voller Familienegoismus. Zumeist sind es Händlervölker, die in der betreffenden Region nicht beheimatet sind – Vermittler zwischen den landbesitzenden und den arbeitenden Schichten, wie etwa die Juden im mittelalterlichen Europa ... Außengruppen, die mit Es-Stereotypien belegt werden, gelten als abergläubisch, faul, dumm, schmutzig und sexuell hemmungslos. Diese Gruppen stehen meist auf der untersten Stufe einer jeweiligen Gesellschaft. In Europa sind 'Gastarbeiter', Sinti und Süditaliener häufig Zielscheibe solcher Vorstellungen; in den Vereinigten Staaten haben die Schwarzen und die mexikanischen Amerikaner das ES-Stigma geerbt. Diese weltweite Differenzierung der ethnischen Stereotype offenbart etwas von ihrer Rationalisierungsfunktion. Auch wenn manchmal ein 'Körnchen Wahrheit' daran ist, erweisen sich die Stereotypien doch als irrational in ihrer Übertreibung, ihrem Absolutheitsanspruch und ihrer Unzugänglichkeit für gegenteilige Beweise."

Die kognitiven Elemente von Einstellungen oder Vorurteilen sind verbunden mit bestimmten *Gefühlen*, der emotiven Komponente des Einstellungsbegriffs.[11] Gefühle sind Aspekte der Beziehungen zwischen der Person und ihrer Welt. Sie scheinen durch eine Polarität gekennzeichnet zu sein, „das heißt, sie haben einen positiven oder negativen Charakter: Lust-Unlust, Freude-Schmerz, Fröhlichkeit-Trauer usw. Beide Pole liegen nicht notwendigerweise auseinander. Bei komplizierten menschlichen Gefühlen bilden sie oft eine widerspruchsvolle Einheit: In der Eifersucht verträgt sich leidenschaftliche Liebe mit brennendem Haß" (*Rubinstein* 1984, 574).

Bei Vorurteilen dominieren eindeutig die negativen Pole von Gefühlen. Zu den detaillierteren Darstellungen der emotiven Seite von Vorurteilen gehört *Blumers* Aufzählung von Gefühlen im rassisti-

---

[10] Zu einer differenzierteren Diskussion von Rassismus und Kulturzentrismus vgl. Abschnitt 7.3.2. Wir ziehen den Terminus „Kulturzentrismus" dem des „Ethnozentrismus" vor, da letzterer sowohl kulturelle wie rassistische Aussagen bezeichnet. (vgl. z. B. diese Verwendung in der „Authoritarian Personality" von *Adorno* et al. 1950)

[11] Erstaunlich ist, wie wenig die Psychologie zur Theorie und Empirie der Gefühle zu sagen hat. „Wir wissen heute noch recht wenig über Wesen und Funktion der Gefühle." (*Wellhöfer* 1981, 203) Ein Blick in verschiedene Lehr- und Handbücher bestätigt das deutlich. Die Aussagen zur emotiven Komponente von Vorurteilen haben daher einen eher kursorischen Charakter.

schen Vorurteil, die *Silbermann* für die Beschreibung antisemitischer Vorurteile übernimmt: Haß, Ablehnung, Zurückweisung, Mißtrauen, Neid, Furcht, possessive Impulse, aber auch Verpflichtungsgefühle und Schuldgefühle seien einige der Gefühle und Impulse im rassistischen Vorurteil. Einige dieser Gefühle und Impulse seien leicht erfahrbar und identifizierbar, andere latent; weitere schließlich könnten präsent sein, ohne daß ihre Gegenwart realisiert werde (vgl. *Blumer* 1939, 14/15, zit. in *Silbermann* 1983, 353). „Fremdheitsempfindungen" und Gleichgültigkeit erscheinen mir als weitere Gefühle, die man dem 'Katalog' hinzufügen könnte. Was Rubinstein als Merkmal komplizierter Gefühle beschreibt, ihre Ambivalenz, dürfte auch für viele Gefühlsstrukturen gegenüber ethnischen Gruppen gelten: die Gleichzeitigkeit von Bewunderung und Ablehnung, von Neid und Anerkennung, von Mitleid und Haß. Welche Gefühle jeweils „aktualisiert" bzw. mobilisiert werden, dürfte sehr stark situationsabhängig sein. Genauere Untersuchungen liegen hierzu leider bisher nicht vor. Vorurteilsbekämpfung, auf die wir weiter unten ausführlicher eingehen, bezieht sich traditionellerweise fast immer auf das falsche Wissen über die abgelehnte Gruppe, sie versucht, Aufklärung zu betreiben. Die Berücksichtigung der emotiven Seite und das Bemühen, die Gefühlsstruktur zu beeinflussen, wäre die Konsequenz einer Strategie, die die unterschiedlichen Strukturelemente des Vorurteils beachtet.

Neben Scheinwissen oder Stereotypik und Gefühlen gehören *Handlungstendenzen* (konatives Element des Einstellungskonzepts) zum Inhalt von Vorurteilen. Sie drücken bestimmte Diskriminierungsabsichten aus: die Absicht zur verbalen Herabsetzung, zum Lächerlichmachen (z. B. in minderheitenfeindlichen Witzen) oder zur Kontakt-Interaktions-Beziehungsmeidung;[12] konative Handlungstendenzen können weiter Absichten der Einschüchterung, der wirtschaftlichen, rechtlichen und politischen Diskriminierung sein, Absichten der Schädigung bis hin zur Vertreibung, körperlichen Verletzung und sogar Tötung.

Beispiele : „Hat Europa 1683 die Türken besiegt, damit sie heute in Deutschland Kindergeld, Wohngeld, Sozialhilfe, Rückkehrprämien usw. bekommen ... Die beste Türkenpolitik ist: Tritt in den Arsch und raus" (Leserbrief in Der Spiegel vom 05.09.1983, zit. in *Hoffmann* u. *Even* 1984, 46). Ein anderer Leserbrief: „Wie der Kartoffelkäfer die Kartoffelfelder zerstört, ja zerstören muß, so zerstört der Ausländer das deutsche Volk. Dagegen gibt es nur ein Mittel, nämlich radikale Beseitigung der Gefahr" (Leserbrief vom 06.10.1980, zit. nach ibidem). Viele der antisemitischen Witze und sogenannten Türkenwitze enthalten ebenfalls Tötungsdrohungen. Ein „konatives" Element kann auch in der Verwendung

---

[12] Die Bogardus-Skala mißt dies; in den USA spricht man auch von „Aversions-Rassismus" als Rassismus der Vermeidung von Kontakten, gegenüber einem „Dominanz-Rassismus" (vgl. *Pettigrew* 1985, 99/100).

einer bestimmten Metaphorik, in der man über eine ethnische Gruppe spricht, impliziert sein; etwa in Tiermetaphern, Pflanzenmetaphern, Krankheits- und Seuchenmetaphern, die im antisemitischen Vorurteil zu finden sind:[13] Tier- und Pflanzenmetaphern stellen die Adressaten solcher Bezeichnungen außerhalb der menschlichen Gesellschaft und ihrer Normen und Verhaltensweisen und muten ihnen entsprechende „Behandlungen" zu; Krankheits- und Seuchenmetaphern fordern dazu auf, sich gegen solche Übel zur Wehr zu setzen.

Das konative Element in Vorurteilen bedeutet eine Handlungs*absicht*, es ist aber keineswegs bereits die Einleitung oder Absicht zu einer bestimmten Handlung. Auf die Beziehungen von Einstellung und Verhalten bzw. Vorurteil und Diskriminierung soll im folgenden Punkt eingegangen werden.

7.2.2 Vorurteil und Diskriminierung

Das große Interesse an der Vorurteilsforschung im Rahmen der ethnischen Minderheitenforschung resultiert letztlich aus dem Wunsch, etwas über Ursachen bzw. Bedingungen von Diskriminierung zu erfahren. Diskriminierung wird dabei als Verhaltensdiskriminierung verstanden: Verhaltensdiskriminierung bedeutet ein individuelles oder kollektives Verhalten gegenüber ethnischen Minderheitenangehörigen, das universalistische und Gleichheitsgrundsätze verletzt.[14]

Als Einstellungen konzipiert beinhalten Vorurteile eine Tendenz, in einer bestimmten Art und Weise zu handeln. Hieraus wird in vielen älteren Konzeptionen auf einen direkten, ursächlichen Zusammenhang zwischen Vorurteil und Diskriminierung geschlossen. Beispielhaft: „... wir nehmen Vorurteil und Diskriminierung zusammen und betrachten letzteres als einen Ausdruck des ersteren" (*Bierstedt* 1957, 447). „... Vorurteile und seine Manifestierungen in diskriminierendem Verhalten" (*Rose* u. *Rose* 1965, 311).[15] Auch Stellungnahmen der Vereinten Nationen aus ihren ersten Jahren argumen-

---

[13] *Erb* und *Bergmann* (1989, 195–216) haben diese Metaphern im Antisemitismus eingehend dargestellt und interpretiert.
[14] Davon zu unterscheiden ist eine institutionelle Diskriminierung, wie z. B. institutionalisierter Rassismus; institutionalisierter Rassismus ist eine rassistische Diskriminierung, die als „normales" Verhalten aus der Struktur bestimmter Institutionen folgt, und zwar unabhängig von den guten oder bösen Absichten der jeweiligen Akteure.
[15] Zitiert ist die Einführung der Herausgeber zu Kapitel V des Readers.

tieren nach diesem Muster: „... diskriminierende Verhaltensweisen entstehen im Inneren, leiten sich aus Vorurteilen ab, die eine negative Einstellung beinhalten ... Da die meisten Formen und Typen der Diskriminierung auf Vorurteilen basieren ... ist es äußerst wichtig, Vorurteile zu untersuchen" (UN 1949, 10). In einem zusammenfassenden Statement über die amerikanische Vorurteilsforschung spricht *Bergius* (1960, 44) von der dieser Forschung zugrundeliegenden Annahme, „daß nämlich irrationale Einstellungen und unangemessene Bilder über Minoritäten die undemokratischen, die diskriminierenden Verhaltensweisen verursachen." Als Ziel seines Buches „Die Natur des Vorurteils" formuliert *Allport*: „Es will nur ein zugrundeliegendes Problem (den menschlichen Beziehungen zugrundeliegendes Problem, F.H.) klären: das Wesen des menschlichen Vorurteils. Aber dieses Problem ist wirklich grundlegend, denn ohne die Wurzeln der Feindseligkeit zu kennen, können wir uns keine Hoffnung machen, ihre zerstörerischen Auswirkungen mit Hilfe unserer Intelligenz je erfolgreich zu kontrollieren" (*Allport* 1971, 11).

Auch die Ermordung der Juden durch das nationalsozialistische Regime ist immer wieder als Resultat von Vorurteilen bezeichnet worden. Beispiele:

In einem Diskussionsbeitrag zu einem Vortrag *Horkheimer*s über das Vorurteil führte der Diskussionsleiter in Anspielung auf die nationalsozialistischen Verbrechen gegenüber den Juden aus (*Horkheimer* 1963, 13): „Herr Professor *Horkheimer* hat uns auf dem Hintergrunde eines 20 Jahre zurückliegenden Geschehens, von dem er nicht gesprochen hat, eines Vorurteils, das zu Auswirkungen führte, wie sie in der Geschichte vielleicht kaum vorgekommen sind ... " *Heintz* (1957) führt in Bezug auf die Vernichtung der Juden aus: „... die schreckliche Massenvernichtung einer ethnisch-religiösen Minorität unter der Herrschaft eines rassischen Vorurteils in einem Lande europäischer Kultur" (S. 10). Auch *Hofstätter* (1966, 384) spricht von der Möglichkeit, daß Vorurteile zur Menschenvernichtung führen: „Freilich: solche Vorurteile müssen nicht, sollen nicht, können aber zu Akten der Vernichtung führen." Ebenso *Allport* (1971, 29): „Lynchjustiz, Pogrome, Massenmorde und das Hitler-Programm des Völkermordes kennzeichnen den höchsten Grad von Gewalt, durch den sich Vorurteil ausdrückt."

Diese Thesen haben die gleiche argumentative Grundstruktur wie die oben zum Vorurteils-Diskriminierungsproblem angeführten Vorstellungen: hiernach müßten z. B. antisemitische Vorurteile zunächst Ende der 20er Jahre, dann schließlich während des Nationalsozialismus immer stärker geworden sein, bis sie im Kriege in millionenfachem Judenmord kulminierten.

Eine Problematisierung der kausalen Verknüpfung von Vorurteil und Diskriminierung kann erstens zunächst rein empirisch erfolgen: der statistische Zusammenhang zwischen Vorurteil und Diskriminierung ist nur schwach ausgebildet, und nicht selten tritt das eine ohne das andere auf (vgl. *Pettigrew* 1985, 103).[16] Diskriminierung einfach als Resultat von Vorurteil zu erklären übersieht zweitens, daß es neben einer bestimmten Einstellung „Vorurteil" weitere Einstellungen (auch weitere Vorurteile) geben kann, denen eine größere Zentralität bzw. ein höherer Platz in der Einstellungshierarchie der Person zukommt. Drittens können allgemeine Einstellungen oder Verhaltensdispositionen, wie z. B. eine Tendenz zu konformen Verhalten, sich gegenüber partikularen Einstellungen zu Personen oder Kollektiven durchsetzen. Es sind Situationen denkbar, in welchen vorurteilsfreie Individuen aus Konformität diskriminieren, oder umgekehrt Vorurteilshaftigkeit aus Konformitätsgründen unterdrückt wird. Viertens ist zu beachten, daß Handeln bestimmt ist von der „Definition der Situation", d. h. von der Bedeutungsbewertung bestimmter Ereignisse und der antizipierenden Bewertung von Handlungskonsequenzen durch den oder die Handelnden. In die „Definition der Situation" gehen zwar Einstellungen ein, aber keineswegs ausschließlich; sie ist z. B. mitbestimmt von Wahrnehmungsweisen und -fähigkeiten der Handelnden, ihren Denkmustern und Motiven. Fünftens setzen sich häufig materielle Interessen und soziopsychische Bedürfnisse gegenüber Einstellungen durch: der ressentimenterfüllte kleine Ladenbesitzer, der dennoch seine Gastarbeiterkunden höflich und zuvorkommend bedient. Der sechste und letzte Punkt, den wir zum Nachweis der Fragwürdigkeit des Vorurteils-Diskriminierungsansatzes anführen wollen, kann durch ein Zitat Martin Luther Kings überzeugend veranschaulicht werden: „Das Gesetz mag nicht in der Lage sein zu erzwingen, daß man mich liebt, aber es kann in der Lage sein zu verhindern, daß man mich lyncht, und ich glaube, das ist ganz schön wichtig" (Zitiert nach *Rose* 1974, 103). Zwang oder die Anwendung von staatlichen oder gesellschaftlichen Machtmitteln können aus Einstellungen stammende Handlungsabsichten kontrollieren und Diskriminierung verhindern.

Esser (1980, 142) hat den Stellenwert von Einstellungen innerhalb der Gesamtkonstellation von Handlungsdeterminanten vor Augen, wenn er überzeugend formuliert: „Das Auseinanderfallen von Vor-

---

[16] In der Literatur wird häufig das Experiment von *La Piere* (1934) berichtet: Anfang der 30er Jahre verschickte der Autor Briefe an eine Reihe von Restaurants und Hotels, in welchen er anfragte, ob sie Chinesen bewirten würden. Mehr als 90% antworteten, daß sie eine Bewirtung ablehnen würden. Als jedoch einige Zeit später der Autor auf einer Rundreise in Begleitung eines chinesischen Ehepaares die angeschriebenen Hotels und Restaurants aufsuchte, wurden er und seine Begleitung fast überall bedient. Ähnliche Untersuchungen mit gleichen Resultaten sind die von *Saenger* und *Gilbert* (1950) sowie von *Kutner* et al. 1952).

urteil und Verhalten ... kann nur den erstaunen, der ... von einer Quasi-Implikation der Handlung in der Einstellung ausgeht und z. B. nicht schon durch relativ einfache handlungstheoretische Konzepte darüber informiert ist, daß Handlungen erst aus der Kombination von motivationaler Zielausrichtung, subjektivem Wissen über die Angemessenheit einer möglichen Handlung, Perzeption der Handlungssituation und (nicht zuletzt) der Berücksichtigung möglicher negativ bewerteter Folgen der Handlung (also: der „Kosten" der Handlung) vorhersagbar werden."

Zur Präzisierung des Verhältnisses von Vorurteil und Diskriminierung muß des weiteren auf den wichtigen Fall verwiesen werden, daß Verhalten nicht nur Resultat von Einstellungen ist, sondern selbst zum Faktor der Einstellungsänderung wird, mit anderen Worten, daß Veränderungen des Diskriminierungsverhaltens zu Änderungen des Vorurteils führen können. *Raab* und *Lipset* haben in ihrer frühen Kritik der „attitudes-first-fallacy"[17] auf Ergebnisse der Forschungen des „American Soldier" Projekts im 2. Weltkrieg zur „Rassenintegration" in den Streitkräften hingewiesen:

Auf die Frage, wie sie es beurteilen, wenn ihre Division Kompanien habe, in deren Reihe es Züge (als militärische Einheit unterhalb der Kompanieebene) von schwarzen Soldaten gebe, antworteten ablehnend: 7% der Befragten, die in Kompanien waren, wo es Züge von schwarzen Soldaten bereits gab; 20%, die im gleichen Regiment, nicht aber in der gleichen Kompanie mit schwarzen Einheiten waren; 24%, die in der gleichen Division, aber nicht im gleichen Regiment mit schwarzen Einheiten zusammen waren; schließlich gab es 64% ablehnende Urteile in Divisionen, die keinerlei schwarze Einheiten hatten[18] (vgl. *Raab* u. *Lipset* 1965, 367),

Der stärkste Rückgang rassistischen Vorurteils in den USA seit dem 2. Weltkrieg ereignete sich in den Südstaaten. „Der Rückgang stellte sich nicht als Ergebnis freiwilligen Einstellungswandels ein. Der Süden wurde mehr oder weniger durch Bundesgesetzgebung, Gerichtsanordnungen und manchmal durch Bundestruppen unter dem Kommando des Präsidenten zu Reformen gezwungen. *Nachdem* offene Diskriminierung ungesetzlich geworden war und lang-

---

[17] Wörtlich übersetzt: „Einstellungen-zuerst-Fehlschluß".
[18] Zur Interpretation ist anzumerken, daß sich die Befragung auf einen Zeitpunkt vor der „Rassenintegration" innerhalb der Einheiten der Armee bezieht.

sam verschwand, änderten sich die Einstellungen, um mit dem Verhalten konsistent zu werden." (*Farley* 1982, 51)[19]

7.2.3 Zur Übernahme von Vorurteilen

7.2.3.1 Vorurteile als Resultat „normaler" Sozialisation

Ethnische Vorurteile werden übernommen; sie sind nicht das Resultat systematischer, verarbeiteter Erfahrung mit einer Gruppe, die Objekt von Vorurteilen ist. Ethnische Vorurteile sind sogar häufig verbreitet gegenüber Personen und Gruppen, zu denen überhaupt kein Kontakt besteht; ein „Antisemitismus (fast) ohne Juden" im gegenwärtigen Deutschland und Österreich kann das illustrieren. Da Vorurteile ein Teil der Kultur (oder Unkultur) moderner Gesellschaften sind, ist die Übernahme von Vorurteilen Teil des sozialen Lernens und der „normalen" Sozialisation, nicht Ergebnis verzerrter Wahrnehmungen, mangelhafter oder fehlerhafter Informationsaufnahmen, die Ergebnis, nicht Ursache von Vorurteilen sind.[20]

Daß feindselige Haltungen gegenüber Fremden als quasi anthropologische Konstante Teil oder Überreste einer menschlichen Instinktnatur seien, wird zwar oft behauptet, ist aber nirgendwo bewiesen bzw. erweist sich selber als Vorurteil.[21] In vielen Kulturen ist Gastfreundschaft und ein freundliches Verhalten gegenüber dem Fremden, nicht Mißtrauen und Feindschaft die dominante Verhaltensweise. Der Kolonialismus beutete diese Haltung vieler „Eingebore-

---

[19] Wie im letzten Satz angedeutet, erklärt Farley die Veränderung dissonanztheoretisch: „Die Dissonanz-Theorie sagt aus, daß Verhalten und Einstellungen miteinander konsistent sind. Wenn wir darum, aufgrund von sozialem Druck oder warum auch immer, uns wiederholt inkonsistent zu unseren Einstellungen verhalten, tendieren wir unbewußt dazu, unsere Einstellungen zu ändern, damit sie wieder mit dem Verhalten konsistent werden" (ibidem).
[20] *Oscar Hammerstein* reimte sehr treffend:
„You've got te be taught to hate and fear,
you've got to be taught from year to year...
You've got to be taught before it's too late.
Before you are six or seven or eight
to hate all the people your relatives hate,
you've got to be carefully taught" (Zit. nach *Berelson* u. *Steiner* 1964, 492).
[21] Eine ziemlich willkürlich ausgewählte Formulierung solch einer quasi natürlichen Xenophobietendenz beim Menschen mit wissenschaftlichem Anspruch: „Die ... häufig zu beobachtende Zurückhaltung, ja das Mißtrauen gegenüber Fremden, Andersartigen und besonders Fremdartigen hat in ganz entscheidendem Maße psychologische Wurzeln, ist vermutlich entwicklungsgeschichtlich bedingt, der Rest einer ursprünglich gegenüber jedem Fremden erhaltenswürdigen und notwendigen Reaktion und somit 'vernünftigen' Verhaltensweise" (*Jörgensen* 1983, 244).

ner" häufig schamlos aus. *Columbus* schrieb in sein Tagebuch über die ersten Kontakte zu den Indianern: „Verlangt man etwas von ihnen, das sie besitzen, so sagen sie niemals nein, sondern laden einen ein, es anzunehmen, und zeigen dabei so viel Freundlichkeit, als wollten sie einem ihr Herz schenken" (zit. nach *Jacob* et al. 1975, 38).

Der Zusammenhang zwischen Lernprozessen und der Herausbildung ethnischer Vorurteile erweist sich schließlich durch die immer wieder, auch im internationalen Vergleich erhärtete, konsistente und relativ starke Beziehung zwischen Bildungsabschluß und Ausmaß des ethnischen Vorurteils: je höher der Bildungsabschluß, desto geringer das Ausmaß an Vorurteilshaftigkeit.[22]

Viele Untersuchungen haben gezeigt, daß die Übernahme ethnischer Vorurteile *frühzeitig* im Sozialisationsprozeß erfolgt; sie ist für rassistische Vorurteile bereits ab dem dritten und vierten Lebensjahr nachgewiesen (vgl. *Banton* 1976, 189/190). Die frühe Vermittlung erfolgt über den „Gefühlston der Kommunikation" (*Pettigrew* 1985, 93); im übrigen über die klassischen Mechanismen des sozialen Lernens wie Lernen am Modell, Belohnung und Bestrafung, Internalisierung oder „selective exposure" (vgl. *Farley* 1982, 29). Das bedeutet: je vorurteilshafter die Umwelt der Kinder und Jugendlichen, desto stärker ist ihre Vorurteilshaftigkeit.

Sozialisation ist jedoch kein auf das Kindes- und Jugendalter begrenzter, sondern ein lebenslanger Prozeß. Mit dem Wechsel von Lebensaltern und Lebenslagen, geographischer und sozialer Mobilität, bewegen sich die Menschen zwischen verschiedenen Gruppenmitgliedschaften und Milieus; die Übernahme von Vorurteilen ist dann Teil der Anpassung an ein neues Milieu, an eine neue Gruppe, nicht Resultat psychodynamischer Prozesse, die eine spezifische Rezeptivität für Vorurteile schaffen.[23]

Blalock erklärt die Übernahme von Vorurteilen im Gruppenkontext wie folgt: „Nach der Wert-Erwartungs-Theorie sind die meisten Menschen so motiviert, daß sie in den Gruppen, die sie als positive Bezugsgruppen wählen, Status und Anerkennung suchen. Die Menschen versuchen auch gewöhnlich, negative Sanktionen in den Gruppen zu vermeiden, denen sie tatsächlich zugehören. In diesen Gruppen wird normalerweise die Befolgung von Normen, Regulierungen

---

[22] „In der Tat zeigen die meisten Surveys, ein Untersuchungstyp, bei dem vor allem die kognitive Dimension erfaßt wird, daß Vorurteil praktisch immer negativ mit Bildungsstand korreliert. Das ist sogar das einzige, wirklich konsistente Ergebnis der Untersuchungen, die seit dem 2. Weltkrieg durchgeführt wurden" (*Blalock* 1982, 20). Für Vorurteile gegenüber Arbeitsmigranten in der Bundesrepublik zeigten z. B. *Fischer* et al. (1981, 24), daß die genannte Beziehung auch hier gilt; die Beziehung zwischen Einkommen und Vorurteilshaftigkeit war dagegen nach ihren Daten nur schwach ausgebildet.

[23] Siehe hierzu den folgenden Abschnitt 7.2.3.2.

und Gesetzen belohnt, die Mißachtung bestraft. Wenn daher diese Normen verlangen, daß man sich Minderheiten gegenüber in einer bestimmten Weise verhalte, wird die überwältigende Mehrheit der Menschen auch diesen Normen folgen, unabhängig von bestimmten Persönlichkeitsbedürfnissen oder tief verankerten Gefühlen gegenüber Minderheiten. Man kann sagen, die meisten dieser Verhaltensweisen liegen eher 'an der Oberfläche' und müssen nicht in psychodynamischen Begriffen erklärt werden" (*Blalock* 1982, 23).

Es gibt jedoch gegenüber diesen sozialpsychologischen Determinanten der Übernahme von Vorurteilen auch spezifische Bedingungen in der Psyche und Persönlichkeit von Personen, die eine bestimmte Rezeptions- und Akzeptionsbereitschaft für Vorurteile darstellen. Dies ist Thema des folgenden Abschnitts.

7.2.3.2 Persönlichkeit und Vorurteilsbereitschaft

Die Analyse der subjektiven Rezeptions- und Akzeptierungsbedingungen minoritätenfeindlicher Ideologien und Vorurteile erfolgte in der Forschung von zwei verschiedenen Ausgangskonzeptionen.[24] Der erste Ansatz geht davon aus, bestimmte psychische Prozesse und Einzelmerkmale – unabhängig von bestimmten Charakterstrukturen – in einen Zusammenhang mit den Rezeptionsbedingungen von Vorurteil zu bringen: *Prozeßanalyse*. Der zweite glaubt, daß bestimmte Charakterstrukturen oder Persönlichkeitstypen als relativ dauerhafte Konfigurationen von Persönlichkeitsmerkmalen zu Vorurteilen neigen: *Charakterstrukturanalyse*. Um eine komprimierte Darstellung und Bewertung beider Richtungen geht es in den folgenden Ausführungen. Zunächst zur „Prozeßanalyse".

Es ist schwierig, bei der Vielzahl von Untersuchungen zu diesem Themenkomplex ein nur annähernd repräsentatives Bild der vorliegenden Forschung nachzuzeichnen. Uns geht es um den Grundriß und die Analyse solcher Konzeptionen und Hypothesen, die zu den denk- und forschungsleitenden zu zählen sind. Hierzu gehören die „Frustrations-Aggressions"-Hypothesen und die Auswirkungen von Projektion, Angst und Identitätsunsicherheit auf Vorurteilsbereitschaft.

Im Bereich der Untersuchung minoritätenfeindlicher Vorurteile zählt die Frustrations-Aggressions-Hypothese zu den wichtigsten und bis in das Alltagsdenken verbreitetsten. Wir haben versucht, aus der umfangreichen Literatur über die Reaktion auf Frustrationser-

---

[24] Die hier zu diskutierenden Untersuchungen sind überwiegend bereits 30–40 Jahre alt; ihre Relevanz ist damit aber nicht verloren gegangen; die von ihnen gestellten Fragen haben allerdings in der Gegenwart kaum noch das Interesse von Forschern gefunden, nachdem in den 50er und 60er Jahren Hunderte von Untersuchungen hierzu durchgeführt worden waren.

Übersicht 7.1 Mögliche Reaktionsweisen gegenüber Frustrationen

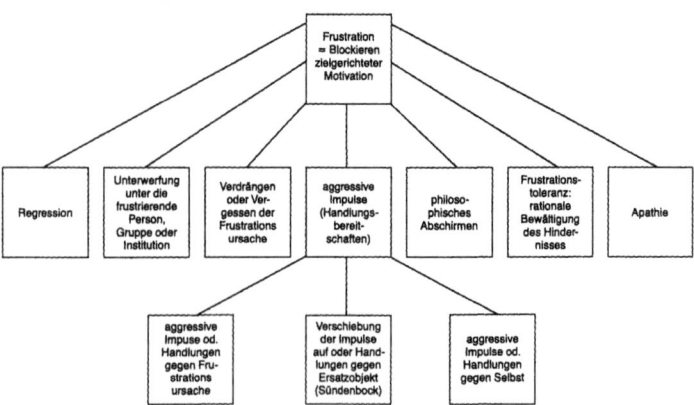

lebnisse Hauptergebnisse herauszufiltern und diese darzustellen; sie sind in der Übersicht 7.1 zusammengefaßt.

Frustration – als Blockieren zielgerichteter Motive – führt durchaus nicht mit Notwendigkeit, wie in der ursprünglichen Formulierung der These von *Dollard* et al. (1939) ausgeführt, zu Aggression oder zu aggressiven Handlungsimpulsen mit der Tendenz, Vorurteile zu übernehmen und zu äußern. Von den sieben in der Übersicht 7.1 unterschiedenen Reaktionsweisen führen sechs nicht zu aggressiven Handlungsimpulsen. Zu einzelnen Reaktionsweisen: Der „normale" Sozialisationsprozeß bringt eine Instanz im „Ich" hervor, welche angestaute aggressive Motivation zurückhält und den Handelnden orientiert, auf eine rationale Weise die Motivblockierung zu überwinden: Frustrationstoleranzverhalten. Frustrationstoleranzverhalten dürfte sogar die gesellschaftlich verbreitetste Reaktion auf Enttäuschungen und Versagungen sein. Weiter: das Individuum kann sich auch durch Verdrängen und Vergessen der Frustrationsursache zu helfen versuchen oder die Frustrationen „philosophisch abschirmen" (*Allport* 1971, 352). Eine andere mögliche Reaktionsweise ist die Unterwerfung unter die Macht der für die Motivblockierung verantwortlichen Personen, Gruppen oder Institutionen. Bei Kindern wurde Regression als Reaktion auf Frustration nachgewiesen. Länger anhaltende Frustration kann schließlich zur Apathie führen (vgl. *Gurr* 1972, 42).

Im Kontext ethnischer Vorurteile besitzt die Frustrations- Aggressionshypothese vor allem Bedeutung in Form der Verschiebungs- oder Sündenbockhypothese. Aber Aggressionsverschiebung auf

Ersatzobjekte, wie z. B. ethnische Minderheiten, ist wiederum nur eine Verhaltensmöglichkeit, wenn Frustration die Herausbildung aggressiver Impulse bewirkt hat: die Aggression kann sich gegen die Frustrationsquelle richten oder aber auch zu aggressiven Impulsen gegen die eigene Person führen. Zur Verschiebung auf Ersatzobjekte kommt es vor allem unter folgenden Bedingungen: die Frustrationsursache ist unbekannt; die frustrierende Person, Gruppe oder Institution ist zu mächtig; sie ist aus anderen Gründen nicht erreichbar (vgl. *Berelson* u. *Steiner* 1964, 267).

Zur Projektion als weiterem psychischen Prozeß, der mit Vorurteilsübernahme zusammenhängt.[25] Bei der Projektion werden anderen Menschen oder Gruppen Motive oder Eigenschaften zugeschrieben, die eigene, unterdrückte Motive oder Eigenschaften sind bzw. diese erklären oder rechtfertigen. Der zugrunde liegende Verdrängungsvorgang ist Konsequenz eines Konflikts, der das Selbstwertgefühl bedroht oder aus Widersprüchen zwischen Über-Ich und Verhaltenstendenzen resultiert.[26]

Ethnische Minderheiten, denen Bösartigkeit, Unberechenbarkeit und Minderwertigkeit gesellschaftlich zugeschrieben werden, sind Hauptobjekte oder Opfer solcher Projektionen. Das Vorurteils-Ideologiesystem der zugeschriebenen Eigenschaften einer bestimmten Minderheitengruppe legt fest, welche Projektionen auf welche Minderheit geleitet wird. *Bettelheim* und *Janowitz* (1964, 147) fanden in ihrer Veteranenstudie bei den Vorurteilsvollen die Tendenz, auf Juden solche Motive zu projizieren, die vom Über-Ich verworfen wurden, wie z. B. geschäftliches Übervorteilen oder Betrug, während Es-Ansprüche – gemäß der ihnen zugeschriebenen Irrationalität, Emotionalität, Sorglosigkeit und „ausschweifenden" Sexualität – auf die schwarze Bevölkerung geleitet wurden.[27] Zusammenfassend: Projektionen schaffen oder verstärken Vorurteilsbereit-

---

[25] Projektion ist auch ein Merkmal des „Autoritären Charakters", wie im folgenden deutlich wird. Im Rahmen der hier angesprochenen Prozeßanalyse wird bei dem jeweiligen Merkmal nicht davon ausgegangen, daß es Teil einer bestimmten Charakterstruktur sei, sondern daß es „für sich" entstehen und wirken kann.

[26] An einem Beispiel aus *Bettelheim* und *Janowitz* (1964, 146) läßt sich die scheinbare Konfliktlösung des Projektionsvorgangs demonstrieren: „... Wenn man eine andere Person auf eine ungerechtfertigte Art haßt, schafft das einen Konflikt in uns, wenn unser Gewissen das Gefühl der Rache ablehnt. Statt diesen Konflikt dadurch zu lösen, daß wir unseren Haß überwinden, können wir auch versuchen, den Konflikt durch Projektion zu lösen. Wir projezieren unseren Haß in die andere Person hinein, so daß es so aussieht, als ob die andere Person uns haßt ... jetzt können wir, wenn wir wünschen, die andere Person hassen, weil wir glauben, sie haßt uns" (*Bettelheim* u. *Janowitz* 1964, 146).

[27] Vgl. hierzu Abschnitt 7.2.1.

schaft und aggressive Impulse auf Seiten der „Mehrheit" gegen ethnische Minderheiten; die Art und die Zielrichtung der Projektion ist abhängig von dem gesellschaftlich zugeschriebenen Stereotyp der Minderheit.

Bei der Analyse subjektiver Momente von Vorurteilsbereitschaft kommt den Hypothesen über die Wirkungen von Angst bzw. Bedrohungsgefühl eine große Bedeutung zu.[28] Angst kann unterschieden werden von „rationaler Furcht", die sich auf die genaue Kenntnis und Einschätzung einer Gefahrenquelle bezieht. Angst meint hingegen eine chronische und diffuse Furcht. Angst erhöht die Bereitschaft, alle möglichen Arten von „Reizen" für bedrohlich zu halten. Die realistische Furcht, z. B. den Arbeitsplatz zu verlieren, kann sich zu einem diffusen Bedrohungs- und Angstgefühl ausweiten, die eine Bereitschaft produziert, demagogische Formeln zu glauben. Angst und Bedrohungsgefühl können so auch die Rezeptionsbereitschaft für minoritätenfeindliche Vorurteile und Ideologien erhöhen. Zur gleichen Wirkung, aber auf psychodynamisch anderem Wege, kommt es bei der Angstverschiebung: „Wie bei der Aggression neigen die Menschen dazu, sich ihrer Ängste zu schämen. ... Aus Stolz und aus Selbstachtung verbergen wir unsere Ängste. Während wir sie zum Teil unterdrücken, geben wir ihnen auch eine verschobene Abfuhr – auf sozial anerkannte Ursprünge von Furcht. Manche Menschen leiden an einer fast hysterischen Angst vor 'Kommunisten' in unserer Mitte. Das ist eine sozial erlaubte Phobie" (*Allport* 1971, 371). Angst kann also zur Angstverschiebung auf gesellschaftlich legitimierte „Objekte" führen – zu denen ethnische Minderheiten zu zählen sind – was wiederum feindliche Gefühle und aggressive Handlungsimpulse gegenüber diesen hervorruft.

Identitätsunsicherheit und mangelndes Selbstwertgefühl sind häufig mit dem Versuch verbunden, diese Defizite über eine negative Abgrenzung („Zumindest bin ich kein Gastarbeiter, Jude, Neger") auszugleichen, zu kompensieren (vgl. *Bettelheim* u. *Janowitz* 1964, 58). Diese „Abgrenzungsstrategie" impliziert bereits eine Übernahme von Vorurteilen und dürfte die Vorurteilsbereitschaft der Person weiter erhöhen.

Angeregt durch die „Authoritarian Personality" – auf die im nächsten Abschnitt einzugehen sein wird – kam es vor allem in den 50er und 60er Jahren in den USA zu einer Reihe von Forschungen über den Zusammenhang bestimmter Ausprägungen kognitiver Funktionen (Denken, Gedächtnis, Wahrnehmung) und minoritätenfeindlicher Attitüden. Einige der Hauptergebnisse dieser Untersuchungen zeigen positive Korrelationen von Vorurteilsbereitschaft mit Rigidität im Problemlösungsverhalten, mit Konkretheit im Denken und

---

[28] Vgl. zum folgenden *Allport* (1971, 370ff.).

begrenzter Auffassungsgabe; vorurteilsvolle Personen neigten weiterhin dazu, Wahrnehmungsprozesse abzubrechen, Informationen verzerrt zu erinnern; sie erwiesen sich ebenfalls als weniger ambiguitätstolerant.[29]

Ist Vorurteilsbereitschaft Ergebnis bestimmter Motivprozesse – wie Frustration, Projektion, Angst, Identitätsunsicherheit – die sich unter gleichen oder ähnlichen Bedingungen bei fast allen Menschen einstellt, oder finden sich Vorurteilsbereitschaft und minoritätenfeindliche Haltungen vor allem bei einem spezifischen „Charaktertyp", einer spezifischen Persönlichkeitsstruktur? Die Autoren der „Authoritarian Personality" (*Adorno* et al. 1950) gehen von letzterem aus.[30]

Sie untersuchten darum den Charakter als „Determinante ideologischer Präferenzen" (*Adorno* 1973, 6).[31] Denk-, Vorurteils- und Ideologiemuster wurden verstanden als „Ausdruck der verborgenen Züge der individuellen Charakterstruktur." (ibidem, 1) Charakter ist dabei konzipiert als „eine mehr oder weniger beständige Organisation von Kräften im Individuum, die in den verschiedenen Situationen dessen Reaktionen und damit weitgehend das konsistente Verhalten bestimmen" (ibidem, 6).

Erkenntnisanstoß und Praxisinteresse der „Authoritarian Personality" waren zunächst der Antisemitismus und die Möglichkeiten seiner Bekämpfung. Diese Interessen waren verknüpft mit früheren Arbeiten des Frankfurter „Instituts für Sozialforschung" („Studien über Autorität und Familie") und weiteten sich im Gang der Untersuchung zu dem allgemeineren Interesse aus, „die Beziehung mino-

---

[29] Ein ausführlicher Literaturnachweis für Untersuchungen über den Zusammenhang kognitiven Verhaltens und Vorurteilsbereitschaft findet sich bei *Rokeach* (1960, 27) und *Harding* et al. (1969, 37).

[30] Die Untersuchung blieb trotz ihrer Bedeutung unübersetzt; 1973 erschien eine Übersetzung derjenigen Passagen, die von Adorno allein oder mit ihm als Ko-Autor verfaßt worden waren (*Adorno* 1973).

[31] „Die Untersuchungen, über die hier berichtet wird, waren an der Hypothese orientiert, daß die politischen, wirtschaftlichen und gesellschaftlichen Überzeugungen eines Individuums häufig ein umfassendes und kohärentes, gleichsam durch eine 'Mentalität' oder einen 'Geist' zusammengehaltenes Denkmuster bilden, und daß dieses Denkmuster Ausdruck verborgener Züge der individuellen Charakterstruktur ist" (*Adorno* 1973, 1). Im Resümee der Untersuchung heißt es: „Den Autoren scheint das wichtigste Ergebnis der Untersuchung darin zu bestehen, daß ein enger Zusammenhang zwischen den Haltungen und Einstellungen einer Person in unterschiedlichen Lebensbereichen gezeigt werden konnte, von den Haltungen im Bereich des Familienlebens, Merkmalen des Sexualverhaltens, Merkmalen des allgemeinen Sozialverhaltens bis hin zur Religion und zur politischen Philosophie" (*Adorno* et al. 1950, 971).

ritätenfeindlicher Vorurteile zu umfassenden ideologischen und charakterologischen Konfigurationen zu untersuchen" (ibidem, 105). Antisemitismus wurde zu einer Thematik unter anderen.

Viele Mißverständnisse kennzeichnen bis heute die Rezeption der Theorie des autoritären Charakters. Sie will keineswegs eine psychologische Theorie der Genese minoritätenfeindlicher Vorurteile und Ideologien sein, noch ist sie eine Faschismustheorie. Adorno weiß, daß die Existenz minoritätenfeindlicher Ideologien nur soziologisch und historisch erklärt werden kann (vgl. *Adorno* 1973, 3). Die Untersuchung will jedoch erfahren, „wie es kommt, daß bestimmte Personen solche Ideen akzeptieren, andere aber nicht" (ibidem). Die Empfänglichkeit oder Vorurteilsbereitschaft hänge in erster Linie von psychologischen Bedürfnissen ab, die aus bestimmten Charakter- oder Persönlichkeitsstrukturen entstünden.

Die Theorie der autoritären oder antidemokratischen Persönlichkeit ist Resultat psychoanalytischer wie soziologischer Theoriebildung und empirischer Erfahrung, die sich auf ein breites Spektrum von Techniken stützte (klinische Einzeluntersuchungen, projektive und nichtprojektive Tests bei Gruppen, Interviews u.a.). Die Theorie der autoritären Persönlichkeit führte zur Bildung der sogenannten F-Skala, deren Beschreibung zugleich eine Darstellung der Theorie des autoritären Charakters ist.[32] Die Skala besteht aus neun Variablen, die alle einen zentralen Zug der „verborgenen" Charakterstruktur ausmachen, welche die Empfänglichkeit für minoritätenfeindliche Vorurteile und Ideologien begründen:

„a) Konventionalismus. Starre Bindung an die konventionellen Werte des Mittelstandes.

b) Autoritäre Unterwürfigkeit. Unkritische Unterwerfung unter idealisierte Autoritäten der Eigengruppe.

c) Autoritäre Aggression. Tendenz, nach Menschen Ausschau zu halten, die konventionelle Werte mißachten, um sie verurteilen, ablehnen und bestrafen zu können.

d) Anti-Intrazeption. Abwehr des Subjektiven, des Phantasievollen, Sensiblen.

e) Aberglaube und Stereotypie. Glaube an die mystische Bestimmung des eigenen Schicksals; die Disposition, in rigiden Kategorien zu denken.

f) Machtdenken und 'Kraftmeierei'. Denken in Dimensionen wie Herrschaft-Unterwerfung, stark-schwach, Führer-Gefolgschaft; Identifizierung mit Machtgestalten; Überbetonung der konventionalisierten Attribute des Ich; übertriebene Zurschaustellung von Stärke und Robustheit.

g) Destruktivität und Zynismus. Allgemeine Feindseligkeit, Diffamierung des Menschlichen.

h) Projektivität. Disposition, an wüste und gefährliche Vorgänge in der Welt zu glauben; die Projektion unbewußter Triebimpulse auf die Außenwelt.

---

[32] F-Skala steht für Faschismus-Skala.

i) Sexualität. Übertriebene Beschäftigung mit sexuellen 'Vorgängen'" (*Adorno* 1973, 45).[33]

Die F-Skala sollte einem doppelten Zweck dienen: Sie war konstruiert als Persönlichkeitstest, um die „verborgene" Charakterstruktur der antidemokratischen Persönlichkeit zu messen, zum anderen sollte sie ein indirektes Maß von Vorurteilsbereitschaft sein – als Ausdruck der Charakterstruktur – ohne daß die Namen bestimmter Minderheitengruppen genannt werden mußten. In den empirischen Forschungen der „Authoritarian Personality" selbst wie in einer Großzahl von Folgeuntersuchungen bestätigte sich die der Skala zugrunde liegende Theorie: Personen mit hohen Werten auf der F-Skala haben ebenfalls hohe Werte auf Skalen, die Ethnozentrismus – als generelle Haltung von Vorurteilsbereitschaft und Intoleranz gegenüber Minderheiten – Antisemitismus, Rassismus und politischen Konservatismus messen.

Die „Autoritäre Persönlichkeit" gehört zu den folgenreichsten Arbeiten der Sozialwissenschaften überhaupt. Hunderte von Untersuchungen haben dort entwickelte Kategorien aufgenommen bzw. sich mit diesen kritisch auseinandergesetzt. Ein großer Teil der Kritik ist methodologischer Art und bezieht sich auf Fragen der Skalenkonstruktion, des Sampling und der Verwendung psychoanalytischer Techniken. Ein anderer Teil der Kritik war theoretischer und politischer Art und führte zum Konzept der dogmatischen Persönlichkeit, die ebenfalls gegenüber Vorurteilen eine besondere Rezeptionsbereitschaft zeige. Wir gehen abschließend kurz auf dieses Konzept ein.

Shils (1954) z. B. warf den Autoren der Untersuchung vor, sich nur für rechten, aber nicht auch für linken Autoritarismus interessiert zu haben. Autoritarismus und Intoleranz seien kein Monopol von Faschisten, Anti-Semiten, Ku-Klux-Klan-Angehörigen oder Konservativen, bemerkt *Rokeach* (1960, 13). Wenn man die Erforschung des autoritären Charakters vorantreiben wolle, müsse man über die Untersuchung des „Rechts-Autoritarismus" hinausgehen und neue, übergreifende Konzepte von Autoritarismus finden. (vgl. ibidem) „... man sollte eine mehr theoretische, ahistorische Analyse der gemeinsamen Merkmale aller Arten von Autoritarismus vornehmen, unabhängig von bestimmten ideologischen, theologi-

---

[33] Um die psychoanalytische Fundierung der Theorie exemplarisch zu erläutern, kann auf a), b) und c) kurz eingegangen werden. Es handelt sich bei diesen drei „Zügen" um Fälle mangelnder Integration von Moralgesetzen mit der übrigen Charakterstruktur, um die mißlungene Herausbildung einer „inneren Autorität". Ich-Schwäche, d. h. die Unfähigkeit des Ichs, eine notwendige Integration mit dem Über-Ich und Es herzustellen, führt zu konfliktären Verselbständigungen des Über-Ich.

schen, philosophischen oder wissenschaftlichen Inhalten" (ibidem, 14). *Rokeach* glaubt, mit dem Dogmatismuskonzept eine übergreifende Kategorie von Autoritarismus (und Intoleranz) gefunden zu haben. Dogmatismus sei „ (a) eine relativ geschlossene Struktur von Glaubenssätzen über die Wirklichkeit, (b) die um einen Kern von zentralen Glaubenssätzen organisiert sind und (c) zu bestimmten Mustern von Toleranz und Intoleranz gegenüber anderen führen." (*Rokeach* 1956, 3) Entscheidend für den Grad von Dogmatismus sei die Offenheit-Geschlossenheit des „belief" oder „disbelief"-Systems, seine Struktur, aber nicht sein Inhalt: „Es kommt nicht so sehr darauf an, was man glaubt, sondern *wie* man glaubt" (*Rokeach* 1960, 6). Die Dogmatismusskala soll so konstruiert sein, „daß die Heuchler der Linken, der Mitte und der Rechten ähnliche Skalenwerte erhalten." (ibidem) Ohne das Konzept der dogmatischen Persönlichkeit hier einer näheren Diskussion unterziehen zu können,[34] läßt sich festhalten, daß sie einen zweiten Versuch darstellt, die Bereitschaft zur Übernahme ethnischer Vorurteile aus den Bedürfnissen einer bestimmten Charakterstruktur zu erklären; gegenüber dem psychoanalytischen Ansatz der „Autoritären Persönlichkeit" repräsentiert die Theorie des „Dogmatischen Charakters" einen Ansatz, der kognitiv ausgerichtet ist.

Mit diesen Ausführungen schließen wir die Diskussion von Vorurteilen als Einstellungen von Personen ab und wenden uns der Analyse der gesamtgesellschaftlichen Existenzweise von Vorurteilen als Ideologien zu.

7.3 Ethnische Vorurteile als Ideologien

7.3.1 Zur ideologietheoretischen Analyse von ethnischen Vorurteilen

Vorurteile, die übernommen werden, existieren nicht isoliert als Einzelurteile und einzelne Aussagen; auch wenn die einzelne Person nicht immer systematisierte, oder sogar widersprüchliche Vorstellungen hat, zeigen sich auf der Ebene der Gesellschaft Zusammenhänge, Strukturen von Aussagen: die als Einstellung in der Person vorhandene Vorstellung, jüdische Händler würden ihre Kunden übervorteilen, ist Teilmoment eines gesellschaftlichen Antisemitismus, die Vorstellungen, Italiener oder Türken seien „Messerstecher", sind Ausschnitte aus Strukturen nationalistischer Stereotypien. Mit anderen Worten: es bedeutet, nur einen Ausschnitt aus der

---

[34] Für kritische Anmerkungen zum Konzept *Rokeachs* vgl. *Heckmann* (1981, 105/106).

Wirklichkeit der Vorurteile zu betrachten, wenn man sie nur als Einstellungen analysiert; es bedeutet aber auch, die Zusammenhänge und wechselseitigen Einflüsse zwischen den Einstellungen der Personen und den größeren Aussagesystemen zu vernachlässigen, wenn man sich nur auf Einstellungs-Vorurteilsforschung beschränkt.

Um die psychologische und sozialpsychologische Perspektive zu einer gesellschaftstheoretischen zu erweitern, schlagen wir vor, das Ideologiekonzept in die Vorurteilsforschung einzuführen. Die Ausführungen des Abschnitts 7.3.1 gelten diesem Ziel. Die Notwendigkeit der Erweiterung ergibt sich zum einen, überblickt man das Gesamt der Vorurteilsforschung, aus der nach wie vor dominierenden psychologischen bzw. psychologistischen Ausrichtung des Gebiets; zum anderen daraus, daß Alternativansätze, die diese Mängel der Vorurteilsforschung sehen und, wie z. B. *Wolf* (1978), Vorurteile als „Bilder" zu analysieren vorschlagen, ihrerseits Probleme aufweisen, die uns davon abhalten, diesen Vorschlägen zu folgen.[35]

Im folgenden geben wir zunächst eine knappe Skizze des Ideologiekonzepts, zeigen danach seine analytischen Möglichkeiten auf und gehen dann auf konkrete Ideologien gegen ethnische Gruppen überblickhaft ein: Rassismus, Kulturzentrismus und Nativismus. (Abschnitt 7.3.2)

Es ist vom Forschungsinteresse unserer Untersuchung her nicht erforderlich, Entwicklungslinien, Komplexität und Widersprüche bei der sozialwissenschaftlichen Analyse des Ideologieproblems darzustellen. Aus der Diskussion übernehmen wir folgende Kernelemente als definitorische Kernelemente von Ideologien:[36] (1) Ideologien sind wirklichkeitsinadäquate, verzerrte Ideensysteme. Seit der Begründung des modernen Wissenschaftsbegriffs durch *Bacon* im 17. Jahrhundert und seiner Idolenlehre, die zur Vorstufe der Diskussion des Ideologieproblems wurde, heißt Ideologie: nicht der Wirklichkeit entsprechend, bezeichnet das Konzept einen Gegensatz zur „Wahrheit".[37] (2) Durch die französische Aufklärung, die marxi-

---

[35] *Wolf* geht wie wir davon aus, daß Vorurteile nicht einzeln isoliert existieren, sondern ein Insgesamt mehrerer singulärer Vorurteile bilden, deren Zusammenhang er als „Bild" bezeichnet (vgl. *Wolf* 1978, 159–163). Dieses „Bild"-Konzept ist jedoch dem Ideologiekonzept unterlegen, da es den Zusammenhang von „Bildern" mit gesellschaftlichen Strukturen, vor allem Macht- und Herrschaftsstrukturen, Kernpunkt jeder Ideologiekritik, nicht thematisiert. Weitere Alternativvorschläge zum psychologischen Vorurteilsbegriff sind *Westie* (1964) und *Estel* (1983). Eine kritische Auseinandersetzung mit deren Vorschlägen würde über den Rahmen dieses Kapitels hinausgehen.
[36] Vgl. zur Entwicklung der Analyse des Ideologieproblems *Lenk* (1971b).
[37] Das Konzept des „partiellen Ideologiebegriffs" (im Unterschied zum totalen) bei *Karl Mannheim* dürfte dem „Wahrheitsbegriff", den man an ethnische Vorurteile kritisch anlegen kann, nahekommen.

stische Ideologiekritik wie die Mannheimsche Wissenssoziologie kommt als weiteres zentrales Moment des Ideologiebegriffs das der „Interessiertheit", der Interessengebundenheit, der Macht- und Herrschaftsabhängigkeit von Ideen und Aussagen hinzu; auch die theoretische Sanktionierung gesellschaftlicher Herrschaftsformen durch Ideologien kann hier genannt werden. (3) Ideologien bestehen nicht aus vereinzelten, „zersplitterten" oder isolierten Ideen, sondern stellen – in unterschiedlich ausgebildeten Graden – Strukturen und Systeme von Aussagen dar.

Bevor wir uns mit zentralen Punkten einer ideologietheoretischen Analyse von Vorurteilen beschäftigen, zuvor einige Bemerkungen zu verschiedenen *Existenzformen* ethnischer Vorurteilsideologien. Sie existieren als objektivierte und „materialisierte" Produkte: als Bücher, die z. B. systematisch im Gestus von Wissenschaft und mit großem Aufwand die Geschichte als einen Kampf von „Rassen" darstellen, die Überlegenheit und Höherwertigkeit einer „Rasse" behaupten; als Essay, Schulbuch oder Zeitungsartikel, als Darstellung in Kinder- oder Jugendbüchern;[38] Vorurteile können enthalten sein in Gesetzen und Anordnungen des Staates, in Gerichtsurteilen, in Satzungen von Vereinigungen, in „schöngeistiger" Literatur, in bildender Kunst, Karikaturen, Erzählungen und Witzen, in Liedern und Spielen; als Träger von ethnischen Vorurteilen hat schließlich die Alltagssprache mit bestimmten Begriffen, Floskeln und Metaphern eine besondere Bedeutung.[39] In diesem Sinne werden Vorurteile über die Kultur- und Alltagskultur der Gesellschaft „transportiert" und verbreitet. Sie als Teil der „Kultur" zu bezeichnen fällt schwer, wenn man daran festhält, daß Kultur ein normativer Begriff sei; aber Richtiges ist sicherlich in der Formulierung enthalten.

Ideologietheoretische Analysen, auf dem skizzierten Ideologiebegriff beruhend, versuchen, Bezüge zwischen bestimmten Ideen-Aussagensystemen und gesellschaftlichen Strukturen und Prozessen herzustellen. Ideologietheoretische Analysen ethnischer Vorurteile gehen analog davon aus, ethnische Vorurteilsideologien (1) als eine Seite oder *Dimension der gesamten Beziehungsstruktur* zwischen ethnischen Gruppen anzusehen; hinzukommen bestimmte Konstellationen innerhalb ethnischer Gruppen, die Auswirkungen auf ethnische Zwischengruppenbeziehungen haben. Ideologietheoretische Analysen können (2) die *Entstehung* ethnischer Vorurteile erklären. Als gesellschaftstheoretisches Verfahren vermögen Ideologieanaly-

---

[38] Über rassistische Stereotypen „des Afrikaners" in Kinder- und Jugendbüchern vgl. systematisch z. B. Universität Oldenburg (1985).
[39] Die Aufzählung von Existenzweisen des Vorurteils ist nur als exemplarisch zu begreifen; einen ausgezeichneten Anschauungswert zur Vielfalt der Existenzformen und Wirkungsweisen von ethnischen Vorurteilsideologien am Beispiel des Antisemitismus hat die Untersuchung von *Erb* und *Bergmann* (1989).

sen schließlich (3), die bei ethnischen Vorurteilsphänomenen häufig vorzufindenden Merkmale der Langlebigkeit oder *Persistenz* auf der einen, und ihren „Konjunkturverlauf" bzw. ihre *Zyklizität* auf der anderen Seite, einer Erklärung zuzuführen. Auf diese drei Punkte einer ideologietheoretischen Analyse des Vorurteils wird im folgenden einzugehen sein.

7.3.1.1 Macht- und herrschaftssoziologische Aspekte

Vorurteile als eine Dimension der Beziehungen zwischen ethnischen Gruppen anzusehen bedeutet, daß die Art der Vorurteile, ihre Intensität und Funktionen aus dem Gesamt dieser Beziehungen zu erklären sind. Eine Aussage etwa wie zu Beginn des sonst sehr verdienstvollen Buche „Geschichte des Rassismus" von *Immanuel Geist*, die für viele ähnliche stehen kann: „Rassismus in all seinen Formen ist ein Kernübel der Menschheit und noch heute *Ursache* (m. Hbg., *F.H.*) vieler Konflikte in und zwischen Völkern und Staaten" (*Geiss* 1988, 9), kann darum so nicht richtig sein; sie übersieht die Struktur von Beziehungen, *innerhalb derer*, bzw. zusammen mit welchen, und mit durchaus unterschiedlichem Stellenwert, Rassismus zur Ursache ethnischer Konflikte werden kann.

Vorurteilsideologien als Aspekt von Beziehungen zwischen ethnischen Gruppen können ideologietheoretisch zunächst der *Legitimation bestehender sozialer Ungleichheit* zwischen ethnischen Gruppen dienen; extremer Ungleichheit wie Sklaverei, aber auch Formen „moderner" ethnischer Ungleichheit in Form „ethnischer Schichtung".[40] Legitimationsaussagen „erklären", warum es gut und richtig, oder zumindest verständlich ist, daß die Beherrschten beherrscht und die Benachteiligten benachteiligt sind.

Die Beziehungen zwischen ethnischen Gruppen, besonders zwischen einer ethnischen Mehrheit und Minderheit, sind oftmals mitbestimmt von oder werden instrumentalisiert für Konflikte *innerhalb* einer ethnischen Gruppe. Eine der häufigsten Konstellation ist die ideologische Kanalisierung oder Verschiebung von Enttäuschungen und Frustrationen: das ethnische Vorurteil kanalisiert und leitet Frustrationen bestimmter unterprivilegierter Bevölkerungsgruppen innerhalb der ethnischen Mehrheit auf „Ersatzobjekte" um, indem es ein Aggressionsobjekt fixiert, das für real erfahrene Leiden und Ängste fälschlicherweise verantwortlich gemacht wird.

Dieser Zusammenhang wird auch immer wieder als Sündenbockmechanismus oder -funktion bezeichnet. Der Ursprung des Sündenbockbegriffs, der aus dem hebräischen Ritual entstammt, ist beschrieben bei *Allport* (1971, 251): „Am Tage

---

[40] Vgl. Abschnitt 5.5.

des Versöhnungsfestes wurde durch Los eine lebendige Geiß ausgewählt. Der Hohepriester, in leinene Gewänder gehüllt, legte beide Hände auf den Kopf der Geiß und bekannte über sie die Verfehlungen der Kinder Israels. Wenn so die Sünden des Volkes symbolisch auf das Tier übertragen waren, führte man es hinaus in die Wüste und ließ es laufen. Das Volk fühlte sich gereinigt und schuldlos für die kommende Zeit." Zwar hat sich der Sündenbockbegriff im wissenschaftlichen, z. T. auch im Alltagsbewußtsein fest etabliert, aber sein hier geschilderter Ursprung verweist auf einen Übertragungsfehler. Wird bei der Aggressionsverschiebung auf ein Ersatzobjekt dieses direkt verantwortlich gemacht für die erlittenen Versagungen, leugnet das hebräische Ritual ja keineswegs die Schuld der Schuldigen; der Sündenbock wird nicht verantwortlich gemacht, sondern nur symbolisch mit Schuld beladen, um diese in die Wüste zu tragen. Der Vergleich könnte stimmig sein nur in Hinsicht auf die entlastende Funktion in beiden Fällen. Aber auch das ist keineswegs abgesichert. Während psychoanalytisch orientierte Hypothesen der Aggressionsverschiebung eine karthartische Wirkung zuschreiben, argumentieren andere, daß sie geradezu die aggressive Motivation erhöhe: „Aggressionsverschiebung auf ein Ersatzobjekt kann durchaus von Zweifeln hinsichtlich ihrer Wirksamkeit und Gerechtigkeit begleitet sein (...). Diese Zweifel und Schuldgefühle lassen weitere Angst entstehen – um so mehr, als sie nicht bewußt erkannt werden können – und verstärken wiederum die Tendenz zu Aggressionsverschiebung und Projektion" (*Simpson* u. *Yinger* 1965, 53).

Mit der Verschiebung und Kanalisierung von Aggressionen und der Zuweisung von Schuld und Verantwortlichkeit für erlittene Frustrationen werden zugleich *Scheinerklärungen* für gesellschaftliche Vorgänge geliefert, die wegen ihrer Komplexität und Anonymität für viele Menschen schwer zu durchschauen sind. Scheinerklärungen werden demagogisch zu Scheinlösungen von Krisen weitergeführt („Juden raus"; „Türken raus").

Aggressionsverschiebung auf ethnische Minderheiten kann zur Folge haben, daß die Handlungsmöglichkeiten sozialökonomisch strukturierter Gruppen, die quer zur ethnischen Gliederung der Bevölkerung liegen, begrenzt und ihre Macht reduziert werden. So haben etwa ethnische Konflikte innerhalb der Arbeiterschaft immer wieder die Macht von Gewerkschaften und der politischen Arbeiterbewegung eingeschränkt; in den Vereinigten Staaten hat sich dieser Zusammenhang in besonders eklatanter Weise ausgewirkt.

Ethnische Vorurteile sind feindliche Haltungen gegenüber – vom Vorurteilsträger aus gesehen – fremden ethnischen Gruppen. Die Abwertung der fremden Gruppen geht einher mit einer häufig mythologisierenden Aufwertung der Eigengruppe, des eigenen Volkes, der eigenen „Rasse". Zumeist ist die Zelebrierung der Eigengruppe verbunden mit Appellen, individuelle Bedürfnisse und Interessen gegenüber dem kollektiven Subjekt zurückzustellen; es kommt zu *Appellen an die Opferbereitschaft* der eigenen ethnischen Gruppe. Als Kompensation wird ein psychologischer Diskriminierungsgewinn geboten, der aus der Abwertung der anderen und der damit verbundenen scheinbaren Eigenaufwertung gezogen wird.

Legitimation, Aggressionsverschiebung, Scheinerklärung, Machtreduzierung und *Verzichtappelle* können als Stichworte zur Wirkung von Vorurteilsideologien zwischen und innerhalb von ethnischen Gruppen genannt werden und zeigen die Möglichkeiten zur Stabilisierung sozialer Ungleichheit und bestehender Herrschaftsstrukturen. Es kann deswegen nicht überraschen, daß ethnische Vorurteilsideologien immer wieder in Macht- und Herrschaftsauseinandersetzungen instrumentiert werden; der „Einsatz" von Vorurteilen in solchen Auseinandersetzungen entspricht nicht dem Glauben an ihren Inhalt, sondern dem Glauben an die Wirksamkeit ihres „Einsatzes", der kühl und „technisch" kalkuliert wird. Die Wirksamkeit ethnischer Vorurteile ergibt sich dabei häufig aus dem demagogischen Anknüpfungen an „wirklichen" Problemen.[41] Dies alles besagt jedoch keineswegs, daß das „Mittel" des ethnischen Vorurteils innerhalb herrschender Gruppen konsensual oder überhaupt von allen herrschenden Gruppen eingesetzt wird. Neben dem kalkulierten „Einsatz" von Vorurteilsideologien „von oben" kommt es immer wieder auch zur spontanen Vorurteilsmobilisierung „von unten", die „von oben" toleriert, aber in manchen Situationen auch bekämpft wird: aus bestimmten Interessenlagen heraus, wie z. B. außenpolitischen und außenwirtschaftlichen, können Rassismus, Kulturzentrismus oder Nativismus zu negativen internationalen Effekten führen, an deren Begrenzung oder Zurückdrängen herrschenden Gruppen gelegen ist.

7.3.1.2 Entstehung und Wandel, Persistenz und Zyklizität ethnischer Vorurteile

Die bisherigen Ausführungen zur ideologietheoretischen Analyse von Vorurteilen diskutierten ethnische Vorurteile als Aspekt der Beziehungen zwischen und innerhalb ethnischer Gruppen, vor allem unter macht- und herrschaftssoziologischen Gesichtspunkten; diese macht- und herrschaftssoziologischen Wirkungen sind auch in den im folgenden darzustellenden Zusammenhängen der Entstehung und des Wandels ethnischer Vorurteile enthalten, werden jedoch aus einer anderen Perspektive betrachtet.

Unsere Hauptthese lautet hier: Entstehung und Wandel ethnischer Vorurteile lassen sich vor allem ideologietheoretisch erklären. Für

---

[41] Angst vor dem Verlust des Arbeitsplatzes kann z. B. die Bereitschaft stärken, ausländerfeindliche Parolen zu übernehmen; Schulprobleme deutscher Kinder in Schulen und Klassen mit hohem Ausländeranteil kann bei Eltern und Kindern eine Motivation herstellen oder verstärken, Überfremdungsvorstellungen aufzunehmen und zu propagieren.

die Entstehung ethnischer Vorurteile kann das an drei großen Ideologiesystemen gezeigt werden: (a) Rassistische Vorurteile entstehen als Ideologien zur Legitimation kolonialer Strukturen und Praktiken im Zeitalter des modernen Kolonialismus; in Punkt 7.3.2 wird das im einzelnen empirisch belegt; (b) Nationalistische Vorurteile entstehen aus dem ethnischen Vereinheitlichungsstreben bei der Begründung und Etablierung von Nationalstaaten, worauf wir in 7.3.2 ebenfalls eingehen werden; (c) Nativistische Ideologie ist vor allem eine Reaktion auf fremde Zuwanderung, zum einen im Kolonialismus, zum anderen bei einheimischen Gruppen im Kontext der modernen Arbeitsmigration; der genannte Abschnitt wird das ebenfalls näher diskutieren.

Zu den schwierigsten und am wenigsten erforschten Gebieten einer ideologietheoretischen Analyse ethnischer Vorurteile gehören Fragen ihrer Stabilität, „Hartnäckigkeit", Langlebigkeit auf der einen, und ihres Wandels, ihrer Bewegung auf der anderen Seite. Dem Beobachter bietet sich das widersprüchliche Bild einer Gleichzeitigkeit von Stabilität und Wandel ethnischer Vorurteile. Ethnische Vorurteile scheinen sich dabei wellenförmig zu bewegen, in Zyklen, in „Konjunkturverläufen": Wellen des Antisemitismus, Wellen auch der Ausländerfeindlichkeit in der Bundesrepublik.

Gegen Arbeitsmigranten und Ausländer gab es eine erste Phase der offenen Ablehnung und Feindschaft in den Jahren 1964–1966, die man als „Ausländerwelle" bezeichnete. 1972, nach dem Münchener Attentat gegen israelische Sportler, blieb es nicht bei der Empörung über die terroristische Gewalttat, sondern es kam zu einer feindlichen Welle gegenüber Arabern und anderen Ausländern in der Bundesrepublik, die jenseits des Anlasses eine Eigendynamik entfaltete und typische Züge einer fremdenfeindlichen Bewegung annahm. Seit 1980 ist eine erneute Phase von Minderheitenvorurteil und -feindschaft vor allem gegenüber Arbeitsmigranten festzustellen, die nach 1982 ihren Höhepunkt überschreitet und in deren Verlauf der Begriff der Ausländerfeindlichkeit entstand. Im Sommer des Jahres 1986 richtete sich eine Welle ethnischen Vorurteils vor allem gegen Asylbewerber, das wiederhold und steigert sich im Herbst 1991.[42]

Der Wellenförmigkeit, dem Wandel ethnischer Vorurteilsideologien scheinen auf der anderen Seite Merkmale von Stabilität, des Beharrens bzw. der „Zählebigkeit" widersprüchlich gegenüberzustehen. In der Ausländerfeindlichkeit etwa zeigen sich Stereotypien, die aus der Geschichte des Nationalismus und Rassismus wohlbekannt sind; im anti-türkischen Vorurteil tauchen Motive auf, die sich bereits am Ende des Mittelalters und zu Beginn der Neuzeit nachweisen lassen.[43] DDR-Regierungen behaupteten, Probleme des Nationalismus und der Fremdenfeindlichkeit überwunden zu haben und

---

[42] Wellenförmig bewegt sich auch die Feindschaft gegenüber Einwanderern in den USA; vgl. hierzu näher Abschnitt 7.3.2.
[43] Vgl. z.B. *Zimmermann* und *Craemer-Ruegenberg* (1985) und *Kleinvogel* (1989).

„internationalistische" Haltungen in der Bevölkerung geschaffen zu haben; mit der Öffnung der Kommunikation und der Grenzen wurde die Hohlheit dieses Anspruchs deutlich und bekannte ethnische Vorurteile wurden wieder sichtbar. Besonders eindrucksvoll sind genau recherchierte Kontinuitäten im Antisemitismus, die *Erb* und *Bergmann* (1989) für das 19. Jahrhundert aufzeigen:

„Den politischen Diskontinuitäten stand eine bemerkenswerte inhaltliche und motivische Kontinuität von der Judenfeindschaft zum Antisemitismus gegenüber. Die alten religiösen und wirtschaftlichen Vorurteile wirkten insbesondere bei der ländlichen Bevölkerung, in kirchlichen Kreisen, im alten Stadtbürgertum und in konkurrierenden Berufsgruppen weiter. Es traten jedoch bereits im frühen 19. Jahrhundert die neuen nationalen, völkischen und protorassistischen Rechtfertigungsmuster hinzu, die eher von Gebildeten verwendet wurden. Je nach Intention konnte einer dieser Begründungstypen hervorgehoben werden; sie bildeten jedoch einen argumentativen Gesamtzusammenhang ... In der antisemitischen Ideologie finden wir ein erstaunliches *historisches Beharrungsvermögen* (m. Hbg. *F.H.*) in den grundlegenden Motiven und Argumentationsmustern, die in ihrer inhaltlichen Ausgestaltung flexibel dem Zeitgeist folgen. Diese Kontinuität gilt auch für die hier von uns untersuchten Segregationsvorstellungen, die bereits mit Beginn der Emanzipationsdebatte in ihren Grundformen – Fremdenrecht, Vertreibung, Koloniebildung/Ghettoisierung und Vernichtung – von den Judenfeinden als Alternativen zur Emanzipation formuliert wurden" (*Erb* u. *Bergmann* 1989, 11/12).

Die Widersprüche von Stabilität und Wandel ethnischer Vorurteile lassen sich „auflösen", wenn man genauer fragt: was im einzelnen ändert sich, was bleibt stabil? Ändern sich die Vorurteile im Grad und der Art ihrer Verbreitung und Akzeptanz in der Bevölkerung, ihrer Propagierung in der medialen Öffentlichkeit, der Art ihrer herrschaftssoziologischen oder legitimatorischen Instrumentierung? Werden Vorurteile neu übernommen oder vorhandene Einstellungen mobilisiert? Bleiben Vorurteilsideologien nur nach ihrer inhaltlichen Struktur, nach „Scheinwissen" und Stereotypik stabil?

Wir gehen von der Hypothese aus, daß der Bestand ethnischer Vorurteile relativ stabil ist, sowohl was ihre Verbreitung als Einstellungen in der Bevölkerung angeht, ihre Reproduktionsweisen in der Alltagskultur und die objektivierten Formen ihrer Existenz. In „Normalzeiten" existiert in modernen, demokratischen Gesellschaften jedoch eine bestimmte soziale Kontrolle über die Vorurteile, die zur Kommunikationslatenz von Vorurteilen führt: Vorurteile werden nur privat bzw. in konsensualen Kleingruppen, oder aber überhaupt nicht geäußert; auch ihre Zentralität für Handeln und Interpretationsprozesse ist gering. „Wellen" und „Konjunkturverläufe" ethnischer Feindschaft sind damit Variationen im Ausmaß sozialer Kontrolle und im Grad der Mobilisierung ethnischer Vorurteile zur Legitimierung und Motivierung von Handeln. Anlässe für die Mobilisierung von ethnischen Vorurteilen sind zumeist gesellschaftliche, wirtschaftliche und politische Konflikt- und Krisensituationen, in denen Ressourcen knapp werden, Interessen bedroht sind und Auseinandersetzungen darüber stattfinden.[44]

Die Tatsache der Langlebigkeit ethnischer Vorurteilsideologien wirft die Frage nach ihrer Reproduktion auf. Wenn wir davon ausgehen, daß ethnische Vorurteile Teil der Kultur (oder „Unkultur") von Gruppen sind, gilt, daß mit der Reproduktion von Kultur im „normalen" Sozialisationsprozeß auch ethnische Vorurteile übertragen werden. Ethnische Vorurteile werden übertragen und reproduziert in sprachlichen Floskeln des Alltags, in Literatur und Kunst, in der Geschichtsschreibung, in Geschichtenerzählungen, Liedern, Spielen, Sportreportagen, in vielen Kommunikationsweisen des Alltags- und Arbeitslebens. Es dürfte auch besonders aktive Trägerschichten geben, die ethnische Vorurteile immer wieder in der gesellschaftlichen Öffentlichkeit propagieren. Eine wichtige Rolle spielen schließlich die Massenmedien: so werden Berichte über „Gastarbeiter" in der Bundesrepublik quantitativ beherrscht von Berichten über Kriminalitätsdelikte von Ausländern.[45] Insgesamt muß festgestellt werden, daß theoretisch wie empirisch das Wissen über die (latente) Reproduktion der Vorurteile sehr begrenzt ist und hier die Forschung noch große Aufgaben hat.

Wie weiter oben angekündigt, kommen wir jetzt zur inhaltlichen Diskussion dreier bekannter und wirkungsvoller ethnischer Vorurteilsideologien.

7.3.2 Rassismus, Kulturzentrismus und Nativismus

7.3.2.1 Rassismus

Der Begriff „Rassismus" entstand in den 20er Jahren dieses Jahrhunderts in westlichen Ländern in der Auseinandersetzung mit der nationalsozialistischen „Rassenlehre" (vgl. *Geiss* 1988, 17). Rassismus bezeichnet eine Ideologie, die soziale Ungleichheit und Verschiedenheit als „biologisch" determiniert „erklärt", rechtfertigt

---

[44] Der Artikel „Das Tabu zerbricht" in der „Zeit" vom 14.02.86, der sich mit dem Antisemitismus beschäftigt, endet wie folgt : „Bis dato gab es in der politischen Klasse der Bundesrepublik gewissermaßen einen Pakt, den Ungeist in der Flasche zurückzuhalten. Ob man damit auf Dauer Erfolg haben würde, war immer fraglich geblieben. Um so skandalöser ist es, daß jetzt Leute aus eben dieser Klasse selbst am Korken drehen." Daß Politiker sich dieser Zusammenhänge von Kontrolle und Mobilisierung bewußt sind, kommt in Äußerungen bzw. Warnungen zum Ausdruck, die Geister, die man gerufen habe, nicht wieder loswerden zu können.

[45] Vgl. z. B. *Delgado* (1972), *Segal* (1981) und *Maxheim* und *Simon* (1987, 2, 24–29).

und propagiert. Sozialkulturelle Unterschiede werden naturalisiert.[46] Wenn wie gegenwärtig recht häufig – in guter Absicht – eine Verwendungsweise von „Rassismus" propagiert wird, die auch kulturzentristische Argumente einschließt, erfolgt eine Inflationierung des Begriffs, die ihm seine Unterscheidungs- bzw. Diskriminationskraft nimmt.

Der genaue ethymologische Ursprung des Wortes „Rasse" ist zwar nicht bekannt, es kann aber seit dem 16. und 17. Jahrhundert in den europäischen Hauptsprachen nachgewiesen werden (vgl. *Berry* 1951, 64).[47] Dies ist ein erster sprachgeschichtlicher Verweis darauf, daß „Rasse" und Rassismus offenbar nicht eine quasi überzeitliche, in allen bekannten Gesellschaften verbreitete Erscheinung und Kategorie ist. Es existiert keinerlei historisches Material, das auf Rassismus bei den Ägyptern, Babyloniern oder Persern schließen läßt. (vgl. *Cox* 1948, 322) „Die Hellenen hatten ein kulturelles, nicht ein rassisches Kriterium für Zugehörigkeit, so daß die grundlegende Einteilung der Völker in Griechen und Barbaren darauf beruhte, daß zu den Barbaren gezählt wurde, wer nicht die griechische Kultur, vor allem die Sprache, besaß" (ibidem, 323).[48] *Aristoteles*, der in seinen politischen Schriften die Sklaverei als „natürliche Institution" darstellte, wurde zwar sowohl von den Spaniern als auch den Ideologien des amerikanischen Südens immer wieder zur Rechtfertigung der Sklaverei herangezogen, gibt aber selbst nicht nur keinerlei Hinweis auf irgendwelche physische Merkmale, die den „natürlichen Sklaven" kennzeichnen würden, sondern verwirft diesen Gedanken explizit. (vgl. hierzu *Campbell* 1974). Auch im Römischen Reich existierten zwar Brutalität, Unfreiheit, Versklavung und grausamste Ausbeutung ganzer Völker, aber nicht in den Formen rassistischer Praktiken und Legitimationsmuster. Sklaverei war frei vom rassistischen Stigma. Es kam zu einer „Vermischung" verschiedener ethnischer Gruppen und „Rassen", die spätere Rassisten stets als Hauptgrund für den Untergang Roms anprangerten (vgl. *Geiss* 1988, 55).

Snowden (1970) hat eine bemerkenswerte empirische Pionierarbeit vorgelegt, in welcher er der Frage der Existenz von Rassismus in Griechenland und Rom über die Untersuchung von Kunstwerken

---

[46] Wir diskutieren hier Rassismus als Ideologie; Rassismus als Institutionensystem ist ein eigenständiger theoretischer Bereich, den wir hier nicht darstellen können.

[47] z. B. im Englischen 1570, im Französischen 1684 und im Deutschen 1696.

[48] *Cox* (ibidem) verweist darauf, daß in dem hellenistischen Weltreich Alexanders des Großen sich als vorherrschende Klasse eine griechisch-orientalische Bevölkerungsgruppe etablierte. Alexander selbst förderte diese Politik durch die Heirat mit einer persischen Prinzessin und die Massenheirat seiner Soldaten mit Perserinnen in Susa im Jahre 324.

der verschiedensten Art, der klassischen antiken Literatur und anderer schriftlicher Dokumente, sowie über die Auswertung numismatischer und archäologischer Forschungsergebnisse nachging. Snowden kommt zu folgenden Ergebnissen:

„Die ersten Äthiopier (der Name für Schwarze in der Antike, *F.H.*) in der griechischen Literatur waren Homers makellose Äthiopier. Den Göttern gefällig und geschätzt wegen ihrer Frömmigkeit und Gerechtigkeit, erfreuten sich die Äthiopier der Besuche der Götter. *Xenophanes*, der als erster Europäer die physischen Merkmale von Schwarzen und Weisen kontrastierte, beschrieb Äthiopier und Thrazier, wie er sie sah und ohne Implikationen von irgendwelcher Überlegenheit der einen oder anderen Art, sei es physisch, ästhetisch, geistig oder moralisch ... Die antike Sicht der Schwarzen war keine romantische Idealisierung ferner, unbekannter Völker, sondern bedeutete die fundamentale Weigerung, Menschen nach ihrer Hautfarbe zu beurteilen ... Wissenschaftler, die mit einem Umweltmodell versuchten, die Entstehung rassischer Unterschiede zu erklären, entwickelten keine Theorien über minderwertige dunkelhäutige oder schwarze Völker ... Erwähnungen der 'Vermischung' von Schwarzen und Weißen wurden nicht von kritischen Kommentaren begleitet" (*Snowden* 1970, 216/217).

Der Rassismus entsteht erst mit dem neuzeitlichen Kolonialismus. Die religiöse Definition menschlicher Gleichheit, die zu Beginn des Zeitalters der Entdeckungen und Kolonisierungen die koloniale Urbevölkerung noch als prinzipiell assimilierbar angesehen hatte – unter Bedingungen ihrer „Bekehrung" zum Christentum – kam in Konflikt mit den Rechtfertigungsbedürfnissen kolonialer Versklavungs- und Ausrottungspolitik. „Bekehrungen zum Christentum und Versklavung der Indianer standen sich diametral entgegen" (*Cox* 1948, 334). Dieser Konflikt bewirkte ideologische Auseinandersetzungen in Spanien, deren Höhepunkt eine vor dem Kaiser Karl V. und einer Kommission von Theologen und Juristen ausgetragene Disputation zwischen *Las Casas* und *Sepulveda* im Jahre 1550 in Valladolid wurde. Las Casas opponierte gegen die Sklaverei auf der Basis religiöser Argumente, während Sepulveda „bewies", daß die Kolonialvölker wegen der „Schwere ihrer Sünden" und der Primitivität ihrer Natur zum Dienst an den Spaniern verflichtet seien (vgl. ibidem). Sepulveda „... hat mit wissenschaftlichem Anspruch versucht, die Indianer in eine entsetzliche Kollektivschuld zu verstricken, um sie bedingungslos den Spaniern auszuliefern und ... das jüngste Gericht an ihnen vorwegzunehmen" (*Höffner* 1972, 238). Es spricht für die politisch-ideologischen Verhältnisse der Zeit, daß Sepulveda die Debatte gewann. *Cox* bezeichnet ihn als ersten Rassisten der Weltgeschichte. Das religiöse Gleichheitsideal hatte erzwungen, die praktizierte Ungleichheit rassistisch zu legitimieren.

Zur Ausbeutung der Rohstoffe des neuentdeckten amerikanischen Kontinents waren riesige Arbeiterheere notwendig. Sklaverei und Sklavenhandel entwickelten sich nicht, weil Afrikaner schwarz oder

Indianer rot waren, sondern weil diese die für die schwere Arbeit in den Bergwerken und Plantagen verfügbaren bzw. verfügbar gemachten Arbeitskräfte waren. Die entstehende rassistische Ideologie sicherte die koloniale Sklaven- und Zwangsarbeit legitimatorisch ab. Rassismus entstand als Erklärungs- und Rechtfertigungsideologie der materiellen, militärischen und technischen Überlegenheit der Europäer seit ihrer kolonialen Expansion nach Übersee (vgl. *Geiss* 1988, 15).[49] „... nach dem Niedergang Spaniens entfaltete das Modell der latein-amerikanischen Rassen-Kasten-Gesellschaft auf der Grundlage der Sklaverei in der Neuen Welt weiter nördlich seine eigentliche welthistorische Dynamik. Stilprägend wurden die französiche und englische Variante des spanischen Vorbildes, zunächst auf den Westindischen Inseln, später auch im Süden des nordamerikanischen Kontinents" (ibidem, 127).

Wenn in diesem Entstehungszusammenhang die rassistische Ideologie, die ja immer mit der Behauptung gesellschaftlicher Verhältnisse als naturalistisch begründeter Konstanten argumentiert, noch einen äußerlichen Zusammenhang von biologischen Merkmalen – z.B. Hautfarbe – und einer bestimmten gesellschaftlichen Stellung und sozialen Lage herstellen will, so macht der zweite Ursprung des Rassenbegriffs und der Rassentheorie, der fast völlig losgelöst von auch nur äußerlichen biologischen Merkmalen operieren muß, vollends deutlich, daß es sich um einen politisch-ideologischen Kampfbegriff handelt. Die zweite Quelle der „modernen" Rassenideologie liegt in der Deklassierung des Adels und dem Aufstieg und der Etablierung des Bürgertums als herrschender gesellschaftlicher Macht. Das Bürgertum bekämpfte – im Namen des Kampfes für die Gleichheit aller Menschen – die bestehenden feudalen Privilegien und die feudalen Standesunterschiede. „Da nun zur Zeit der Verschärfung dieser Kämpfe die Herrschaft des Adels bereits ökonomisch wie politisch erschüttert war, wodurch er seine wirklichen mittelalterlichen sozialen Funktionen verlor und sich immer reiner zum Parasitentum entwickelte, mußte in diesem das Bedürfnis nach ideologischer Verteidigung der Privilegien entstehen. Aus diesen Kämpfen wuchs die Rassentheorie heraus" (*Lukács* 1974, Bd.III,110).

Die Ideologen des Adels verteidigten die überkommene Standesordnung mit dem „Argument", daß diese nur die juristische Form der natürlichen Ungleichheit verschiedener Rassen sei; der Adel sei die Nachkommenschaft der herrschenden Rasse der Franken, wäh-

---

[49] *Little* (1961, 102) faßt seine Ergebnisse der Erforschung des Zusammenhangs von Kolonialismus und Rassismus wie folgt zusammen: „Das Fazit ist ..., daß ein Phänomen wie der Rassismus Teil einer spezifischen Ära in der menschlichen Geschichte ist, daß er aus dem frühen Versuch Europas entstand, überseeische Territorien auszubeuten, und daß er ein integraler Teil des Kolonialismus und einer ökonomischen und imperialen Politik wurde."

rend die übrige Bevölkerung zur Rasse der unterworfenen Gallier gehöre.[50] *Gobineau*, dessen Rassentheorie um die Mitte des 19. Jahrhunderts erschien, führte diese Behauptungen konsequent fort und verallgemeinerte sie zur These einer Identifizierung jeglicher Sozialstruktur als Rassenhierarchie:[51] „Es ist bereits festgestellt worden, daß jede Gesellschaftsordnung sich auf drei ursprüngliche Klassen gründe, von denen jede eine Rassenvarietät darstellt; den Adel, das mehr oder weniger zutreffende Abbild der siegreichen Rasse; das Bürgertum, zusammengesetzt aus Mischlingen, die der Hauptrasse nahestehen; das Volk, das versklavt oder zumindest in sehr unterdrückter Stellung lebt, einer niedrigeren Rasse angehörend, die im Süden durch Mischung mit Negern, im Norden mit Finnen entstand" (*Gobineau* 1935, 661, zit. nach ibidem, 121).

Auch im 20. Jahrhundert läßt sich eine Verwendungsweise des Rassenbegriffs nachweisen, die sich von biologischen Merkmalen völlig gelöst hat. *Berry* (1951, 58/59) stellt folgende Liste der Bedeutungen von „race" zusammen (Auswahl): „Bürger eines Staates oder einer Nation (die britische Rasse); religiöse Gruppe (jüdische Rasse); lokale Bevölkerung (Basken); hypothetischer, reiner Typ (Araber); eine Gruppe mit gemeinsamer Kultur und Tradition." Die Bezeichnung der Juden als „Rasse" durch Antisemitismus und Nationalsozialismus im 19. und 20. Jahrhundert zeigt am unverholensten den Charakter dieses Begriffs als politisch-ideologischer Kampfbegriff.[52] Der Wechsel vom religiösen zum rassistischen Antisemitismus gegen Ende des 19. Jahrhunderts bedeutete eine Radikalisierung, da „die Juden" biologisch, d.h. prinzipiell und unveränderbar das sein sollten, wozu sie der Antisemitismus machen wollte. „Assimilation" war nur eine Maske, unter der die alten Eigenschaften verborgen sein sollten.

Die Kernstruktur des rassistischen Arguments besteht darin zu behaupten, daß die Menschen „von Natur aus" ungleich und ungleichwertig seien; diese Ungleichheit und Ungleichwertigkeit zeige sich in der Existenz „höherer und niederer„ Rassen, die unterschiedliche gesellschaftliche Stellungen ein nähmen und *einnehmen*

---

[50] Zu den frühen Ideologen gehört der Graf *Boulainvilliers*, der 1727 ein Buch mit den oben dargestellten Thesen veröffentlichte.
[51] Bemerkenswert und neu bei Gobineau ist das Bemühen, die gesamte Menschheitsgeschichte als „Rassengeschichte" umzudeuten.
[52] Die Willfährigkeit dieses Begriffs kommt kaum besser zum Vorschein als in folgendem Zitat Chamberlains aus den „Grundlagen des 19. Jahrhunderts": „Unmittelbar überzeugend wie nichts anderes ist der Besitz von 'Rasse' im eigenen Bewußtsein. Wer einer ausgesprochen reinen Rasse angehört, empfindet es täglich" (zit. nach *Lenk* 1971a, 153).

sollten.[53] Der Rassismus tritt für sich auf, geht aber auch in konkreten Ideologien wie z. B. im Nationalsozialismus zahlreiche Verbindungen etwa mit einem kulturzentristischen Nationalismus oder einem traditionellen „religiösen" Antisemitismus ein. Auch in der modernen Ausländerfeindlichkeit mischen sich rassistische „Argumente" mit kulturellen Überlegenheitsideologien.

7.3.2.2 Kulturzentrismus

Kulturelle Überlegenheitsideologien unterscheiden sich idealtypisch vom Rassismus darin, daß sie nicht die behauptete Biologie einer Gruppe, sondern die behauptete Höherwertigkeit und Überlegenheit einer Kultur gegenüber anderen Kulturen als Grundlage nehmen. „Die Verachtung der Kulturvölker für die 'Barbaren' fand ihre extreme Zuspitzung im klassischen Griechenland und kaiserlichen China" (*Geiss* 1988, 54). Auch der moderne Nationalismus ist ganz wesentlich, wenn auch nicht ausschließlich, eine kulturelle Überlegenheitslehre.[54] Der deutsche Nationalismus bei *Fichte* preist etwa die Einzigartigkeit und Überlegenheit der deutschen Sprache. Die Umschreibung der Geschichte im Nationalismus geschieht nicht nur, um eine ethnische Kontinuitätslinie in die Gegenwart und Zukunft zu ziehen, sondern auch, um den Reichtum und die Überlegenheit der eigenen Kultur aufzuzeigen.

Im Kontext unseres Themas ist es wichtig, darauf hinzuweisen, daß kulturelle Überlegenheitsideologien bei allen grotesken Verfälschungen und Übertreibungen dennoch gegenüber dem Rassismus eine weniger drastische ethnische Vorurteilsideologie darstellen: im Unterschied zum Rassismus sind die behauptete Ungleichheit und Ungleichwertigkeit der anderen Gruppen prinzipiell aufhebbar – unter der Bedingung der Übernahme der Kultur der überlegenen

---

[53] Auf eine wissenschaftliche Widerlegung der „Rassentheorie" gehen wir nicht ein. Repräsentative und systematische Ausführungen hierzu finden sich z. B. in *Dunn* (1958) und *Montagu* (1964). Die Untersuchung von *Dunn* ist eine Teilveröffentlichung einer von der UNESCO herausgegebenen Reihe „The Race Question in Modern Science", in welcher umfassend von verschiedenen wissenschaftlichen Disziplinen aus rassistische Behauptungen widerlegt werden. Eine Sammlung von Beiträgen zur Widerlegung neuerer Versionen der Rassenideologie wurde ebenfalls von *Montagu* (1975) herausgegeben.
[54] Andere, zentrale Vorstellungen, etwa der Glaube an eine Abstammungsgemeinschaft, sind eher einem biologistischen Denken zuzuordnen.

Gruppe. Der Rassismus dagegen postuliert, daß die „naturgegebenen Unterschiede" und Ungleichwertigkeiten niemals aufhebbar seien, eine Naturordnung darstellten. Im Nationalismus als kultureller Überlegenheitsideologie und mit einem ethnischen Vereinheitlichungsbestreben neigen die dominierenden Gruppen sogar dazu, die kulturell Abweichenden zu assimilieren und in der eigenen Gruppe aufgehen zu lassen. Auch in der Antike wurde zum Griechen, wer die griechische Kultur übernahm; der Rassismus hat dagegen eine „logische Tendenz" zur Absonderung, zur Segregation von Gruppen.

7.3.2.3 Nativismus

Nativismus ist ein Konzept für Ideologien und gesellschaftliche Bewegungen, die eine Reaktion auf „Fremdes", auf fremde Macht und fremde kulturelle Einflüsse oder auf fremde Zuwanderung von außen seitens einheimischer Bevölkerungen darstellen. Es wird angewandt zum einen im kolonialen Kontext, zum anderen bei der Analyse von Prozessen der Arbeitsmigration.

Nativismus bei kolonisierten Bevölkerungen meint kollektive Bewegungen, die gegenüber den fremden, beherrschenden Kultur und Macht Emanzipation und Selbstbestimmung erstreben. „Die nativistischen Bewegungen tragen stark 'reaktiven' Charakter, sie sind mehr oder weniger überkompensatorisch und kehren 'eigene' Werte demonstrativ hervor. Dabei kann das 'Eigene' sowohl im Sinne von überliefertem eigenen Kulturgut als auch im Sinne von übernommenem Kulturgut definiert werden" (*Mühlmann* 1969c, 738). Übernommenes „fremdes" Kulturgut wird dabei als eigenes empfunden. Nativismus ist eine Bewegung mit dem Ziel, „ein durch überlegene Fremdkultur erschüttertes Gruppen-Selbstgefühl wiederherzustellen ..." (ders. 1964, 11).

Thematisch bedingt soll hier die Diskussion nativistischer Erscheinungen und Bewegungen im Kontext von Arbeitsmigration ausführlicher erfolgen. Die besten Forschungen hierzu liegen über Einwanderung und feindselige Reaktionen von Einheimischen in den Vereinigten Staaten vor.

Jones bezeichnet nativistische Bewegungen als „kurzlebige, aber intensive Ausbrüche von Massen-Xenophobie ... zyklisch in ihrem Charakter, mit starken Zügen von Hysterie und Irrationalität" (*Jones* 1974, 17). In den Vereinigten Staaten kam es schon sehr früh zu nativistischen Bewegungen, d.h. Kampagnen gegen bestimmte Einwanderergruppen, zuerst in größerem Ausmaß zu einer Anti-Katholiken-Bewegung. Während die ersten Siedler und Einwanderer fast ausschließlich Protestanten waren, nahm seit ca. 1830 die (katholische) irische Einwanderung sprunghaft zu, gegen die sich eine schließlich organisatorisch gefestigte Bewegung entwickelte, welche die Forderung aufstellte, die katholische Einwanderung völlig zu untersagen.[55] Nach der Anti-Katholiken-Bewegung waren Katholizismus und amerikanische Institutionen, welche angeblich auf protestantischen Konzepten beruhten, miteinander unvereinbar. Jesuiten und von Jesuiten kontrollierte Einwanderer würden die amerikanischen Institutionen unterwandern. „Man behauptete, wenn die Katholiken Amerika 'übernähmen', würde der Papst in Rom herrschen und religiöse und politische Freiheit zerstört werden" (*Dinnestein* u. *Reimers* 1975, 32).

1834 kam es zu Ausschreitungen, in deren Verlauf ein Ursulinenkloster in Boston von einem Mob angegriffen und verbrannt wurde. Die Fabrikation anti-katholischer, d. h. anti-irischer Horrorgeschichten gehörte zu den demagogischen Praktiken dieser Kampagne. Eine der wirkungsvollsten war Maria Monks „Awful Disclosures of the Hotel Dieu Nunnery of Montreal", zuerst 1836 veröffentlicht und in mehreren hunderttausend Exemplaren verbreitet. Die 'Autorin' behauptete, als Nonne in dem Kloster gelebt zu haben. Sie sei gezwungen worden, mit Priestern „in Sünde zu leben"; Nonnen, die sich dem widersetzten, hätte man umgebracht. Babies seien erwürgt und im Keller des Klosters verscharrt worden. 1850 wurde die anti-katholische Bewegung zur politischen Organisation, die den Charakter einer Geheimgesellschaft annahm und sich "Know-Nothing" oder „American Party" nannte. „Sie nahm die Form einer Geheimgesellschaft an, zuerst wahrscheinlich 1850 in New York. Ihre Versammlungen, ihr Name und ihre Ziele waren geheim. Wenn die normalen Mitglieder über ihre Gruppe gefragt wurden, sollten sie 'ich weiß nichts' antworten, was zu dem Namen 'Know-Nothings' führte... 1854 wurde der Geheimcharakter der Gesellschaft geändert und der Name 'Orden des Sternenbanners' angenommen, der auch 'Nachfahren der Ahnen von '76 genannt wurde. Das Ziel der Gesellschaft bestand darin, nur einheimische Amerikaner zu öffentlichen Ämtern zuzulassen. 1855 behauptete die Gruppe, in 7 Staaten den Gouverneur zu stellen und im Kongreß 43 Abgeordnete und 5 Senatoren zu haben" (*Davie* 1949, 88). Die Bewegung brachte Gesetzentwürfe zur Einschränkung der politischen Rechte katholischer Amerikaner und gegen ein Fortsetzung der Einwanderung von Katholiken ein. Abspaltungen und eine Verschiebung der nationalen politischen Kontroversen auf die Sklavenbefreiung minderten schließlich den Einfluß der „Know-Nothings" und entspannten die Lage der irischen Einwanderer (vgl. ibidem, 33).

Auf dem Hintergrund der „new immigration" mit der Masseneinwanderung katholischer südeuropäischer und polnischer Einwanderer wiedererstand der organisierte Anti-Katholizismus in den 1880er und 1890er Jahren. Die „American Protective Association" (A.P.A.) hatte bedeutenden Einfluß bis zur Mitte der 1890er Jahre; auf ihrem Höhepunkt zählte sie 2,5 Mill. Mitglieder. A.P.A.-Angehörige verpflichteten sich zum Boykott katholischer Geschäfte und durften nicht gemeinsam mit Katholiken streiken. „Die Hysterie

---

[55] Diese Forderung taucht auch in anderen nativistischen Kampagnen regelmäßig auf. Als Ursachen der anti-irischen Bewegung nennt *Davie* (1949, 86): „Die Iren konzentrierten sich in den Industriestädten des Ostens, wo sie hauptsächlich in den schmutzigen und armen Vierteln wohnten und damit identifiziert wurden. Das war der Beginn von Problemen mit Einwanderung in den Städten."

erreichte 1893 ihren Höhepunkt, als viele ein Gerücht glaubten, daß der Papst den Befehl ausgegeben habe, alle Ketzer in den Vereinigten Staaten auszulöschen. Manche Protestanten bewaffneten sich darauf und der Bürgermeister von Toledo mobilisierte die Nationalgarde, um das kommende Massaker zu verhindern" (ibidem, 62). 1893 war ein Jahr, in dem eine schwere ökonomische Krise die soziale Lage breitester Bevölkerungskreise verschlechtert hatte.

Ist Fremdenfeindlichkeit in den bisher dargestellten Formen des Nativismus 'religiös' und nationalistisch geprägt, nimmt sie in anderen Fällen deutlich rassistische Züge an. Als Beispiel für diese rassistische Form von Nativismus kann die Geschichte der Diskriminierung der Chinesen in Kalifornien dienen. Kalifornien, das 1848 von den USA annektiert wurde, hatte etwa seit 1850 eine chinesische Einwanderung, die zur Zeit des „Goldrauschs" hochwillkommen war. Chinesische Einwanderer waren beliebt und hatten einen guten Ruf, bis seit 1869 eine Krise Kalifornien erschütterte, sich das Bild der Chinesen in ein starkes ethnisches Vorurteil verwandelte und es zu starken anti-chinesischen Ausschreitungen kam, an denen selbst Gewerkschaften beteiligt waren (vgl. *Schrieke* 1936).

In den 1920er Jahren verdichteten sich minderheiten-feindliche, nativistische Bewegungen zur Geheimorganisation des Ku-Klux-Klan, der bis heute existiert. In der ersten Hälfte der 20er Jahre verfügte der „Klan" über beträchtlichen politischen Einfluß in Indiana, Alabama, Texas und Florida. Er behauptete über 4 Mill. Mitglieder zu haben. Der Ku-Klux-Klan war und ist „anti-black, anti-Semitic, anti-Catholic anti-immigrant" und für die „nordische Rasse" (vgl. *Dinnerstein* u. *Reimers* 1975, 69).

In der Bundesrepublik versucht die extreme Rechte seit langem, eine nativistische Bewegung gegen die Arbeitsmigranten zu Stande zu bringen. Ende der 80er Jahre verzeichneten die sogenannten Republikaner hiermit auch weit beachtete Wahlerfolge. Auch die Partei Le Pens in Frankreich ist fast ausschließlich eine nativistische Bewegung, die von Angstmotiven Einheimischer gegenüber Zugewanderten lebt. Wie das Beispiel der Vorurteile gegenüber „Aussiedlern" und „Übersiedlern" aus der DDR zeigt, sind nativistische Reaktionen nicht notwendigerweise auf ethnisch andere Gruppen gerichtet. Die Zuwanderung per se scheint vielfach feindselige Reaktionen und eine Mobilisierung gegen das „Fremde" hervorzurufen (vgl. hierzu auf der Basis einer für die Bundesrepublik repräsentativen Umfrage *Hoffmeyer-Zlotnik* 1990).

7.4 Zur Änderung ethnischer Vorurteile

Es entspringt aufklärerischer Tradition, daß die wissenschaftliche Beschäftigung mit dem Vorurteil einhergeht mit Fragen, wie sich Wissen über Vorurteile umsetzen lasse in Methoden ihrer Bekämpfung. Methoden und Mittel der Vorurteilsbekämpfung existieren in großer Zahl: z. B. Aufklärungsschriften, Appelle, Aufrufe, Kontakt- und Bekanntschaftsprogramme, staatliche und rechtliche Maßnahmen, individuelle Therapie, Erziehungsprogramme, Ausstellungen, die Gründung von Organisationen mit dem expliziten Ziel, Vorurteile zu bekämpfen, künstlerische Produktionen in Literatur, Film, Schauspiel, bildender Kunst oder Musik, Kampagnen, Gruppendynamik, Rollenspiel.

Wie lassen die sich hier willkürlich aufgezählten Methoden und Mittel nach ihren Zielen, Begründungen und Erfolgsaussichten ordnen? In welchem Zusammenhang stehen die genannten Verfahren zu unseren bisherigen Ausführungen über die Struktur und Wirkungsweise ethnischer Vorurteile? Zur Beantwortung dieser Fragen greifen wir auf die unseren bisherigen Überlegungen zu Grunde liegende Unterscheidung von Vorurteilen als Einstellungen und Vorurteilen als Ideologien zurück und unterscheiden Methoden zur Bekämpfung von vorurteilsvollen Einstellungen und Methoden zur Bekämpfung des Einflusses vorurteilsvoller, gegen ethnische Gruppen gerichteter Ideologien.

7.4.1 Vorurteilsänderung als Einstellungsänderung

Man kann zunächst Methoden diskutieren, die sich auf die Bildung und Struktur von Vorurteilen als Einstellungen beziehen. Erinnert man daran, daß ethnische Vorurteile im „normalen" Sozialisationsprozeß *übernommen* werden, läßt sich zuerst ganz generell sagen, daß die Inhalte dieser Sozialisationsprozesse in den Bereichen von Familie, Schule, peer group oder Medien von vorurteilsvoller Kommunikation befreit werden müßten. Weiter, auf die Zusammenhänge von Vorurteilsbereitschaft und Persönlichkeit eingehend: Sozialisationsprozesse, die Autoritarismus, Angst, Identitätsunsicherheit und damit eine Rezeptivität für Vorurteile produzieren, müßten umstrukturiert werden. In Fällen, in welchen Vorurteilshaftigkeit vor allem das Resultat von Gruppenkonformität ist, müßte auf die jeweilige Gruppenstruktur und Gruppenkultur im Sinne einer Änderung der Gruppenwerte und -normen eingewirkt werden.

Alle drei jetzt genannten Folgerungen für die Bekämpfung von Vorurteilen stellen zunächst nur generelle Orientierungen dar, sind noch keine Verfahren oder Maßnahmen im einzelnen. Solche Verfahren oder Maßnahmen wollen wir im folgenden diskutieren, indem wir sie auf die in Abschnitt 7.2 getroffene Aufgliederung des Vorurteils in die Komponenten „Scheinwissen", Gefühle und Handlungsbereitschaften beziehen. Wir beginnen mit Verfahren, die vor allem darauf abzielen, die kognitive Komponente, das Scheinwissen über ethnische Gruppen, zu verändern.

Es hat nicht erst seit dem 18. Jahrhundert Tradition und ist bis heute das häufigste Prinzip der Vorurteilsbekämpfung, gegen das Scheinwissen Wissen zu stellen, *Aufklärung* zu betreiben, wahrheitsgemäße Informationen zu vermitteln; der starke Zusammenhang zwischen Bildungsstand und Vorurteilshaftigkeit unterstreicht auch die Sinnhaftigkeit eines solchen Vorgehens. Aufklärung kann betrieben werden als Teil schulischen Unterrichts, als explizites interkulturelles Lernen, als formale Erziehungsprogramme in den verschiedensten Bildungs- und Organisationskontexten; Aufklärung kann geleistet werden über Massenmedien, Vorträge, Podiumsdiskussionen, Ausstellungen oder Wettbewerbe.

Die Wirksamkeit von Aufklärung variiert u.a. mit folgenden Bedingungen:[56] die Glaubwürdigkeit, Attraktivität, das Prestige und/oder die Macht der Informationsquelle spielt für den Erfolg von Aufklärung eine sehr große Rolle; wird Aufklärung in Kurs- oder Unterrichtsformen versucht, ist die Erfolgschance von „persuasive communication" besonders gut, wenn der Streß minimiert werden kann, der damit verbunden ist, daß man sich Irrtümer und falsche Vorstellungen eingestehen muß; aktive Teilnahme an der Förderung neuer Einsichten durch Kursteilnehmer selber scheint ein gutes Verfahren zu sein, dieses zu bewirken; bei Formen interkulturellen Lernens in Kursform ist es sehr wichtig, daß unter den Lehrenden Minderheitenangehörige „angemessen" vertreten sind.

Einschränkungen der Wirkung von Aufklärung ergeben sich vor allem durch folgende sozialpsychologischen Zusammenhänge: 1) Personen haben eine Tendenz, sich Informationen auszusetzen, die mit ihren bestehenden Kognitionen bereits konsistent sind; 2) sie schenken auch Informationen größere Aufmerksamkeit und behalten sie besser, wenn diese ihren bestehenden Auffassungen entsprechen; als Resultat des Wirkens dieser Zusammenhänge ergibt sich, daß stark vorurteilshafte Personen durch Aufklärung wenig beeinflußt werden können; 3) diejenigen, die das größte Ausmaß an aufklärerischer Information bekommen, sind ohnehin die bereits am wenigsten vorurteilsvollen.

Blickt man auf die Gesamtheit von Methoden der Vorurteilsbekämpfung entsteht der Eindruck, daß Aufklärung und argumenta-

---

[56] Vgl. zum folgenden *Farley* (1982, 38–41).

tive, kognitive Verfahren ein eindeutiges Übergewicht haben. „Reine" Aufklärung läuft allerdings Gefahr, die Gefühlskomponente des Vorurteils in ihrer Bedeutung zu unterschätzen. Es bedarf darum Methoden der Vorurteilsbekämpfung, die vor allem darauf abzielen, die emotive Seite von Vorurteilen zu beeinflussen. Die Vermittlung positiver Gefühle für bisher abgelehnte Gruppen kann erfolgen über Kontakt- und Bekanntschaftsprogramme, über wechselseitig Freude bereitende Kontakte, wie Feste, Sport und Spiele, nicht über jede Art von „Kontakt"; Rollenspiele können Empathie und Sympathie vermitteln. Sehr hoch sind die Möglichkeiten der Kunst einzuschätzen, positive Gefühle gegenüber bisher abgelehnten Gruppen zu vermitteln: über belletristische Literatur, Spielfilm, Schauspiel, bildende Kunst, Musik; das Darstellungsprinzip, am Einzelschicksal kollektive „Schicksale" zu verdeutlichen, scheint dabei besonders wirksam zu sein.[57]

Über die Wirkungen inter-ethnischer Kontakte auf Vorurteile liegen aus den USA folgende Ergebnisse vor: ältere Untersuchungen zeigen einen Abbau von Vorurteilen sowohl in „integrierten" kommunalen Wohnprojekten (vgl. *Deutsch* und *Collins* 1951) wie beim Militär nach der Aufhebung der Rassentrennung (vgl. *Mandelbaum* 1952). Trotz teilweise inkonsistenter Resultate kann man mit *Farley* (1982, 42) insgesamt zusammenfassen: „... eine Vielzahl von Untersuchungsergebnissen weist darauf hin, daß Vorurteil ... durch Kontakte in der Schule, bei der Arbeit, in der Freizeit und anderen Kontexten abgebaut wird."

Allerdings führt keineswegs jeder Kontakt zur Veränderung von Vorurteilen. Statusgleichheit, das Fehlen von Konkurrenz sowie die Notwendigkeit, für gemeinsame Ziele zusammenzuarbeiten, sind besonders förderliche Bedingungen für den Abbau von Vorurteilen durch inter-ethnische Kontakte. In Gesellschaften, die jedoch durch starke ethnische Schichtung und sozialökonomische Ungleichheiten gekennzeichnet sind, sind solche Situationen im „wirklichen Leben" nicht leicht zu finden oder herzustellen (vgl. ibidem, 43).

Nach der Diskussion von Möglichkeiten, Scheinwissen und Gefühle als Strukturelemente von Vorurteilen zu verändern, sprechen wir im folgenden von Versuchen, die dritte Komponente des Vorurteils, die *Handlungstendenzkomponente*, zu beeinflussen. Veränderungen, die bei der kognitiven und/oder emotiven Seite von Vorurteilen feststellbar sind, lassen nach konsistenztheoretischen Hypothesen auch bei der konativen Seite eine Veränderung erwarten.[58] Aber, wie im folgenden gezeigt, auch der „isolierte" Einfluß auf Handlungsab-

---

[57] Vgl. hierzu den Erfolg der Fernsehserie „Holocaust".
[58] Die Konsistenz- oder Gleichgewichtstheorie der Einstellungsänderung postuliert, daß Personen sich um einen bestimmten Grad von Gleichgewicht zwischen ihren Überzeugungen über die Beschaffenheit der Einstellungsobjekte, ihren Gefühlen, Handlungsabsichten und wirklichen Handlungen bemühen. Verändert sich eine Komponente der Einstellungsstruktur, setzen Bemühungen der Person ein, das Gleichgewicht wiederherzustellen und auch die anderen Komponenten zu verändern.

sichten ist möglich, ein wichtiger Punkt, wenn man davon aus geht, daß Scheinwissen wie Gefühle als relativ stabil anzusehen sind.

Daß Handlungsabsichten nicht in Handlungen umgesetzt werden, läßt sich durch *„soziale Kontrolle"* erreichen: durch Gesetze oder Erlasse, die vorurteilsbedingtes, diskriminierendes Handeln gegen ethnische Gruppen unter Strafdrohung stellt; durch Appelle, Aufrufe, Predigten, das demonstrative Zeigen bestimmter Symbole in der Öffentlichkeit, die zu Toleranz und Respekt aufrufen und damit öffentliche Werte und Normen bekräftigen. Das Engagement prominenter und glaubwürdiger Persönlichkeiten erhöht nach der Kommunikationstheorie die Wirksamkeit solcher Aktivitäten beträchtlich; die Wirksamkeit besteht darin, daß es schlecht, unakzeptabel, böse oder „sündig" ist, diskriminierend zu handeln. Während diese Methoden der sozialen Kontrolle auch kurzfristig wirken, kann die Vermittlung „innerer" Kontrollinstanzen im Sozialisationsprozeß, die Frustrationstoleranz und Aggressionskontrollen (gegenüber der Tendenz zur Aggressionsverschiebung) lernen lassen, nur mittel- und langfristig wirken.

Hinter dem Interesse, Vorurteile zu verändern, steht das Interesse und die Annahme, damit auch diskriminierendes Verhalten zu reduzieren. Das ist, wie wir bereits in Abschnitt 7.2.2 zeigten, auch berechtigt, aber nur mit Einschränkungen: Einstellungen sind keineswegs die einzigen Determinanten von Verhalten. Umgekehrt zeigte es sich sogar, daß, konsistenztheoretisch erklärbar, auch eine Änderung der Einstellung durch Änderung des Verhaltens möglich ist. Besonders eindrucksvoll sind hier Veränderungen im amerikanischen Süden in den letzten 30 Jahren. Der stärkste Rückgang von Vorurteilen in den USA seit dem 2. Weltkrieg ereignete sich im „Süden", und zwar nicht im Ergebnis freiwilligen Einstellungswandels. Vielmehr wurde der Süden durch Bundesgesetzgebung, Gerichtsurteile und sogar polizeiliche und militärische Eingriffe seitens der Bundesgewalt gezwungen, rassistische Diskriminierungen abzuschaffen und Institutionen zu verändern. Einstellungswandel und ein deutlicher Rückgang des Vorurteils stellten sich als *Resultat* der institutionellen Veränderungen ein, sie waren nicht deren Voraussetzung; Einstellungen änderten sich, um Konsistenz mit dem Verhalten wiederherzustellen.

Abschließend läßt sich zur Wirksamkeit verschiedener Methoden der Vorurteils-Einstellungsänderung folgendes festhalten: Die *eine* wirksame Methode der Vorurteilsbekämpfung gibt es nicht; wenn manche Empfehlungen lauten „Erziehung ist die Antwort" oder „Wenn die Menschen doch nur zusammenkommen und sich kennenlernen könnten, würden sie ihre Vorurteile überwinden", sind das Übervereinfachungen. „Wenn ein bestimmtes Persönlichkeitsproblem dem Vorurteil zugrundeliegt, wird weder Erziehung noch Kontakt mit Minderheiten Vorurteile abbauen" (*Farley* 1982, 36). Hier würde Therapie helfen können. Wenn dagegen jemand Vorurteile durch soziales Lernen oder Gruppenkonformität übernommen hat, kann Erziehung und Aufklärung etwas bewirken. Aufklärung bewirkt wiederum wenig, wenn die Rezeption von Vorurteilen situationsbedingt aufgrund von Frustrationen, Ängsten und Unsicherheiten erfolgt: hier würde eine Veränderung der Situation, die Frustrationen, Ängste und Unsicherheiten hervorruft, helfen. „Eine weitere, wichtige Konstellation besteht darin, daß das Vorurteil hauptsächlich dazu dienen kann, diskriminierendes Verhalten zu rechtfertigen oder zu unterstützen. In diesem Falle nützt es nichts, das Vorurteil ändern zu wollen: das Verhalten ist das Hauptproblem" (ibidem).

Aus alldem folgt: die verschiedenen Methoden müssen situations- und bedingungsspezifisch angewendet werden, da ihre Wirksamkeit situations- und bedingungsspezifisch variiert.

7.4.2 Zur Auseinandersetzung mit ethnischen Vorurteilsideologien

Nach der Betrachtung von Möglichkeiten, Vorurteile als Einstellungen zu verändern, kommen wir jetzt zu Strategien, auf Vorurteile als Ideologien einzuwirken. Eine erste Form der Auseinandersetzung ist inhaltlicher Art: die „Aussagen" der Ideologie können einer Kritik unterzogen werden. Diese inhaltliche Auseinandersetzung kann wissenschaftlich, publizistisch und künstlerisch-kulturell erfolgen. Da alle Vorurteilsideologien Aussagen über die Beschaffenheit „der Welt" und Merkmale bestimmter Gruppen machen, können diese Aussagen auf ihre wissenschaftliche Fundiertheit und Wahrheitsfähigkeit untersucht und Ergebnisse solcher Analysen in die Öffentlichkeit getragen werden. Hierunter fallen z. B. die wissenschaftliche Widerlegung von „Rassentheorien";[59] die Widerlegung von Mythen des Nationalismus über den Verlauf der „nationalen Geschichte"; das In-Frage-Stellen kultureller Überlegenheitsdogmen. Wissenschaftliche Argumentation kann weiterhin die *Folgen* des Wirkens ethnischer Vorurteilsideologien aufzeigen: z. B. Folgen rassistischer und nationalistischer Ideologien im Europa des 20. Jahrhunderts.

Häufig ist die Existenz und latente Wirkungsweise von Ideologien gesellschaftlich nicht voll bewußt und bekannt; wissenschaftliche Analyse kann solche verdeckten Existenz- und Reproduktionsformen von Vorurteilsideologien aufzeigen und damit eine Auseinandersetzung überhaupt erst ermöglichen. Wissenschaftliche Analyse kann auch die Verletzung gesellschaftlicher Grundwerte durch eth-

---

[59] Vgl. z.B. Unesco (1964) und *Montagu* (1975).

nische Vorurteilsideologien, etwa die Verletzung von Gerechtigkeits- und Chancengleichheitsnormen, aufzuzeigen.

Elemente ethnischer Vorurteilsideologien sind enthalten in vielerlei Form: in sprachlichen Floskeln, in Literatur und Kunst, Darstellungen in Massenmedien, in Geschichtsschreibung, in Geschichtenerzählungen, Liedern, Spielen, in Sport reportagen, in Kommunikationsweisen des Alltags- und Arbeitslebens. Neben wissenschaftlicher und publizistischer Kritik läßt sich mit diesen eine inhaltliche Auseinandersetzung künstlerisch-kultureller Art führen: durch Ansprechen von Gefühlen, Präsentation von Identifikationsmustern, durch die Mittel der Ironie, des Humors, durch ästhetische und dramaturgische Mittel.

Die inhaltliche Auseinandersetzung findet nicht „rein akademisch" oder „rein künstlerisch" statt, sondern immer auch mit bestimmten Trägern und Verbreitern ethnischer Vorurteilsideologien; als solche kommen in Frage bestimmte Organisationen und Parteien wie auch Einzelpersonen, nicht selten „Führerpersönlichkeiten" mit charismatischen Eigenschaften. Kampf gegen ethnische Vorurteilsideologien heißt also Auseinandersetzung mit zumeist rechtsextremen Organisationen und mit Propagandisten von Vorurteilen in der Öffentlichkeit.

Neben einer inhaltlichen Auseinandersetzung, die wie „persuasive communication" nur begrenzte Auswirkungen hat, gibt es das Mittel der „sozialen Kontrolle" oder der Kommunikationskontrolle, die die öffentliche Verbreitung, Mobilisierung und Wirkung von Vorurteilsideologien begrenzen können. Das sind Mittel der sozialen Kontrolle in der Bandbreite von rechtlich-repressiven Mitteln bis hin zur Aktivierung von Normen, Moralvorstellungen, Traditionen, Brauch und Sitte. Welche Möglichkeiten mit welchen Erfolgschancen mobilisiert werden können, hängt stark von den gesellschaftlichen Kräfteverhältnissen in Bezug auf ethnische Vorurteilsideologien ab.[60]

Zur Mobilisierung ethnischen Vorurteilspotentials kommt es regelmäßig in ökonomischen und politischen Krisensituationen. Eine indirekte, aber sicherlich äußerst wirkungsvolle „Methode" der Vorurteils- und Vorurteilsmobilisierungsbekämpfung würde darin bestehen, eine Verbesserung der gesellschaftlichen Krisenlösung und -steuerung sowie Konfliktaustragung zu erreichen. Die Verbesserung einer Arbeitsmarktsituation etwa ist nicht nur ein Beitrag zur Lösung des Problems der Arbeitslosigkeit, sondern auch des Zurückdrängens von Vorurteilsideologien.

---

[60] Bei der Zurückdrängung rassistischer Ideologien im amerikanischen „Süden" spielten, wie zuvor ausgeführt, Mittel und Methoden der sozialen Kontrolle durch den Staat eine entscheidende Rolle.

Ethnische Vorurteile, die wir in diesem Kapitel 7 diskutiert haben, sind eine wichtige Dimension im Gesamt inter-ethnischer Beziehungen. Das folgende Kapitel 8 thematisiert inter-ethnische Beziehungen vor allem unter dem Aspekt des kulturellen Wandels in der Minderheitengruppe.

8 Akkulturation, Assimilierung, ethnische Identität

8.1 Einführung, historische Anmerkungen und grundlegende Konzepte

Das Thema Akkulturation ist eine wichtige Form ethnischen Wandelns: Veränderungen von Personen, Gruppen, Kulturen und Institutionen als Resultat von „Kulturkontakten" zwischen unterschiedlichen ethnischen Gruppen. Das Kapitel setzt sich zum Ziel, grundlegende Konzepte und theoretische Grundlagen für die Analyse von Akkulturationsprozessen zu entwickeln. Kulturkontakte zwischen ethnischen Gruppen in Mehrheits-Minderheitenverhältnissen, vor allem zwischen Einwandererminderheiten und jeweiligen Mehrheitsgruppen können hierbei als häufigste und „typischste" Fälle angenommen werden.[1]

„Interne" personale, kulturelle und institutionelle Wandlungen in Gruppen und Gesellschaften, z.B. aufgrund der Wirkungen technisch-industrieller Veränderungen, sind davon ebenso zu unterscheiden wie die durch moderne Kommunikation und Wirtschaft bewirkten internationalen Angleichungsprozesse in der Lebensweise.[2]

Zur Veranschaulichung und Konkretisierung der Verhältnisse und Wandlungen, um die es in diesem Kapitel geht, sei vor einer theoretisch-systematischen Diskussion ein kursorischer Blick auf einige historische und politische Aspekte der Thematik geworfen. Anmerkungen über Akkulturationsprozesse ethnischer Minderheiten in Deutschland folgen Ausschnitte „historischer Empirie" zum kulturellen Wandel von Einwanderergruppen in den USA, dem von den Sozialwissenschaften am besten und ausführlichsten erforschten Akkulturations- und Assimilierungsprozeß.[3] Auf die Bundesrepu-

---

[1] Mit diesen Kulturkontakten in Mehrheits-Minderheitsbeziehungen sind Ungleichheiten der Macht und des Prestiges der jeweiligen Gruppen und Kulturen verbunden. Wir gehen davon aus, daß Kulturkontakte „auf gleicher Ebene" in vielerlei Hinsicht eine andere Qualität haben und diskutieren diese hier nicht.
[2] Sie werden umgangssprachlich – z.T. in kritischer Absicht – nicht selten als „Amerikanisierung" bezeichnet.
[3] Interessante Analysen zum Thema Akkulturation in Kanada sind in *Richmond* (1988) enthalten; zu Australien siehe z.B. *Castles* (1987).

blik bezogen besitzen die historischen Darstellungen einen Anschauungs- und gewissen Prognosewert zur Einschätzung von möglichen Entwicklungen der Akkulturationsfragen, die sich aus dem faktischen Einwanderungsprozeß der Arbeitsmigranten weiter ergeben werden.

8.1.1 Historische Anmerkungen

Bei der Gründung des modernen deutschen Nationalstaats im Jahre 1870/71 gehörten Dänen und Polen zu den ethnischen Minderheiten des neuen Staatsgebiets.[4] Im Kriege Österreichs und Preußens im Jahre 1864 hatte Dänemark die Herzogtümer Schleswig an Preußen und Holstein an Österreich verloren. 1866, nach dem „Deutschen Krieg", kam Holstein dann ebenfalls zu Preußen und 1871 wurde Schleswig-Holstein mit einer starken dänischen Bevölkerungsgruppe Teil des Deutschen Reiches. Die dänische Bevölkerung wurde Ziel einer staatlichen Eindeutschungs- und Assimilierungspolitik, die mit vielerlei Zwangsmitteln arbeitete und dänische Sprache und Kultur in der Öffentlichkeit und im Bildungswesen unterdrückte. Mit aktivem und passivem Widerstand, aber auch durch Abwanderung widersetzten sich viele Angehörige der dänischen Gruppe dieser Politik. Das Beispiel der Dänen im Deutschen Reich kann für den Fall einer Politik der Zwangsassimilierung gegenüber nationalen Minderheiten stehen.[5]

Eine durch Arbeitsmigration entstandene Minderheitenproblematik entwickelte sich vor dem 1. Weltkrieg mit der Wanderung von Polen ins Ruhrgebiet.[6] Die Polen im Ruhrgebiet waren fremdsprachige Arbeitsmigranten, besaßen jedoch überwiegend die preußische und deutsche Staatsbürgerschaft. Eine historische Besonderheit lag in der „doppelten Polenfrage" innerhalb des Deutschen Reichs: „Die preußische Polenpolitik in den 'Ostmarken' als einer der gravierendsten Krisenherde des Kaiserreichs reproduzierte sich – in gewissen Grenzen – in der Behandlung der polnischen Arbeiter im Ruhrgebiet und prägte zwangsläufig auch deren soziales und politisches Verhalten in einer völlig neuen Umgebung" (*Kleßmann* 1984, 486). Der preußische Staat führte auch gegenüber den Polen – im Osten wie im Westen – eine Germanisierungspolitik durch; im Schulwesen wurde das besonders deutlich. Die Polen im Ruhrgebiet „antworteten" mit ethnischer Mobilisierung, vielfachen erfolgreichen organisatorischen und kulturellen Bemühungen um die Erhaltung und Förderung ihrer ethnischen Identität; sie schufen „ethni-

---

[4] Zu den Dänen vgl. ausführlicher Kapitel 2.
[5] Zur weiteren Entwicklung der Gruppe bis in die Gegenwart siehe Kapitel 2.
[6] Vgl. zum folgenden *Kleßmann* (1984).

sche Kolonien" und erreichten einen hohen Grad institutioneller Vollständigkeit ihrer kulturellen Selbstorganisation. Mit der liberaleren Weimarer Verfassung, einem Optionszwang zwischen deutscher und polnischer Staatsangehörigkeit aufgrund eines Vertrages zwischen Polen und Deutschland im Jahre 1922, mit Bergbaukrisen und starker Abwanderung aus dem Ruhrgebiet kam es zur drastischen Schwächung der polnischen Organisationen und einer Reduzierung der ethnischen Kolonien auf religiöse und Geselligkeitsfunktionen. Diese entwickelten bis in den Nationalsozialismus hinein jedoch ein „zähes Beharrungsvermögen" und fanden ihr Ende erst mit der gewaltsamen Zerschlagung aller polnischen Organisationen im Jahre 1939 (vgl. ibidem, 504). Zusammenfassend: die polnische Identität war am stärksten, als sie Widerstand gegen Zwangsassimilation leistete; unter liberaleren Bedingungen bei gleichzeitig ökonomisch und politisch induzierter Abwanderung schwächte sie sich ab und war bei ihrer administrativen Zwangsbeendigung bereits auf „Restbestände" geschrumpft.

Zum zweiten Punkt unserer historischen Anmerkungen, zu einigen historischen Aspekten der Akkulturation und Assimilierung der Einwanderer in den Vereinigten Staaten: Die Menschen, die während der Kolonialzeit und den ersten Jahrzehnten der Republik in die Vereinigten Staaten kamen, gaben ihre jeweiligen Herkunftskulturen auf bzw. ließen bestimmte Elemente davon – in einer kulturellen Synthese – in eine sich neu formierende amerikanische Kultur einfließen. Ausnahmen waren und sind bis heute religiös geprägte Gruppen wie die Amish und Hutterer. Wenig ist auch an kulturellen Spuren der „old immigrants" geblieben, die zwischen 1840 und 1890 vor allem aus Nord- und Westeuropa einwanderten (vgl. *Dinnerstein* u. *Reimers* 1975, 139)

Eine andere Entwicklung stellte sich mit der „new immigration" ein: „Die nach 1880 gekommenen Einwanderer, deren vierte Generation jetzt aufwächst, sind assimiliert, obwohl einige Juden, Italiener, Polen und andere Gruppen an bestimmten Aspekten ihrer Kultur festhalten. In der Folge der Bürgerrechtsbewegung der 60er Jahre kam es sogar zu einer Wiederbelebung ethnischen Bewußtseins" (ibidem, 140). Daß Akkulturation der Einwanderer nicht (vollständige) Assimilierung bedeutete, zeigten schon Untersuchungen in den 40er Jahren. *Kennedy* (1944) fand in einer Untersuchung in New Haven zwar, daß bei sieben ethnischen Gruppen die „intermarriage rates" kontinuierlich zugenommen hatten; gleichzeitig zeigte sich jedoch, daß die Eheschließungen sich überwiegend innerhalb bestimmter „cluster" entlang religiöser Linien vollzogen, innerhalb eines protestantischen, eines katholischen und eines jüdischen Kreises. Dies führte zur Formulierung einer „Triple melting pot thesis": „Wie *Herberg* (1960, 258) es formulierte: 'Protestant, Katholik oder

Jude zu sein, bedeutet unterschiedliche Weisen, Amerikaner zu sein'. Aus diesem Grunde finden es Menschen polnischer, italienischer oder franko-kanadischer Herkunft einfacher und amerikanischer, ihre Anliegen als katholische Anliegen darzustellen" (*Mc Lemore* 1980, 324/325).

Glazer und *Moynihan* (1964, 314) stellten bei ihren Untersuchungen ethnischer Gruppen in New York wie *Kennedy* und in Übereinstimmung mit der 'triple melting-pot thesis' fest, daß die ethnischen Grenzen zwischen Iren, Italienern, Polen und deutschen Katholiken sich durch Heirat abschwächten und die religiöse Bindung an die Stelle der ethnischen trete; zugleich wiesen sie aber darauf hin, daß der 'triple melting pot' Schwarze und Hispanics nicht einschließe. Es war jedoch allgemeine wissenschaftliche und öffentlich-politische Überzeugung, daß Akkulturation und schließliche Assimilierung der Haupttrend des kulturellen Wandels der ethnischen Minderheiten sei, so daß ein „ethnic revival", d. h. das Wiedererstarken ethnischen Bewußtseins in den 60er Jahren als große Überraschung empfunden wurde. „Gerade in dem Moment, als die meisten Sozialwissenschaftler ein schnelles Verschwinden der verbleibenden Unterschiede zwischen den weißen ethnischen Gruppen erwarteten, schienen sich diese Unterschiede mit überraschender Intensität wieder zu verstärken. Am Ende des Jahrzehnts bemerkten dann *Glazer* und *Moynihan* (1970, XXXVI), daß es nicht länger wahr sei, daß religiöse die ethnischen Identitäten ersetze" (*McLemore* 1980, 325).

Akkulturation und Assimilierung sind aus der Sicht der Person bewußte, zum Teil aber auch ungeplante und unbewußte Anpassungs- und Lernprozesse; sie vollziehen sich aber innerhalb eines gesamtgesellschaftlichen Politikrahmens, der Bedingungen setzt, Möglichkeiten schafft, aber auch Zwänge beinhaltet. Dieser Politikrahmen sah in den USA – grob skizziert – folgendermaßen aus: Die USA konstituierten sich nach dem Verständnis der staatsgründenden Elite als unitarischer Nationalstaat. „Ethnische Vielfalt und kultureller Pluralismus waren für die Staatsgründer keine zu schützenden oder gar erstrebenswerten Güter, sondern Hindernisse, die sie überwinden mußten" (*Adams* 1974, 302). Kulturelle und verhaltensmäßige Assimilierung der einwandernden Bevölkerungen war die fast durchweg in der amerikanischen Geschichte vorherrschende Norm. Mit der Zunahme der Einwanderung seit Mitte des 19. Jahrhunderts tauchten in der amerikanischen Öffentlichkeit – z.T. in demagogischer Form – Fragen nach der Assimilierbarkeit großer Gruppen von Einwanderern überhaupt und von Einwanderern aus einzelnen Herkunftsregionen im speziellen auf; die „new immigration" mit ihrer starken Zuwanderung ost- und südeuropäischer Bevölkerungen seit den 80er Jahren verstärkte diese Diskussion, die schließlich 1921 und 1924 zur Begrenzung und Quotierung von Einwanderung führte und süd- und osteuropäische wie asiatische Einwanderung besonders stark einschränkte.[7]

Ein vom Senator *Dillingham* geleiteter Untersuchungsausschuß mit seinem 1911 veröffentlichten Abschlußbericht trug wesentlich zu dieser Entwicklung bei. Der Dillingham Commission Report geht „von der Existenz eines voll entwickelten 'American people' aus, dessen Zusammenleben ebenso von bestimmten Merkmalen gekennzeichnet war wie das anderer Nationen: durch eine Landessprache, durch bestimmte politische Institutionen, denen die uneingeschränkte Loyalität aller Bürger gelten mußte, und durch Verhaltensmuster, die bestimmten 'standards' entsprachen, womit durchaus konkrete Dinge wie Löhne und Arbeits- und Wohnbedingungen gemeint waren. Von dem, der in diese voll entwickelte nationale Gemeinschaft als Zuwanderer aufgenommen werden wollte, wurde erwartet, daß er sich einfügte" (*Adams* 1974, 305).

Diese Norm des „Sich-Einfügens" wurde als Assimilierung verstanden und war gleichbedeutend mit Amerikanisierung. Ohne auf eine genauere Rekonstruktion von Entwicklungen bis zur Gegenwart einzugehen, lassen sich die bis heute vorfindbaren drei Grundmuster der Politik gegenüber den Einwanderern mit *Gordon* (1964) wie folgt bezeichnen: (1) „Anglo-conformity", was Assimilierung und Amerikanisierung entspricht und die Aufgabe der Herkunftsidentität einschließt; (2) „melting-pot", (3) „cultural pluralism". Zu den beiden letztgenannten Mustern führt *Gordon* aus: „Die Idee des Melting Pot beinhaltete, daß es zu einer biologischen Vermischung der angelsächsischen Einwanderer mit anderen Gruppen kommen solle und daß aus den verschiedenen Herkunftskulturen eine neue, amerikanische Kultur entstehe; und 'kultureller Pluralismus' war die Vorstellung, daß bei politischer und ökonomischer Integration in die amerikanische Gesellschaft auf einer gemeindlichen Ebene die Einwandererkulturen bewahrt werden sollten" (*Gordon* 1964, 85). Von den drei politischen Leitvorstellung ist Assimilierung sicherlich die bis heute vorherrschende; gleichzeitig läßt sich jedoch mit dem „ethnic revival" seit den 60er Jahren eine zunehmende Akzeptanz von kulturellem Pluralismus, der als soziale Wirklichkeit in der Form ethnischer Koloniebildung[8] ohnehin immer eine bedeutende Rolle gespielt hat, feststellen.

---

[7] „... Die amerikanischen Einwanderungsgesetze von 1921 und 1924 begrenzten drastisch die Zuwanderung von Süd- und Osteuropäern unter der Prämisse, daß sie bei Einwanderung in großen Zahlen nicht assimilierbar seien; die Einwanderung von Asiaten wurde faktisch unterbunden, da man davon ausging, daß sie auch in kleinen Zahlen nicht assimilierbar seien. Solche Auffassungen waren auch noch zur Zeit des *McCarran-Walter*-Gesetzes von 1952 einflußreich" (*Price* 1969, 184).
[8] Vgl. hierzu Kapitel 6.

Nach diesen historischen Anmerkungen über Akkulturation ethnischer Minderheiten in Deutschland und den Vereinigten Staaten gehen wir im folgenden Abschnitt auf Grundkonzepte zur Analyse von Akkulturationsprozessen ein.

8.1.2 Grundlegende Konzepte

Die in den historischen Anmerkungen sichtbar werdenden Problembereiche des kulturellen Wandels von Personen und Gruppen[9] – mit der Begründung von Nationalstaaten und der Ausweitung internationaler Migration zum Thema geworden – werden in der Literatur in verwirrender Vielfalt mit unterschiedlichsten Begriffen bezeichnet: Assimilation, Assimilierung, Akkulturation, Akkomodation, Absorption, Adaptation, Integration, Amalgamation, sind einige der bekannteren Termini in der moderneren Literatur;[10] auch Konzepte in Diskussionen um „ethnische Identität" und „Marginalität" bei Minderheitsangehörigen gehören zum Themenbereich des kulturellen Wandels in ethnischen Gruppen. Statt eines Versuchs begrifflich-konzeptueller Rekonstruktionen aus der vorliegenden Literatur, der in bestimmten Zusammenhängen durchaus sinnvoll sein kann, soll hier zunächst eine „Sachanalyse" wesentlicher Dimensionen des uns interessierenden Problembereichs vorgenommen werden; „Sachanalyse" meint eine Skizzierung inhaltlicher Bereiche und Fragen in einer noch relativ allgemeinen, nicht einer spezifischen „Schule" verpflichteten Sprache. Darauf aufbauend sollen bestimmte terminologische Vorschläge für nachfolgende Diskussionen erfolgen.

Zu diesen „Sachanalysen": Bei Einwanderern, die in einer für sie neuen und fremden Gesellschaft leben und arbeiten wollen, aber auch für „ansässige" Minderheitenangehörige, die sich in der Mehrheitsgesellschaft oder in den von der Mehrheit beherrschten Institutionen einer Gesamtgesellschaft „bewegen" wollen, besteht die Notwendigkeit, sich einen bestimmten Fundus von Wissensbeständen und Qualifikationen anzueignen, der für die Kommunikation mit und in der Mehrheit notwendig ist. Aus der Macht- und Ressourcenungleichheit zwischen den Gruppen folgt, daß die Minderheit überwiegend von der Mehrheit lernen muß. Einwanderer und Minderheitenangehörige müssen eine Sprache lernen, Verkehrsregeln einüben, wissen, wie man Rechnungen bezahlt und telefoniert, oder was man tun kann, wenn man krank wird. Diese „funktionalen"

---

[9] Zu den politischen Aspekten vgl. detaillierter Kapitel 9.
[10] In der älteren Literatur und heute nur noch gelegentlich begegnet man auch dem Begriff des „Umvolkung" (vgl. z. B. *Mühlmann* 1969b,58).

Lernprozesse sind etwas anderes als jene Wandlungen von Überzeugungen und Maßstäben, Präferenzen und Perspektiven, die sich zumeist als Resultat des Kulturkontakts entwickeln.

Die angesprochenen funktionalen Lern- und Anpassungsprozesse infolge von Kulturwechsel wollen wir *Akkomodation* nennen: mit Akkomodation bezeichnen wir Lern- und Anpassungsprozesse bei Personen, die sich infolge eines Lebensortwechsels grundlegende Mittel und Regeln der Kommunikation und Tätigkeit der fremden Gesellschaft, Kenntnisse ihrer Institutionen und Glaubenssysteme aneignen müssen, um in dieser Gesellschaft interaktions- und arbeitsfähig zu werden.[11]

Prozesse der Akkomodation können ablaufen, ohne daß die Person ihre grundlegenden Überzeugungen, Werte, Vorlieben oder Denkweisen ändert, da Akkomodation als verkehrs- und verhaltensfunktionale Anpassung zunächst nur kommunikationstechnischer Natur ist. Es läßt sich jedoch häufig beobachten, daß es im Fall von Kulturkontakten nicht bei funktionaler Anpassung bleibt, sondern daß es zu Erfahrungs- und Sozialisationsprozessen kommt, die einen Teil oder die gesamte Personstruktur einbeziehen und verändern. Diese Veränderungen wollen wir als Akkulturation bezeichnen.

Akkulturation meint durch Kulturkontakte hervorgerufene Veränderungen von Werten, Normen und Einstellungen bei Personen, den Erwerb von Kenntnissen, Fähigkeiten und Qualifikationen (Sprache, arbeitsbezogene Qualifikationen, gesellschaftlich-kulturelles Wissen u.a.) sowie Veränderungen von Verhaltensweisen und „Lebensstilen" (z. B. in Bezug auf Arbeit, Wohnen, Konsum, Freizeitverhalten, Kommunikationsformen, Heiratsmuster); auch Veränderungen der Selbstidentität sind damit notwendigerweise verbunden. Akkulturation hat Akkomodation zu Voraussetzung.

Neben Veränderungen von Personen – betrachtet als Einzelpersonen – kann man bei Kulturkontakten feststellen, daß sich auch Gruppen, ihre Strukturen und Institutionen verändern; man könnte also quasi von einer *„Personen-Akkulturation"* und einer *„Gruppen-Akkulturation"* sprechen. Akkulturation auf der Ebene der Gruppe bedeutet eine Veränderung kollektiver Werte und Normen, Veränderungen, d.h. sowohl Neugründungen wie Modifikationen oder Aufgabe sozialkultureller Strukturen in Gruppen, schließlich auch Veränderungen der Gruppenidentität. Die Richtung kultureller Veränderungen verläuft in ethnischen Mehrheits-Minderheitenbezie-

---

[11] Ähnlich das Verständnis von *Francis* (1976, 255): „Von Fremden wird Akkomodatien auf der Ebene von Kommerzium und sekundären Beziehungen, aber nicht auf der Ebene von Kommensalitas und primären Beziehungen, erwartet. Erwartet wird auch nicht eine Identifizierung mit der Gast-Gesellschaft, sondern nur ein Minimum an Loyalität."

hungen aufgrund der Machtverhältnisse generell in Richtung der Mehrheit, aber keineswegs ausschließlich. Prinzipiell sind zwischen zwei Gruppen folgende Beeinflussungsprozesse logisch möglich:

Übersicht 8.1 Kulturelle Einflußlinien zwischen zwei Gruppen (G_1 und G_2):

Fall 1:	$G_1 \Rightarrow G_2$
Fall 2:	$G_1 \Leftarrow G_2$
Fall 3:	$G_1 \rightleftarrows G_2$
Fall 4:	$G_1 \rightleftarrows G_2$
Fall 5:	$G_1 \rightleftarrows G_2$

$\Rightarrow$ = Richtung des Einflusses
$\rightarrow$ = bei Wechselwirkung der schwächere Einfluß

Fall 1 und 2 repräsentieren Fälle völliger Determination einer Gruppe durch eine andere, 3–5 wechselseitige Beeinflussungen; Fall 3 stellt gleichgewichtige Wechselwirkungen, die Fälle 4 und 5 wechselseitige, aber nicht gleichgewichtige Beeinflussungen dar. Fall 4 beschreibt am besten die kulturellen Austausch- und Veränderungsprozesse in Folge von Kulturkontakten zwischen ethnischer Mehrheit (G_1) und ethnischer Minderheit (G_2); die Minderheit ändert sich stärker als die Mehrheit, und in Richtung der Mehrheit; aber die ethnische Mehrheit verändert sich auch, wenngleich in geringerem Maße.

Akkulturation heißt also wechselseitige, aber nicht gleichgewichtige Beeinflussung und Veränderung, bedeutet Annäherung der Minderheit an die Mehrheit, die aber auch bestimmte Elemente der Minderheitenkultur aufnimmt.[12]

Akkulturation ist ein unterschiedlich weit gehender Annäherungs- oder Angleichungsprozeß, der aber Personen und Gruppen in einer separaten kulturellen Existenz beläßt; sie ändern sich, hören aber nicht auf, ethnisch unterschiedlich zu sein; ethnische Grenzziehungen bestehen fort. Wenn Akkulturation über diesen Punkt hinausgeht, es zu einer „völligen" Angleichung kommt, werden wir von *Assimilierung* sprechen; die separate Existenz einer ethnischen Gruppe löst sich auf. Assimilierung ist, auf der Ebene der Einzelperson wie von Gruppen, die „vollständige" Übernahme der Kultur der

---

[12] In der Literatur gehen viele Definitionen von Akkulturation und Assimilierung von einem Verständnis aus, daß es eine wechselseitige, wenn auch nicht gleichgewichtige Beeinflussung gibt: vgl. z. B. *Bogardus* (1950); *Taft* (1953, 46) oder *Farley* (1982, 352).

Mehrheitsgruppe durch die bisherige ethnische Minderheit; diese Übernahme schließt die Aufgabe der ethnischen Minderheitenkultur ein und bedeutet das Verschwinden zuvor existierender ethnischer Grenzziehungen; eine eigenständige ethnische Identität der Minderheitengruppe und ethnisch fundierte Organisationen lösen sich auf.[13]

Da es problematisch ist, einen exakten Punkt auszumachen, ab welchem Akkulturation als Ähnlich- und Gleich*werden* zum „Gleich*sein*" wird – dieses „Gleichsein" ist im Grunde nur idealtypisch als „vollständige Gleichheit" zu verstehen – scheint mir semantisch der Begriff der Assimilierung, der einen Prozeß meint, geeigneter als der einen Zustand bezeichnende Begriff der Assimilation, der in der Literatur ebenso häufig zu finden ist.

Wenn man bei Akkulturation von der Annäherung einer Gruppe an die Kultur einer anderen spricht bzw. bei Assimilierung von der Übernahme der Kultur einer Gruppe durch eine andere, muß deutlich sein, daß diese Aussage auf einer sehr abstrakten Ebene liegt. Für „beide" Kulturen, ist es nämlich durchaus problematisch, von ihnen jeweils als „Einheiten", Gesamtheiten oder Ganzheiten auszugehen. Einheit der Kultur ist in bestimmter Weise eine Fiktion, die nur an wenigen Merkmalen festgemacht werden kann.

Sie hat allerdings eine Realität als Etikettierungskategorie, von der eine bestimmte Wirkung ausgeht. Über diese Zusammenhänge schreibt *Richmond* (1988, 50) am Beispiel der USA:

„Man muß heute immer mehr den polyethnischen und kulturell diversifizierten Charakter sowohl von Herkunfts- wie Empfängerländern sehen. Es gibt nicht *einen* 'American way of life', in den Einwanderer, die in die Vereinigten Staaten kommen, assimiliert werden könnten. Die Vereinigten Staaten sind ethnisch geschichtet, kulturell pluralistisch und ihre Bewohner haben eine Vielzahl von Lebensstilen. Politiker, Beamte, Lehrer, Sozialarbeiter und andere, die Kontakte zu Einwanderern haben, sprechen oft von 'ethnischen Gemeinden', als ob die Einwanderer eine eng verbundene Gruppe, mit gemeinsamen Werten, gemeinsamer Sprache und gemeinsamem kulturellen Hintergrund, seien. Dies trifft fast nie zu. Einwandererbevölkerungen sind sozial geschichtet und durch unterschiedliche Dialekte, religiöse und politische Überzeugungen gespalten... Wenn Einwanderer aus einem bestimmten Land einen bestimmten Grad an Zusammenhalt entwickeln und sich in separaten Vereinigungen organisieren, geschieht das oft als Antwort auf Diskriminierungserfahrungen in der neuen Gesellschaft. Die Einwanderer benötigen eine Machtbasis, um ihre Interessen zu schützen. Aus dieser Situation heraus entstehen auch neue Formen 'ethnischer' Identität, die so nur in der Einwanderungsgesellschaft existieren."

Zu weiteren Grundkonzepten: Logisch möglich, aber empirisch selten ist der Fall des Kulturkontakts, (Fall 3 in Übersicht 8.1) in wel-

---

[13] „Assimilation bedeutet die Auflösung ethnischer Gruppen, die Irrelevanz ethnischer Kategorien für soziales Handeln und die Aufnahme der Angehörigen ethnischer Gruppen in die Gast-Gesellschaft" (*Francis* 1976, 254).

chem wechselseitige Beeinflussung zur Auflösung beider (oder mehrerer) Kulturen führt und es zu einer kulturellen Neubildung kommt. Das Modell, oder besser die Ideologie, des „melting pot" beinhaltet eine solche Vorstellung; man kann hier von *kultureller Synthese* sprechen. Sind Akkomodation, Akkulturation, Assimilierung und kulturelle Synthese Termini für kulturelle Angleichungs- oder Neubildungsprozesse in Situationen von Kulturkontakt, kann es auch unter bestimmten Bedingungen der Mobilisierung ethnischer Ideologien zur Rekonstituierung und zur Verstärkung ethnischer Unterschiede kommen. Diese Form ethnischen Wandels wollen wir als *ethnische Dissimilierung* bezeichnen: Gruppen betonen stärker als zuvor Unterschiede gegenüber anderen Gruppen und verstärken das Bewußtsein und die Identität einer separaten Existenz.[14] Ethnische Dissimilierung ist aber nicht Thema dieses Kapitels.

Vor einer Diskussion „klassischer" Theorieansätze der Akkulturations- und Assimilierungsforschung, die in Punkt 8.2 erfolgt, noch einige Bemerkungen zum Verhältnis kulturellen und sozialstrukturellen Wandels beim Zustandekommen von „Kulturkontakten": in der Literatur findet man häufig eine enge konzeptuelle Verbindung zwischen Akkomodation, Akkulturation und Assimilierung auf der einen, und sozialstrukturellen Dimensionen der Eingliederung von Zuwanderern andererseits.[15] Akkulturation und das zunehmende „Eindringen" in verschiedene Bereiche der Sozialstruktur, Assimilierung und die dem relativen Anteil der Minderheit an der Gesamtbevölkerung entsprechende Quote bei der Besetzung der gesellschaftlichen Positionen werden eng verbunden. Diese Verknüpfung von „kultureller" und „struktureller" Assimilierung ist aber nur eine mögliche, und keineswegs häufig realisierte Entwicklungstendenz ethnischen Wandels. Wir stimmen *Francis* zu, wenn er ausführt: „Der Umstand, daß eine bestimmte ethnische Gruppe nicht proportional zu ihrer Größe vertreten ist, kann nicht als Mangel an Assimilierung gewertet werden." (*Francis* 1976, 257) Oder gar: „Assimilierung... ist nicht das gleiche wie der egalitäre Umbau einer ganzen Gesellschaft" (*Francis* 1970, 3).

Akkulturation und Assimilierung wird darum von uns als kultureller Wandel von Gruppen und Personen gesehen; Aspekte der sozialstrukturellen Position von ethnischen Gruppen betrachten wir als Phänomene „ethnischer Schichtung".[16] Die Aspekte analytisch zu trennen bedeutet dabei keineswegs, ihre wechselseitigen Beziehungen leugnen oder herunterspielen zu wollen.

---

[14] Beispiele sind das „ethnic revival" in den USA und ethnische Bewegungen in der GUS und in Osteuropa im Gefolge der Perestroika.
[15] Vgl. z. B. *Eisenstadt* (1954), *Goetze* (1976), *Esser* (1980) und *Hill* (1984).
[16] Vgl. hierzu Kapitel 5.

Im folgenden sollen „klassische" Theorieansätze der Akkulturationsforschung dargestellt werden, die in ihrem Einfluß bis in gegenwärtige Forschungen hineinwirken oder aber prinzipiell hineinwirken können und sollen. In bestimmten Elementen werden sie in unsere Versuche zur Systematisierung und Fortentwicklung von Akkulturationstheorie in Abschnitt 8.3 Eingang finden.

8.2 „Klassische" Ansätze der Akkulturationsforschung

8.2.1 Generationsmodelle

Generationsmodelle sind vor allem für Akkulturationsprozesse bei Einwandererpopulationen entwickelt worden; sie setzen die Generationszugehörigkeit der Einwanderer – die „direkten" Einwanderer gelten als 1. Generation – in Beziehung zum Ausmaß und der Qualität des Akkulturationsprozesses. Mitte der 20er Jahre war in den USA ein auf drei Generationen bezogenes Modell fortschreitender Akkulturation („three-generation-assimilation cycle") verbreitet:[17] in der ersten Einwanderergeneration sei die Akkulturation gering; Akkomodationsprozesse an Teilbereiche des gesellschaftlichen Lebens, aber insgesamt „Leben in der ethnischen Kolonie" und geringe „intermarriage" seien kennzeichnend für die erste Generation. Die zweite Generation habe den Konflikt der Kulturen zwischen Aus- und Einwanderungsland „in sich" auszutragen. Druck vom Elternhaus, seinen Werten zu folgen und Anpassungserwartungen in der Schule und im Arbeitsprozeß konfrontierten diese Generation. In der dritten Generation würde die Herkunftskultur verschwinden und der Akkulturationsprozeß mit der Assimilierung der eingewanderten Gruppe enden.

Dem Drei-Generationen-Assimilierungsmodell wurde in den 30er Jahren vor allem von *Hansen* (1938) widersprochen. Nach seinen Beobachtungen bei schwedischen Einwanderern versucht die 2. Generation die Merkmale der Herkunftskulturen abzustreifen und voll assimiliert zu werden. In der 3. Generation komme es jedoch zu einem „ethnic revival": die 3. Generation, ökonomisch und sozial besser abgesichert, wiederentdecke und wiederbelebe ethnische Kultur und ethnisches Erbe. Gegen das Modell der Drei-Generationen-Assimilierung sprechen auch Untersuchungsergebnisse, die eine hohe intergenerationale Konstanz ethnischen Heiratsverhaltens und der ethnisch geprägten Religionsausübung zeigen (vgl. *Price* 1969, 205).

---

[17] Vgl. *Price* (1969, 204)

Ob das Modell fortschreitender Assimilierung oder eines „ethnic revival" in späteren Generationen empirisch zutrifft, hängt stark von den gewählten Kriterien ab, an denen man die Hypothesen überprüft. Nimmt man etwa den Gebrauch der „Muttersprache", zeigen neuere Untersuchungen in Kanada z. B., daß, bei Variationen zwischen ethnischen Gruppen, in der Generationsfolge ein zunehmender Rückgang des Gebrauchs der Muttersprache erfolgt (vgl. *Richmond* 1988, 64). Auch inner-ethnische Organisationsteilnahme geht generationsmäßig progressiv zurück; gleichzeitig scheint jedoch Ethnizität – bei ökonomischer und sozialer Sicherheit der eingewanderten Gruppe – als *private Orientierung* in späteren Generationen wiederaufleben zu können (vgl. *Esser* 1980, 42).[18] Mit dieser Interpretation wäre auch vereinbar, was *Richmond* (1988, 64) zusammenfassend über Akkulturationsuntersuchungen in Kanada sagt: „In jedem Fall ist die substantielle und praktische Bedeutung von ethnischer Identität für die dritte und nachfolgende Generationen ganz anders als für die erste und zweite Generation." Vorausgesetzt ist bei diesen Argumentationen im übrigen immer, daß eine prinzipielle Offenheit der Mehrheitsgesellschaft vorliegt und das Mehrheits-Minderheitenverhältnis nicht durch strikte Segregation der Gruppen definiert ist.

Generationsmodelle der Akkulturation und Assimilierung basieren auf einer gewissen Alltagsplausibiliät und können sich auf empirische Untersuchungsergebnisse stützen. Will man sie einer kritischen Wertung unterziehen, muß jedoch auf folgende Punkte kritisch verwiesen werden: 1) Generationsmodelle des Akkulturationsprozesses sind nur sehr begrenzt als „Theorien" zu bezeichnen; sie sind vielmehr Beschreibungshypothesen mit teils impliziten, teils expliziten theoretischen Annahmen. 2) Es scheint wenig sinnvoll zu sein, universalistische Aussagen über Generationsfolge und Akkulturation zu machen, da Akkulturation und Assimilierung offensichtlich mit anderen großen Variablenkomplexen variieren, z. B. mit der Offenheit oder Geschlossenheit der Mehrheitsgesellschaft, mit der Art des Mehrheits-Minderheitenverhältnisses, oder mit dem Typus ethnischer Minderheiten.[19] Fazit: bei Generationsmodellen der Akkulturation handelt es sich um die Beschreibung bestimmter empirischer Regelmäßigkeiten; ein genuin theoretischer Ansatz liegt mit ihnen aber nicht vor.

---

[18] Über Entwicklungen während der 70er Jahre in den USA schreibt *Farley*: „... die Tatsache, daß viele weiße Gruppen etabliert und reich geworden waren, erleichterte es ihnen, zu ihrer ethnischen Herkunft zu stehen und sich für ihre Herkunftsverhältnisse zu interessieren" (*Farley* 1982, 372).

[19] Vgl. hierzu genauer Abschnitt 8.3.

8.2.2 Akkulturation und Eingliederung bei *Eisenstadt*

Eisenstadt (1954) hat eine Untersuchung vorgelegt, in welcher die Überlegungen zur Akkulturation in eine Gesamtanalyse der Eingliederung von Migranten der ersten Generation eingebettet sind; den Abschluß des Gesamtprozesses bezeichnet *Eisenstadt* als „Absorption". Der Gesamtprozeß wird in drei Phasen und Elemente eingeteilt: (1) die Wanderungsmotivationen; (2) der eigentliche Wanderungsvorgang; (3) die Absorption als Abschluß des Eingliederungsvorgangs.[20]

Auswanderungsmotive erwachsen aus Frustrationen und aus im Heimatland nicht erfüllbaren Erwartungen. Die Auswanderungsmotive sind bedeutsam, da sie die Erwartungen und Einstellungen gegenüber dem Einwanderungsland mitbestimmen; auch die Erwartungen bezüglich der Rollen im „neuen Land", die man übernehmen kann und die Bereitschaft für Akkomodation und Akkulturation werden von den Wanderungsmotivationen stark beeinflußt (vgl. *Eisenstadt* 1954, 4).

Zur zweiten Phase: der eigentliche Wanderungsvorgang und die erste Zeit im Einwanderungsland bedeuten gegenüber dem bisherigen Leben der Migranten einen Verlust an Rollen, an sozialen Beziehungen und an gesellschaftlicher Partizipation. Die Migranten werden auf die Primärgruppen begrenzt, in deren Rahmen die Wanderung erfolgt. Mit der Wanderung sind Wertveränderungen und Wertverluste verbunden, ohne daß sich schon ein kohärentes System neuer Wertvorstellungen herausbilden kann; die Unsicherheiten des Wanderungsprozesses führen zu Gefühlen der Unsicherheit und zu Angst. Die Unsicherheit werde jedoch zum Ausgangspunkt für die Bereitschaft, sich zu verändern, für Akkulturation: „Das Bedürfnis, diese Unsicherheit zu überwinden, verbindet sich mit dem ursprünglichen Bedürfnis, das zur Auswanderung führte und ist wichtig für die Bereitschaft des Einwanderers, neue Rollen und Verhaltensweisen im Einwanderungsland zu übernehmen. So führt der soziale Wandel, der allen Migrationprozessen inhärent ist, schließlich ... zu einer Resozialisierung des Individuums, zur Neuformung seiner sozialen Identität und seines Wertesystems" (ibidem).

Mit diesen Voraussetzungen geht der Einwanderer in die dritte Phase des Eingliederungsprozesses, die „Absorption". Zu Beginn dieser Phase stehen Lernvorgänge, die wir als Akkomodation bezeichnet hatten: „Zuerst muß er verschiedene Qualifikationen erwerben und praktizieren, Sprache, Technik, Ortskenntnisse etc.,

---

[20] Unsere Darstellung bezieht sich nicht auf die Gesamtheit des Eingliederungs- oder Absorptionsprozesses, sondern nur auf Aspekte, die für Akkulturation bedeutsam sind.

ohne die er in seiner neuen Umgebung nicht überleben könnte" (ibidem, 7). Zum zweiten werden neue Rollen gelernt. In einem dritten Abschnitt erfolgt die eigentliche Akkulturation: „Drittens, muß er schließlich sein Selbstbild und seine soziale Identität über den Erwerb neuer Werte restrukturieren und diese in neuen Rollen ausprobieren" (ibidem, 7).

Für die Erklärung des Prozesses der Akkulturation verweist Eisenstadt auf die Gruppen, innerhalb derer der Migrationsprozeß erfolgt. Die Transformation der Einwandererprimärgruppen[21] und der Struktur ihrer Beziehungen sei der Schlüssel zum Verständnis der Einwandererakkulturation. Die Einwanderergruppen veränderten ihre Aktivitäten, Werte, Normen und Beziehungen zu ihrer Umwelt. Akkulturation der Einwanderer wird besonders gefördert, wenn die Primärgruppen ihre Solidargefühle auf die neue Gesellschaft ausdehnen, wenn sie Beziehungen zu Organisationen der Einwanderungsgesellschaft aufnehmen und stabile Beziehungen zu „alten" Gruppen der Einwanderungsgesellschaft aufnehmen, kurz das Maß ihrer gesellschaftlichen Partizipation erweitern. Die Ausweitung ihrer gesellschaftlichen Partizipation ist zum einen abhängig von der Art und Intensität der Wanderungsmotive, zum anderen von der Offenheit oder Geschlossenheit der Aufnahmegesellschaft gegenüber den Einwanderern.

Die „Absorption" und Akkulturation der Einwanderer kann aber auch einen problematischen Verlauf nehmen. „Zunächst kann es wegen des Zusammenbruchs von Primärgruppen der Einwanderer zur Persönlichkeitsdestabilisierung kommen. Zweitens können sich verschiedene Arten von Aggressionen entwickeln ... Drittens, und das ist vielleicht am kennzeichnendsten für Einwanderer, kann es zu ungenügender Identifikation und Solidarität mit der neuen Gesellschaft kommen" (ibidem, 20/21).

Faßt man die Theorie *Eisenstadt*s hinsichtlich ihrer zentralen Variablen und Vorstellungen zusammen, kann man festhalten: Art und Intensität der Wanderungsmotive bestimmen die grundlegende Bereitschaft, die Kultur der neuen Gesellschaft zu erlernen; da der Migrations- und Eingliederungsvorgang in Primärgruppen erfolgt, ist die Analyse der Transformation der Primärgruppen der Schlüssel zum Verständnis des Akkulturationsprozesses; der individuelle Veränderungsprozeß wird als Krisenverlauf konzipiert, in welchem „Sicherheiten" durch die Wanderung zunächst aufgelöst, dann aber mit Hilfe der Primärgruppen des Einwanderungsprozesses restrukturiert werden; die Krise kann aber auch zu „personaler Desorganisation" führen und sich verfestigen. Als Grundbedingung für die

---

[21] Bei *Eisenstadt* nicht näher spezifiziert; gemeint sein dürften Familie, Verwandtschaft, lokale Gruppen, religiöse Gemeinschaften.

Gesamtheit des Akkulturations- und Absorptionsvorgangs wird die prinzipielle Offenheit der Aufnahmegesellschaft gegenüber den Zuwanderern angesehen.

8.2.3 *Gordons* Konzeption

Akkulturation ist bei *Gordon* (1964) ein Teilaspekt des Gesamtprozesses der (vollständigen) Assimilierung. Seine Konzeption illustriert er mit Hilfe eines Gedankenexperiments: „Sylvania" sei eine Gesellschaft, in der eine in Bezug auf „rassische" Zugehörigkeit, Religion und ethnische Herkunft homogene Bevölkerung lebe. Ihre Sozialstruktur sei nur entlang sozialer Schichtungsdimensionen differenziert. In diese Gesellschaft wanderten die nach ethnischer Herkunft, Religionszugehörigkeit und Kultur unterschiedlichen „Mundovier" ein. Wenn nach einiger Zeit die zweite Generation der Mundovier eine eigene ethnische Identität aufgegeben hätte, die Religion der Sylvaner angenommen hätte, über keine eigenen Organisationen mehr verfüge und ihrerseits in den Organisationen, Klubs und Cliquen der Sylvaner und als Ehepartner volle Akzeptanz fände, wenn Vorurteil und Diskriminierung verschwunden seien und die Mundovier mit ihren Vorstellungen keine grundlegenden Werte und Machtstrukturen der Sylvaner in Frage stellten, könne man von *vollständiger* Assimilierung sprechen (vgl. *Gordon* 1964, 68/69). Eine abstraktere Fassung von *Gordons* Vorstellungen ist in Übersicht 8.2 enthalten.

In Übersicht 8.2 sind sieben Dimensionen des Assimilierungsprozesses enthalten: Veränderungen kultureller Muster und Verhaltensweisen (Akkulturation), Eintreten und Akzeptanz in verschiedenen Gruppen und Organisationen, Akzeptanz als Heiratspartner, Veränderung der ethnischen Gruppenidentität, Schwinden von diskrimierendem Verhalten, Verschwinden von Vorurteilen und die Nichtentstehung von Wert- und Machtkonflikten zwischen den Gruppen. Die einzelnen Dimensionen können auch als Phasen im Assimilierungsprozeß begriffen werden, wie aus Übersicht 8.2 deutlich wird.

In konkreten Assimilisierungsprozessen kann der Gesamtprozeß und jede der einzelnen Dimensionen in unterschiedlichem Grade verwirklicht sein. Kulturelle Assimilierung oder Akkulturation setze von allen Unterprozessen zuerst ein. Die Beziehung von Akkulturation zu den anderen Variablen formuliert *Gordon* wie folgt: „1) Bezogen auf verschiedene Typen von Assimilierung wird kulturelle Assimilierung oder Akkulturation zuerst einsetzen; und 2) wird kulturelle Assimilierung oder Akkulturation der Minderheit einsetzen, auch wenn keiner der anderen Typen von Assimilierungsprozessen

Übersicht 8.2 Variablen des Assimilierungsprozesses

Subprozeß bzw. Bedingung	Typ bzw. Stadium der Assimilation	spezieller Begriff
Wandel der kulturellen Verhaltensmuster in Richtung der Aufnahmegesellschaft	kulturelle oder verhaltensmäßige Assimilation	Akkulturation
allgemeiner Eintritt in Cliquen, Vereine und Institutionen des Aufnahmesystems auf der Basis von Primärbeziehungen	strukturelle Assimilation	–
inter-ethnische Heiraten	verwandtschaftliche Assimilation	Amalgamation
Entwicklung eines Zugehörigkeitsgefühls zur Aufnahmegesellschaft	identifikatorische Assimilation	–
Verschwinden von Vorurteilen	Akzeptanz-Assimilation	–
Verschwinden von Diskriminierungen	„Gleichbehandlungs-Assimilation"	–
Verschwinden von Wert- und Machtkonflikten	zivile Assimilation	–

Quelle: *Gordon* (1964, 71)

zur gleichen Zeit abläuft, und diese Situation der alleinigen Akkulturation kann unbegrenzt fortdauern" (ibidem, 77).

Damit sind Akkulturation und eine egalitäre Sozialstruktur, die man vielleicht als latente Teleologie in dem Phasenmodell *Gordon*s vermuten könnte, deutlich voneinander getrennt. Selbst der Akkulturationsprozeß kann unter bestimmten Bedingungen außerordentlich verlangsamt werden: 1) wenn eine Minderheit – wie etwa die amerikanischen Indianer – räumlich und sozial stark segregiert und isoliert ist; 2) wenn eine Minderheit – wie die amerikanischen Schwarzen – starken Diskriminierungen unterworfen ist und ihr Bildungs- und Berufschancengleichheit weitgehend vorenthalten werden.

Nicht kulturelle Assimilierung oder Akkulturation sei aber der entscheidende Einfluß auf den Gesamtprozeß der Assimilierung: Entscheidend sei die strukturelle Assimilierung, also das Eindringen in die und die Akzeptanz in den Institutionen der Einwanderungsgesellschaft auf der Ebene der Primärgruppen; wenn diese Stufe erreicht sei, würden die anderen quasi natürlich folgen: „... Während Akkulturation ... nicht notwendigerweise zu struktureller Assimilierung führt, produziert strukturelle Assimilierung ihrerseits notwendigerweise Akkulturation. Von daher gesehen ist nicht

Akkulturation, sondern strukturelle Assimilierung der Schlüsselstein für Assimilierung" (idem, 81).

Eine gegenüber Generationsmodellen und den Ansätzen von *Eisenstadt* und *Gordon* eigenständige „klassische" Theorie, die sich vor allem auf Prozesse ethnischer Identitätsbildung bei bestimmten Bevölkerungsgruppen bezieht, ist die Marginalitätstheorie; sie wird im folgenden Punkt 8.2.4 skizziert.

8.2.4 Marginalitätstheorie

Gegenstand der Marginalitätstheorie sind bestimmte, aus unklarer ethnisch-kultureller Zugehörigkeit und „doppelter Sozialisation" stammende Motivlagen bei Minderheitenangehörigen, die u.a. zu Akkulturation, Assimilierung und ethnischem Identitätswandel, aber auch zu ethnischer Dissimilierung führen können. Im folgenden werden wir eine erste Skizze der Marginalitätstheorie geben; eine ausführlichere Diskussion und Weiterführung findet sich unten in Abschnitt 8.3.3.3.

Die Marginalitätstheorie nimmt wissenschaftsgeschichtlich ihren Ausgangspunkt in dem formalsoziologischen Essay *Georg Simmels* über den „Fremden" (*Simmel* 1908, 509–512). Der „Fremde" stehe im Widerspruch von Zugehörigkeit und Nichtzugehörigkeit, von Nähe und Ferne zur „Gruppe": „Die Einheit von Nähe und Entferntheit, die jegliches Verhältnis zwischen Menschen enthält, ist hier zu einer am kürzesten so zu formulierenden Konstellation gelangt: Die Distanz innerhalb des Verhältnisses bedeutet, daß der Nahe fern ist, das Fremdsein aber, daß der Ferne nah ist. ... Der Fremde ist ein Element der Gruppe selbst ..., ein Element, das zugleich ein Außerhalb und Gegenüber einschließt" (S. 509).

Die Diskussion über den „Fremden" ist vor folgendem historischen Hintergrund zu sehen: Mit der Auflösung der Ghettos und dem Emanzipationsprozeß der Juden in die bürgerliche Gesellschaft bildete sich unter ihnen ein neuer Verhaltenstypus heraus. Diese, über *Simmel* vermittelte Beobachtung, die in den Essay über den Fremden einging, wird bei *Park* (1964, zuerst 1928) zum Ausgangspunkt seiner Thesen über Entstehung und Wesensmerkmale des „marginal man". Zusammen mit *Stonequist* entwickelte *Park* im Rahmen der Chicago-Schule der Soziologie die Grundlagen der Marginalitätstheorie und weitet sie auf die Analyse von Migrationsprozessen aus. Die marginale Person sei gezwungen, „to live in two societies and in two, not merely different but antagonistic cultures" (*Park*, Einleitung zu *Stonequist* 1937). Sie lebe am Rande zweier Kulturen und könne weder vollständig mit ihrer Herkunft und ihren Traditionen brechen noch werde sie in den gesellschaftlichen Gruppen akzeptiert, deren Mitgliedschaft sie anstrebe (vgl. *Park* 1964, 354).

Marginalität ist, wenn man *Park*s Umschreibungen in einer präziseren Begrifflichkeit resümiert, gekennzeichnet durch enge Beziehungen von Personen zu unterschiedlichen Gruppen bei ungeklärter Zugehörigkeit; die marginale Lage bewirke einen Kulturkonflikt und Identitätsunsicherheit. *Park*s Ansätze wurden von *Stonequist* (1937) fortgesetzt. Auch bei Stonequist ist Marginalität Resultat von ungeklärter Zugehörigkeit und Kulturkonflikt. Die marginale Lage des emanzipierten Juden beschreibt Stonequist folgendermaßen: „Wenn er einmal eingetreten ist (in die Gesellschaft außerhalb des Ghettos, F.H.), kann er sich nicht wieder bequem in das Ghetto zurückziehen. Er ist zu sehr Jude, um assimiliert zu sein; und er ist zu wenig Jude, um isoliert zu sein" (*Stonequist* 1937, 77/78). Wesentlich gegenüber *Park* ist vor allem *Stonequist*s Explizierung des Verhältnisses von Mehrheit und Minderheit als Ungleichheits- und Dominanzverhältnis und die Skizzierung von Auswirkungen der marginalen Lage auf die Persönlichkeitsstruktur. Die Person in marginaler Lage bzw. ein bestimmter Persönlichkeitstypus in einer marginalen Lage zeige Verhaltensunsicherheit, Stimmungslabilität, Entschlußlosigkeit und Orientierungszweifel, starke Handlungsbefangenheit, ein Gefühl der Isolierung und der Machtlosigkeit gegenüber den „Umständen", Minderwertigkeitsgefühle nähmen häufig die Form von Selbsthaß an, Ohnmachts- und Unsicherheitsgefühle bewirkten eine starke Angst vor der Zukunft und würden in häufigen Tagträumen zu kompensieren gesucht (vgl. ibidem 141, 147).

Dieses Bild der marginalen Person dürfe in Hinsicht auf den Ausprägungsgrad der dargestellten Züge keineswegs als Konstante begriffen werden. Da der Marginalitätsgrad von Situationen variiere, variierten auch die Ausprägungen der marginalen Züge in der Person (vgl. ibidem, 139). Im Extremfall werde die marginale Situation zur destruktiven Kraft, die zur psychischen Erkrankung und zum Selbstmord führen könne (vgl. ibidem, 202).

Die Marginalitätstheorie ist zumeist als Versuch der Erklärung von Bewußtseins- und Verhaltensproblemen bei Angehörigen ethnischer Minderheiten verstanden worden. *Simmel*, *Park* und auch *Stonequist* gehen aber auch auf positive Handlungspotentiale der Marginalität ein. Die Auseinandersetzung mit den eigenen Problemen könne dazu führen, diese Probleme in den Kontext sozialer Situationen und Verhältnisse einzuordnen und diese Situationen und Verhältnisse ändern zu wollen. „Sein Interesse kann sich von der Beschäftigung mit seiner eigenen Person auf die objektiven sozialen Verhältnisse verschieben..." sagt *Stonequist* (1937, 227). Mit Bezug auf den emanzipierten Juden als Prototyp der marginalen Person spricht *Park* von der kosmopolitischen Orientierung und dem intellektuellen Interesse des „marginal man" (vgl. 1964, 354/355). *Simmel* sagt über den Fremden: „Weil er nicht von der Wurzel her für die singularen Bestandteile oder einseitigen Tendenzen der Gruppe festgelegt ist, steht er allen diesen mit der besonderen Attitüde des 'Objektiven' gegenüber, die nicht etwa einen bloßen Abstand und Unbeteiligtheit bedeutet, sondern ein besonderes Gebilde aus Ferne und Nähe, Gleichgültigkeit und Engagiertheit ist" (1908, 510)[22] Auch in der neueren literatursoziologischen Forschung taucht das Motiv besonderer Erkenntnischancen der Marginalitätssituation wieder auf, sowohl als Gegenstand wie als analytische Dimension der Literatursoziologe selbst. Genannt werden kann hier *Dittmar* (1978). Marginalität wird als „Möglichkeit kontrastiver Betrachtung" verstanden, die „eine Steigerung der bewußten Erlebnisfähigkeit, der Beobachtungsgabe und der Sensibilität zur Folge hat;" (S. 88) „der marginale Jude sei gleichzeitig, das eindeutigste Opfer und der scharfsinnigste Zeuge des modernen Krisenbewußtseins" (S. 95).

Viele Einwände gegen die Theorie *Parks* und *Stonequists*, die hier nicht im einzelnen dargestellt werden sollen, lassen sich in dem Argument zusammenfassen, daß das Marginalitätskonzept keineswegs pauschal auf ethnische Minderheiten und alle Minderheitenangehörigen angewandt werden dürfe.[23] Die Kritik *Antonovsky*s (1956), die empirisch fundiert ist, sei hier exemplarisch angeführt. Der Verfasser interviewte eine Stichprobe von Angehörigen der jüdischen Minderheit von New Haven, die repräsentativ war für die männlichen und verheirateten jüdischen Einwanderer der zweiten Generation. Nach den Ergebnissen von Interviews, die Einstellungs- und Identitätsdimensionen betrafen, unterschied *Antonovsky* sechs verschiedene ethnische „Orientierungstypen": „active Jewish orientation", „passive Jewish orientation", „ambivalent orientation", „dual orientation", „passive general orientation", „active general orientation" (S. 59). Nur der Typus der ambivalenten Orientierung, der ca. 14% der Befragten umfaßte, trage die Merkmale oder Symptome der Marginalität. Kulturkonflikt sei zwar der Minderheitenlage inhärent, aber die meisten Betroffenen seien in der Lage, Situationsdefinitionen zu finden, die ein relativ konfliktfreies Leben erlaubten. Auf genauere soziale Bedingungen der Entstehung und Stabilisierung solcher Orientierungen ging *Antonovsky* allerdings nicht ein.

---

[22] Dieser Aspekt ging mit in die Intelligenzsoziologie *Alfred Weber*s und *Karl Mannheim*s ein, deren Konzept der sozial freischwebenden Intelligenz den Begriff von Objektivität aufgrund sozialer Ungebundenheit meint (vgl. hierzu näher *Lenk* 1963).
[23] Vgl. hierzu *Goldberg* (1941), *Golovensky* (1952) und *Antonovsky* (1956); auf die Arbeiten von *Child* (1943), *Lewin* (1948) und *Dickie-Clark* (1963) gehen wir weiter unten im Text ein.

Von den 60er Jahren bis hin zur Gegenwart traf die Marginalitätstheorie auf ein nur geringes Interesse.[24] In Abschnitt 8.3.3.3 versuchen wir, die Marginalitätstheorie für die Analyse von Akkulturation und den Wandel ethnischer Identität weiterzuführen.

Der gesamte, jetzt folgende Abschnitt 8.3 hat das Ziel, Grundlagen und Elemente einer Weiterführung der Akkulturationstheorie vorzulegen.

8.3 Zur Fortentwicklung von Akkulturations- und Assimilierungstheorie

8.3.1 Vorüberlegungen

Überlegungen zur Fortentwicklung von Akkulturations- und Assimilierungstheorie greifen zunächst zwei Gedanken auf, die schon zuvor angesprochen wurden. Sie beziehen sich zum einen auf den Gegenstand von Akkulturations- und Assimilierungstheorie, zum anderen auf die heuristische Trennung von Personen-Akkulturation und Gruppen-Akkulturation.

Zunächst zum Gegenstand von Akkulturationstheorie. In den zuvor diskutierten „klassischen" Ansätzen einer Akkulturationstheorie wird versucht, eine Vielzahl von Erscheinungen zu erklären: kulturelle Veränderungen von Gruppen und Einzelpersonen, soziale Stellung und soziale Mobilität von Minderheitenangehörigen, Identifikationen und Zufriedenheitsgrade, soziale Integration von Einwanderern. Bereits bei der Darstellung dieser Ansätze hatten wir uns weitgehend auf kulturelle Veränderungsprozesse beschränkt. Auch im folgenden sollen auf der Basis unseres Akkulturationsbegriffs die Bereiche der sozialen Integration, des Wandels der sozialökonomischen Stellung und der sozialen Mobilität der Minderheitenangehörigen nicht Gegenstand von Akkulturationstheorie sein; zwar ist es plausibel und empirisch belegbar, daß diese Bereiche nicht selten mit kulturellen Veränderungen in Zusammenhang stehen, sie stellen aber auf der anderen Seite eigene Gegenstandsbereiche dar, von denen nicht einfach unterstellt werden kann, daß sie

---

[24] Weder in den „Social Forces", dem Hauptorgan der bisherigen Diskussion, noch im „American Journal of Sociology" oder „American Sociological Review" läßt sich seit den 60er Jahren eine systematische Fortsetzung der Diskussion beobachten; eine Ausnahme bildet *Dickie-Clark* (1963); in der Bundesrepublik kam es nur zu verstreuten, primär rezeptiven Diskussionen der Marginalitätstheorie, z. B. bei *Jochimsen* (1961) im Kontext einer Untersuchung über die soziale Lage von Zigeunern in der Bundesrepublik, oder durch *Wöhlcke* (1969) bei der Analyse afro-brasilianischer Kulte.

mit dem gleichen theoretischen Instrumentarium wie kulturelle Veränderungen erklärt werden können. Sie sind auch nicht einfach nur als Stufen oder Voraussetzungen kultureller Veränderungen anzusehen, wie *Goldlust* und *Richmond* empirisch gezeigt haben; (vgl. *Richmond* 1988, 36) und umgekehrt ist Akkulturation zwar eine notwendige, aber keineswegs hinreichende Begründung für „Eingliederung" oder, wie *Gordon* formulierte: „Akkulturation und keine weiteren Assimilierungsschritte, dieser Zustand kann unbestimmt lange fortdauern" (*Gordon* 1964, 77).

Eine zweite Qualifizierung: wir halten es aus heuristischen Gründen für sinnvoll, eine analytische Trennung von, auf der einen Seite, „Personen-Akkulturation" und, auf der anderen Seite, „Gruppen-Akkulturation" durchzuführen. Man kann Akkulturation betrachten als Veränderungsprozeß von Personen: es gilt dann Aussagen zu machen u.a. über Motive für Handeln und deren Veränderungen, über Lernen, speziell über individuelle Fähigkeiten, eine neue Kultur zu lernen und zu praktizieren, über die Bildung und Veränderung von (ethnischer) Identität.

Zum anderen schließt Akkulturation, sofern sie sich nicht auf Einzelpersonen in einer relativ isolierten Situation beschränkt, Gruppenprozesse ein; hier gilt es Aussagen zu machen z.B. über die Veränderungen kollektiver Werte und Normen, über die Veränderung sozialkultureller Strukturen etwa in Vereinen, Verbänden, religiösen Gemeinden und Medien, schließlich über Veränderungen kollektiver Gruppenidentität oder ethnischer Grenzziehungen; z.B. wandeln sich Werte und Normen des Familienlebens, Formen der Interessenvertretung, Formen der Geselligkeit, des religiösen und kulturellen Lebens; Organisationen werden neu gegründet, ältere Organisationen verlieren an Bedeutung oder ändern ihre Strukturen und Funktionen. Wir glauben, daß solche Prozesse der Gruppenakkulturation aus heuristischen Gründen von „Personen-Akkulturation" getrennt werden sollten; Hypothesen über Gruppenakkulturation sind nicht einfach auf Hypothesen zur Personen-Akkulturation reduzierbar, und umgekehrt.[25] Wir diskutieren zunächst Elemente und Ansätze von Theorien zur Gruppenakkulturation.

8.3.2 Elemente einer Theorie der Gruppenakkulturation

Im folgenden sollen als Elemente und „Inventar" einer Theorie der Gruppenakkulturation Konzepte und Hypothesen diskutiert werden, die sich auf die Inhalte der zwischen den Gruppen „transferier-

---

[25] Zur Kritik des methodologischen Individualismus, der solch eine Trennung ablehnen würde, vgl. Punkt 8.3.3.1.

ten" Kultur, auf bestimmte Merkmale der Mehrheit wie der Minderheit und auf bestimmte Relationsmuster zwischen Mehrheit und Minderheit beziehen.

8.3.2.1 Akkulturation und inhaltliche Aspekte der übertragenen Kultur

Wenn wir davon ausgehen, daß für den Einwanderer zum Leben und Arbeiten in der neuen Gesellschaft bestimmte kommunikationstechnische und verhaltensfunktionale Notwendigkeiten bestehen – die Notwendigkeit zur Akkomodation – sind diese kommunikationstechnischen und verhaltensfunktionalen Aspekte der Kultur auch die ersten, die von Neueinwanderern gelernt werden (müssen). Weiter scheint es schon eine Erfahrung der früheren Migrationsforschung zu sein, daß insgesamt „materielle" Aspekte und Inhalte der Kultur des Einwanderungslandes schneller durch die zugewanderten Minderheiten übernommen werden als die „immateriellen", d. h., Konsumgüter, Technik und die materiellen Lebensweisen werden relativ schnell übernommen, Religion, Weltanschauungen und Wertvorstellungen der ethnischen Minderheiten sind gegenüber den Einflüssen der Mehrheitskultur resistenter.

„Amerikanische Kultur lernt der Einwanderer über die ökonomische Umwelt auf zwei Wegen. Zum einen wird er mit der materiellen und technischen Kultur des Landes durch die Industriearbeit und durch die Benutzung von Verkehrsmitteln vertraut gemacht. Zum anderen erlauben es die höheren Löhne, den Lebensstandard zu erhöhen und sich Auto, Radio, eine Waschmaschine und andere Konsumgüter der Mittelschicht zuzulegen. Der Erwerb der materiellen Kultur verläuft schnell und ohne emotionalen Widerstand" (*Davie* 1949, 553/554). Daß die Einwanderer – entgegen dem Stereotyp des sparsamen Konsumenten, der seine Ersparnisse in die Heimat schickt – sich in ihren Konsumneigungen und Ausgaben schnell dem Niveau einkommensvergleichbarer Gruppen von Einheimischen anglichen, ist empirisch durch *Morrison* (1980) gezeigt worden: „Die hier vorgelegten Untersuchungsergebnisse zeigen, daß die durchschnittlichen und Grenz-Konsumfunktionen für Einwanderer und Einheimische ähnlich waren" (*Morrison* 1980, 352-353).

Unter den Bedingungen der globalen Verbreitung einer universellen Massenkultur, die sich auf Elemente des Freizeitverhaltens, des Sports, der Musik, des Films, des Fernsehens und Formen des Konsumverhaltens erstreckt, sind in der Gegenwart (massen-)kulturelle Gemeinsamkeiten entstanden, die Akkomodation und Akkulturation von Zuwanderern erleichtern. Die Einwanderer finden nicht eine völlig neue „Welt" vor, sondern finden kulturelle Muster wieder, die sie aus ihren Herkunftskontexten kennen. Universelle Verbreitung von Massenkultur hat kulturelle Distanzen – zumindest in bestimmten Teilaspekten – schwinden lassen (vgl. hierzu *Richmond* 1988, 56/57); geringe Distanzen oder Ähnlichkeiten zwischen Kulturen fördern Akkulturation, da Lernaufwand und emotionale Barrieren geringer sind.

Zusammengefaßt: (1) Bei Kulturkontakten zwischen ethnischen Gruppen werden „materielle" Elemente der Kultur der Mehrheitsgesellschaft schneller übernommen als immaterielle Kulturelemente. (2) Unter den Bedingungen der globalen Verbreitung von Massenkultur haben sich für diese medialen Massenkulturen interkulturelle Distanzen verringert, die bei Kulturkontakten Akkulturation erleichtern.

8.3.2.2 Akkulturation und Merkmale der Minderheit

Man kann davon ausgehen, daß es verschiedene Arten und Grade von Akkulturation gibt, die vom *Typ der ethnischen Minderheit* abhängen: Minderheiten, die relativ stark segregiert und diskriminiert leben, werden geringere Raten von Akkulturation zeigen. Die soziale Schließung zur Minderheit bedeutet eben auch eine Minimierung inter-ethnischer Kommunikation und Beeinflussung. So ist zu erwarten, daß – im Sinne unserer Typologie[26] – kolonisierte Minderheiten relativ geringe Grade von Akkulturation zeigen. Die Indianer in den USA können als Beispiel hierfür gelten. Über die Akkulturation der Schwarzen in den USA als weitere diskriminierte und segregierte Gruppe schreibt Gordon (1964, 78): „Ausgeprägte Diskriminierung, wie bei den Schwarzen in den USA, die große Teile der Minderheit von Bildungs- und Berufschancen ausschließt und damit in den untersten Schichten beläßt, wird auch den Akkulturationsprozeß von Gruppen verlangsamen."

Eine weitere wichtige Größe, die inner-ethnische oder inter-ethnische Kontakte und dadurch Akkulturation mitdeterminiert, ist die Existenz oder Nicht-Existenz *ethnischer Kolonien*[27] bei den Minderheiten. Was Francis für ethnische Kirchengemeinden sagt, kann im Grunde für die Wirkung ethnischer Kolonien, d. h. ethnisch eigenständiger Institutionen und sozio-kultureller Organisationsstrukturen insgesamt gesagt werden:

Sie ... „stärken 1) die ethnische Identität ihrer Mitglieder; 2) intensivieren Interaktionen zwischen ihnen und dadurch Solidaritätsgefühle; 3) fördern ihre soziale und räumliche Trennung und isolieren sie von Außeneinflüssen; 4) stellen auch wichtige Organe sozialer Kontrolle dar und behindern die Assimilierung der einzelnen Mitglieder in die Aufnahmegesellschaft" (*Francis* 1976, 152/153).

Je ausgeprägter und vollständiger die ethnische Kolonie, je größer ihre Bindungsfähigkeit, desto stärker ist die Tendenz der ethnischen

---

[26] Vgl. Kapitel 4.
[27] Vgl. zur Erläuterung des Konzepts Kapitel 6.

Minderheit, ihre Kultur zu bewahren.[28] Das kann zweierlei Dinge heißen: zum einen, nicht akkulturiert zu werden, unter Umständen sogar, Widerstand gegen Akkulturation zu leisten,[29] zum anderen Mehrheitskultur *und* Minderheitenkultur zu erlernen und zu akzeptieren und in der Gruppe bikulturelle Orientierungen zu entwickeln. Innerhalb der Einwandererkolonien kommt den Einwandererprimärgruppen von Familie, Verwandtschaft und sozialen Verkehrskreisen eine zentrale Rolle im Akkulturationsprozeß zu. Sie können, wie die gesamte Kolonie, Akkulturation verlangsamen, aber auch – unter bestimmten Bedingungen – unterstützen. Nach *Eisenstadt* (1954) wird die Akkulturation der Einwanderer besonders gefördert, wenn die Primärgruppen ihre Loyalitäts- und Solidargefühle auf die neue Gesellschaft ausdehnen und wenn sie stabile Beziehungen zu „alten" Gruppen der Einwanderergesellschaft aufnehmen.[30]

Eine weitere wichtige Möglichkeit für Immigrantenminderheiten, ihre Herkunftskultur zu bewahren und sich akkulturierenden Einflüssen zu entziehen, besteht dann, wenn das Herkunftsland in relativer *Nähe zum Einwanderungsland* liegt bzw. leicht erreichbar ist.

Eine andere Klasse von Variablen, die zu Merkmalen von ethnischen Minderheitengruppen gerechnet werden können und Akkulturation beeinflussen, stellen bestimmte aggregierte Individualdaten dar. Da Akkulturation und Assimilierung Lernprozesse sind, werden solche Variablen, die sich im allgemeinen positiv auf Lernfähigkeit und Lernen auswirken, auch förderlich für Akkulturationsprozesse sein. Zu diesen Variablen sind zu zählen: Bildungsstand, Alter und, speziell bei Immigranten der 1. Generation, das Einreisealter; nach Sichtung eines Großteils von Literatur ist für *Richmond* (1988, 54) „education" die wahrscheinlich bedeutsamste unter den Variablen, die Art und Ausmaß von Akkulturationsprozessen beeinflussen. Bei Untersuchungen der Veränderungen von Geschlechtsrollenorientierungen türkischer und jugoslawischer Einwanderer in der Bundesrepublik fand *Kurosch* (1980, 279), daß es „offensichtlich Bildungsprozesse (sind), die eine Loslösung von traditionellen Rollenorientierungen mit sich bringen."[31] Sieht man von weiteren möglichen Wirkungsgrößen ab, läßt sich also festhalten: je höher der

---

[28] Der Begriff „vollständig" bezieht sich auf den Grad, zu dem Gruppen eigene Institutionen in verschiedenen Lebensbereichen haben, z. B. eigenes Schulsystem, eigene Medien, Vereine für verschiedene Altersgruppen in unterschiedlichen Aktivitätsbereichen.
[29] Widerstand gegen Akkulturation und „Reinhaltung der eigenen Kultur" findet man insbesondere bei ethnischen Gruppen mit religiös motiviertem Überlegenheitsanspruch (vgl. *Greverus* 1978, 253).
[30] Vgl. Abschnitt 8.2.2.
[31] Das galt im übrigen für Frauen stärker als für Männer.

Bildungsgrad einer Gruppe, desto schneller ihr Akkulturationsprozeß. Den Einfluß des Einreisealters auf schulische Qualifikationsprozesse türkischer und jugoslawischer Jugendlicher und junger Erwachsener hat *Esser* (1990b) empirisch für die Bundesrepublik nachgewiesen.

Im folgenden Abschnitt diskutieren wir Zusammenhänge zwischen Merkmalen der ethnischen Mehrheit(en) und Akkulturationsprozessen bei ethnischen Minderheiten.

8.3.2.3 Akkulturation und Merkmale der Mehrheit

Offene Gruppenstrukturen, Akkulturationsbereitschaften und -fähigkeiten bei der Minderheit reichen nicht aus, um es tatsächlich zu Prozessen der Akkulturation und Assimilierung kommen zu lassen; sie sind notwendige, aber keineswegs hinreichende Bedingungen für Akkulturation. Hinzutreten müssen Bedingungen bei der Mehrheit. Mit dem Konzept der „Offenheit" der Mehrheitsgesellschaft ist die wichtigste dieser Bedingungen genannt; allgemein läßt sich sagen: je offener die Mehrheitsgesellschaft, desto größer der Grad von Akkulturation bei den ethnischen Minderheiten.

Dieser Zusammenhang zeigt sich bereits in der Frühzeit der modernen Gesellschaft bei der Judenemanzipation: mit der Öffnung der bürgerlichen Gesellschaft gegenüber den Juden, verschwinden auch die selbstgezogenen, starren kulturellen und sozialen Grenzen des bisherigen Ghettos. „Je größer die religiöse Toleranz ihrer Mitbürger und der deutschen Behörden wurde, desto mehr ließ auch das starre Festhalten der deutschen Juden an ihren religiösen Gebräuchen nach. Das 19. Jahrhundert war für sie die Epoche der Abkehr von der Orthodoxie, von den strengen Gebets-, Speise-, Sabbat- und sonstigen Vorschriften" (*Engelmann* 1979, 19).

Die Offenheit der Mehrheitsgesellschaft hat eine politisch-rechtliche, eine materiell-ökonomische und eine soziale Dimension. Zu der rechtlich-politischen Dimension gehören grundlegende Prinzipien staatlicher Politik und Organisation gegenüber ethnischen Minderheiten und Einwanderern: die Sicherheit des Aufenthalts, Zugänge zum Arbeitsmarkt, Sozialleistungen und Bildungsangebote, Möglichkeiten politischer Partizipation, die Möglichkeiten der Erlangung der Staatsbürgerschaft. Unter der materiell-ökonomischen Dimension der Offenheit der Mehrheitsgesellschaft sollen das Ausmaß der ökonomischen Chancen bezeichnet werden, die der Minderheit geboten werden. Die soziale Dimension der Offenheit-Geschlossenheit der Mehrheit soll Arten und Grade von Vorurteilen und Verhaltensdiskriminierung in Form von ethnischem Vorurteil,

Rassismus, Kulturzentrismus und Nativismus gegenüber der Minderheit bezeichnen.[32]

Für alle diese Zusammenhänge gilt, daß „Offenheit" (oder Geschlossenheit) der Mehrheitsgesellschaft keine Konstante, sondern eine Variable ist. In „schlechten Zeiten" mit Arbeitslosigkeit, Wohnungsproblemen, Überlastungen der öffentlichen Haushalte, der Sozialleistungen und der Infrastruktur, kurz dem Kampf um knapper werdende Ressourcen, setzen in Marktgesellschaften Prozesse der sozialen Schließung gegenüber Minderheiten und Zuwanderern ein; in „guten Zeiten" ist die Offenheit größer[33]

Neben der Offenheit oder Geschlossenheit der Mehrheitsgesellschaft ist für die Akkulturation und Assimilierung ethnischer Minderheiten die grundlegende staatlich-verfassungspolitische und politische Ordnung der Mehrheitsgesellschaft von Bedeutung; wir gehen in Kapitel 9 näher auf diese Zusammenhänge ein, hatten aber schon im 3. Kapitel die prinzipiell assimilative Tendenz des (ethnischen) Nationalstaats aufgezeigt.

8.3.2.4 Akkulturation und Relationen zwischen Mehrheit und Minderheit

Was wir zuvor als Merkmale von Minderheit und Mehrheit jeweils hinsichtlich ihrer Akkulturationswirkungen dargestellt hatten, beinhaltet fast immer auch schon bestimmte relationale Aspekte; die Offenheit der Mehrheitsgesellschaft etwa ist nicht nur ein Merkmal der Mehrheit, sondern beinhaltet auch eine bestimmte Beziehung zur Minderheit. In diesem Abschnitt geht es aber darum, Akkulturationswirkungen zentral aus der Perspektive solcher Beziehungsstrukturen zu betrachten. Als Frage formuliert: wie wirken sich bestimmte Arten von Intergruppenbeziehungen auf Akkulturation aus? Als Aspekte von Gruppenbeziehungen sollen Macht- und Prestigestrukturen, die Häufigkeit inter-ethnischer Kontakte, schließlich Institutionen diskutiert werden, in denen Akkulturation eine bedeutsame Seite ihrer Aktivitäten darstellt.

Zentral für die „Richtung" der Akkulturation zwischen den ethnischen Gruppen ist das Machtverhältnis und die Verteilung von Ressourcen zwischen den Gruppen. Kulturelle Beeinflussung ist häufig Teil eines Herrschaftsverhältnisses zwischen Gruppen. Die Hauptrichtung des Einflusses verläuft nach dem Machtgefälle, trotz eines

---

[32] Vgl. zu den Konzepten ethnisches Vorurteil, Rassismus und Kulturzentrismus Kapitel 7.
[33] Hierzu kann eine große Zahl von Literaturbelegen angeführt werden; vgl. hier nur exemplarisch und zusammenfassend *Richmond* (1988, 49, 65/66).

gewissen Einflusses der Minderheit auch auf die Mehrheit. „... auch ohne direkten Zwang zieht ein bestehendes Machtgefälle auch Elemente der Kultur der überlegenen Gruppe mit sich und verschafft ihm erleichterte Durchsetzung" (*Mühlmann* 1969a, 14). Die Mehrheitsgruppe verfügt über größere materielle und immaterielle Ressourcen, mit denen sie Akkulturation in „ihre Richtung" belohnen kann. Die Ungleichheit der Macht- und Ressourcenverteilung zwischen den Gruppen besteht auch in Bezug auf das Prestigeverhältnis der Kulturen. Das größere Prestige der Mehrheitskultur schafft Motivationen, über die Aneignung dieser Kultur an ihrem Prestige persönlich zu partizipieren oder Diskriminierungen aus dem Weg zu gehen, z. B. im Sozialisationsprozeß bei Kindern: „Wenn ein Kind in der Schule oder der Nachbarschaft herabgesetzt oder lächerlich gemacht wird, kann es dazu kommen, daß das Kind gegen seine Eltern, gegen seine Sprache oder seine Herkunftskultur rebelliert" (*Richmond* 1988, 64).

Der Einflußprozeß zwischen den Gruppen verläuft jedoch nicht vollständig nur in eine Richtung; in jeder Machtbeziehung geht auch von dem Unterlegenen Einfluß aus. Die Mehrheit übernimmt analog bestimmte Elemente der Kultur der Minderheit. Es handelt sich jedoch nicht um einen gleichgewichtigen, wechselseitigen Austauschprozeß: die Minderheit übernimmt mehr von der dominanten Mehrheit.

Bei vorliegendem Machtungleichgewicht zwischen ethnischen Gruppen gibt es neben einem Verhältnis „ohne direkten Zwang" allerdings auch solche „mit direktem Zwang". Immer wieder ist der Weg einer ethnischen Homogenisierung, besonders unter dem Leitziel des Nationalstaats, über Zwangs-Akkulturation versucht worden. Die Resultate von Zwangsakkulturation sind widersprüchlich: ethnische Dissimilierung wie Akkulturation bzw. Assimilierung. Ethnische Dissimilierung als Resultat führt z. B. *Hoerder* an: „Zwangsakkulturation führt zu starken Widerständen. Dies sei am Beispiel der alten Imperien gezeigt: das Russifizierungsprogramm für Finnland, das Germanisierungsprogramm für Polen, das Magyarisierungsprogramm für Slowaken hat zu massiven Gegenreaktionen geführt" (*Hoerder* 1988, 9). Daß etwa im Falle der Polen dennoch eine bestimmte Akkulturations- und Assimilierungswirkung erzielt wurde, stellt *Francis* (1976, 236) fest. Der Kampf gegen deutsche Kultur und gegen die Kultur der Deutsch-Amerikaner im Ersten Weltkrieg in den USA führte offenbar auch zu starken Akkulturations- und Assimilationswirkungen bei den deutschen Einwanderern und ihren Nachfahren. Es ist insgesamt notwendig, die genaueren Bedingungen unterschiedlicher Wirkungen von Zwangsakkulturation, einschließlich verschiedener Methoden von Zwangsakkulturation, erst noch zu erforschen. Zu vermuten ist, daß Zwangsakkulturation bei gleichzeitiger sozialer, ökonomischer und politischer Offenheit der Mehrheitsgesellschaft mittelfristig erfolgreich ist. Machtstrukturen sind ein wichtiger Aspekt von Ungleichheitsstrukturen zwischen Gruppen. Ein weiterer Aspekt von Ungleichheitsbeziehungen zwischen ethnischen Mehrheiten und Minderheiten ist die damit eng zusammenhängende *Verteilung sozialer und ökonomischer Chancen* zwischen den Gruppen. Unterschiedliche Chancenstrukturen für die Minderheit spielen bei *Esser* (1990a) eine zentrale Rolle für die Erklärung von Akkulturationsunterschieden zwischen Generationen und für die theoretische Auseinandersetzung mit Generationsmodellen der Akkulturation.[34]

In einer interessanten Argumentation rekonstruiert *Esser* zunächst die zwei Haupthypothesen zur Generations-Akkulturation. Die Inter-Generationen-Assimilierungshypothese behauptet, daß Akkulturation und Assimilation im Generationsverlauf quasi zwangsläufig erfolge. Dagegen postuliert eine (scheinbare) Alternativhypothese, daß auch im Generationenverlauf ethnische Orientierungen lebendig blieben bzw. in der 3. Generation sogar wieder verstärkt würden. Der Gegensatz, so Esser, sei ein scheinbarer. In Wirklichkeit handele es sich um verschiedene Prozesse unter verschiedenen Bedingungen, nicht um *einen* Sachverhalt, der erklärt werden müsse und zu dem unterschiedliche Erklärungsweisen vorlägen. „Bei Vorliegen von Chancen auf individueller Ebene verlieren ethnische Differenzierungen immer mehr an Bedeutung; bei – nach ethnischer Zugehörigkeit – systematisch verteilten Chancen bleiben bzw. verstärken sich die Segmentationen. Insoweit in den urbanisierten, 'kapitalistischen' oder 'modernen' Gesellschaften der Gegenwart für bestimmte Teilgruppen eine eher egalitäre, für andere nach wie vor eine eher segmentäre Chancenstruktur gegeben ist ..., kann erklärt werden, warum es in 'modernen' Gesellschaften Assimilation wie gleichzeitig Segmentationen auf der Grundlage askriptiver Merkmale geben kann" (S.75/76).

Mit Hilfe empirischer Daten und modelltheoretischen, an der Mikroökonomie orientierten Analysen versucht *Esser* zu zeigen, daß nur unter *bestimmten Bedingungen* die Assimilierung von Migranten eine Frage der Zeit sei; „nämlich dann ..., wenn also die kollektiven Opportunitäten und individuellen Fertigkeiten für interethnische Beziehungen zunehmen *und* gleichzeitig die externen Distanzen und internen Barrieren abnehmen" (S.99). Bei Nicht-Vorliegen dieser Chancenstruktur sei Segmentation und nur partielle Akkulturation nachfolgender Generationen zu erwarten.

Die Art und das Ausmaß der Akkulturation hängt ganz allgemein weiter ab von der *Häufigkeit und Intensität inter-ethnischer Kon-*

---

[34] Vgl. hierzu Abschnitt 8.2.1.

takte. Wenn man beachtet, daß Akkulturation Lernvorgänge beinhaltet, läßt sich sagen, daß inter-ethnische Kontakte Lernmöglichkeiten für akkulturationsrelevante Fertigkeiten, Orientierungen und Sinndeutungen beinhalten. In bestimmten Organisationen der Gesellschaft sind inter-ethnische Kontakte so sehr Teil der Aufgaben und Tätigkeiten, daß man direkt von *Institutionen der Akkulturation* sprechen könnte. Hierzu sind zu zählen verschiedene Betriebe und Organisationen, in denen inter-ethnisch zusammengearbeitet wird, das Schul- und Bildungswesen, die Popularkultur sowie das Militär. Für Arbeitsmigranten ist zunächst die Arbeit und der Arbeitsplatz als primäre Akkulturationsinstitution zu nennen; Arbeit beinhaltet, Erwartungen nach Leistungen und Zeit zu erfüllen, mit anderen zu kommunizieren und zusammenzuarbeiten, die „materielle" und organisatorische Kultur der neuen Gesellschaft kennenzulernen und sie erlernen zu müssen. Auch wenn die Arbeit bei Einwanderern mit Landsleuten verrichtet wird, gehen von ihr akkulturierende Wirkungen aus. Das über die Arbeit erzielte Einkommen schließlich ermöglicht es, am Konsum der Einwanderungsgesellschaft zu partizipieren, was Gewohnheiten und Gebräuche, Erwartungen bis hin zu ästhetischen Maßstäben verändert. Massenmedienkonsum, selbst wenn die Sprache nicht voll verstanden wird, und Partizipation an der Popularkultur wirken in die gleiche Richtung.

Für die 2. Generation der Einwanderer ist Schule die wichtigste Akkulturationsinstitution. Über die amerikanischen Erfahrungen resümieren *Dinnerstein* und *Reimers* (1975, 149): „Die Entwicklung eines öffentlichen Schulsystems im 20. Jahrhundert war mit Sicherheit ein weiterer, zentraler Faktor, Ethnizität zurückzudrängen. Die Nachfahren der Einwanderer lernten anglo-amerikanische Werte. Nach dem 2. Weltkrieg besuchten fast alle Amerikaner die High School und etwa drei Viertel erreichten den Abschluß." Die Assimilierungstendenz des amerikanischen Erziehungssystems zeigt sich auch darin, daß bilinguale Erziehung bis in die 60er Jahre fast unbekannt war und bis heute umstritten ist (vgl. *Farley* 1982, 356). Die starke Akkulturationswirkung des Schulsystems zeigt sich in vielen Gesellschaften auch im Bestreben von Minderheiten, die ihre Kultur und Familienstrukturen möglichst „rein" erhalten möchten, eigene Schulen zu unterhalten oder, wie z. B. Sinti und Roma, ihre Kinder überhaupt von öffentlichen Schulen fernzuhalten.

In multi-ethnischen Gesellschaften spielt neben den genannten Institutionen auch das Militär bzw. Militärdienst von Wehrpflichtigen als zentralistische, homogene und homogenisierende Organisation eine wichtige Rolle für die Akkulturation ethnischer Minderheiten. *Francis* (1976, 235) weist z. B. auf den akkulturierenden Einfluß des Militärdienstes auf die polnische Minderheit in Deutschland hin. *Elschenbroich* (1986, 16/17) glaubt sogar sagen zu können,

daß über Militär- und Kriegsdienst in den 40er Jahren, den viele Einwanderer der zweiten und dritten Generation abzuleisten hatten, „der neue Sozialtyp eines modernen Amerikaners (entstand, F.H.), der alle ethnischen Bindungen abgestreift hatte ...".
Im nächsten Abschnitt diskutieren wir Theorien zur Personen-Akkulturation. Haben die zur Gruppen-Akkulturation vorgestellten Hypothesen primär den Charakter von Einzelhypothesen, werden wir zur Personen-Akkulturation Modelle vorstellen, die jeweils auf einem gemeinsamen theoretischen Fundament basieren.

8.3.3 Theorien zur Personen-Akkulturation

Der Gegenstand der folgenden Ausführungen soll sich auf die Fragen beziehen, welche Formen individuellen Bewußtseins sich bei Kulturkontakten herausbilden, und welche Modelle zum Verständnis des Akkulturationsprozesses beitragen können. In Bezug auf letzteres werden wir das Akkulturationsmodell der Wert-Erwartungstheorie diskutieren, identitätstheoretische Hypothesen vorstellen und in einem dritten Teil bestimmte Weiterführungen der Marginalitätstheorie entwickeln. Wir beginnen mit dem Akkulturationsmodell der Wert-Erwartungstheorie.

8.3.3.1 Wert-Erwartungstheorie

Im Modell *Gordon*s war Akkulturation die erste Phase des Assimilierungsprozesses;[35] und eine Phase des „acculturation only" könne fast unbegrenzt fortdauern; eine bestimmte Identifikation mit der neuen Gesellschaft sei dafür nicht notwendig. Hier setzt *Richardson* (1967) mit einer Gegenhypothese an. Vor einer Akkulturation liege eine Stufe, in welcher der Einwanderer ein bestimmtes Maß an „Zufriedenheit" mit seiner Situation und eine Identifizierung mit der neuen Gesellschaft gefunden haben müsse. Auch ohne diese „Zufriedenheit" komme es zu Akkomodationsprozessen (*Richardson* spricht von „obligatory acculturation"), aber eben nicht zur Übernahme von Werten, Normen, Präferenzen, Verhaltensweisen der neuen Gesellschaft. Zufriedenheit sei eine notwendige Bedingung für Identifizierung mit der neuen Kultur und diese wiederum eine notwendige Bedingung für Akkulturation; es wird also eine „satisfaction-identification-acculturation sequence" (*Price* 1969, 223/224) behauptet.

---

[35] „Assimilierung" bedeutet bei *Gordon* Eingliederung in einem umfassenden Sinn; vgl. hierzu näher 8.2.3.

Dieser Grundgedanke, daß Akkulturation zur Bedürfnisbefriedigung betroffener Personen in Beziehung stehe, wird vom Ansatz der Wert-Erwartungstheorie aufgenommen und beträchtlich weiterentwickelt. In der Bundesrepublik haben *Esser* und mit ihm kooperierende Forscher in den 80er Jahren eine beeindruckend systematisch aufeinander abgestimmte Reihe von Untersuchungen zur Eingliederung und Akkulturation von Migranten vorgelegt, die basierend auf dem „methodologischen Individualismus", sich sämtlich an der Wert-Erwartungstheorie (Theorie rationalen Handelns) orientieren (vgl. als neueste Publikation *Esser* und *Friedrichs* 1990).

Diese Theorie geht davon aus, daß der Erwerb von Qualifikationen, Einstellungen, Identitäten, Werten als Handlungen oder zumindest als indirekte Folge von Handlungen begriffen werden kann. Weiterhin wird angenommen, daß alles Handeln eine „Wahl" zwischen Alternativen darstelle, „z. B. die Entscheidung, sich bietende Gelegenheiten zum Sprachlernen aufzusuchen bzw. ihnen nicht auszuweichen, Möglichkeiten inter-ethnischer Kontakte zu nutzen oder sich auch zu bestimmten Einstellungen und Identifikationen 'durchzuringen' bzw. sie beizubehalten oder nicht aufzugeben" (*Esser* 1990a, 79). Hinzukommt die Vorstellung, daß Personen nach den Prinzipien des „rationalen Handelns" auswählen, d.h., daß ihre Wahlen und Entscheidungen davon bestimmt sind, welche Alternative ihnen unter Berücksichtigung ihrer Interessen, der in einer Situation gegebenen Möglichkeiten, Grenzen und erwartbaren Konsequenzen als „nützlichste" oder „günstigste" erscheint. Die Wahl bestimmter Handlungen nach der Theorie des rationalen Handelns bedeutet nun keineswegs, daß die Handlungen „rational" im umgangssprachlichen Sinne sein müssen, „da sie auf ungesicherten Vermutungen, persönlichen Vorlieben oder normativen Vorgaben beruhen können" (ibidem, 80). Die Wert-Erwartungstheorie orientiert sich am Programm des methodologischen Individualismus[36]

Die Grundkonzepte der Assimilationstheorie[37] von *Esser* (1980) stützen sich zunächst auf „allgemeine Theorien des Handelns und Lernens" und schließen Variablen ein, die sich auf die *Person* (des Migranten) und seine *Umgebung* beziehen. Zu den Person-Variablen gehören der Anreizwert (Motivation) einer assimilativen Handlung in Relation zu einer Zielsituation, die subjektiven Erwartungen über die Verbindungen zwischen verschiedenen Situationen

---

[36] Zur Darstellung und kritischen Diskussion der „methodologisch-individualistischen" Grundlegung des Modells von *Esser* vgl. Heckmann (1987, 52–55).

[37] Das Modell bezieht sich auf einen umfassenderen Assimilationsbegriff (kognitive, identifikative, soziale und strukturelle Assimilation) als unser Konzept, schließt aber von seinem Anspruch her unser Konzept von Akkulturation und Assimilierung mit ein.

und assimilativen Handlungen, die Art der Erfolgseinschätzung (Attribuierung) von Handlungen und die wahrgenommenen Kosten bei der Wahl assimilativer Handlungen (vgl. *Esser* 1980, 210). Mit Bezug auf die Umgebung des Migranten sind wichtig: Handlungsopportunitäten, Barrieren und alternative Handlungsopportunitäten. Von diesen Prämissen ausgehend formuliert *Esser* folgende zwei Grundhypothesen:

„Hypothese 1: Je intensiver die Motive eines Wanderers in bezug auf eine bestimmte Zielsituation; je stärker die subjektiven Erwartungen eines Wanderers sind, daß diese Zielsituation über assimilative Handlungen und/oder assimilative Situationen erreichbar ist; je höher die Handlungsattribuierung für assimilative Handlungen ist; und je geringer der Widerstand für assimilative Handlungen ist, umso eher führt der Wanderer – ceteris paribus – assimilative Handlungen ... aus. ...

Hypothese 2: Je mehr Handlungsopportunitäten dem Wanderer im Aufnahmesystem offenstehen; je geringer die Barrieren für assimilative Handlungen im Aufnahmesystem sind; und je weniger Handlungsopportunitäten nicht-assimilativer Art verfügbar sind, umso eher führt der Wanderer – ceteris paribus – assimilative Handlungen aus." (S.211)

Akkulturation und Assimilation sind umso eher zu erwarten, je stärker auf der einen Seite die Motivation für assimilative Handlungen und je stärker auf der anderen Seite die Opportunitäten für assimilative Handlungen sind. Weiter: „Wenn assimilative Handlungen für den Wanderer zur belohnend empfundenen Zielerreichung oder Bedürfnisbefriedigung beitragen, verstärken sich die assimilativen Handlungstendenzen." (S.215). Im umgekehrten Falle schwächen sich die assimilativen Handlungstendenzen ab. „Wenn assimilative Handlungen des Wanderers bei relevanten Personen zur belohnend empfundenen Zielerreichung der Einheimischen beitragen, dann erhöhen sich die assimilativen Handlungsopportunitäten und es verringern sich die Handlungsbarrieren für assimilatives Handeln für die betreffenden Handlungsbereiche. Umgekehrt gilt wiederum entsprechend das Gegenteil: Wenn assimilative Handlungen bei der Umgebung als bestrafend empfunden werden, verringern sich die Handlungsopportunitäten für Assimilation."

Die Vorteile der Theoriebildungsstrategie *Essers* liegen zunächst darin, daß Grundannahmen über Verhalten und Handeln, die in allen sozialwissenschaftlichen Aussagen enthalten sind, explizit gemacht werden. Die Konzipierung einer Handlungstheorie und einer Theorie von Handlungsänderungen als Lerntheorie gestattet zudem, lerntheoretische Hypothesen auf dem Akkulturationsprozeß zu übertragen: positiv auf Akkulturation wirken Variablen, die allgemein Lernen begünstigen, z. B. allgemeine kognitive Fähigkeiten, Abstraktionsvermögen, Leistungsmotivation und Flexibilität des Denkens (vgl. ibidem, 86–90).

Dennoch setzt unsere kritische Diskussion des dargestellten Modells an dem Grundgedanken der Konstruktion einer allgemeinen, universalistischen Handlungstheorie und ihrer Anwendung in einer allgemeinen Akkulturations-Assimilierungstheorie an: das

Problem einer allgemeinen Handlungstheorie liegt nicht darin, daß ihre Aussagen schlichtweg falsch wären. Sie sind gewissermaßen Aussagen über Gattungsmerkmale des Menschen, anthropologische Kennzeichnungen *des* Menschen, der Motive, Denkstrukturen, Fertigkeiten und Interessen hat, bestimmte Kalkulationen von Gewinn und Verlust oder „Nutzen" in seinem Handeln vornimmt. Führt man etwa die weiter oben zitierte, von der allgemeinen Handlungstheorie hergeleitete 1. Hypothese *Essers* zur Assimilierung von Wanderern zurück auf ihren „handlungstheoretischen" Kern, so lautet dieser: je mehr jemand ein Ziel anstrebt, je mehr er glaubt, durch sein Tun etwas erreichen zu können, je geringer der Widerstand ist, um so wahrscheinlicher ist ein Handeln für dieses Ziel.

Wer wollte das bestreiten? Was aber ist der wirkliche Informationsgehalt dieser abstrakt allgemeinen Aussagen mit vorgeblich hohem, in Wirklichkeit aber eher bescheidenem Informationsgehalt? Was können sie erklären? Wie wird überhaupt die Ebene konkreter sozialer Phänomene, hier der Assimilierung und Akkulturation von Zuwanderern, erreicht?

Der geringe Informationsgehalt allgemeiner Handlungstheorien ist *notwendiges Resultat* des Anspruchs, allgemeine, universalistische, für alle Zeiten, Räume und Gesellschaften „gültige" Aussagen zu finden. Wer z. B. Kimbern und Teutonen und Gastarbeiter in *einer* Wanderungstheorie unter einen Hut bringen will, muß mit „dünnen Abstrakta" enden.

„Per Generalisierung will man Aussagen mit besonders hohem Informationsgehalt erreichen – und verfehlt offenbar gerade hierdurch das Ziel. Die vorgestellte Allgemeingültigkeit disponiert dazu, abstrakte Faktoren heranzuziehen, die zwar mit definitorischen Operationen anwendbar gemacht werden und dann auch tatsächlich überall nachgewiesen werden können, aber aufgrund ihrer weitgehenden Inhaltslosigkeit keine befriedigende Erklärung liefern. Erfolg und Mißerfolg derartiger Theorien verdanken sich demselben Mechanismus: das Allgemein-Menschliche-Gesellschaftliche wird in einer objektiven, naturnahen Dimension gesucht ... Die Weltformel ist wahr aber banal. Dem Jaja müssen sogleich die eigentlichen Fragen folgen" (*Lautmann* 1985, 225).

Esser bleibt in seinen Arbeiten keineswegs auf der Ebene der allgemeinen Theorie stehen, er meint allerdings, sie als Grundlage zu benötigen. Das Problem des Verhältnisses der Variablen der auf der Basis der allgemeinen Handlungstheorie formulierten Hypothesen zu den – wie Esser sagt – „herkömmlichen Variablen" von Eingliederungstheorien (1980, 220) möchte *Esser* durch eine Indikator-Beziehung lösen: „Bestimmte Variablen sind nicht länger in unproblematischer Weise verwendbare Wirkungsgrößen, sondern fungieren jeweils nur als *Indikatoren* für die verschiedenen Elemente der handlungstheoretischen Erklärung" (ibidem). Was aber ist ein valider Indikator? *Essers* Vorschläge zu diesem Problem – die „Übersetzung der Modell-Variablen in das herkömmliche Variableninventar der Eingliederungsforschung ..." (ibidem, 220) – bestehen in definitorischen Zuordnungen, die als recht willkürliche Subsumierungen sogenannter herkömmlicher Variablen unter die „allgemeinen Variablen" erscheinen.[38]

Aber *Esser* arbeitet ja, vor allem in seinen kausalen Modellen, durchaus mit „herkömmlichen Variablen", geht in theoretisch-methodisch sehr differenzierten Untersuchungen ihren Wirkungszusammenhängen nach, etwa dem von Aufenthaltsdauer, Segregation, inter-ethnischen Kontakten und ethnischer Identifikation (1981); oder dem Zusammenhang von Sprachkompetenz, Schulbildung, Aufenthaltsdauer, Einreisealter, Lernerfahrungen sowie Ausländerkonzentration im Wohngebiet (*Esser* 1982). Diesen und verwandten Untersuchungen kommt ein hoher Wert für die Eingliederungs- und Akkulturationsforschung in der Bundesrepublik zu; an die wissenschaftstheoretische Position der allgemeinen Verhaltenstheorie gebunden erscheinen mir diese theoretischen und empirischen Untersuchungen allerdings nicht. Sie benötigen diese „Fundierung" auch gar nicht; ihre Konzepte sind nicht universalistisch, sondern durchaus historisch relativiert, auf bestimmte Formen der Arbeitsmigration in entwickelten marktwirtschaftlichen Gesellschaften bezogen. Hier liegt die Möglichkeit der Rezeption durch Autoren vor, die die wissenschaftstheoretischen Grundüberzeugungen *Essers* nicht teilen.[39]

---

[38] Als Beispiel dieser Zuordnungen, folgende Ausschnitte aus Schema 19, S. 220: Variablen des Grundmodells der Assimilation und der Bezug zu den herkömmlichen Variablen der Eingliederungsforschung

allgemeine Variablen	spezifische Variablen
Person Motivation	Struktur der Herkunftsregion, Verstädterung, Bevölkerungsüberschuß, Arbeitsmarktunterlastung, „push-Faktoren", Mobilitätschancen, askriptive Ausschlüsse, Segregation, Wanderungsmotiv, Wanderungstyp, Stellung im Lebenszyklus, Bezugsgruppenbindung, Ausbildung, Alter, Geschlecht.
... Attribuierung	... Ausbildung, soziale Schicht im Herkunftsgebiet, Religionszugehörigkeit, Mobilitätserfahrung, Alter, Geschlecht.

Bemerkenswert ist im übrigen hier, daß die gleichen Variablen, z. B. Ausbildung, Alter und Geschlecht, sowohl „Motivation" wie „Attribuierung" indizieren sollen.

[39] An vielen Stellen dieses Buches haben wir Argumentationen und Untersuchungsergebnisse *Essers* übernommen.

8.3.3.2 Akkulturation und ethnische Identität

Akkulturationsprozesse haben Einfluß auf die Identität[40] betroffener Personen. Bei Assimilierung als „vollständiger" Akkulturation läßt sich sogar ein kategorialer (ethnischer) Identitätswandel konstatieren. Im folgenden untersuchen wir, ob identitätstheoretische Konzepte (der Sozialpsychologie) zur Beschreibung und Erklärung von Akkulturationsprozessen herangezogen werden können.

Als entwickeltste Identitätstheorie kann die des Symbolischen Interaktionismus gelten. Grundlegend ist für diese zunächst das Konzept der Rollenübernahme von *Mead*. Gegenüber Vorstellungen von Identitätsfindung oder -behauptung durch Isolation oder Rückzug – verbreitet unter Künstlern, Intellektuellen und „Aussteigern", z.T. aber auch als allgemeine Attitüde – leitet Mead Identität aus der Vergesellschaftung her. Ausgangspunkt ist die Operation der Rollenübernahme: das Individuum versetzt sich in die Rolle „des anderen" und betrachtet sich selbst aus dieser heraus. „Im Prozeß der Kommunikation ist das Individuum 'ein anderer', bevor es es selbst ist. Indem es sich selbst in der Rolle eines anderen anspricht, erfährt es sich als Selbst." (*Mead* 1969, 220) *Mead* will hervorheben, daß eine unmittelbare und ursprünglich gegebene Selbstwahrnehmung nicht möglich ist, sondern es dazu „der anderen" bedarf (vgl. *Joas* 1980, 152); „die anderen" sind gewissermaßen ein Spiegel, in welchem sich der Einzelne betrachten und ein Bild seiner selbst gewinnen kann.[41] Vereinfacht könnte man zunächst sagen: „Identität" sind meine Vorstellungen von dem Bild, das andere von mir haben.

Die weitere Entwicklung des Identitätskonzeptes operiert mit den Begriffen der sozialen, personalen und Ich-Identität, die auf *Goffman* (1968) zurückgehen. *Soziale Identität* ist die Konstruktion eines Bildes einer Person durch andere aufgrund bestimmter (sichtbarer) Merkmale, Symbole und Mitgliedschaften.[42] Soziale Identität routinisiert und erleichtert das Alltagshandeln, in dem sie ein Bild des anderen antizipiert und herstellt; dieses wird in bestimmte normative Erwartungen oder Rollenerwartungen übersetzt.

Auch *personale Identität* bezieht sich auf eine Wahrnehmungsweise der Person durch „andere"; hier aber auf eine Wahrnehmung, die

---

[40] Der allgemeine Begriff von Identität steht für die „Selbigkeit" oder Gleichheit von etwas; psychologisch ist das Sich-Selbst-Gleichsein bzw. das Sich-Selbst-Gleichbleiben gemeint.
[41] Die Metapher des Spiegels stammt von *Cooley*, der bei Identitätsbildung von einem „looking-glass self" sprach.
[42] „Wenn ein Fremder in unsere Nähe kommt, gestatten uns erste Eindrücke, bereits bestimmte Merkmale und Kategorien seiner Person, seine 'soziale Identität' zu antizipieren..." (*Goffman* 1968, 12).

aufgrund biographischer Daten und Merkmale entsteht. Das Zusammenfügen dieses Bildes mit Hilfe bestimmter biographischer „Identitätsaufhänger" ist mit der Vorstellung verbunden, daß die jeweilige Kombination von Lebenslaufdaten es erlaubt, eine Person von anderen signifikant unterscheiden und in ihrer individuellen Besonderheit und Einmaligkeit erkennen zu können. Hat soziale Identität also mit der Wahrnehmung der gegenwärtigen Gruppenmitgliedschaften, Positionen und Rollen zu tun, bezieht sich personale Identität auf die Wahrnehmung und Interpretation des Lebenslaufs einer Person mit Hilfe bestimmter „Identitätsaufhänger" (vgl. *Goffman* 1968, 74).

Das Konzept der Ich-Identität, von *Goffman* (1968) eingeführt und von *Krappmann* (1969) und *Habermas* (1973) weiterentwickelt, thematisiert, wie eine Person selbst ihre sozialen Rollen und ihren Lebenslauf wahrnimmt, interpretiert und konsistent zu machen versucht. Sie kann das – wie weiter oben begründet – nicht in „reiner Selbstwahrnehmung" tun, sondern ist dabei auf die Wahrnehmungen und Bilder ihrer Person in den Augen anderer angewiesen; Rollenübernahme ist der Zugang zu diesen Informationen. Nur in seltenen Fällen bilden diese Wahrnehmungen, Kategorisierungen und Erwartungen allerdings ein klares und konsistentes Bild, so daß die Person bei der „Reflexion auf sich selbst mit Hilfe der anderen" unterschiedliche und widersprüchliche Informationen über sich erhält. Das führt zu spezifischen Unsicherheiten, Zweifeln und Fragen, mit denen die Person umgehen muß. Der weitergeführte Begriff der Ich-Identität meint die Fähigkeit, mit diesen Anforderungen umgehen zu können.

Die Anforderungen können nach der Seite der aktuellen Rollenerwartungen (soziale Identität) wie nach der Seite der Lebensgeschichte der Person (personale Identität) differenziert werden. Im Hinblick auf ihre soziale Identität besteht für die Person die Anforderung, mit Erwartungen aus unterschiedlichen Rollen und Handlungsbereichen umzugehen, die koordiniert und integriert werden müssen; sie muß in der Lage sein, sich von bestimmten Rollenanforderungen nicht zu sehr „vereinnahmen" lassen, um nicht in anderen Handlungsbereichen die Handlungsfähigkeit zu verlieren. In Hinsicht auf ihre personale Identität muß die Person gegenüber „den anderen" wie sich selbst im Wandel des Lebenslaufs Kontinuität und Konsistenz zeigen; das kann die „Einzigartigkeit" der Person sichern, droht aber zugleich, die Person von ihren Mitmenschen zu isolieren und in ihrer Interaktionsfähigkeit zu behindern; auch in zeitlich-biographischer Sicht gilt es daher, eine „Balance" zu finden, eine Balance zwischen der Individualität der Person und der (notwendigen) Anpassungsbereitschaft. Ich-Identität kann also sowohl auf der Ebene der personalen wie der sozialen Identität als

"Balance" angesehen werden, eine Leistung, die Fähigkeiten zur Rollendistanz wie zur „Rollenproduktion", Ambiguitätstoleranz und „soziale Intelligenz" einschließt.

Kommt man nach diesen längeren Darlegungen zurück zur engeren Thematik des Kapitels muß gefragt werden, welche Möglichkeiten sich aus den allgemeinen identitätstheoretischen Überlegungen für die Erklärung von Akkulturationsprozessen eröffnen. Unterstellt wird dabei, daß ethnischer Identitätswandel, in der sozialen Wahrnehmung wie der subjektiven Interpretation, als ein zentraler Aspekt von Akkulturation bzw. Assimilierung angesehen werden kann.

Wichtige Einsichten lassen sich über Analysen der Dimension der sozialen Identität gewinnen. Ethnische Zugehörigkeit gehört zur sozialen Identität einer Person. Kontext- und handlungsabhängig kommt es bei allen Personen in der modernen, differenzierten Gesellschaft aufgrund verschiedener und divergierender Gruppenmitgliedschaften zu Spannungen und Streß zwischen verschiedenen sozialen Identitäten, die dem Einzelnen mit divergierenden und/ oder widersprüchlichen Erwartungen konfrontieren und für seine Selbstwahrnehmung „im Spiegel der anderen" divergierende und/ oder widersprüchliche Informationen liefern. Über die Steuerungsleistung der Ich-Identität muß die Person mit diesen Erwartungen und Informationen umgehen und in Handlungen umsetzen. Das ist ein „Jedermann-Problem" in der modernen Gesellschaft; für Angehörige bestimmter Gruppen stellt sich diese Problematik jedoch in besonders gravierender und verschärfter Weise. Angehörige ethnischer Minderheiten sind zu diesen Gruppen zu rechnen.[43] Angehörige ethnischer Minderheiten mit multi-ethnischen Kontakten – für ethnische Minderheitenangehörige mit ethnisch homogenen Kontakten stellt sich die Situation anders dar – sind ethnisch divergierenden Erwartungen ausgesetzt; bei kultureller Nähe und positiven Beziehungen zwischen ethnischen Gruppen, denen jeweilige Interaktionsteilnehmer angehören, stellen ethnisch divergierende Erwartungen keine außergewöhnlichen Anforderungen an die Person. Anders jedoch bei relativer kultureller Distanz, Divergenzen und Konflikten zwischen den ethnischen Gruppen: Kategorisierungen, Bewertungen und Erwartungen der verschiedenen Bezugsgruppen, denen ein Minderheitenangehöriger ausgesetzt ist, umfassen hier einen weiten Spannungsbogen mit der Folge, daß Abstimmungen zwischen diesen Erwartungen, „Balancen" und Integrationsakte wesentlich schwieriger werden, mit mehr Unsicherheiten, Mehrdeutigkeiten und Zweifeln verbunden sind, und ein höheres Maß an Steuerungskapazität und individueller Konflikttoleranz erfordern.

---

[43] Auch soziale Absteiger und Aufsteiger können hier beispielhaft für weitere Gruppen genannt werden.

In dieser Situation liegt ein Veränderungs- wie ein Krisenpotential. Zunächst zum Veränderungspotential der Situation: Folgt man dissonanz- und konsistenztheoretischen Überlegungen, wie sie in der Einstellungsänderungstheorie vorliegen, wird das Individuum versuchen, Divergenzen, Spannungen und Widersprüche zwischen den Erwartungen abzubauen. Dabei gibt es folgende Möglichkeiten: (a) durch eine Änderung von Kontakten, Symbolen, Mitgliedschaften und anderen Handlungen und Identitätssymbolen kann versucht werden, sich der Mehrheit anzunähern und ihren Erwartungen stärker zu entsprechen; dies würde einen Akkulturationsprozeß beinhalten, der tendenziell bis zur völligen Angleichung an die Mehrheit, zur Assimilierung führen kann; bei relativ schwacher Bindungs- und Kontrollfähigkeit der Minderheitenkultur, Offenheit der Mehrheitskultur, Lern- und „Anpassungsbereitschaft" betroffener Personen dürfte Akkulturation als Verhalten wahrscheinlich sein; (b) Widersprüche in der sozialen Identität können aber auch durch Reduzierung multi-ethnischer Kontakte abgebaut werden; statt zur Akkulturation dürfte es zur ethnischen Dissimilierung kommen, wenn Bindungs- und Kontrollfähigkeit der Minderheitenkultur, Geschlossenheit der Mehrheitskultur und geringe Lern- und Anpassungsbereitschaft der Person als weitere Bedingungen hinzutreten.

Zum Krisenpotential konfliktärer ethnischer Identitäten läßt sich vermuten, daß das Anforderungsmaß der Situation die Fähigkeiten einer Person übersteigen und es zu einer Überforderungssituation kommen kann. Genauere Angaben über die Bedingungen der Eintretenswahrscheinlichkeit und Formen dieser Überforderungssituation lassen sich auf der Basis der Identitätstheorie nicht machen.

Alle letztgenannten Überlegungen bezogen sich auf Aspekte des Verhältnisses von sozialer Identität und Ich-Identität. Kommen wir jetzt zum Verhältnis von personaler Identität, Ich-Identität und den darin enthaltenen Akkulturationspotentialen. Personale Identität bezieht sich auf die Fremd- und Selbstwahrnehmung zugleich der Konsistenz und Kontinuität der Lebensgeschichte der Person. Ich-Identität in lebensgeschichtlicher Perspektive herzustellen ist im allgemeinen schwierig für Personen, die bedeutsamen Brüchen, Sprüngen oder Wendungen in ihrer Biographie ausgesetzt sind. Das kann nicht generell für Angehörige ethnischer Minderheiten gesagt werden, trifft aber für Migranten in besonders gravierender Weise zu. Divergenzen, Spannungen und Konsistenzprobleme können hier zwischen früheren, in einer anderen Gesellschaft eingenommenen und gelernten Rollen und gegenwärtigen Rollen entstehen. Analog zur sozialen Identität kann von Veränderungs- und Krisenpotentialen mit den genannten Implikationen für Akkulturation, ethnische Dissimilierung und Überforderung gesprochen werden.

Identitätstheoretische Überlegungen zur Akkulturation, wie wir sie vorab vorgetragen haben, beziehen sich auf ethnische Minderheitenangehörige (mit multi-ethnischen Kontakten). Marginalitätstheorie, Gegenstand des letzten, größeren Abschnitts dieses Kapitels, bezieht sich auf Personen, deren ethnische Zugehörigkeit unsicher bzw. ungeklärt ist. Grundlagen dieser Theorie, wie sie in der Literatur vorliegen, wurden bereits in Abschnitt 8.2.4 vorgestellt; diese Grundlagen sollen im folgenden weiter entwickelt werden, mit dem speziellen Interesse, in der Situation des Kulturkontaktes unterschiedliche Formen ethnischen Bewußtseinwandels zu identifizieren.

8.3.3.3 Weiterführung der Marginalitätstheorie und Akkulturation

Eine Präzisierung und Weiterführung der Marginalitätstheorie sollte zunächst von 3 Punkten ausgehen:

(1) Unter der Marginalitätstheorie wird zumeist die Theorie des „marginal man" verstanden, d.h. die Analyse und Beschreibung eines bestimmten Persönlichkeitstypus; der Titel des Buches von *Stonequist* „The marginal man. A study in personality and culture conflict" unterstützt diese Verstehensweise. Ist damit die Marginalitätstheorie eine „Persönlichkeitstheorie", oder ist sie eine Theorie über bestimmte „Situationen", die mit bestimmten Persönlichkeitsmerkmalen in Zusammenhang gebracht werden? *Park* selbst sah dieses Problem bereits recht früh, seine Antwort beläßt die Dinge jedoch im unklaren: „Die Marginalitätstheorie beschäftigt sich weniger, wie der Titel nahelegen könnte, mit einem Persönlichkeitstyp, sondern vielmehr mit einem sozialen Prozeß, dem Prozeß der Akkulturation" (*Park* 1937, XVIII).
Wir werden zu zeigen versuchen, daß Marginalitätstheorie als Theorie sozialer Positionen zu konzipieren ist, daß diese Positionen durch bestimmte Konstituierungsfaktoren entstehen und bestimmt werden; Marginalitätstheorie wird von uns verstanden als soziologische Theorie, die bestimmte Handlungsorientierungen von „Inhabern" marginaler Positionen erklärt, nicht als Theorie der Konstitutionsweise von „Persönlichkeit" im Sinne einer Persönlichkeitstheorie.

(2) Wenngleich *Park* und *Stonequist* die Theorie des „marginal man" nicht nur auf Verhaltensprobleme (Unsicherheit, Labilität, Entschlußlosigkeit u.a.) bezogen, sondern auch positive Handlungspotentiale des „marginal man" beschrieben – die nachfolgende Literatur vergaß diesen Punkt fast vollständig – standen diese „negativen" Aspekte doch im Mittelpunkt der Diskussion. Dies stellt eine theoretisch und – wie *Antonovsky* zeigte – auch empirisch nicht zu rechtfertigende Einengung der Marginalitätstheorie dar.

(3) Wenn Marginalitätstheorie sich nicht nur auf eine bestimmte Form „marginalen Verhaltens" bezieht, muß zur Entwicklung der Marginalitätstheorie versucht werden, *unterschiedliche Orientierungsformen* des Verhaltens mit unterschiedlichen „Situationen" oder, wie wir vorziehen, mit unterschiedlich konstituierten marginalen Positionen, in Zusammenhang zu bringen.

Dickie-Clark (1963, 366), der das Problem einer soziologischen Konzeptualisierung der Marginalitätstheorie erkennt, führt aus: „In soziologischer Hinsicht fehlt es bisher an einer klaren und umfassenden Definition der marginalen Situation." Der Begriff der „Situation", der etwas kurzfristiges meint, ist jedoch nicht genau genug, um das Entstehungsfeld bestimmter ethnischer Identitätsorientierungen und Handlungsformen erklären zu können.

Wir möchten stattdessen den Begriff der „Position" bzw. der marginalen Position einführen. Unter Position verstehen wir eine Stelle, eine „Lokalität" im Feld gesellschaftlicher Beziehungen, Rechte und Pflichten; marginale Positionen sind dadurch gekennzeichnet, daß im Feld gesellschaftlicher Beziehungen ihre Gruppenzugehörigkeit unsicher bzw. ungeklärt ist. Wir arbeiten mit der Grundhypothese, daß sich bestimmte ethnische Orientierungsformen in marginalen Positionen herausbilden; diese marginalen Positionen entstehen aufgrund objektiver Prozesse und Verhältnisse und werden von den „Inhabern" dieser Positionen subjektiv definiert und ausgefüllt; spezifische Ausprägungen und Konstellationen objektiver und subjektiver Momente führen zu unterschiedlichen ethnischen Identitätsorientierungen. Marginalitätstheorie hat daher Orientierungsformen in marginalen Positionen zum Gegenstand.

Marginale Positionen beziehen sich in multi-ethnisch verfaßten Gesellschaften auf die Dimension ethnischer Beziehungen der Sozialstruktur (im Unterschied etwa zu ökonomischen Beziehungen). Marginale Positionen sind dadurch definiert, daß im System ethnischer Beziehungen zwischen Mehrheit und Minderheit ihre Zugehörigkeit unklar ist.

Zur Veranschaulichung sei auf jene historischen Verhältnisse verwiesen, aus deren Zusammenhang die Marginalitätsdiskussion überhaupt entstand, die Auflösung des jüdischen Ghettos. Für die Periode des Ghettos galt: „1. Die jüdische Gruppe war räumlich und sozial eine geschlossene Gruppe ... 2. Die Zugehörigkeit zu der Gruppe war klar gekennzeichnet ... 3. Die Grenze zwischen der jüdischen Gruppe und den anderen Gruppen hatte den Charakter einer festen und fast unüberschreitbaren Barriere" (*Lewin* 1953, 211/212). In der Periode der jüdischen Emanzipation konnte die jüdische Gruppe nicht mehr als geschlossene Gruppe bezeichnet werden. Die „Grenze" zwischen den Gruppen wurde durchlässig, es entstanden die Positionen des emanzipierten oder sich emanzipierenden Juden „zwischen" jüdischer und Mehrheitsgesellschaft. „Die Person, die aufgrund von Migration, Bildung, Eheschließung oder eines anderen Einflusses eine Gruppe verläßt, ohne eine neue befriedigende Bindung an eine andere Gruppe zu finden", beschreibt *Stonequist* (1937, 2) die Individuen als „Inhaber" solcher marginaler Positionen. Nicht die Mitgliedschaft in mehreren Gruppen – wie *Albrecht* (1974) vermutet – sondern die ungeklärte Zugehörigkeit zu Gruppen konstituiert marginale Positionen.[44] Beispiele für marginale Positionen aus dem Kontext der Arbeitsmigranten wären Positionen, die durch Verlust von Bindungen an die Herkunftkultur, Teilassimilation, aber Nichtzugehörigkeit zur Mehrheitsgesellschaft gekennzeichnet sind; diese lassen sich in der ersten Migrantengeneration, vor allem aber in der zweiten Generation finden. Nichtzugehörigkeit zur Mehrheitsgesellschaft zeigt sich juristisch häufig als Nichtbesitz der Staatsbürgerschaft, bei permanenter „Anwesenheit im staatlichen Territorium".

Wir unterscheiden drei Konstituierungsfaktoren marginaler Positionen. Ihre offensichtlich objektive Voraussetzung ist zunächst die *Existenz einer ethnischen Minderheitenkultur* bzw. bestimmter Elemente einer Minderheitenkultur und die Art ihres Einflusses. Im System ethnischer Beziehungen haben wir es häufig mit einer relativ geschlossenen Minderheitenkultur zu tun, die in der Lage ist, eindeutige Zugehörigkeiten festzulegen. Im Prozeß der Abschwächung oder Auflösung von Minderheitenkulturen oder ihrer nur „stückhaften" Herausbildung verlieren diese jedoch oder gewinnen erst gar nicht ein ethnisch stabiles Sozialisations- und Identifikationspotential.

Zu den objektiven Konstitutionsmomenten marginaler Positionen gehört weiterhin ein Hierarchieverhältnis zwischen Mehrheits- und Minderheitenkultur. „Die Gruppen stehen in einem Gleichgewichtsverhältnis zueinander ..." betont *Stonequist* (1937, 121). Gleichberechtigte und gleichwertige Beziehungen zwischen ethnischen Gruppen würden der Zugehörigkeitsproblematik jenen Status- und Macht-Aspekt entziehen, der bei Marginalitätskonflikten kennzeichnend ist, in welchen die ungeklärte Zugehörigkeit eben auch einen ungeklärten Status im Prestige- und Einflußsystem der Gesellschaft darstellt.

Schließlich gehört zu den objektiven Konstitutionsmomenten marginaler Positionen deren bikulturelle Bestimmung durch Mehrheits-

---

[44] Die Relevanz sozialer Zugehörigkeit (bzw. unsicherer Zugehörigkeit) beschreibt *Lewin* in eingängigen metaphorischen Wendungen: „Was ein Mensch auch immer tut oder zu tun wünscht, er muß etwas Boden unter den Füßen haben. ... Einer der wichtigsten Bestandteile des Bodens, auf dem der einzelne Mensch steht, ist die soziale Gruppe, zu der er gehört" (*Lewin* 1953, 205).

wie durch Minderheitenkultur. Sie kann sich zeigen in der Form unterschiedlicher Sozialisation zwischen Elternhaus und Schule, „unterschiedlichen kulturellen Welten" zwischen Arbeitssphäre und Familie oder biographisch als Unterschied zwischen Kindheits-Jugendsozialisation in einer Kultur und Leben als Erwachsener in einer anderen Kultur.

Marginale Positionen, die gesamtgesellschaftlich infolge von Migration, Zwangsverschleppung, Flucht und der Auflösung oder Abschwächung von Minderheitenkulturen entstehen, werden nicht einfach nur objektiv konstituiert, sondern auch von den „Inhabern" dieser Positionen in bestimmter Weise wahrgenommen, interpretiert und definiert. Aus spezifischen Weisen dieser subjektiven „Aneignung" und unter spezifischen objektiven Bedingungen entstehen bestimmte Orientierungsformen ethnischen Verhaltens, um deren Konkretisierung es uns geht.

Aus den objektiven Konstituierungsbedingungen marginaler Positionen lassen sich Konfliktlösungsanforderungen für die Subjekte herleiten, deren jeweilige „Verarbeitungen" zu unterschiedlichen Formen ethnischer Orientierung führen. Eine erste Konfliktlösungsanforderung, die marginale Positionen stellen, kann als strukturell determinierte Zugehörigkeitsunsicherheit bezeichnet werden. Da die marginale Position weder der Mehrheits- noch der Minderheitengesellschaft eindeutig zugehört, stellt sich für das Subjekt ein Gefühl der *Zugehörigkeitsunsicherheit* ein. Das Gefühl der Zugehörigkeitsunsicherheit kann dem Menschen den kulturellen „Boden" nehmen von dem *Lewin* spricht: „Es ist zum Beispiel eines der größten theoretischen und praktischen Schwierigkeiten des jüdischen Problems, daß die jüdischen Menschen oft in einem hohen Grad über ihr Verhältnis zu der jüdischen Gruppe im Ungewissen sind. Sie sind sich nicht sicher, ob sie tatsächlich zu der jüdischen Gruppe gehören, und in welchem Betracht sie zu der Gruppe gehören und in welchem Grade." (*Lewin* 1953, 208) *Green* (1947, 171) vermutet: „... deutliche Ablehnung ist vermutlich leichter zu ertragen als unsichere und unvorhersehbare Akzeptanz. Dies ist einer der Gründe, warum Juden die Symptome des marginal man stärker als Schwarze aufweisen."

Als subjektive Spiegelung des Hierarchieverhältnisses und Prestigegefälles zwischen Mehrheits- und Minderheitenkultur ist zum zweiten bei den „Inhabern" marginaler Positionen aufgrund ihrer Herkunft aus der Minderheitenkultur und Nicht-Zugehörigkeit zur Mehrheitskultur eine *Bedrohung des Selbstwertgefühls* zu erwarten, mit der sie sich auseinandersetzen müssen.

Eine dritte Konfliktlösungsanforderung, mit der sich Inhaber marginaler Positionen konfrontiert sehen, sind *Kulturkonflikte*. Sie entstehen aus Prozessen der Beeinflussung aus zwei Kultursystemen, aus bikultureller Sozialisation und Teilassimilation und äußern sich als Bewertungs-, Orientierungs- und Handlungskonflikte. Kulturkonflikte sind zwar in jedem gesellschaftlichen Handeln zu lösen – sie sind insofern durchaus ein „normaler" Vorgang – stellen sich in marginalen Positionen aber mit größerer Intensität und Häufigkeit.

Aus dem Vorliegen bestimmter Ausprägungen der objektiven Konstituierungsverhältnisse und spezifischen Formen der subjektiven „Bewältigung" oder des Scheiterns im Umgang mit den genannten Konfliktlösungsanforderungen entstehen unterschiedliche Formen der ethnischen Orientierung in marginalen Positionen. Über diese Zusammenhänge – und das halten wir für den Kern der reformulierten Marginalitätstheorie – sollen im folgenden Hypothesen aufgestellt werden; dabei wird versucht, in der Literatur vorhandene Konzepte und empirische Ergebnisse in das Hypothesenschema einzuordnen bzw. damit zu verbinden. Ziel ist hierbei, die Entstehungsbedingungen ethnischer Orientierungen in marginalen Positionen genauer zu identifizieren. Die Formen der Orientierung, die im folgenden thematisiert werden, sind Assimilierung, Überanpassung, Herkunftsorientierung, Marginalität, duale Orientierung und Politisierung. „Marginalität" mit den Charakteristika, die von Stonequist beobachtet wurden, ist also nur eine Identitätsform in marginalen Positionen.

Die Formulierung der Hypothesen erfolgt in einem ersten Schritt durch die Spezifizierung von Ausprägungen der objektiven Konstituierungsbedingungen marginaler Positionen; in einem zweiten Schritt werden jeweilige subjektive Verarbeitungsformen der Konfliktlösungsanforderungen genannt. Die jeweilige Erscheinungsform der ethnischen Orientierung wird – soweit möglich – auf Kategorien der „klassischen" Marginalitätstheorie bezogen.

Hypothese 1 formuliert die Entstehung des Orientierungsmusters der Assimilierung.

Hypothese 1 (Assimilierung):

Bei relativer Schwäche oder Auflösung der Minderheitenkultur, einem Hierarchieverhältnis zwischen Mehrheit und Minderheit, aber relativer Offenheit des Zugangs zur Mehrheitsgesellschaft, bikultureller Bestimmung der Positionen und einer Lösung der Zugehörigkeits-, Selbstwert- und Kulturkonflikte durch Bekenntnis zur Mehrheitsgesellschaft, kommt es in marginalen Positionen zu Assimilierung.

Assimilierung ist der vollständige kulturell-, bewußtseins- und verhaltensmäßige Bezug auf die Mehrheitskultur und bedeutet die „Aufgabe" der Minderheitenkultur; der „Assimilierung" entsprechen in der klassischen Marginalitätstheorie „active/passive general orientation" bei *Antonovsky* (1956) und „rebel reaction" bei *Child* (1943), der mit Rebellion die Ablehnung der Herkunftskultur bezeichnet.

Die folgende Hypothese befaßt sich mit einem Muster, das gegenüber der „Assimilierung" als „neurotische" Form der Orientierung an der Mehrheitsgesellschaft bezeichnet werden kann und in der Marginalitätsliteratur überwiegend so diskutiert wird.

Hypothese 2 (Überanpassung):

Bei Schwäche bzw. Auflösung der Minderheitenkultur, starkem Hierarchieverhältnis zwischen Mehrheit und Minderheit, bikultureller Bestimmung der Positionen, und einer „Bewältigung" der Zugehörigkeitsunsicherheit durch Abbruch und Leugnung von Beziehungen zur Herkunftsgruppe, „Lösung" des Selbstwertkonflikts durch „Identifikation mit dem Starken", d. h. der Mehrheitsgesellschaft und „Lösung" von Kulturkonflikten durch Verdrängung kultureller Widersprüche und von Sozialisationseinflüssen der Herkunftskultur, kommt es in marginalen Positionen zur Überanpassung.

Überanpassung ist ein Bezug auf die Mehrheitskultur und – gesellschaft, der durch die Leugnung und Verdrängung eines wichtigen Teils der überkommenen Biographie des Subjekts neurotische Züge trägt. In sozialwissenschaftlicher und belletristischer Literatur ist diese Orientierung häufig beschrieben und interpretiert worden: als Eifer des Konvertiten, als Chauvinismus und Superpatriotismus von Einwanderern der 2. Generation, auch als Selbsthaß und „Passing"-Verhalten[45](vgl. z. B. *Stonequist* 1937, 73,193ff; *Lessing* 1930).

Hypothese 3 (Herkunftsorientierung):

Bei relativer Stärke der Minderheitenkultur, Hierarchieverhältnis zwischen Mehrheit und Minderheit mit relativer Geschlossenheit des Zugangs zur Mehrheitsgesellschaft, bikultureller Bestimmung der Positionen, einer Bewältigung der Zugehörigkeitsunsicherheit und des Selbstwertkonflikts durch Bekenntnis zur Herkunftsgruppe, sowie bei einer Lösung des Kulturkonflikts durch Setzen einer Priorität für die Herkunftskultur, kommt es in marginalen Positionen zur Herkunftsorientierung.

Herkunftsorientierung als orientierender Bezug auf die Minderheitenkultur schließt arbeits- und kommunikationsfunktionale Anpassungen an die Mehrheitskultur, d. h. Akkomodation nicht aus. Der

---

[45] „Passing" ist der Versuch, als rassistisch stigmatisierte, aber vom Phänotypus nicht eindeutig identifizierbare Person mit Hilfe eines Identitäts- und Ortswechsels sich der herrschenden Gruppe zurechnen zu lassen.

Herkunftsorientierung entspricht die „in-group reaction" bei *Child* (1943) und mit Bezug auf die jüdische Gruppe die „aktive/passive Jewish orientation" bei *Antonovsky* (1956).[46]

Das im folgenden zu diskutierende Muster der Marginalität beinhaltet die Merkmale, die in der Literatur als klassische Attribute des „marginal man" gelten.

Hypothese 4 (Marginalität):

Bei relativer Schwäche der Minderheitenkultur, einem Hierarchieverhältnis zwischen Mehrheit und Minderheit, bikultureller Bestimmung der Positionen, und bei Unfähigkeit des Subjekts, Zugehörigkeits-, Selbstwert- und Kulturkonflikte einer Lösung zuzuführen, kommt es in marginalen Positionen zur Marginalität.

Marginalität ist gekennzeichnet durch die problematischen Attribute des „marginal man": Verhaltensunsicherheit, Stimmungslabilität, Entschlußlosigkeit und Orientierungszweifel, Gefühle der Isolierung und Machtlosigkeit sowie Minderwertigkeitsgefühle und Zukunftsangst (vgl. *Stonequist* 1937, 141ff). Der ambivalente Bezug auf Mehrheits- und Minderheitenkultur wird deutlich in Bezeichnungen der Herkunftsgruppe zugleich als „wir" und „sie" (vgl. *Antonovsky* 1956, 60).[47] Die Literatur versteht Marginalität als eine „neurotische" Form des Verhaltens. Marginalität wird dabei als Variable verstanden, deren Ausprägungen von leichten „Störungen" bis hin zu schweren psychischen Erkrankungen führen können.

„Duale Orientierung", deren Entstehung die folgende Hypothese thematisiert, darf nicht mit Marginalität verwechselt werden. Als beschreibende Kategorie wurde der Begriff von *Antonovsky* (1956) eingeführt; Überlegungen zur Entstehung dieses Musters finden sich dort allerdings noch nicht.

Hypothese 5 (Duale Orientierung):

Bei relativer Schwäche der Minderheitenkultur, hierarchischem, aber offenem Verhältnis zwischen Mehrheit und Minderheit, bikultureller Bestimmung der Positionen und Lösung des Zugehörigkeitskonflikts durch bewußte Anerkennung der Herkunft bei gleichzeitiger Offenheit gegenüber der Mehrheitskultur, bei „Ich-Stärke"

---

[46] Verwandt, jedoch nicht identisch mit der hier diskutierten Herkunftsorientierung ist ein Konzept *Eisenstadt*s (1954, 20/21): Eisenstadt postuliert eine Form der Herkunftsorientierung, die er als Resultat von Problemen der Immigrantengruppe in der Einwanderungsgesellschaft sieht und die eine Form von „disintegrative behavior" sei; „rebellische Identifikation" mit der Herkunftsgruppe; die Identifizierung mit der Herkunftsgruppe trägt den Protest gegen die Einwanderungsgesellschaft in sich.

[47] *Antonovsky* spricht auch vom Muster der „ambivalenten Orientierung".

gegenüber Kultur- und Selbstwertkonflikten kommt es in marginalen Positionen zur dualen Orientierung.

Der Begriff der dualen Orientierung, der von *Antonovsky* (1956) eingeführt wurde, bedeutet einen verhaltensmäßigen und „ideologischen" Bezug auf Minderheiten- wie auf Mehrheitskultur und schließt die Ablehnung von Assimilierung ein; sie beinhaltet eine gewissermaßen bikulturelle Persönlichkeitsstruktur und ist ein nicht-neurotisches, auf der Basis von Ich-Stärke sich herausbildendes Verhaltensmuster.

Die Orientierungsform der „Politisierung", die wir abschließend diskutieren, greift Gedanken und Beobachtungen auf, die bei der Rekonstruktion der klassischen Marginalitätstheorie als „positive Chancen" „marginaler Situationen" begriffen wurden. Der Konflikt wird zum Movens von Aktivität und einer Neuorientierung der Person.

Hypothese 6 (Politisierung):

Bei Existenz einer Minderheitenkultur, hierarchisch-konfliktären Beziehungen zwischen Mehrheit und Minderheit sowie relativer Geschlossenheit des Zugangs zur Mehrheitsgesellschaft, bikultureller Bestimmung der Positionen und bei Lösung des Zugehörigkeits-, Selbstwert- und Kulturkonflikts durch Bekenntnis zur Minderheitengruppe und dem Versuch, die Position der Minderheit aktiv zu verbessern, kommt es in marginalen Positionen zur Politisierung.

Politisierung ist gekennzeichnet durch aktives Eintreten für die Rechte und Interessen der unterdrückten Minderheit. *Stonequist*, der dieses Muster als „nationalist role" diskutiert (vgl. *Stonequist* 1937, 160), glaubt, daß die bewußte Identifizierung mit der Minderheit Reaktion auf eine gesuchte, aber zurückgewiesene Identifikation mit der Mehrheit sei.[48]

8.4 Schlußbemerkungen

Zentral für die Ausführungen des Kapitels 8 war das Konzept der Akkulturation: durch Kulturkontakte bei ethnischen Minderheiten bewirkte Veränderungen von Personen und Gruppen in Bezug auf

---

[48] Von *Stonequist* (1937, 177 ff.) wurde zusätzlich eine „Vermittler-Rolle" skizziert, ohne daß aber nähere Bedingungen für ihre Entstehung in seinen Ausführungen identifiziert werden können. Die Vermittler-Rolle habe das Ziel, konflikthafte Spannungen zwischen beiden Kulturen abzubauen und sei durch Einsicht in beide Kulturen und den Ethnozentrismus jeder Seite gekennzeichnet. Sie versuche, die liberalen und toleranten Kräfte der herrschenden Gruppe anzusprechen.

Werte, Normen, Einstellungen, Kenntnisse und Fähigkeiten, spezielle Verhaltensweisen und „Lebensstile", Veränderungen der subjektiven Identität. Zwischen Akkulturation und Assimilierung besteht ein bedeutsamer Unterschied insofern, als Assimilierung eine radikalere und „vollständige" Akkulturation, eine Überlagerung des Sozialisationsprozesses durch einen neuen, eine Veränderung der subjektiven Identität und – für Gruppen-Akkulturation – ein Verschwinden von ethnischen Gruppenstrukturen darstellt. Das Konzept der Akkulturation läßt sich präziser gebrauchen als der umfassendere Begriff der „Eingliederung", der Veränderungen in der sozialstrukturellen Position der ethnischen Minderheit einschließt; wir gehen davon aus, daß zwischen Akkulturation und Eingliederung kein notwendig enger Zusammenhang besteht.

Rückblickend auf die „klassischen" Ansätze von Akkulturationsforschung läßt sich sagen, daß Generationsmodelle bestimmte empirische Regelmäßigkeiten beschreiben, aber kein eigentliches Erklärungsmodell darstellen. *Eisenstadts* Ansatz erscheint uns als ein bis in die Gegenwart fruchtbares Modell zur Beschreibung und Erklärung der Akkulturation von Einwanderern der 1. Generation; er ist in seiner Grundstruktur auch in den bekannten neueren Arbeiten von *Richmond* (vgl. *Richmond* 1988) enthalten. *Gordons* Arbeiten gestatten einen differenzierten konzeptuellen Zugriff auf Dimensionen der Eingliederung und Akkulturation von Einwanderern über einen Mehr-Generationenverlauf. Die Marginalitätstheorie konnte als Theorie der Entstehung ethnischer Identitätsformen in marginalen Positionen – d. h. Positionen unklarer ethnischer Zugehörigkeit – weitergeführt werden.

Unserer gesamten Argumentation liegt die methodologisch-heuristisch begründete Trennung von Personen-Akkulturation als sich auf die Einzelperson bezogener Veränderungsprozeß und Gruppen-Akkulturation als Veränderung von Gruppenmerkmalen zugrunde. Für Gruppen-Akkulturation wurde eine Reihe von Hypothesen entwickelt, die primär den Charakter von Einzelhypothesen haben. Für Personen-Akkulturation wurden zusammenhängende theoretische Positionen vorgestellt, diskutiert und z.T. weiterzuentwickeln versucht.

Viele interessante und relevante Punkte konnten überhaupt nicht berührt werden, z. B. die Frage nach geschlechtsspezifischen Variationen im Akkulturationsprozeß; oder sie konnten nur gestreift werden, wie z. B. die Frage nach den relativen Wirkungen von Zwangsgegenüber „freiwilliger" Akkulturation; unserer Argumentation lag fast ausschließlich das Muster „freiwilliger" Akkulturation zugrunde.

Abschließen möchte ich die Diskussion dieses Kapitels mit einigen Bemerkungen über eine politische Dimension von Akkulturations- und Assimilierungsprozessen; speziell für Einwanderungsgesellschaften und den Staat des Einwanderungslandes stellt sich die Frage nach der politischen Loyalität der Neu-Bürger unabhängig davon, ob sie (bereits) die Staatsbürgerschaft besitzen oder nicht.[49] Wie loyal, wie zuverlässig sind die sich akkulturierenden oder assimilierenden Einwanderergruppen gegenüber dem Staat? Sind die Zugehörigkeits- und Verpflichtungsgefühle stärker gegenüber der Herkunftsgesellschaft geblieben, haben sie sich der Einwanderungsgesellschaft zugewandt oder sind die Loyalitäten unsicher im Spannungsfeld der Beziehungen zu beiden Gesellschaften? Starke politische Spannungen bis hin zum Krieg zwischen Auswanderungs- und Einwanderungsland sind ein harter Testfall der Loyalität. Im ersten Weltkrieg z. B. waren viele Deutsch-Amerikaner, die den Eintritt der Vereinigten Staaten in den Krieg abgelehnt hatten, gezwungen, gegen Deutschland in den Krieg zu ziehen. „... Deutsch-Amerikaner waren mit der Notwendigkeit konfrontiert, gegen eine Nation zu kämpfen, in welcher ihre Verwandten und Freunde lebten. Trotz des Schmerzes, der ihnen durch diese Situation verursacht wurde, kämpften Deutsch-Amerikaner genau so tapfer wie andere Amerikaner" (*Dinnerstein* u. *Reimers* 1975, 140). Auch im zweiten Weltkrieg mußten Deutsch-Amerikaner, Italo-Amerikaner und Amerikaner japanischer Herkunft gegen ihre Heimatländer Krieg führen. Die – rassistisch fundierten – Loyalitätszweifel der amerikanischen Mehrheit an den „Japanese Americans" führten dabei zur Internierung einer ganzen Einwanderergruppe. Bei betroffenen Einwandererminderheiten zeigte sich jedoch auch im zweiten Weltkrieg, daß die primäre Loyalität der Einwanderungsgesellschaft galt.[50] Zusammenfassend läßt sich aufgrund historischer Erfahrungen in den klassischen Einwanderungsgesellschaften festhalten, daß sich die primäre Loyalität eingewanderter Bevölkerungsgruppen im allgemeinen der Einwanderungsgesellschaft zuwendet.

Sind in diesen Schlußbemerkungen zum Kapitel 8 bereits politische Momente enthalten, werden im abschließenden Kapitel 9 politische Aspekte inter-ethnischer Beziehungen systematisch diskutiert.

---

[49] Das Verhältnis anderer Typen von ethnischen Minderheiten zum Staat kann hier nicht diskutiert werden.
[50] Vor einiger Zeit hat sich die Regierung der Vereinigten Staaten für das gegenüber der japanisch-amerikanischen Minderheit verübte Unrecht offiziell entschuldigt (vgl. *Richmond* 1988, 63).

9 Politik, Staat und ethnische Minderheiten

Ein erstes Thema wird die Ausleuchtung von Zusammenhängen zwischen bestimmten nationalstaatlichen Grundstrukturen und Politiken gegenüber ethnischen Minderheiten sein. Widersprüche zwischen Nationalstaat und Ethnizität, die im nationalstaatlichen Kontext auftreten, versucht man in manchen Gesellschaften durch Prinzipien multi-ethnischer Staatsorganisation zu vermeiden. Das wird Gegenstand des zweiten Abschnitts sein. Im folgenden Abschnitt geht es um einige Prinzipien gesellschaftlicher und kultureller Förderung ethnischer Minderheiten als benachteiligten Gruppen („affirmative action").

Hauptgegenstand unserer Untersuchung waren durch Wanderungsprozesse entstandene ethnische Minderheiten. Zentrale Dimensionen von Migrations- bzw. Einwanderungspolitik, mit besonderem Bezug auf die Bundesrepublik, sollen die Schlußdiskussion bilden.

9.1 Nationalstaat und ethnische Minderheitenpolitik

In der internationalen wissenschaftlichen Diskussion über Nation und Nationalstaat läßt sich – bei allen sonstigen Unterschieden und Gegensätzen – immer wieder eine Differenzierung in einen ethnischen und, auf der anderen Seite, einen politischen Nations- und Nationalstaatsbegriff feststellen. Die dabei verwendete Terminologie variiert, z.B. „subjektiver" vs. „objektiver" Nationsbegriff (*Kohn* 1962), „ethnic vs. political nationalism" im angelsächsischen Sprachraum oder, französisch „nation ethnique" vs. „nation élective" (*Schnapper* 1990). Wir werden im folgenden zeigen, daß zur Erklärung relevanter Unterschiede in der Minderheitenpolitik von Staaten die Unterscheidung eines ethnischen und eines politischen Nation- und Nationalstaatskonzepts sinnvoll ist. Beim politisch begründeten Nationalstaat unterscheiden wir zuzätzlich ein „demotisch-unitarisches" und ein ethnisch-plurales Konzept.

Zu beachten ist, daß es sich bei diesen Typologien nicht primär um Ergebnisse empirisch-historischer Analysen, sondern um Legitimationsmuster staatlicher Herrschaft handelt. Wir beginnen unsere Diskussion mit dem ethnisch begründeten Nationalstaat.

9.1.1 Der ethnisch begründete Nationalstaat und Minderheitenpolitik

Der ethnisch begründete Nationalstaat, den wir am Beispiel Deutschlands diskutieren, beruht auf der politischen Ideologie des ethnischen Nationalismus. (Nationalismus wird hier nicht als kritischer Begriff eines überzogenen Nationalgefühls, sondern als Kategorie für eine politische und soziale Bewegung verstanden.) Der ethnische Nationalismus strebt ethnische Gemeinsamkeit als Fundament staatlicher Organisation an; ethnische und staatliche Grenzen sollen übereinstimmen.

Der ethnische Nationsbegriff definiert Nation als Volk mit „eigenem" Staat. Für das Verständnis des ethnischen Nations- und Nationalstaatsbegriffs ist also der Volksbegriff zentral. Nachdem der Volksbegriff bis in die Aufklärung ein abwertender Begriff gewesen war, erfuhr er unter dem Einfluß Herders eine dramatische Aufwertung und „Nobilierung" (vgl. *Schönemann* 1989, 279). „Volk" wurde zu „Urvolk", zu einer ursprünglichen, „natürlichen", auf Abstammung beruhenden kulturellen und politischen Gemeinschaft (vgl. *Heller* 1963, 162). „Volk" wurde zum kollektiven Subjekt des Geschichtsprozesses und die Menschheit als in Völker gegliedert begriffen. Dieses kollektive Subjekt habe eine bestimmte Individualität und Persönlichkeit und sei durch einen spezifischen „Volksgeist" ausgezeichnet. Das Volk als Geschichtssubjekt begründet dann unter bestimmten Bedingungen „seinen" Staat, z. B. durch Zusammenschluß mehrerer kleinerer Staaten oder durch Herauslösung aus einem Staatsverband, und wird zur Nation; der resultierende Staat wird zum Nationalstaat.

Im ethnischen Nationalismus wird Ethnizität nicht nur zum Konstituierungsprinzip des neuen Staates, sondern, wie bereits im Kapitel 3 ausgeführt, auch für ethnische Minderheitenlagen. Die Norm, Nationalstaaten als kulturell möglichst homogene Gebilde zu etablieren, macht die im Sinne der Nationalkultur heterogenen Gruppen, die im Staatsgebiet leben, zu ethnischen Minderheiten. Durch den ethnischen Nationalismus werden die ethnischen Minderheiten – schon bei *Fichte*, *Arndt* und *de Lagarde* – sogar zu feindlichen Gruppen. Das war ein Abschied von Herder, dessen Volkskonzept noch Teil eines humanitären und egalitären Denkens gewesen war. Bei *Herder* galt: „Alles Ethnische ist ... Ausdruck des Humanen; die Humanität erscheint nur durch das Medium der Nationalität" (*Schieder* 1978, 122).

Der „ethnische Nationalstaat" ist nicht nur ein allgemeines Legitimationsmuster staatlicher Organisation, sondern ein Prinzip, das praktische und konkrete Politik gegenüber ethnischen Minderheiten in verschiedenen Bereichen bestimmt. Wir wollen das an den Bereichen Akkulturation-Assimilierung, Staatsangehörigkeit und Einbürgerung sowie Fragen der politischen Partizipation aufzeigen.

Die Mehrzahl der auf der Welt existierenden Nationalstaaten hat Bevölkerungen, die ethnisch heterogen sind. Für den ethnischen Nationalstaat, der ethnische Homogenität anstrebt, sind im Staatsgebiet lebende ethnische Minderheiten ein Störfaktor, der die „nationale Einheit" bedroht. Durch *Assimilierungspolitik* versucht der Staat die nationale Einheit herzustellen und die ethnischen Minderheiten als separate Gruppen aufzulösen. Das Deutsche Reich von 1871 praktizierte z. B. in Schleswig-Holstein anti-dänische Politik und wollte seine polnischen Bewohner germanisieren; auch die Weimarer Republik erkannte zwar ethnische Minderheitenrechte in der Verfassung an, aber Erlasse und Verordnungen zum Minderheitenschutz, z. B. im Schulwesen und in der Verwaltung, blieben vage oder fehlten ganz.[1]

Man sollte von einer *Tendenz* zur Assimilierungspolitik sprechen, die im ethnischen Nationalstaat „angelegt" ist, d. h., konkrete ethnische Nationalstaaten können durch Verträge, auf der Basis weiterer Wertvorstellungen oder politischer Leitbilder und Interessenlagen den ethnischen Minderheiten durchaus bestimmte kulturelle Rechte geben, aber diese müssen dem Staat gewissermaßen „abgerungen" werden.

Die ethnische Definition des Nationalstaats liegt auch dem deutschen Konzept von *Staatsangehörigkeit* und Staatsangehörigkeitspolitik zugrunde. Da sich die Nation als Abstammungsgemeinschaft mit gemeinsamer Kultur und Geschichte begreift, werden auch die Zugehörigkeit zu dieser Nation und die rechtliche Zugehörigkeit zum politischen Gemeinwesen, die Staatsangehörigkeit, eng aneinander gebunden. Die Konsequenzen dieses Prinzips sind sehr weitgehend und bedeuten:[2] (1) die Nachkommen von deutschen Staatsbürgern gelten ebenfalls als deutsche Staatsbürger, selbst wenn sie – aus unterschiedlichen Gründen – die Rechte als Staatsbürger nicht wahrnehmen können;[3] (2) Deutsche im ethnischen Sinn, vor allem

---

[1] Vgl. hierzu näher *Krüger-Potratz* (1990, 10/11). *Krüger-Potratz* schreibt, daß die Minderheitenschutzregelungen für die Länder des Deutschen Reiches vage blieben. „Zwar kam es zur Verabschiedung verschiedener Erlasse und Verordnungen zum Minderheitenschulwesen (vgl. z. B. Oberschlesienabkommen von 1922, Schulerlaß von 1926 für die dänische Minderheit, Verordnung zur Regelung des polnischen Minderheitenschulwesens in Preußen 1928), doch die fehlenden Ausführungsbestimmungen schafften stets neuen Konfliktstoff. Zudem wurde die Forderung nach einer reichsgesetzlichen, alle Minderheitengruppen einschließenden Regelung nicht erfüllt" (ibidem,10).
[2] Vgl. für die ersten beiden der folgenden drei Punkte *Hailbronner* (1989, 73); vgl. als Überblick zum Einbürgerungsrecht *Rauscher* (1987).
[3] Dies war bis vor kurzem für die Bürger der ehemaligen DDR als größter von diesem Grundsatz betroffener Gruppe der Fall.

also deutsche Minderheiten in verschiedenen Staaten Osteuropas, sind deutschen Staatsbürgern fast gleichgestellt; kommen sie als „Aussiedler" in die Bundesrepublik, wird ihnen die Staatsbürgerschaft zuerkannt; (3) die Aufnahme in eine solche, sich als Abstammungs- und Kulturgemeinschaft verstehende Nation, ist schwierig bzw. kann nur als Ausnahme begriffen werden, d. h., Einbürgerungen von Nicht-Deutschen sind ein Vorgang, bei dem hohe Hürden zu überspringen sind. Wie eine französische Betrachterin dieser Verhältnisse sehr treffend sagte: „Man findet nur schwer Zugang zu einer Gruppe, die auf biologischen Banden beruht ..." (*Schnapper* 1989, 23).

Die hohen Hürden der Einbürgerung werden bereits aus der Einbürgerungsstatistik deutlich. Sogenannte Ermessenseinbürgerungen nach §8 Reichs- und Staatsangehörigkeitsgesetz, die die für „normale" Ausländer in Frage kommende Form sind – sogenannte Anspruchseinbürgerungen als andere Form gelten für mit Deutschen verheiratete Personen – machten z. B. 1975 10.727 „Fälle" aus; 1979 gab es 15.172 Ermessenseinbürgerungen, ein Höhepunkt, um 1982 auf 13.266 zurückzufallen; 1984 waren es 14.695 Einbürgerungen dieses Typs; bei einer Wohnbevölkerung von ca. 4,4 Mill. Ausländern entsprach das einer Einbürgerungsquote von 0,003% (vgl. *Huber* 1987, 170/171). Relevantes hat sich bis in die Gegenwart an diesen Relationen nicht geändert. Für das Jahr 1989 ergibt sich bei 17.742 Ermessenseinbürgerungen (vgl. Statistisches Jahrbuch 1991, 73) und einer ausländischen Bevölkerung von 4,8 Mill. ebenfalls eine Quote von 0,003%.

Das neue, am 1.1.1991 in Kraft getretene Ausländerrecht erleichtert juristisch die Einbürgerung in bestimmten Punkten; als wesentliche Änderung kann genannt werden, daß ein Rechtsanspruch auf Einbürgerung für Personen besteht, die seit 15 Jahren rechtmäßig im Bundesgebiet leben. Es bleibt jedoch abzuwarten, ob hierdurch in der Praxis die Einbürgerungsquote steigen wird.

Als weitere Implikation der engen Verknüpfung von ethnischer und staatsbürgerlicher Zugehörigkeit ergibt sich in Bezug auf die politischen Rechte von Einwandererminderheiten, daß der Satz „Alle Staatsgewalt geht vom Volke aus" ethnisch eingeengt wird; da politische Wahlrechte, wie erst ganz kürzlich durch das Bundesverfassungsgericht entschieden, auf Staatsbürger begrenzt sind, Staatsbürgerschaft und ethnische Zugehörigkeit aneinander gebunden sind, wird die Migrantenbevölkerung, die ihre Lebensperspektive in der Bundesrepublik hat, aber in ihrer ganz großen Mehrheit ohne deutsche Staatsbürgerschaft ist, von demokratischen Beteiligungsrechten ausgeschlossen. In der Wirklichkeit heißt das vor allem: ein beträchtlicher Teil der Arbeiterschaft, in manchen Großstädten bis zu 20%, ist ohne Wahlrecht auch auf der untersten Stufe, ist politisch ausgeschlossen. Das erinnert am Ende des 20. Jahrhunderts an Verhältnisse des 19. Jahrhunderts.

Die Hindernisse bei der Einbürgerung, die in der „Logik" des ethnischen Nationalstaats liegen, der Ausschluß vom Wahlrecht und die Regelung der wesentlichen Statusfragen über ein Ausländerrecht begründen insgesamt einen *Ausländerstatus*, der ein Bürger 2. Klasse ist.[4] Dieser Ausländerstatus wird auf solche „Inländer" übertragen, die als Kinder von Ausländern in der Bundesrepublik geboren werden.

Die Beziehung des ethnischen Nationalstaats zu ethnischen Minderheiten zusammenfassend ließe sich resümieren: der ethnische Nationalstaat empfindet ethnische Minderheiten als Problem, als Verletzung seiner Staatsidee, ein Problem, das entweder durch Assimilierung und/ oder Kontrolle der fremden Minderheiten gelöst werden muß.

9.1.2 Demotisch-unitarisches Nationskonzept und ethnische Minderheiten

Von dem gerade dargestellten ethnischen Nations- und Nationalstaatskonzept lassen sich zwei politische Nationsstaatskonzeptionen unterscheiden, die wir hier und im folgenden Abschnitt diskutieren werden. Politische Nationskonzepte begreifen Gemeinsamkeit, „Gemeinschaft" und Solidarität in der Nation als politisch begründet: die Gemeinsamkeiten von Wertvorstellungen, Institutionen und politischen Überzeugungen, und nicht eine gemeinsame „Abstammung" machen eine Nation aus. Als politische, nicht-ethnische Nationsbegriffe unterscheiden wir ein demotisch-unitarisches und ein ethnisch-plurales Konzept. Wir beginnen mit dem demotisch-unitarischen, das wir am Beispiel Frankreichs diskutieren werden, und betrachten in Bezug auf dieses zunächst die Bedeutungsentwicklung von Volk und Nation.

„Volk" ist politisch zunächst eine Kategorie der Aufklärung und bürgerlichen Revolution, die die Quelle politischer Legitimation bezeichnet. Das Volk, und nicht der Fürst oder religiöse Instanzen, begründen legitime politische Herrschaft. „Volk" ist in diesem Sinne ein nicht-ethnisches, politisches und rechtliches Konzept, entwickelt gegen die Lehre von der Souveränität der Fürsten. Es bezeichnet eine politische Gemeinschaft, die die Quelle politischer Legitimation ist. Wie Francis mehrmals betont, ließen sich viele Konfusionen vermeiden, wenn man deutlicher zwischen ethnischem und politischem Volksbegriff, zwischen „ethnos" und „demos" unterscheiden würde (vgl. *Francis* 1965 und *Lepsius* 1986).

„Nation" ist historisch nicht eine makrogesellschaftliche Einheit, sondern ebenfalls ein innergesellschaftlicher, politischer Begriff, der zentrale Konfliktlinien im vorrevolutionären und revolutionä-

---

[4] Mit weiteren relevanten internen Differenzen innerhalb der ausländischen Bevölkerung, z. B. zwischen EG-Angehörigen und Nicht-EG-Angehörigen, könnte man auch von Bürgern 3. oder 4. Klasse sprechen.

ren Frankreich bezeichnet: (1) zwischen der französischen Aristokratie und dem absoluten König; „Nation" zu sein wird von der Aristokratie gegen den König in ihrem Bestreben reklamiert, legitime Herrschaft zu beanspruchen (vgl. *Schönemann* 1989, 281); (2) in der Französischen Revolution verkörpert „Nation" den Legitimationsanspruch des „Dritten Standes" auf politische Herrschaft in der Gesamtgesellschaft gegen die feudalen Kräfte.

Aus dem berühmten Traktat des *Abbé Sieyés*: „Wer würde zu behaupten wagen, daß der Dritte Stand nicht alles Notwendige in sich trägt, um eine vollständige Nation zu bilden? Er ist der starke und kräftige Mensch, dessen einer Arm noch in Ketten liegt ... Also, was ist der Dritte Stand? Alles, jedoch ein gefesseltes und unterdrücktes Ganzes. Was wäre er ohne den privilegierten Stand? Alles, jedoch ein freies und blühendes Ganzes. Nichts kann ohne ihn geschehen, alles andere ohne die anderen unendlich besser vor sich gehen ... Der Dritte Stand umschließt mithin alles, was zur Nation gehört, und alles, was nicht Dritter Stand ist, kann nicht als Teil der Nation betrachtet werden" (zitiert nach *Markov* u. *Soboul* 1977, 20/21)

„Nation" ist also ein innergesellschaftlicher Begriff, nicht ein Begriff, der für eine staatlich konstituierte Gesamtgesellschaft steht.[5]

Hauptakteur der Französischen Revolution war nicht der „Franzose", sondern der „citoyen". Politisches, und nicht ethnisches Denken, zeigt sich exemplarisch in der Diskussion der sogenannten Judenfrage: „Als die in Frankreich neu Herrschenden zu entscheiden hatten, ob Juden auch Franzosen seien, fragten sie nicht nach gemeinsamer Herkunft; vielmehr stellten sie die Frage, ob Juden an den gemeinsamen Aufgaben der Zukunft mitarbeiten könnten ..." (*Kamenka* 1976, 10).

Die Legitimität und das Funktionieren des neuen demokratischen Systems erforderte, daß die Bürger eine Einheit bilden sollten und unterstellte einen „allgemeinen Willen". Es schien deswegen das Recht und sogar die Pflicht des neuen Nationalstaats, alle Partikularismen, einschließlich ethnischer, einzuebnen und die Homogenisierung der Staatsbevölkerung, die der absolutistische Staat begonnen hatte, fortzusetzen und zu vollenden (vgl. *Francis* 1976, 73). Glaubte man in Anfangsphasen der Revolution in Frankreich noch, Aufklärung und politische Mobilisierung der gesamten Bevölkerung angesichts der starken Sprachenvielfalt mit Hilfe von Übersetzungen erreichen zu können, setzte sich schon bald die feste und mit staatlichen Zwangsmitteln – in vielen Regionen sprach man von einem „terreur linguistique" – realisierte Überzeugung durch, daß

---

[5] Auch in Deutschland läßt sich ein solcher Begriff nachweisen: *Hans v. Gagern* sprach von der Nation als „der bessere, denkende Teil des Volkes". (vgl. *Heller* 1963, 162) Und Freiherr *von Stein* identifizierte als „preußische Nation" die besitzenden und gebildeten Klassen Preußens (vgl. *Schönemann* 1989, 287).

das Funktionieren des demokratischen und nationalen Staates die Durchsetzung einer einzigen nationalen Sprache erforderte. Mit der allgemeinen Wehrpflicht und der Volksarmee wurde die Vereinheitlichung der Nationalsprache auch zu einer zwingenden militärischen Notwendigkeit (vgl. *Francis* 1965, 118). „Die allgemeine Verbreitung, ja ein Monopol der französischen Sprache wird ... positiv als das sicherste Mittel gewertet für die Einigkeit und Formung der Französischen Nation ..." (ibidem, 119). Durch die Art der Behandlung der sogenannten Judenfrage, die wir oben anführten, darf man sich also nicht täuschen lassen: es handelte sich nicht um ethnisch-religiöse Toleranz, sondern um die Einschätzung, daß auch die jüdische Bevölkerung prinzipiell für die politischen Veränderungen gewinnbar und assimilierbar sei.

Die Revolution setzt ein kulturelles Vereinheitlichungs- und Zentralisierungsprogramm fort, das vom absolutistischen Staat begonnen worden war. „Es ist der Staat, der sich auf dem nationalen Territorium eine Nation geschaffen hat, eine Nation, die er über Jahrhunderte kulturell und politisch vereinheitlicht hat. Der Staat ist der Nation vorausgegangen" (*Schnapper* 1989, 22).

Faßt man vorhergehende Analysen zum demotisch-unitarischen Nationalstaat in Bezug auf seine Haltung gegenüber ethnischen Minderheiten zusammen, läßt sich ausführen: im demotischen Nationalstaat ist aufgrund seiner zentralen Staatsideen eine Vereinheitlichungs- und Assimilierungstendenz „angelegt", die ethnische Vielfalt prinzipiell als problematisch erscheinen läßt.[6] Hier besteht also, aus verschiedenen Gründen, eine Übereinstimmung zwischen ethnischem und demotisch-unitarischem Nationalstaat.

Aber es bestehen auch, auf der anderen Seite, relevante, für praktische und konkrete Politik folgenreiche Unterschiede, vor allem für die Politik gegenüber Einwandererminderheiten. Da sich der demotische Nationalstaat in seiner Legitimation nicht auf ethnische Abstammung beruft, ist er „offener" für Zuwanderer, zumindest in einem rechtlichen Sinne: „... durch ihr spezifisches Legitimitätsprinzip ist die französische Nation (zumindest ihrem Ideal nach) offener gegenüber allen, die bereit sind, ihre Werte zu akzeptieren. Nationale Identität ist nicht eine biologische, sondern eine kulturelle Angelegenheit; man ist Franzose durch das Sprechen einer Sprache, durch die Verinnerlichung einer Kultur, durch die Bereit-

---

[6] Vgl. hierzu im einzelnen auch *Schnapper* (1991). Bezogen auf ethnische und kulturelle Heterogenität im Nationalstaat führt sie aus: „Es ist gerade wegen dieser Heterogenität, daß die kulturelle Einheit im Rahmen der politischen Ziele besonders betont und durch die zentralen Institutionen befördert wurde, besonders durch das Bildungssystem; dieses Herausbilden einer Nation ist auch als Assimilationspolitik bezeichnet worden" (*Schnapper* 1991, 78).

schaft, am ökonomischen und politischen Leben teilzunehmen." (*Schnapper* 1989, 23) Das Einbürgerungsrecht in Frankreich ist auf der Linie dieser Prinzipien eines der offensten in Europa. Diese Offenheit zeigt sich insbesonders (1) an der Einfachheit und Leichtigkeit der Einbürgerung, (2) dem Institut der Erklärungseinbürgerung, die bestimmten Personengruppen auf ihren Wunsch die Staatsbürgerschaft verleiht, ohne daß der Staat das verhindern könnte und (3) an den „automatischen" oder „halb-automatischen" Mechanismen des Erwerbs der Staatsbürgerschaft (vgl. ibidem).

Mit der Offenheit des Staatsangehörigkeitsrechts im demotischen Nationalstaat Frankreich entfallen auch in einem beträchtlichen Ausmaß die weiter oben dargestellten Probleme des Ausschlusses der Migrantenbevölkerung von der politischen Partizipation. Ausländerwahlrecht muß dann nicht zu einem zentralen Thema werden. Daß damit gesellschaftliche Probleme der Ungleichbehandlung, der ethnischen Vorurteile und der Diskriminierung weiterbestehen, muß wohl nicht gesondert hervorgehoben werden; aber die Bedingungen, diese Probleme anzugehen, sind günstiger. Prinzipiell ist das Wahlrecht die wichtigste Form demokratischer Interessenvertretung und erlaubt der Migrantenbevölkerung, Politiker für ihre Anliegen zu interessieren und zu gewinnen bzw. ihre eigenen Repräsentanten in die Politik zu schicken.

Im nächsten Abschnitt geht es um die zweite Form eines politischen Nationsbegriffs.

9.1.3 Ethnisch-pluraler Nationalstaat und ethnische Minderheiten

In noch stärkerer Form als beim demotischen Nationalismus tritt beim ethnisch-pluralen Nationalstaat die Bedeutung gemeinsamer *politischer Institutionen* für die Konstituierung einer Nation zutage. Wir wollen diese Form des Nationalstaats am Beispiel der Schweiz diskutieren, die nach ihrem Selbstbild wie im Außenverständnis ebenfalls als Nationalstaat gilt. Es kann sich bei den vorherrschenden Legitimationsmustern dieses Staates nur um einen politisch begründeten Gemeinsamkeitsglauben handeln, da jede Art von ethnischen Nationalismus die staatlichen Strukturen sprengen würde. Die Schweiz hat darum auch ihren spezifischen sowohl von der französischen wie der deutschen Tradition differenten nationalen Mythos. „Seine Wurzeln finden sich in bestimmten Errungenschaften der vornationalen Periode und in einem sozialen Mythos, der in einer vormodernen, agrarischen Gesellschaft entstanden war. Als sich der Einfluß des Nationalismus bemerkbar machte, versuchten die Schweizer, ihre Einheit nicht auf einem Mythos gemeinsamer Herkunft oder Sprache zu begründen, sondern auf gemeinsamen politischen Traditionen und Institutionen. Inspiration gaben vergangene Kämpfe für politische Freiheit – weit zurück im 13. Jahrhundert. Sie wiederbelebten und glorifizierten die Erinnerung an diese Grundlagen: Wilhelm Tell wurde zum Nationalhelden" (*Francis* 1976, 106).

Die Integration der verschiedenen ethnischen Gruppen und Regionalkulturen verläuft in der modernen Schweiz politisch vor allem über folgende drei institutionellen Mechanismen: (1) eine stark institutionalisierte Form des Interessenausgleichs in Form der „Vernehmlassungsverfahren" (Hearings); (2) Föderalismus als ein Prinzip, das Kooperation organisiert, ohne Eigenarten zu zerstören; (3) eine hohe Legitimität des politischen Systems (vgl. *Hettlage* 1983, 746). Für den Schutz ethnischer Minderheiten ist dabei der Föderalismus die wichtigste Institution, ohne daß der Föderalismus dabei explizit als Prinzip des Minderheitenschutzes in Erscheinung tritt. Die Schweiz ist „ein polyethnischer Staat, der den Schutz der Minderheiten so in sein Verfassungssystem integriert hat, daß er nicht mehr als Minderheitenschutz in Erscheinung tritt. Vielmehr wird der Minderheitenschutz in der schweizerischen Staatsrechtsliteratur mit dem Prinzip des Föderalismus in Verbindung gebracht" (*Kimminich* 1985, 164).[7]

„Nation" wird also in der Schweiz nicht als ethnische Gemeinschaft verstanden, sondern als Gemeinsamkeit von Institutionen, Geschichte und Interessen. Verschiedene ethnische Gruppen werden als konstitutiv und zugehörig definiert; es besteht quasi ein Vertrag zwischen verschiedenen ethnischen Gruppen. Gegenüber zugehörigen ethnischen Gruppen und Minderheiten kann dieser Nationalstaat kulturell tolerant sein und bestimmte Autonomierechte verleihen. Im Prinzip tolerant auch zu anderen, zugewanderten Minderheiten: er basiert nicht auf *einer* Ethnizität als Grundlage des Staates und will auch nicht die bestehenden ethnischen Gruppenunterschiede einschmelzen. Aversionen und Diskriminierungen gegenüber ethnischen Minderheiten, die wir hier dennoch beobachten können, kommen „aus der Gesellschaft", sind nicht Folgen staatlicher Konstituierungs- und Legitimationsbedingungen.

Bevor wir zum letzten Punkt unserer Diskussion zum Zusammenhang zwischen Nationalstaat und ethnischer Minderheitenpolitik, dem Thema „Außenpolitik und ethnische Minderheiten", gehen, sollte noch einmal daran erinnert werden, daß unsere vorgehenden Analysen der Grundlagen von Minderheitenpolitik in verschiedenen Nationalstaaten nicht den Charakter von „Realanalysen" im

---

[7] Neben Föderalismus lassen sich territoriale und personale Autonomie als Organisationsprinzipien multi-ethnischer Staaten unterscheiden; wir diskutieren diese ausführlicher in Abschnitt 9.2.

Sinne empirischer und historischer Bestandsaufnahme haben, sondern es sich um idealtypische Rekonstruktionen bestimmter staatlicher Merkmale handelt; diese haben einen „realen" Einfluß, sind aber nicht in der idealtyischen „Reinheit" anzutreffen, d. h. überschneiden sich untereinander an verschiedenen Stellen: das „wirkliche" Frankreich hat auch Züge eines ethnischen Nationalstaats, und das „wirkliche" Deutschland ebenfalls Merkmale eines politischen Nationalstaats. Auch treffen die idealtypischen Merkmale in der Gesellschaft auf Gegenkräfte, mit denen sie sich auseinandersetzen müssen; z. B. trifft die aus dem ethnisch-nationalstaatlichen Denken resultierende Tendenz des politischen Ausschließens auf moderne demokratische Prinzipien von Gleichheit und Menschenrechtsansprüchen, die es nicht zulassen können, daß ein relevanter Teil des „Volkes" – im Sinne von Bevölkerung – von politischer Partizipation ausgeschlossen sei.

9.1.4 Außenpolitik und Minderheitenpolitik

In den überblickhaften Ausführungen dieses Abschnitts geht es darum, einige typische Muster von Beziehungen zwischen der Außenpolitik eines Landes und seiner Minderheitenpolitik zu identifizieren; mit Minderheitenpolitiken sind sowohl Politiken gegenüber ethnischen Minderheiten innerhalb des eigenen Staates wie gegenüber Minderheiten eines anderen Nationalstaats gemeint. Im einzelnen gehen wir ein auf „Irredentismus", auf die Unterstützung einer ethnisch zugehörigen Minderheit in einem anderen Nationalstaat, auf ethnische Minderheiten in einem anderen Staat als Instrument der Außenpolitik eines Landes, schließlich auf Beziehungen zwischen Außenpolitik und der Lage der Minderheiten im „eigenen Land".

Irredentismus ist eine politische Bewegung innerhalb einer nationalen Minderheit wie innerhalb des ethnisch „zugehörigen" Nationalstaats mit dem Ziel, einen „Anschluß" der Minderheit an den „zugehörigen" Nationalstaat zu erreichen. Der Name Irredentismus leitet sich von der italienischen Einigungsbewegung her, seit die 1866 entstandene und dann in den 70er Jahren als „Italia Irredenta" („unerlöstes Italien") bezeichnete Bewegung den Anschluß der italienischsprachigen Gebiete außerhalb des damaligen Italiens (vor allem in Österreich) an den schon existierenden Nationalstaat betrieb.

Irredentismus ist eine gefährliche, Frieden bedrohende Bewegung, da sie existierende Grenzen verändern will. Die bloße Unterstützung einer „zugehörigen" ethnischen Minderheit in einem anderen Nationalstaat ist kein Irredentismus, sondern kann völkerrechtlich vertraglich vereinbart sein; als Beispiel kann etwa die Unterstützung der dänischen Minderheit in Deutschland durch die dänische Regierung, oder die Unterstützung der deutschen Minderheit in Dänemark durch Deutschland genannt werden; nach der Anerkennung der Existenz einer deutschen Minderheit in Polen durch die nachkommunistischen Regierungen kann sich eine völkerrechtlich vereinbarte Unterstützung dieser Minderheit durch die Bundesrepublik entwickeln. Dieses am Beispiel der Beziehung zu Dänemark und Polen illustrierte Verhältnis ist ein „friedliches" Verhältnis, eingebunden in und Teil der positiven Beziehungen zwischen den jeweiligen Nationalstaaten; das impliziert, daß eine Verschlechterung der zwischenstaatlichen Beziehungen sich auch auf die Lage der Minderheiten auswirkt.

Ein ganz anderes, wiederum sehr konfliktäres Verhältnis außenpolitischer Art könnte (etwas umständlich) als „die Minderheit als Instrument der Außenpolitik eines Nationalstaats" identifiziert werden.

In beiden Weltkriegen wurden von deutscher Seite die zahlreichen deutschen Minderheiten im Ausland politisch für die eigenen Ziele mobilisiert. Auch von englischer Seite wurde Minderheitenpolitik und Kriegspolitik verknüpft. Zu Beginn des Ersten Weltkrieges erklärte der britische Premierminister Asquith im Hinblick auf den Habsburgischen Staat: „Wir kämpfen dafür, daß Minderheiten-Nationalitäten nicht erdrückt werden durch die Willkür einer starken und herrschsüchtigen Macht" (zit. nach *Schumacher* 1969, 13).

Auch in der Weimarer Republik, die zahlreiche Gebietsabtretungen mit der Entstehung deutscher Minderheiten im Ausland hatte hinnehmen müssen, wurde die Unterstützung und Mobilisierung dieser Minderheiten zu einem Ziel des Auswärtigen Amtes. „Aufgabe" der deutschen Minderheiten war es aus der Sicht des Auswärtigen Amtes, die Politik der jeweiligen Staaten im Sinne der deutschen Außenpolitik zu beeinflussen, die deutsche Kultur im Ausland zu stärken, Absatzgebiete für die deutsche Industrie zu erschließen und die Sicherung von Rohstofflieferungen zu gewährleisten helfen (vgl. *Blaschke* 1985, 34/35). Als weitere Bestimmungsfaktoren der Weimarer „Volkstumspolitik" im Ausland nennt Blaschke u.a. Bestrebungen nach einer Revision von Versailles und Vorstellungen zur Entwicklung eines „Großdeutschen Reiches" (vgl. ibidem, 36).

Der Nationalsozialismus machte die deutschen Minderheiten im Ausland (z.B. in Polen, Ungarn, Rumänien) schon früh zu einem Instrument seiner Politik; einer völkischen Mobilisierung, die die Beziehungen zur Mehrheitsgesellschaft in ein Spannungs- und Konfliktverhältnis verwandelte, folgten Annexionen, Eroberungen, Einbeziehung in den Krieg, welche die Existenz der Minderheiten auf das höchste bedrohte bzw. ihre Vernichtung bedeutete. Jede deutsche Politik einer Unterstützung der „eigenen" Minderheiten im Ausland steht bis in die Gegenwart unter dem Eindruck dieser traumatischen Ereignisse.

Die bisher angeführten Muster thematisieren das Verhältnis nationaler Minderheiten zu dem Nationalstaat gleicher ethnischer Zugehörigkeit. Davon sind Beziehungen und Wechselwirkungen zwischen der Außenpolitik eines Landes und der Lage der in einem Nationalstaat „fremden" ethnischen Minderheiten zu unterscheiden. Für die Bundesrepublik ist auch hier die nationalsozialistische Politik gegenüber ethnischen Minderheiten bis heute eine Hypothek; wegen dieser historischen Hypothek gibt es eine besondere „Sensitivität" und Aufmerksamkeit des Auslandes für die Art von Politik, die die Bundesrepublik gegenüber ihren ethnischen Minderheiten praktiziert. Die Bundesrepublik muß diese „Sensitivität" des Auslandes berücksichtigen und antizipieren, da die Glaubwürdigkeit ihrer Außenpolitik davon beeinflußt wird.

Ein weiteres Beispiel: Auf die Glaubwürdigkeit der US-Außenpolitik nach dem 2. Weltkrieg sind die Überlegungen von *Rose* in einem Beitrag „American Race Relations and World Opinion" gerichtet: „... Zwar gibt es eine Vielzahl von Faktoren für die Entstehung der gegenwärtigen Bewegung, Segregation und Diskriminierung abzuschaffen; einer der Hauptgründe hinter dieser Entwicklung ist aber die Erkenntnis in höchsten Regierungskreisen, daß die Fortdauer von Diskriminierung in den Vereinigten Staaten unseren Kampf gegen den Kommunismus entscheidend behindern würde" (*Rose* 1965, 9).

Eine weitere Konstellation ergibt sich mit dem Fall, daß die Minderheitenpolitik eines Landes im Inneren zur Legitimierung oder De-Legitimierung von Politik von und gegenüber ethnischen Minderheiten herangezogen werden kann, die dieses Land als „Mutterland" betrachten und in einem anderen Staat leben. Bei der Neuformulierung einer Minderheitenpolitik in Ungarn in der Gegenwart muß z. B. neben innenpolitischen Erwägungen immer mitgedacht werden, was eine bestimmte Politik für die ungarischen Minderheiten in Jugoslawien und Rumänien bedeuten; ob diese etwa bei der Untermauerung ihrer Forderungen sich auf die Politik gegenüber kroatischen und rumänischen Minderheiten in Ungarn berufen können oder nicht. Es handelt sich hier um Reziprozitätsverhältnisse, die die Minderheitenpolitik zu einem herausragenden Bereich der zwischenstaatlichen Beziehungen macht.

Ein recht ergiebiges, aber hier nicht näher bearbeitbares Gebiet der Außenpolitik und ihrer Beziehungen zu Minderheitenpolitik sind die Folgen internationaler wirtschaftlicher, sozialer und politischer Integrationsprozesse, etwa die Wirkungen der EG Integration auf die Lage der Migrantenminderheiten in den jeweiligen Ländern.[8]

9.2 Organisationsprinzipien für ethnischen Pluralismus

Nach der Diskussion von Zusammenhängen zwischen verschiedenen Formen des Nationalstaats und Minderheitenpolitiken sollen im

---
[8] Vgl. hierzu für die EG *Dimakopoulos* (1987).

folgenden allgemeine politische und rechtliche Organisationsprinzipien von ethnischen Mehrheits-Minderheitenbeziehungen oder ethnischem Pluralismus in staatlich verfaßten Gesellschaften diskutiert werden. Diese Prinzipien sind grundsätzlich anwendbar in den verschiedenen Formen des Nationalstaats wie in multi-ethnischen Staaten.

Bevor wir uns Organisationsprinzipien von ethnischem Pluralismus zuwenden, einige Anmerkungen zum Begriff des multi-ethnischen Staates. Er umfaßt eine Mehr- oder Vielzahl ethnischer Gruppen und Völker in seinem Staatsgebiet.

Der multi-ethnische Staat, historisch häufig als Großstaat („Reich", Empire) realisiert, baut legitimatorisch nicht auf einer Vorstellung von Nation, sondern auf einer Staatsideologie. Diese kann monarchisch sein, aber auch aus einer säkularen politischen Lehre bestehen. Beispiele für multi-ethnische Großstaaten sind etwa das Habsburgische Reich, das Osmanische Reich, das zaristische Rußland oder auch die Sowjetunion.

Multi-ethnische Staaten können sich als zentralistische Einheitsstaaten und als dezentrale Staatsorganisation konstituieren. In den zentralistischen Staaten dominiert dabei häufig eine Ethnie durch die Kontrolle der Zentralmacht die anderen ethnischen Gruppen und Völker; die Dominanz der Russen in der Sowjetunion oder der Österreicher im Habsburger „Vielvölkerstaat" kann das illustrieren. Eine dezentrale Staatsorganisation im multi-ethnischen Staat gibt die Möglichkeit, den verschiedenen Völkern und ethnischen Gruppen ein bestimmtes Maß an Autonomie zu geben. Für die Realisierung dezentraler und autonomer „Lösungen" stehen dabei unterschiedliche Lösungsmöglichkeiten zur Verfügung, die das Thema der folgenden Ausführungen sind.

9.2.1 Personale Autonomie, territoriale Autonomie und Föderalismus

Territoriale und personale Autonomie werden wir zuerst am Beispiel des Habsburgischen Reiches und einer Diskussion zwischen dem Austromarxisten *Otto Bauer* und *Lenin* verdeutlichen; danach folgen Anmerkungen zum Föderalismus.

Im „Vielvölkerstaat" der Habsburgischen Monarchie vor dem 1. Weltkrieg standen die Fragen der Rechte verschiedener ethnischer Gruppen immer wieder im Mittelpunkt theoretischer Diskussionen und praktischer Bemühungen. Interessant ist, daß diese Diskussionen bis in die internationale Arbeiterbewegung hineinwirkten und dort zu einer Kontroverse zwischen dem Austromarxisten *Otto Bauer* und *Lenin* führten, die wir hier zur Illustration anführen.

Im Mittelpunkt der Auseinandersetzung standen das Konzept der national-kulturellen Autonomie *Bauer*s (*Bauer* 1907) und die Leninsche Position zur „nationalen Frage", die in mehreren Beiträgen des Jahres 1913 als eine Kritik Bauers formuliert wurde (*Lenin* 1971, a–d)[9] Das Modell der national-kulturellen Autonomie zum Schutz nationaler Minderheiten rekurriert staatsrechtlich auf das im germanischen Recht fundierte Personalitätsprinzip. Die Ausübung bestimmter Rechte und das Unterworfensein unter eine bestimmte Gerichtsbarkeit sind nach dem Personalitätsprinzip nicht an das Wohnen oder den Aufenthalt in einem bestimmten Gebiet gebunden – wie nach dem heute fast universell geltenden Territorialprinzip – sondern an die ethnische Zugehörigkeit.

Die juristische Handhabung des Personalitätsprinzips erfordert die Erstellung eines Nationalkatasters als eines Verzeichnisses der Angehörigen einer bestimmten ethnischen Gruppe. Nach dem Konzept der national-kulturellen Autonomie sollten die Angehörigen der jeweiligen Nationalitäten des Habsburgischen Staates einen exterritorialen Verband bilden; sie sollten nationale Parlamente und Minister wählen. Um den Konflikt um die Schulsprache zu beseitigen, sollte das Schulwesen nach Nationalitäten aufgegliedert werden.

Das reine Personalitätsprinzip als Idealmodell, das er jedoch in der politischen Praxis noch gewissen Modifikationen unterziehen will, umschreibt Bauer folgendermaßen: „Haben wir erst den Nationalkataster, so ist die Grundlage der nationalen Autonomie geschaffen. Wir brauchen dann nur die Zugehörigen einer Nation in der Gemeinde, im Bezirk oder Kreis, im Kronland, schließlich im ganzen Reiche zu einer öffentlich-rechtlichen Körperschaft zu machen, die die Aufgabe hat, für die Kulturbedürfnisse der Nation zu sorgen, für sie Schulen, Büchereien, Theater, Museen, Volksbildungsanstalten zu errichten, den Nationsgenossen bei den Behörden Rechtshilfe zu gewähren, soweit sie dieser bedürfen, weil sie der Amts- und Gerichtssprache nicht mächtig sind, und der dafür das Recht eingeräumt wird, sich die Mittel, deren sie bedarf, durch Besteuerung der Nationsgenossen zu verschaffen" (*Bauer* 1907, 356).

Gegenüber *Bauer*s Vorstellungen behauptet *Lenin* zunächst die Antiquiertheit dieses Modells; die Berufung auf das Personalitätsprinzip widerspreche den wirtschaftlichen und rechtlichen Bedingungen der kapitalistischen Länder (1971b, 237). Trotz der Unterschiede zwischen den Nationalitäten in einem Staat „sind sie miteinander durch Millionen und Milliarden von Fäden wirtschaftlichen

---

[9] Wir beschränken uns bei *Lenin* auf eine kurze Darstellung seiner theoretischen Position, die zumindest als Legitimitätsinstanz für Minderheitenpolitik in der Sowjetunion und Osteuropa in der Vergangenheit immer wieder herangezogen wurde. Diese theoretische Position ist von der realen Minderheitenpolitik Lenins und seiner Nachfolger und der sich auf ihn Berufenden selbstverständlich scharf zu unterscheiden. Eine Darstellung dieser Unterschiede kann hier nicht geleistet werden.

und rechtlichen Charakters sowie der ganzen Lebensweise miteinander verbunden. Wie kann man das Schulwesen aus diesem Zusammenhang herausreißen?" (1971d, 499). Stattdessen solle eine einheitliche Schule geschaffen werden, in welcher die Schüler in der Sprache und Geschichte ihrer nationalen Zugehörigkeit unterrichtet würden (1971c, 420).

Nationale Autonomie und Gleichberechtigung der Nationalitäten sollte im administrativen Bereich durch weitgehende Gebietsautonomie und lokale Selbstverwaltung realisiert werden; (vgl. ibidem) eine Staatssprache wird von Lenin abgelehnt. Die Lösung der national-kulturellen Autonomie sei für die Arbeiterbewegung gefährlich, da sie Bourgeoisie und Proletariat einer Nation vereinige und Proletarier verschiedener Nationen trenne (1971a, 99). Vor allem gelte es, gegen die von *Bauer* propagierte nationale Differenzierung der politischen und gewerkschaftlichen Organisationen der Arbeiterbewegung anzukämpfen. Die Arbeiter seien dabei, eine neue internationale Kultur zu schaffen; die kulturelle Einheit einer Nation sei ohnehin ein Trugbild (1971a, 100).

Personale Autonomie scheint ein sinnvolles Prinzip der Regelung von Minderheitenrechten zu sein, da sie der Realität moderner Wanderungen und in deren Folge ethnisch gemischt wohnender Bevölkerungen zu entsprechen verspricht. Experten des Minderheitenrechts waren darum seit langem von der Institution der personalen Autonomie fasziniert. „Sie durchbricht das herkömmliche Schema des Denkens über Staat und Volksgruppe und läßt sozusagen die Kollektivrechte vom Individuum tragen" (*Kimminich* 1985, 191).

Praktische Beispiele der Anwendung des Personalitätsprinzips für Minderheitenrechte sind der sogenannte Mährische Ausgleich aus dem Jahre 1905, in dem die Rechte der tschechischen und deutschen Bevölkerungsgruppen in einem „Kronland" des Habsburgischen Reiches mit stark vermischter Bevölkerung festgelegt wurden und die Regelung von Kulturautonomie in Estland in den 20er Jahren. Beim „Mährischen Ausgleich" wurden ethnisch gesonderte Wahlbezirke geschaffen, in denen Deutsche und Tschechen ihre Abgeordneten getrennt wählten; der Wahlkampf hörte damit auf, ein Kampf der beiden ethnischen Gruppen um ein Mandat zu sein (vgl. ibidem, 193/194).

Moderne Autoren des Minderheitenrechts halten in ihrer Mehrzahl das Prinzip der personalen Autonomie für ein wenig taugliches Mittel der Sicherung der Rechte von ethnischen Minderheiten. Territoriale Autonomie in irgendeiner Form steht eindeutig bei ihnen „an der Spitze der Lösungsmöglichkeiten, die innerhalb bestehender Staaten verwirklicht werden können" (ibidem, 195). Territoriale

Autonomie bedeutet, daß die Ausübung bestimmter Rechte an das Wohnen in einem bestimmten Territorium gebunden ist. „Ausübung von Rechten" heißt dabei Selbstverwaltung als auch „Satzungsgewalt", d. h. das Recht, bestimmte Normen selbst erlassen zu können.

Eine gewisse „Abschwächung" der territorialen Autonomie stellt der *Föderalismus* dar; er beruht ebenfalls auf einem territorialen Prinzip. Im Föderalismus verzichtet die zentrale Staatsmacht auf die alleinige Entscheidungs-, Kontroll- und Vollzugsgewalt. Die Teilautonomie der Einzelstaaten ist dann ein Mittel multi-ethnischer Staatsorganisation und des Minderheitenschutzes, wenn ethnische und föderative Grenzen gleiche oder ähnliche Verläufe haben.

Die weitestgehende Form des Föderalismus als Prinzip staatlicher Organisation stellt die *Konföderation* dar, in welcher Kompetenzen einer Zentrale ganz eng begrenzt sind und die Staatssouveränität weitgehend bei den Einzelstaaten liegt. Wie bei weniger weitgehenden Formen des Föderalismus ist auch die Konföderation ein geeignetes Institut der Lösung inter-ethnischer Konflikte, wenn ethnische und einzelstaatliche Grenzen innerhalb der Konföderation weitgehend übereinstimmen. Wegen der „Zufälligkeit" historischer Grenzziehungen und der Realität von Massenwanderungen in modernen Gesellschaften, die zu ethnisch heterogenen Bevölkerungen führen, ist diese Bedingung jedoch häufig nicht gegeben. Zur Stabilisierung inter-ethnischer Beziehungen müssen also weitere Regelungsinstanzen herangezogen werden; sie sind Gegenstand des folgenden Abschnittes.

9.2.2 Völkerrechtlicher Minderheitenschutz und individuelle Menschenrechte

Völkerrechtlicher Minderheitenschutz ist das Bestreben, durch zwischenstaatliche Vereinbarungen den Schutz ethnischer Minderheiten sicherzustellen.[10] Ethnischer Minderheitenschutz hat seinen Ursprung im religiösen Minderheitenschutz; der Augsburger Religionsfriede von 1555 und das Edikt von Nantes aus dem Jahre 1598 können als Beispiele hierfür genannt werden. Der Schutz ethnischer Minderheiten wird international zum ersten Mal in der Schlußakte des Wiener Kongresses von 1815 vereinbart; aber das Aufkommen und das zunehmende Wirken des Nationalismus in Europa verhinderten, daß der völkerrechtliche Minderheitenschutz vorankam.

Einen Durchbruch gibt es nach dem ersten Weltkrieg. Eine Vielzahl von Minderheitenschutzverträgen wird Teil der Pariser Friedensver-

---

[10] Vgl. zum völkerrechtlichen Minderheitenschutz *Kimminich* (1985, 52–96).

träge; auch die wissenschaftliche Beschäftigung mit der Thematik nimmt rapide zu.[11] In der politischen Wirklichkeit waren diese Verträge jedoch nicht erfolgreich. Vor allem in den neu entstandenen Nationalstaaten wurden die Minderheitenschutzverträge als von den Alliierten aufgezwungene Regelungen empfunden, die die „nationale Würde" bedrohten; Minderheitenschutzverträge schützten nur „Irredentisten" und förderten die Gefahr von Separatismus; in Kriegszeiten könnten die Minderheiten zu einer „fünften Kolonne" werden.[12] Daß völkerrechtliche Minderheitenschutzverträge unter besseren Rahmenbedingungen auch erfolgreich sein können, zeigen die deutsch-dänischen Verträge zum Schutz und zur Förderung der jeweiligen Minderheiten in beiden Ländern aus dem Jahre 1955.[13]

Politisch und rechtlich ist es von grundlegender Bedeutung, daß es sich bei Minderheitenschutzverträgen um kollektive Gruppenrechte handelt; für Gruppen von Personen innerhalb eines Staatsgebiets sollen besondere Regelungen gelten. Als rechtspolitisch grundlegend andere Strategie sind dagegen Forderungen nach der Realisierung *individueller Menschenrechte* anzusehen. Im Unterschied zum Völkerbund setzte die UNO nach dem 2. Weltkrieg vor allem auf die Menschenrechte; die Satzung aus dem Jahre 1945 erwähnte den völkerrechtlichen Minderheitenschutz nicht einmal mehr.

Ein ehemals hoher UNO-Beamter argumentiert wie folgt: „Aufgrund von Erfahrung, z. B. Tätigkeit für die Vereinten Nationen in Tibet und Südtirol, bin ich zu dem Schluß gekommen, daß im allgemeinen der Begriff von Minderheitenrechten Mißtrauen hervorruft. Menschenrechte dagegen gefallen unserem Bewußtseinsstand. Minderheitenrechte rufen Vorstellungen wach von 'jenen da', mit ihren unangenehmen Gewohnheiten, überzogenen Ansprüchen, lächerlichen Klagen und fragwürdigen Zielen ... Ich glaube insgesamt an eine universalistische Herangehensweise, auf individuellen Rechten beruhend. Wir sollten schließlich auch nicht Minderheiten idealisieren und vergessen, daß der heute Unterdrückte schon morgen ein machtverrückter Tyrann sein kann" (*O'Brien* 1984, 20/21).

Individuelle und kollektive Rechte als Alternativen zu diskutieren darf nicht die Beziehungen zwischen beiden Rechtsformen vergessen machen. Einer der wesentlichen Punkte des „Volksgruppenrechts" ist ja das individuelle Recht jedes Einzelmenschen, sich zu einer bestimmten „Volksgruppe" ohne Befürchtung von Nachteilen bekennen zu können. Deshalb liegt der Gedanke nahe, den Menschenrechtsschutz für den Schutz ethnischer Minderheiten einzusetzen (vgl. *Kimminich* 1985, 67). „Doch sind solchen Bemühungen

---

[11] Für eine hervorragende, kommentierte Bibliographie vgl. *Robinson* (1928).
[12] Polen kündigte aus solchen Überlegungen heraus seine Minderheitenschutzverträge im Jahre 1934.
[13] Vgl. hierzu näher Abschnitt 2.2.

auch Grenzen gezogen. Sie liegen vor allem darin, daß durch individual-rechtliche Minderheitenschutzbestimmungen eine besondere Verbandsordnung der Minderheit zwar zugelassen, aber nicht bewirkt und abgesichert wird ... der Gedanke, den Minderheitenschutz durch allgemeinen Menschenrechtsschutz zu ersetzen oder überflüssig zu machen, ist als Irrtum erkannt worden" (ibidem). Bei den Vereinten Nationen wird darum dem Minderheitenschutz in jüngerer Zeit wieder größere Bedeutung beigemessen; auch in der Pariser KSZE Schlußakte vom November 1990 finden sich minderheitenschutzrechtliche Erklärungen.[14]

9.2.3 Allgemeines Verfassungsrecht

In rechtsstaatlichen Demokratien haben Staatsbürger und im Staatsgebiet lebende Personen bestimmte verfassungsmäßig garantierte und durch Gesetzgebung spezifizierte Rechte, die in der Praxis Minderheitenschutz beinhalten und bedeuten, ohne daß dies explizit so intendiert und festgelegt wäre. Allgemeine Verfassungsbestimmungen über die Gleichheit vor dem Gesetz, über Meinungs- und Religionsfreiheit, über Pressefreiheit, über die Freiheit der Gründung von Vereinigungen und Privatschulen bedeuten eben auch für Angehörige ethnischer Minderheiten Schutz und die Sicherung bestimmter Entfaltungsmöglichkeiten. Im einzelnen heißt das z. B.: im Rahmen der Pressefreiheit drucken ethnische Minderheiten ihre eigenen Zeitungen; im Rahmen der Religionsfreiheit praktizieren sie ihre Minderheitenreligion oder gründen im Rahmen der allgemeinen Vereinigungsfreiheit Vereine, Verbände und andere Organisationen.

Man kann sogar sagen, daß ein freiheitlicher und sozialer Rechtsstaat auf der Grundlage einer entwickelten Ökonomie als Gesamtstruktur die wichtigste Bedingung für die Befriedigung der Bedürfnisse ethnischer Minderheiten wie für ein friedliches Verhältnis zwischen Mehrheit und Minderheit darstellt; es sind ja zumeist Verletzungen von Gleichbehandlungs- und Chancengleichheitsvorstellungen und sozial-ökonomische Frustrationen, die zur ethnischen Mobilisierung und zur Mobilisierung ethnischer Vorurteile führen. Ethnische Minderheitenprobleme, die in der Bundesrepublik bestehen – weiter unten in diesem Kapitel diskutiert – sind gerade dadurch gekennzeichnet, daß die Arbeitsmigranten aufgrund ihres

---

[14] Sie lauten: „Wir bekräftigen, daß die ethnische, kulturelle, sprachliche und religiöse Identität nationaler Minderheiten Schutz genießen muß und daß Angehörige nationaler Minderheiten das Recht haben, diese Identität ohne jegliche Diskriminierung und in voller Gleichheit vor dem Gesetz frei zum Ausdruck zu bringen, zu wahren und weiterzuentwickeln."

Ausländerstatus an den vollen Bürgerrechten nicht teilhaben können. Alle Vorstellungen einer Einführung von Anti-Diskriminierungsgesetzen oder einer speziellen Förderung ethnischer Minderheiten über „affirmative action", die wir in den folgenden Abschnitten diskutieren, müssen sich fragen lassen, ob für spezielle Probleme nicht mehr über die Einführung und/oder bessere Durchsetzung allgemeinrechtlicher Gesetze und Verordnungen erreicht werden kann.

9.2.4 Beauftragte und Beiräte

Eine andere Möglichkeit des Schutzes von Minderheiten, die auch in der Bundesrepublik angewendet wird, ist die Institution des Beauftragten oder Ombudsmanns. Sie stammt aus Schweden. Ombudsmann oder Beauftragter ist eine vom Parlament bestellte Person, die die Interessen von Bürgern vor allem gegenüber der öffentlichen Verwaltung und öffentlichen Einrichtungen wahrnehmen soll. In der Bundesrepublik gibt es Wehrbeauftragte, Datenschutzbeauftragte, Frauenbeauftragte und eben Ausländerbeauftragte. Kennzeichnend für die Stellung von Beauftragten ist ihre aus der Verwaltungshierarchie ausgegliederte, relativ unabhängige Stellung, die eine flexible und unbürokratische Hilfe ermöglichen soll. In der Bundesrepublik gewinnt die Stellung der Ausländerbeauftragten besondere Bedeutung durch den Umstand, daß die neuen ethnischen Minderheiten der Arbeitsmigranten ohne politisches Wahlrecht sind und ihnen damit ein zentrales Instrument der Interessenartikulation fehlt.

Die Institution der Beiräte ist generell ein Instrument, um die von verschiedenen Politiken Betroffenen in den Beratungs- und Entscheidungsprozeß einzubeziehen. Beispiele wären Wirtschaftsbeiräte, Seniorenbeiräte oder Elternbeiräte und eben Ausländerbeiräte, wie sie in vielen Städten der Bundesrepublik existieren. Im einzelnen unterschiedlich geregelt können oder müssen Beiräte in den Beratungsvorgang von Maßnahmen einbezogen werden, bevor politisch legitimierte Gremien Entscheidungen treffen. Der Vorgang sieht etwa auf der kommunalen Ebene so aus, daß bestimmte Vorlagen von der Verwaltung vorgelegt oder im Auftrag von Fraktionen erarbeitet werden, in zuständigen Ausschüssen beraten und dann im kommunalen Parlament entschieden werden. Beiräte können in unterschiedlichen Phasen dieses Vorgangs vor der eigentlichen Entscheidung beratend hinzugezogen werden und auf diese Weise den Entscheidungsprozeß beeinflussen. Beiräte können aber auch zusätzlich über Öffentlichkeitsarbeit und andere Formen der Interessenartikulation politischen Einfluß ausüben.

Der faktische Einfluß von Beiräten variiert mit seinen formalen Kompetenzen, aber auch mit persönlichen Faktoren bei seinen Mitgliedern wie bei den Verwaltungen und Entscheidungsträgern; er wird weiterhin beeinflußt von der jeweiligen Legitimation, d. h., ob er ernannt, oder, wie bei Ausländerbeiräten häufig vorzufinden, ob er gewählt wird. Auch die Zusammensetzung von Ausländerbeiräten, etwa nach Nationen oder nach politischen Richtungen, spielt für die Effektivität und den Charakter seiner Arbeit häufig eine wichtige Rolle.

Durch den Ausschluß von politischer Partizipation kommt den Ausländerbeiräten in der Bundesrepublik eine erhöhte Bedeutung zu. Sie sind das einzige Organ im Rahmen der politischen Ordnung, das den Minderheiten eine gewisse politische Artikulation erlaubt. Aber auch im Falle einer staatsbürgerlichen Gleichstellung blieben Beiräte eine wichtige Institution der Minderheitenpolitik.

9.2.5 Anti-Diskriminierungsgesetze

Die USA haben auf dem Gebiet der Anti-Diskriminierungsgesetze die entwickelteste Tradition, an welcher dieses politische und juristische Mittel zur Bekämpfung der Diskriminierung ethnischer Minderheiten am besten erläutert werden kann. Wir werden auch kurz auf Anti-Diskriminierungsgesetzgebung in England, Frankreich und der Bundesrepublik eingehen.

Anti-Diskriminierungsgesetze in den USA beziehen sich vor allem auf die Schwarzen.[15] Erste gesetzliche Maßnahmen zur Verbesserung der Lage der Schwarzen, die auch im Norden der Vereinigten Staaten ohne Sklaverei nur Bürger zweiter Klasse waren, gab es bereits vor dem Bürgerkrieg. Aber diese Gesetze waren nicht sehr weitgehend und beschränkten sich auf die Nordstaaten. Tiefgehende Veränderungen der rechtlichen Lage der Schwarzen gab es jedoch nach dem Bürgerkrieg; sie erreichten einen Höhepunkt im Jahre 1875. Das Gesetz, das verabschiedet wurde, war zwar gegenüber ersten Entwürfen, die das Verbot segregierter Schulen und Gerichte ausgesprochen hatten, verwässert. Aber die Substanz des Gesetzes garantierte allen, unabhängig von ihrer Rasse „uneingeschränkte und gleiche Unterbringung und Bedienung in Wirtshäusern, öffentlichen Einrichtungen zu Wasser und zu Lande, Theatern und anderen Unterhaltungsstätten" (zitiert nach *Glazer* u. *Ueda* 1985, 62). Viele Errungenschaften dieser sogenannten Rekonstruktionsperiode gingen jedoch in der Folge wieder verloren. Eine zweite Rekonstruktionsperiode beginnt Ende der 30er Jahre, wird

---

[15] Die Darstellung stützt sich auf *Glazer* und *Ueda* (1985).

getragen von schwarzen Bürgerrechtsbewegungen und gewinnt an Stärke durch den „New Deal" und durch innenpolitische Auswirkungen des 2. Weltkrieges. Ein erster Höhepunkt dieser Entwicklung ist 1954 die Entscheidung des Obersten Gerichtshofes im Fall „Brown vs. Board of Education", mit dem die Segregation im Bildungssystem für ungesetzlich erklärt wird.[16] Den Höhepunkt der zweiten Rekonstruktionsperiode bildeten die „Civil Rights Acts" von 1964 und 1965; die Überwachung der Einhaltung dieser Gesetze wurde zu einer wesentlichen Aufgabe der Bundesregierung. (Für eine Übersicht zu Anti-Diskriminierungsregelungen vgl. Übersicht 9.1).

Zu einigen wesentlichen Punkten des Gesetzes von 1964: Abschnitt I garantiert durch Erweiterung der Befugnisse des Bundesanwalts das Wahlrecht; dieser Abschnitt wurde allerdings schon 1965 durch den „Voting Rights Act" ersetzt, der Lese- und Schreibtests und weitere wahlbehindernde Maßnahmen aufhob. Abschnitt II des Gesetzes von 1964 verbietet jede Diskriminierung in öffentlichen Einrichtungen. (Im Süden war dies schnell wirksam.) Besonders einschneidend war Abschnitt VII. Diskriminierung im Arbeitsprozeß aufgrund von Rasse, Hautfarbe, Geschlecht oder ethnischer Herkunft wurden illegal; bei einer Kommission für „Chancengleiche Arbeitsplatzvergabe" konnten Klagen eingereicht werden (vgl. *Glazer* u. *Ueda* 1985, 72). „Dieses Gesetz war ausgesprochen wirkungsvoll ... Weil fast jeder Arbeitgeber, jede Institution und jede Abteilung der lokalen und einzelstaatlichen Regierung Finanzmittel des Bundes erhielt, konnte die Bundesregierung Antidiskriminierung und Desegregation mit der Drohung von Finanzsperren durchsetzen" (ibidem).

Die Anti-Diskriminierungsgesetzgebung in den Vereinigten Staaten entwickelte sich nach den einschneidenden Gesetzen von 1964 und 1965 weiter zur „affirmative action", die ein neues Prinzip zur Überwindung von Diskriminierung darstellt und deswegen im folgenden Abschnitt eine gesonderte, wenn auch nur überblickhafte Darstellung erfahren soll. Zuvor jedoch noch ein kurzer Blick auf Anti-Diskriminierungsgesetzgebung in England, Frankreich und der Bundesrepublik.

Ein erstes Anti-Diskriminierungsgesetz gab es in England 1965.[17] Dieser „Race Relations Act" machte Diskriminierung in öffentlichen Einrichtungen wie Hotels, Restaurants, Unterhaltungsstätten und Verkehrsmitteln strafbar; auch die Verbreitung rassistischer Vorurteile fiel unter Strafe. Gleichzeitig mit dem Gesetz wurden jedoch auch Komitees, sogenannte „Race Relation Boards" eingerichtet, die die Beziehungen zu den rassistisch diskriminierten Gruppen verbessern sollten. Der „Race Relations Act" von 1968 erweiterte den Wirkungsbereich des Gesetzes auf den Wohnungsmarkt, auf die Arbeitswelt und den Dienstleistungsmarkt. Auf der Gemeinde-Ebene wurden „Community Relation Commissions" eingesetzt, die

---

[16] Vgl. zur Entwicklung 1938–1968 auch Übersicht 9.1.
[17] Vgl. hierzu *Brown* (1983).

Übersicht 9.1 Gesetze und Anordnungen gegen Diskriminierung in den USA von 1938–1968

Jahr	Gesetze/Anordnungen
1938	Der oberste Gerichtshof entscheidet, daß die Universität von Missouri einen schwarzen Studienbewerber für die juristische Fakultät aufnehmen muß, da es für Schwarze keine vergleichbare Einrichtung des Staates gebe.
1941	Präsident *Roosevelt* erläßt eine Anordnung gegen Diskriminierung in der Verteidigungsindustrie und in Regierungsbehörden.
1946	Zwei Bundesgerichte entscheiden, daß Segregation bei Reisen zwischen den Staaten der USA ungesetzlich sei.
1948	Präsident *Truman* erläßt eine Anordnung, die US Streitkräfte zu integrieren.
1948	Der oberste Gerichtshof entscheidet, daß rassistisch diskriminierende Artikel in Mietverträgen nicht gerichtlich einklagbar seien.
1954	*Brown* vs. Board of Education: Der oberste Gerichtshof erklärt den Rechtsgrundsatz, 'getrennt, aber gleich' für ungültig und entscheidet, daß Segregation im Bildungssystem ungesetzlich sei.
1957	Präsident *Eisenhower* schickt Bundestruppen nach Arkansas, um eine Gerichtsentscheidung zur Desegregierung der Schulen durchzusetzen.
1957	Civil Rights Gesetz. Begründet eine mit bestimmten Vollmachten ausgestattete Abteilung für Bürgerrechte im Justizministerium und sah Strafen für Verletzungen des Wahlrechts vor.
1960	Civil Rights Gesetz 1960. Stärkt die Wahlrechtspassagen des Civil Rights Gesetzes von 1957.
1964	Civil Rights Gesetz 1964. Verbietet Diskriminierung (auch auf geschlechtlicher Basis) bei Einstellungen und Gewerkschaftsmitgliedschaften. Verbietet Diskriminierung in Hotels, Restaurants und Theatern. Stärkt Regulierungen gegen Diskriminierung im Bildungssystem.
1965	Wahlrechtsgesetz 1965. Verbietet den Gebrauch von Alphabetismus Test. Erlaubnis für Bundesregierung, das Wahlverfahren zu überprüfen. Erlaubnis für Bundesregierung, Wählerregistrierungen durch zuführen, wenn Einzelstaaten diskriminieren.
1968	Civil Rights Gesetz 1968. Verbietet Diskriminierung beim Kauf und Mieten von Wohnungen.

Quelle: *Farley* (1982, 272).

positive Beziehungen zwischen den Gruppen fördern sollten. Eine weitere Novellierung des Gesetzes erfolgte 1976.[18]

Frankreich hat Anfänge einer anti-rassistischen Gesetzgebung bereits 1959 geschaffen, die danach zu einem komplexen System von Gesetzgebung weiterentwickelt wurden.[19] Der Wirkungsbereich der Gesetzgebung umfaßt mündliche Äußerungen wie Schriften, die Rassismus fördern, wie Rassismus als Verhaltensdiskriminierung im Arbeits- und Wirtschaftsleben und bei Dienstleistungen. Bemerkenswert an der französischen Gesetzgebung ist, daß sie das Institut der Verbandsklage kennt, d. h., daß anti-rassistische Organisationen als Kläger vor Gericht zugelassen sind.

Über die Wirkung der Französischen Gesetzgebung schreibt *Costa-Lascoux* (1990, 20): „Durch das Zurückgreifen auf gesetzliche Mittel kann die französische Justiz Ideologien und Verhaltensweisen, die eindeutig rassistisch sind, bekämpfen. Schwierig ist es jedoch, gegen die alltäglichen Ungerechtigkeiten und gegen die Intoleranz anzugehen. Dies sind jedoch die am weitesten verbreiteten, am unangenehmsten empfundenen Probleme, die manchmal auch in Gewalt ausarten; diese führen auch manchmal zu Protest Stimmen in lokalen oder nationalen Wahlen."

Eine wissenschaftliche Diskussion über Anti-Diskriminierungsgesetze in Bezug auf ethnische Minderheiten gibt es in der Bundesrepublik nicht; es ist allerdings zu vermuten, daß solch eine Diskussion bald in Gang kommt. Wenn auch die Staatsanwaltschaften bisher kaum einen Gebrauch davon zu machen scheinen, kann man davon ausgehen, daß in bestimmten Gesetzen des Strafgesetzbuches eine Anwendungsmöglichkeit als Anti-Diskriminierungsgesetze enthalten ist. Die französische Juristin und Soziologin *Costa-Lascoux* geht in ihrem schon zitierten Vergleich europäischer Rechtssysteme (*Costa-Lascoux* 1990) von der Existenz von Anti-Diskriminierungsgesetzen in der Bundesrepublik aus; zu diesen Gesetzen im Strafgesetzbuch rechnet sie z. B. § 130 („Volksverhetzung"), § 131 („Aufstachelung zum Rassenhaß")[20] und auch § 166–168 („Straftaten, welche sich auf Religion und Weltanschauung beziehen"). Nach Urteilen von deutschen Juristen handelt es sich bei diesen Paragraphen jedoch nicht um eine den amerikanischen, englischen oder französischen Anti-Diskriminierungsgesetzen vergleichbare Gesetzgebung; ihre Anwendung sei sehr eng gefaßten Bedingungen unterworfen.[21] Ihre Entstehung ist auf die nationalsozialistische Geschichte bezogen und soll eine Wiederholung „dieser Vergangenheit" vermeiden;

---

[18] Auf die Wirkungsweise und Erfolge der Anti-Diskriminierungsgesetzgebung in England können wir hier nicht eingehen; vgl. dazu näher *McCrudden* (1983) und *Sanders* (1983).
[19] Vgl. zu Frankreich ausführlich *Costa-Lascoux* (1990).
[20] Es ist wohl ein Schreibfehler, daß sie bei Rassenhaß § 130 statt § 131 anführt.
[21] *Helmut Rittstieg* in mündlicher Kommunikation.

ob sie der Realität einer neu entstandenen multi-ethnischen und multi-rassischen Gesellschaft mit ihren Problemen gerecht werden können, läßt sich im Moment nicht beurteilen. Zu erinnern ist auch daran, daß die berichteten Gesetze der angeführten anderen Staaten Ergebnisse von „civil-rights-Bewegungen" waren, d. h. Bewegungen für die volle Gleichstellung aller Staatsbürger. Für eine Gesellschaft, in welcher die neuen ethnischen Minderheiten noch immer den Ausländerstatus, d. h. Nicht-Staatsbürgerstatus haben, erscheinen Anti-Diskriminierungsgesetze politisch wie der zweite Schritt vor dem ersten; staatsbürgerliche Zugehörigkeit formal zu erreichen wäre dieser erste Schritt.

9.3 „Affirmative action": zur Politik der institutionalisierten Förderung ethnischer Minderheiten

„Affirmative action" ist eine *konzeptuell neue* Politik der Förderung ethnischer Minderheiten. Das Neue wird deutlicher, wenn wir zunächst einige kulturelle und gesellschaftliche Strategien eher traditionellen Zuschnitts anschauen. „Traditionell" in diesem Sinne sind zunächst die Anti-Diskriminierungspolitiken und weitere Maßnahmen, über die wir im vorhergehenden Abschnitt gesprochen hatten; als „traditionell" wären auch bestimmte *kulturelle Förderungsprogramme* anzusehen: Förderungen der Sprache der Minderheiten nicht nur bei ihrer Anwendung im internen Raum der ethnischen Kolonie und in der Familie, sondern auch als öffentliche Sprache im Bereich von Bildung, Verwaltung und Kultur. Bilinguale-bikulturelle Erziehung kann Organisationsform und didaktisches Prinzip in Unterricht und Erziehung auf allen Alters- und Qualifikationsstufen sein.[22] Zur bilingualen-bikulturellen Erziehung in Mehrheits- und Minderheitensprache kann interkulturelles Lernen als Unterrichtsprinzip treten, das Kenntnisse über die Gesamtheit der in einem Staat lebenden ethnischen Gruppen und Einstellungen und Qualifikationen zum besseren wechselseitigen Umgang vermittelt.

Zur kulturellen Förderung ethnischer Minderheiten können auch „Ethnic-Heritage"-Programme gerechnet werden, in denen Untersuchungen zur Geschichte und Kultur ethnischer Gruppen finanziell gefördert werden und in der Öffentlichkeit Beachtung und Anerkennung finden sollen.[23] Wichtig ist neben einer nationalen Ebene vor allem die Kommunalpolitik: Kommunalpolitik kann durch

---

[22] Wichtig für den Erfolg ist hierbei die Einstellung von Minderheitenpersonal.
[23] 1972 verabschiedete z. B. der US-Congress ein „Ethnic- Heritage Programm" und etablierte einen „National Council on Ethnic Heritage Studies" (vgl. *Dinnerstein* und *Reimers* 1975, 151).

Unterstützung kultureller Aktivitäten in den und für die Minderheiten, z. B. durch Förderung ethnischer Vereine, wirkungsvoll helfen, die kulturelle und gesellschaftliche Existenz ethnischer Gruppen abzusichern und weiterzuentwickeln.

Der Begriff der *„affirmative action"* taucht zum ersten Mal 1967 in einer Anordnung des Präsidenten *Johnson* auf.[24] Für staatliche Einrichtungen, aber auch für Firmen und Organisationen, die in Geschäftsbeziehungen zur Bundesregierung treten, schreibt die Anordnung vor: „der Auftragnehmer verpflichtet sich, gegen keine Beschäftigten oder Bewerber aufgrund von Rasse, Hautfarbe, Religion, Geschlecht oder nationaler Herkunft zu diskriminieren. Der Auftragnehmer wird Fördermaßnahmen einrichten, um zu erreichen, daß Beschäftigte unabhängig von Rasse, Hautfarbe, Religion, Geschlecht oder nationaler Herkunft behandelt werden" (zit. nach *Farley* 1982, 380). Das bedeutete, daß Arbeitgeber von sich aus spezielle Anstrengungen für Gleichbehandlung machen sollten. In weiteren Schritten, die zum Kern des Konzepts gehören, wurden die Bemühungen der Arbeitgeber dann an den *Resultaten* der Einstellungs- und Beschäftigungspolitik gemessen; das hieß, daß (1) die einstellenden Firmen nicht nur nicht mehr diskriminieren sollten, sondern verpflichtet wurden, den Anteil der Beschäftigten aus Minderheitengruppen zu *erhöhen,* wenn deren Anteil bisher unrepräsentativ war; (2) daß die Firmen Zielsetzungen und Zeitpläne formulieren mußten, die Auskunft darüber enthielten, wann welche Vorgaben erreicht werden sollten.

Das Hauptargument für „affirmative action" lautet, daß das bloße Fehlen von Diskriminierung im gesellschaftlichen Wettbewerb nicht ausreicht, um die gesellschaftliche Benachteiligung von Minderheiten zu überwinden. Da eine bestimmte Wettbewerbsaktivität bereits von der bisher im Leben erfahrenen Diskriminierung und institutionellen Benachteiligung beeinträchtigt sei, sei auch ein Fehlen von Diskriminierung in einer aktuellen Wettbewerbssituation nicht genug, um mehr gesellschaftliche Gleichheit zu erreichen. „Zurückliegende Diskriminierung ... hat Minderheiten in eine benachteiligte Position geführt, so daß 'rassenblindes' Einstellen nicht wirklich gerecht ist. Bewerber aus Minderheitengruppen können nach Generationen von Diskriminierung nicht jene Vorzüge aufweisen, die weiße Bewerber haben" (ibidem, 381). Spezielle Bemühungen, Minderheitenangehörige einzustellen bis hin zur *Bevorteilung* von Minderheitenangehörigen sei der einzig mögliche Weg, um die Auswirkungen vergangener Diskriminierung zu kompensieren.

---

[24] Zur Darstellung von „affirmative action" vgl. *Elschenbroich* (1986, 189–224) und *Farley* (1982, 380–388).

Wenn man so will, ist „affirmative action" ein sozialwissenschaftlich fundiertes Programm, das die Einsicht umsetzt, daß sich Diskriminierung nicht nur in der Alltagsinteraktion zeigt und auswirkt, sondern, wie bei „strukturellem und institutionellem Rassismus" sich als Gesamtheit bestimmter Lebensverhältnisse darstellt; Lebensverhältnisse, wie sie in den Wohnbedingungen der Städte, dem Fehlen angemessener gesundheitlicher Versorgung, der schlechten Qualität von Erziehungs- und Bildungseinrichtungen oder der Betroffenheit von hohem Arbeitslosigkeitsrisiko gegeben sind. „Affirmative action" ist konzeptuell etwas Neues, da man von der Gewährung formaler Gleichheitsrechte an *Individuen,* wie sie die Anti-Diskriminierungsgesetzgebung anstrebte, zur Berücksichtigung der gesellschaftlichen *Lage von Gruppen* kam. Bemerkenswert war in den USA der praktische Ernst, mit dem das Programm von der Bundesregierung angegangen wurde: „In Verfahren wegen Diskriminierung klagte nun nicht mehr ein Individuum gegen eine in der Regel übermächtige Institution, sondern die Einhaltung der Auflagen der 'affirmative action' wurde überwacht durch eigens dafür eingesetzte Regierungsstellen mit großen Stäben von Rechtsanwälten" (*Elschenbroich* 1986, 193).

„Affirmative action" mit ihren Quotierungsprogrammen hat eine breite, leidenschaftliche und kritische Diskussion hervorgerufen, die sich inzwischen auch in neuen Urteilen des Obersten Gerichts niederschlägt.[25] Ein immer wieder geäußerter Kritikpunkt ist, daß es rechtsstaatlich geboten sei, das Recht des Einzelnen zu sichern, daß aber eine parteiliche Begünstigung von Gruppen nicht legitim sei; Kritiker auf dieser Linie sprechen darum auch von „reverse discrimination", also umgekehrter Diskriminierung (gegen bisher privilegierte Gruppen). Weiter, das Ziel, rassistische und andere Formen der Diskriminierung zu beseitigen, werde umdefiniert in die Vorstellung, bestimmte Beschäftigungsquoten auf dem Arbeitsmarkt, Studienquoten in Hochschulen oder Beteiligungsquoten in Gerichten oder sonstwo zu erreichen.

„Manche Spielarten dieser Position ersetzen ausdrücklich das Ideal der Gleichbehandlung oder gleicher Chancen mit dem Ideal gleicher Resultate – das heißt gleichen Resultaten für alle ethnischen Gruppen... Die soziologische Annahme, die darin enthalten ist, daß gleiche Chancen von Gruppen auch zu etwa gleichen Ergebnissen bei den Gruppen führen müßten, ist naiv und falsch. Es ist eben nicht so, daß beim Verschwinden ethnischer Diskriminierung Beschäftigungsstrukturen, Bildungsverhältnisse und die Verteilung anderer sozialer Merkmale zufällig über die Gruppen streuen und zu etwa proportionalen Verteilungen in jedem Bereich führen werden" (*Cohen* 1983, 358).

---

[25] 1989 traf z. B. das Oberste Bundesgericht ein Urteil, daß künftig klagen kann, wer sich durch eine Quotenregelung für Arbeitsplätze und Beförderungen benachteiligt glaubt (vgl. Der Spiegel, Nr. 25, 1989, 127).

Ein weiteres Argument, das bei allen Quotierungsverfahren auftaucht, ist, daß die Qualifizierung des Personals durch „affirmative action"-Rekrutierungsverfahren absinke. Nimmt man allein die formalen und meßbaren Qualifikationen, so folgt dies tatsächlich aus der Logik des Verfahrens selbst.

Wie Anti-Diskriminierungsgesetze bedeutet auch „affirmative action", daß an bestehenden gesellschaftlichen Gruppenunterschieden angeknüpft wird, diese zwar überwunden werden sollen, aber zunächst einmal zusätzlich bewußt und formal wie materiell *relevant gemacht* werden. Es muß verbindlich definiert werden, wer der Empfänger bestimmter Leistungen, oder für wen bestimmte Zugangserleichterungen geschaffen werden. Das kann – zumindest kurzfristig – Spannungen sogar verschärfen und Widerstände gegen den Abbau von Ungleichheiten mobilisieren. Strategien, die bei Reformpolitiken nicht an askriptiven Einzelmerkmalen, sondern an allgemeineren Zugangskriterien ansetzen, könnten solche Verschärfungen von Gruppenspannungen vermutlich eher vermeiden.[26] Kritisch kann des weiteren bei „affirmative action" auf den hohen Verwaltungsaufwand einer solchen Politik hingewiesen werden.

Im abschließenden Abschnitt 9.4 beschäftigen wir uns mit politischen Hauptpunkten der Diskussion ethnischer Minderheitenprobleme in der Bundesrepublik.

9.4 „Ausländer"- und Minderheitenpolitik in der Bundesrepublik

Dieser letzte Abschnitt unserer gesamten Untersuchung soll zurückgehen zu ihrem Ausgangspunkt, der ethnischen Pluralisierung der Bundesrepublik, und mit Bezug auf die vorhergehenden Ausführungen einige Hauptdimensionen der politischen Diskussion und Auseinandersetzung um ethnische Minderheiten im gegenwärtigen Deutschland identifizieren. Dabei wird von tagespolitischen Aspekten abgesehen und stattdessen versucht, strukturelle Problematiken aufzuzeigen. Eingegangen wird auf den Ausländerstatus der „neuen" ethnischen Minderheiten, damit zusammenhängend, aber gesondert diskutiert, auf Fragen der Interessenvertretung und politischen Partizipation der „Ausländer"; weiterhin sprechen wir über Aspekte einer zukünftigen Zuwanderung in die Bundesrepublik; schließlich über die mit allen diesen Fragen zusammenhängende Zukunft des Nationalstaats.

---

[26] Beispiel: statt eines Programms für ausländische Jugendliche ein Programm für Jugendliche, das dann aber durchaus von ausländischen Jugendlichen besonders stark genutzt werden könnte.

Die Lage der ethnischen Minderheiten im Nationalstaat Bundesrepublik Deutschland und das politische Bewußtsein der Mehrheitsgesellschaft über diese Thematik sind durch Paradoxien gekennzeichnet: die Bundesrepublik erklärt sich nach wie vor als Nicht-Einwanderungsland, erlebt aber schon seit vielen Jahren aufgrund ihrer Attraktivität ein Ausmaß an Zuwanderung wie nur wenige Länder auf der Welt. Angesichts dieser Fakten, aber auch unter Berücksichtigung des Arguments, daß Deutschland sicherlich kein klassisches Einwanderungsland wie etwa die USA oder Australien ist, sprachen wir schon vor zehn Jahren mit Bezug auf die „Gastarbeiter" vom Vorliegen einer „Einwanderungssituation" (*Heckmann* 1981); in jüngerer Zeit wird – bei Einsichtigen – davon gesprochen, daß die Migranten ihren Lebensmittelpunkt in der Bundesrepublik hätten, oder die Bundesrepublik ein de-facto Einwanderungsland bzw. ein „unerklärtes Einwanderungsland sei" (*Thränhard* 1988). Zu den Paradoxien gehört es auch, daß „Inländer", die im Land geboren sind und nirgendwo anders gelebt haben und leben wollen, als Ausländer gelten, weil sie ausländische Eltern haben, und andere „Inländer" aus dem Ausland kommen und freien Zugang zur Staatsbürgerschaft haben, die häufig keine oder nur ganz wenige ethnische Merkmale als Deutsche, z. B. die deutsche Sprache, aufweisen, die aber „Abstammungsbeziehungen" zum deutschen Volk geltend machen können; in Abschnitt 9.1.1 hatten wir gezeigt, daß die genannten Sachverhalte mit dem ethnischen Nationsbegriff in Deutschland zusammenhängen.

Über die Einwanderung in die Bundesrepublik und das Verhältnis zu den verschiedenen Zuwanderergruppen gibt es privat wie in politischen Öffentlichkeiten leidenschaftliche Diskussionen. Während man in den 70er Jahren hierbei als Schlüsselbegriff über „Integration" stritt, steht heute vielfach das Wort von der „multi-kulturellen" Gesellschaft im Mittelpunkt der Auseinandersetzung. Von einigen als Schreckbild verstanden, von anderen als deskriptive Kategorie gemeint und von einer weiteren Gruppe schließlich als positiver normativer Begriff und normative Herausforderung interpretiert, spiegelt dieses Wort dennoch, daß ein bestimmtes „Seßhaftwerden der fremden Zuwanderer" stattgefunden hat und daß sich die ethnisch-kulturelle Zusammensetzung der Bevölkerung verändert hat. Alle drei Interpretationen übertreiben jedoch ein wenig: weder ist die nationale Identität der Deutschen bedroht, noch hat sich eine bisher ethnisch relativ homogene Bevölkerung in ethnisch-plurale Segmente aufgelöst, noch kann legitimerweise erwartet werden, daß sich überkommene nationale Wertvorstellungen über Nacht in einen kulturellen Pluralismus und Internationalismus auflösen. Das Reden von der multi-kulturellen Gesellschaft zeugt aber davon, daß sich wirklich etwas verändert hat, neue Problemlagen entstanden sind und die Gesellschaft versucht, sich dessen bewußt zu werden und damit auseinanderzusetzen. Wir glauben jedoch, daß mit den vorgenannten Problempunkten „Ausländerstatus", „Partizipationsproblematik von Nicht-Staatsbürgern", „Ausmaß der Zuwanderung" und „Zukunft des Nationalstaats" die anstehenden gesellschaftlichen Probleme exakter benannt werden können als mit der Formel von der „multi-kulturellen Gesellschaft".

Will man relevante Seiten der politischen Lage der ethnischen Minderheiten in der Bundesrepublik diskutieren, muß man, trotz bestimmter Ähnlichkeiten, doch von wichtigen Unterschieden zwischen den durch Einwanderung entstandenen „neuen" ethnischen Minderheiten und den alten Minderheitengruppen ausgehen.

Als ein wesentlicher Punkt muß hier hervorgehoben werden, daß die alten Minderheiten der Dänen, Sorben, Juden und auch Sinti Staatsbürger sind, während die neuen Minderheiten ganz überwiegend durch den Ausländerstatus gekennzeichnet sind. Die Dänen sind durch einen Minderheitenschutzvertrag als Minderheit anerkannt und geschützt; die Sorben sind im Vertrag über die deutsche Einheit als ethnische Gruppe anerkannt, wenn auch die konkrete Ausgestaltung ihrer kulturellen Autonomie – wie alles in der ehemaligen DDR – noch sehr offen ist. Die Sinti als deutsche Staatsbürger sind vielfachen Diskriminierungen unterworfen; aber als Staatsbürger können sie Bürgerrechtskampagnen zur vollen Durchsetzung ihrer Staatsbürgerrechte führen.[27]

Das Hauptproblem der neuen ethnischen Minderheiten besteht darin, daß sie „anwesend, aber nicht zugehörig sind." Zwar bestehen eindeutige Zugehörigkeiten über die verschiedensten gesellschaftlichen Beziehungen, vom Wirtschaftsleben bis in den Freizeitbereich hinein, bis hin zur Verpflichtung, Steuern zu zahlen, aber die Nicht-Staatsangehörigkeit ist in entscheidender Weise auch eine gesellschaftliche Nicht-Zugehörigkeit und Ausschließung, die sich durch einen expliziten *Ausländerstatus* definiert.

Ausländer zu sein bedeutet nicht nur etwas Rechtstechnisches, sondern ist eine gesamte Lebenslage. Der Ausländerstatus wird zentral definiert durch das Ausländergesetz, das mit seinen fast undurchdringlichen Bestimmungen und Auflagen ein Ausländerkontrollge-

---

[27] Erschwert wird dies durch die Zuwanderung anderer „Zigeuner" (Roma) aus dem Ausland, die die gesamte Gruppe als Nicht-Staatsbürger erscheinen lassen; auch in der jüdischen Minderheit muß man zwischen den Resten des alten deutschen Judentums und den in jüngerer Zeit Zugewanderten unterscheiden.

setz ist.[28] Die politischen Fragen, die sich um die neuen ethnischen Minderheiten entwickelt haben, sind dann auch nicht klassische Fragen einer ethnischen Minderheitenpolitik, sondern Fragen des Aufenthalts, der „Rückkehr",[29] des Familiennachzugs, der Abschiebung, der Gewährung und des Ausschlusses von bestimmten wohlfahrtsstaatlichen Leistungen, kurz „Ausländerrecht".

Den Ausländerstatus zu verlassen, ist schwer, durch hohe Hürden bei der Einbürgerung, aber auch, was den Doppelbindungen vieler Migranten gerecht würde, durch die Nicht-Zulassung doppelter Staatsangehörigkeit. Ausländerstatus bedeutet, vor allem für die über 3 Mill. Nicht-EG-Angehörigen, Unsicherheit des Aufenthalts, vielfach das Objekt von Diskriminierung und ethnischen Vorurteilen zu sein. Die gebetsmühlenartig wiederholte These, die Bundesrepublik sei kein Einwanderungsland, sichert den Ausländerstatus als gesellschaftliche Stellung zwischen Zugehörigkeit und Nicht-Zugehörigkeit legitimatorisch ab.

Den gesellschaftlichen Status der Ausländer zu verändern ist schwierig; Nicht-Bürger können keine Bürgerrechtskampagnen führen. Die „Civil-Rights"-Bewegung in den USA ging eben um die Durchsetzung der formal bestehenden Rechte als Staatsbürger. Nur im Falle von Staatsangehörigkeit könnten auch klassische Lösungen ethnischer Minderheitenprobleme wie territoriale oder personale Autonomie angewandt werden. Und solange die neuen ethnischen Minderheiten fremde Staatsangehörige sind, „steht ihnen nach geltendem Völkerrecht der Zugang zum Minderheiten- und Volksgruppenschutz nicht offen." (*Kimminich* 1985, 118)

Teilaspekt des Ausländerstatus und der gesellschaftlichen Ausschließung ist der Ausschluß vom politischen Wahlrecht, kürzlich durch ein Urteil des Bundesverfassungsgerichts bekräftigt. De facto bedeutet er, einen relevanten Teil der Arbeiterschaft der Bundesrepublik von der politischen Partizipation auszuschließen, was an frühindustrielle Verhältnisse des 19. Jahrhunderts erinnert. Bei hohen Einbürgerungshürden ist mit dem Ausschluß von Nicht-Staatsbürgern vom (auch nur kommunalen) Wahlrecht eine Situation entstanden, die in demokratischen Gesellschaften als eine gra-

---

[28] Der Hamburger Jurist Rittstieg qualifiziert das neue Ausländergesetz als „ein kompliziertes Juristengesetz mit zahlreichen, unübersichtlichen Verweisungen ... In erster Linie bringt es nicht den Betroffenen mehr Rechtssicherheit, sondern perfektioniert das ausländerbehördliche Instrumentarium." (*Rittstieg* 1990, 1)
Bei Einreise und Aufenthaltsbestimmungen sowie in weiteren Punkten gibt es relevante Vorteile für EG-Angehörige, die sie zu „Ausländern 1. Klasse" machen.
[29] Vgl. z. B. das Gesetz zur Förderung der Rückkehr ausländischer Arbeitnehmer aus dem Jahre 1983.

vierende Legitimationslücke des politischen Systems bezeichnet werden muß. Die Interessensvertretung der „ausländischen Bevölkerung" ist darum auf vermittelte Formen über Beauftragte und Verbände und Organisationen der Mehrheitsgesellschaft wie Gewerkschaften, Kirchen oder Wohlfahrtsverbände angewiesen, die aus unterschiedlichen Gründen für Interessen der „Ausländer" einstehen.

Ein weiterer, gravierender Problempunkt im Zusammenhang der angesprochenen Fragen ist das Ausmaß zukünftiger Einwanderung in die Bundesrepublik. Durch die starke Zuwanderung der letzten Jahre sind in vielen gesellschaftlichen Bereichen Kapazitätsprobleme entstanden, die eine weitere Zuwanderung im bisherigen Ausmaß oder – im Zusammenhang mit Krisen in Osteuropa – über das bisherige Maß hinaus, zu einer weiteren Verschärfung von Infrastrukturproblemen im Bereich des Wohnens, des Arbeitsmarktes, des Bildungs- und sozialen Dienstleistungssystems führen müssen. Auch mit der Verschärfung ethnischer Vorurteilsprobleme wäre dann zu rechnen. Da die Bundesrepublik nicht die Probleme Osteuropas auf ihrem Territorium lösen kann, wird es zu Begrenzungen der Einwanderung kommen müssen; eine beginnende Diskussion um ein Einwanderungsgesetz mit bestimmten Quoten für verschiedene Zuwanderergruppen ist ein wichtiger Reflex auf diese Entwicklungen. Aber auch eine bessere Trennung von Problemen des politischen Asyls und solchen der „normalen" Arbeitsmigration aus wirtschaftlichen Gründen wird notwendig, um das Asyl nicht immer mehr zu einem „Ersatzweg" der Arbeitswanderung werden zu lassen.

Ein letzter Problembereich, der die Lage der ethnischen Minderheiten zentral angeht, ist schließlich die Zukunft des Nationalstaats. Genauer müßte gesagt werden, des ethnisch- begründeten Nationalstaats: wir hatten in 9.1.1 gezeigt, wie die Spezifik der ethnischen Minderheitenprobleme mit dem ethnischen Konzept des Nationalstaats in Deutschland zusammenhängt. Von einem ethnischen hin zu einem stärker sich politisch und ethnisch-plural verstehenden Nations- und Nationalstaatsbegriff auf der Basis eines politisch-staatsrechtlichen Volksbegriffs zu gehen, wäre eine Voraussetzung auch eines anderen Staatsbürgerschafts- und damit Einbürgerungsverständnisses. Der ethnische Nationalbegriff kommt unter Druck durch die wachsende Internationalisierung, die nicht nur wirtschaftliche, kulturelle und soziale Bereiche umfaßt, sondern inzwischen auch den heiligsten Raum der Souveränität von Nationalstaaten, nämlich die Fragen von Krieg und Frieden erreicht hat: diese werden mit und für die Bundesrepublik international entschieden.

Als Fazit der auf die Bundesrepublik bezogenen Überlegungen läßt sich festhalten: Die Hauptproblematik besteht in der Lage der neuen ethnischen Minderheiten der Arbeitsmigranten. Praktisch und konzeptuell verhindert der Ausländerstatus, daß hier „klassische" Lösungen von Minderheitenproblemen angewandt werden können: (1) Völkerrechtliche Minderheitenschutzverträge greifen nicht; sie sind auf nationale Minderheiten zugeschnitten, nicht für Einwandererminderheiten gedacht. (2) Die Konzepte der personalen oder territorialen kulturellen Autonomie setzen einen rechtlichen Zugehörigkeitsstatus voraus. (3) Bürgerrechtsbewegungen und „affirmative action" sind Bewegungen von und für Staatsbürger. (4) Das Konzept des Niederlassungsrechts, d.h., die Gewährung zentraler staatsbürgerlicher Rechte an Nicht-Staatsbürger (wie z.B. des Wahlrechts), ist durch Verfassungsgerichtsentscheidung zurückgewiesen worden.

In dieser Situation kann als politisches und rechtliches Mittel zunächst auf den wichtigsten Punkt des bisherigen Schutzes der neuen ethnischen Minderheiten, nämlich die Bewahrung und den Ausbau verfassungs- und allgemeinrechtlicher Regelungen, die für Staatsbürger wie für Nicht-Staatsbürger gelten, verwiesen werden. Das ist aber keine Strategie, die für die Migrantenbevölkerung wesentliche Fragen beantwortet, und für die Bundesrepublik nicht die gravierende Legitimationslücke ihres politischen Systems schließt. Ein konsequenter Schritt wäre darum die Aufhebung des Ausländerstatus durch die radikale Erleichterung der Einbürgerung; das setzt auch ein Umdenken bei der ausländischen Bevölkerung selbst voraus. Damit wären nicht mit einem Zaubergriff die Probleme inter-ethnischer Beziehungen und die sozialen Probleme der Arbeitsmigranten beseitigt, aber grundlegend bessere Voraussetzungen für deren schrittweise Verbesserung gegeben.

Originalzitate

S. 11: „The Gypsies became the forgotten victims of the Holocaust" (*Tyrnauer* 1981, 1).

S. 31: „In every continent and practically every state, ethnicity has reappeared as a vital social and political force. The plural composition of most states; their policies of cultural integration; the increasing frequency and intensity of ethnic rivalries and conflicts; and the proliferation of ethnic movements; these are the main trends and phenomena which testify to the growing role of ethnicity in the modern world" (*Smith* 1981, 12).

S. 32: „... the value of ethnicity varies. It can be regarded as a resource which will, for some purposes and in some situation, be mobilized to the advantage of a social, cultural or racial category of people; will have no meaning or value at all in other situations; and will, in still others, in which other needs and objectives are paramount, be construed as a liability to be escaped or denied as far as possible" (*Wallmann* 1979a, IX).

S. 32 (Fußnote): „It (ethnicity, F.H.) is not always the most appropriate principle around which social activity or identity may be organized" (*Wallman* 1979a, X).

S. 32: „The salience of shared ethnicity as a principle of social organization differs with the general type of society" (*Francis* 1976, 17).

S. 32: „Social systems differ greatly in the extent to which ethnic identity, as an imperative status, constrains the person in the variety of statuses and roles he may assume" (*Barth* 1969, 18).

S. 33: Ethnic growth „can be a defensive mechanism, as with, say Italians, who moved to America, faced antagonism and hardship and so turned in on themselves to recreate their own Italian culture in the new context" (*Cashmore* 1984a, 89).

S. 33: „Ethnicitiy is one response, in many instances of hitherto disadvantaged groups, to the breakup of older ... political and economic dominance structures, and respresents an effort by these groups to use a cultural mode for economic and political advancement" (*Bell* 1975, 172).

S. 33: „Ethnicity has become more salient because it can combine interest with an affective tie. Ethnicity provides a tangible set of common identifications in language, food, music, names – when other social roles become more abstract and impersonal" (ibidem, 169).

S. 35: „The ethnic group is a human group bound together by ties of cultural homogeneity" (*Berry* 1951, 75).

S. 35: „Groups whose members share a unique social and cultural heritage passed on from one generation to the next are known as ethnic groups" (*Rose* 1974, 139).

S. 36 (Fußnote): An ethnic group is „... a historically evolved group of people having a unique inherent set of common and stable cultural (including language) and psychic features as well as self-consciousness ..." (*Bromley*).

S. 36 (Fußnote): ... ethnic ... describes a group possessing some degree of coherence and solidarity composed of people who are, at least latently, aware of having common origins and interests. So, an ethnic group is not a mere aggregate of people ... but a self-conscious collection of people united, or closely related, by shared experiences" (*Cashmore*).

S. 36 (Fußnote): „An ethnic group may be defined as a grouping of people who are generally recognized by themselves and/or by others as a distinct group, with such recognition occurring on the basis of social or cultural characteristics" (*Farley*).

S. 36 (Fußnote): „... an ethnic group consists of those who conceive of themselves as being alike by virtue of their common ancestry, real or fictitious, and who are so regarded by others" (*Shibutani* und *Kwan*).

S. 36 (Fußnote): „A genealogical relationship exists when people are socially defined as forming a social unit or category, as 'belonging together', because they are considered related to each other through consanguinity ('blood') or affinity (by marriage). Groups based on the genealogical principle of social action orientation include the family and various other kinds of kinship groups, such as the lineage and the clan" (*Francis* 1976, 7).

S. 36 (Fußnote): „We .. shall use the phrase shared ethnicity to indicate that an aggregate of people are considered as belonging together because of the belief that they are descended from one, however distant, ancestor, ancestral pair, or ancestral group" (ibidem).

S. 37: „The critical focus of investigation from this point of view becomes the ethnic boundary that defines the group, not the cultural stuff that it encloses ... If a group maintains its identity when members interact with others, this entails criteria for membership and ways of signalling membership and exclusion" (*Barth* 1969, 15).

S. 40 (Fußnote): „The dominant political structure through most of human history has been the multinational empire. The classical city-state is an aberation in the ancient world, and the nation is a modern novelty" (*Walzer* 1983, 20).

S. 40 (Fußnote): „The feudal order with its system of 'estates' in which nobles and clergy dominated the vast peasant mass, emphasized identity with the semi-hereditary social class to which a man belonged, over and against the cross-cutting loyalities of ethnic background and budding nationhood" (*Gordon* 1964, 22).

S. 40: „Because social integration in an empire depends on the elite, not on the common people, there is no need for cultural uniformity or ethnic homogeneity" (ibidem, 57).

S. 41 (Fußnote): „Traditional states have frontiers, not borders" (*Giddens* 1985, 4).

S. 42: „The homogenization of the state population which the absolutist state had initiated by accident rather then by deliberate design, became a task of the utmost urgency for the nation state. For the state was now viewed as the politically organized nation ... the legitimacy and proper functioning of democratic government required that the citizens should form a viable societal unit having a corporate will. It was therefore the right and duty of the nation state to remove all obstacles to this unity of purpose; to eradicate – if need be, by brute police force – all the traditional identities and particularistic solidarities, including those based on shared ethnicity, which divided the state population" (*Francis* 1976, 73).

S. 44: „Ideally, the nation-state brings together all the members of a single national group, and no one else, in a unified political structure" (*Walzer* 1983, 224).

S. 52: „... nations can ... be defined in terms of both will and of culture, and ... in terms of the convergence of them both with political units ... The fusion of will, culture and polity becomes the norm ..." (*Gellner* 1983, 55).

S. 53: „The nation that emerges in the modern era, must be regarded at both construct and real process" (*Smith* 1989, 342).

S. 53: (Fußnote): „The underprivileged in a system of ethnic stratification are usually referred to as a minority group" (*Shibutani* and *Kwan* 1965, 35).

S. 64 (Fußnote): „Migration from rural areas to urban industrial areas became in many countries far larger and more significant than emigration overseas. Those who could find employment or opportunity in the rapidly rising industrial complexes did so, and it was those who could not who went to Canada or the United States or Argentina ... The dominant feature of population transfer would seem to have been intra-European rather than those of emigration" (*Qualey* 1964, 35).

S. 65 (Fußnote): „The profits gained by such practises (Kidnapping, F.H.) were so great that this developed as a regular business in London and seaport towns like Bristol and in various continental ports" (ibidem, 31).

S. 70 (Fußnote): „The settlement of the huge American continent, the enormous empty regions from the Allegheny Mountains to California ..." (*Hvidt* 1975, 157).

S. 70: „Colonized groups become part of a new society through force or violence; they were conquered, enslaved, or pressured into movement. Thus the third world formulation (*kolonisierte* Gruppen, F.H.) is a bold attack on the myth that America is the land of the free. The third world perspective returns us to the origin of the American experience reminding us that this nation owes its very existence to colonialism and that along with settlers and immigrants there have always been conquered Indians and black slaves, and later defeated Mexicans – that is colonial subjects on the soil" (*Blauner* 1976, 70).

S. 71/72: „Haunted by a fear of 'balkanisation', African leaders are especially keen to counter 'tribalism'and ethnic movements by turning the members of often antipathetic ethnic communities into fraternal citizens of the new 'national' state. Unfortunately, the very act of integrating such divided peoples may well exarcerbate ethnic antagonisms ..." (*Smith* 1981, 10).

S. 76: „Upon first establishing himself in Yankee City the ethnic finds himself in the anomalous position of 'belonging' to no social class and having the identification only of foreigner. He has brought with him little or no property; ... he conforms hardly at all to the American behavioral modes – in short the deviations in his social personality are so marked as to preclude relations with the natives except those of an impersonal economic type ... In a sense the ethnic is originally outside of the Yankee City class system, but he has a minimum of status by reason of his positions in both the city's residential and occupational hierarchies" (*Warner* u. *Srole* 1945, 68/69).

S. 83: „... technological change has not nor will it in the near future lead to a significant decline in the number of jobs which require little skills and communication. Furthermore it is just as unlikely that the stress and strains of work will be reduced ... Thus the employment of foreign workers will remain a necessity" (*Schiller* u. *Diefenbach* 1975, 120).

S. 84 (Fußnote): „Such work can readily be done, after a few days apprenticeship, by recent immigrants, who before emigrating to the United States, had never seen a coal mine. Inventions have also eliminated the amount of skill required in textile factories, in iron and steel plants and in other branches of manufacturing, and thus have made it possible to give employment to the untrained, inexperienced, non-English-speaking immigrant of recent arrival in the United States" (*Davie* 1949, 238/239).

S. 86: „... the differences between the minorities and the working class are not simply quantitative but qualitative and structural, with the immigrant situation being characterized by a different kind of position in the labour market, a different housing situation and a different form of schooling" (*Rex* u. *Tomlinson* 1979, 275/276).

S. 88: „... I propose to divide citizenship into three parts. But the analysis is, in this case, directed by history even more clearly than by logic – I shall call these three parts, or elements, *civil, political* and *social*" (*Marshall* 1950, 10).

S. 91 (Fußnote): „In the United States today one's social status depends on his position in two coexisting systems of stratification: class and ethnic. Class position depends to a large extent upon the occupation and income of the head of the household ... But Americans are also classified in terms of ethnic identity" (*Shibutani* u. *Kwan* 1965, 33).

S. 91 (Fußnote): „... a system of stratification (e.g. race, religion, or nationality) is utilized as a major criterion for assigning social positions with their attendant differential rewards" (*Noel* 1968, 157).

S. 92: „Competition provides the motivation for stratification, ethnocentrism channels the competition along ethnic lines and the power differential determines whether either group will be able to subordinate the other" (*Noel* 1968, 157).

S. 93: „become sources of group identification, social areas of confinement for primary group relation and bearers of particular cultural patterns of behavior" (*Gordon* 1978, 119).

S. 94: „The vast European immigration, and more recently the urbanisation of the Negro, have had great effects upon the class structure. They have provided every generation of Americans with a new group coming into the urban stratification system at the bottom. This pushed up the older residents allowing them to become white collors while they directed the labor of the newcowers" (*Kahl* 1957, 248).

S. 99: „... not only were there Irish colonies, but within them each family 'tried to live near friends and relatives from the same village.' (*Shannon* 1963, 34) Similarly Thomas and Znaniecki found that Polish immigrants who had come from the same communities in Poland 'always associated with each other more willingly than with other Poles.' (*Thomas* u. *Znaniecki* 1920, Vol. V, 32, 33) *Zorbough* noted the same characteristic for Sicilians in Chicago (*Zorbough* 1929, 164 u. *Forman* 1971, 5).

S. 100: „neighbours in Italy tending to become neighbours here" (*Park* u. *Miller* 1969, 146).

S. 100: „... the Chinese did not scatter in a random search for employment; they settled in specific overseas communities and clustered according to district of origin. For example, the majority of Hawai's Chinese population came from a small district which adjoins the Portuguese colony of Macao" (*Watson* 1977, 1).

S. 101: „In all areas the overwhelming majority of migrants were sponsored by kin..." (*Ostow* 1974, 27).

S. 103: „In 1924 the Russian adult males created a formal association called the Russian Benefit Society .. The memberships was composed of P1 (Einwanderer der ersten Generation, F.H.) adult males, membering twenty-five in 1929 and twelve in 1933 ... The association functioned as a benefit society, paying its members $ 3 weekly for the first six months of illness, $ 5 a week for the following six months, $ 100 at death, and $ 50 at death of wife, – if the man needs it badly . The association is represented at funerals of members, furnishes pallbearers, and sends flowers. There are no recreational interests except an annual summer picnic. Meetings are held monthly at the homes of various members" (*Warner* u. *Srole* 1945, 265).

S. 106: „Migration in nearly all cases involves some degree of difference between the religion of the migrants and that of the country of settlement ... In these cases, migrants will combine with their fellows to establish familiar norms of prayer and worship in their new environments, and the religious organization of the homeland will take active steps to ensure the continued adherence and faithfulness of their migrating members. The first duty a migrating Muslim is to establish places of prayer in his land of settlement... Similarly Orthodox and Catholic missions quickly arise amongst immigrant communities" (*Rex* 1987, 1).

S. 107: „While they thus became increasingly involved in American politics, immigrants continued to agitate European issues" (*Jones* 1974, 144).

S. 108 (Fußnote): „The refugee aspect of migration is very often present even when the primary motive for migration is economic. All of the countries of immigrant origin discussed here, apart from Finland, have had or still have military dictatorships, and all have or have had clandestine political parties, which have an opportunity to flourish in exile that is denied to them at home" (*Rex* 1987, 8/9).

S. 108: „Most services and specializations can be performed by Cypriots and many members of the community use Cypriot hairdressers, shoemakers, accountants, lawyers and, under certain circumstances, even doctors (although this usually means costly private consultations). There is even a directory and telephone catalogue of Cypriot businesses and there is very little in the way of goods and services for which a Cypriot living in London would have to go outside the ethnic group. Some people consciously use the services of fellow Cypriots on the basis that Cypriots must stick together and by a system of personal recommendations" (*Josephides* 1987, 45).

S. 110: „lack of cohesion within Portuguese associationism" (*Hily* u. *Poinard* 1987, 138/139).

S. 110: „... the immigrant group itself is almost never cohesive, but is criss-crossed by economic cleavages, inter- village rivalries, rural-urban lines, and sometimes by religious differences, educational rank, and vocations" (*Mills* et al. 1967, 82).

S. 111: „... if the group as a whole has one visibly distinguishing characteristic, it is that all members are usually lumped together by the 'natives'" (*Mills* et al. 1967, 82).

S. 112 (Fußnote): „The immigrant ... comes to a society of his own people, and this society not native American society, is the matrix which gives him his first impression" (*Park* u. *Miller* 1969, 120).

S. 112 (Fußnote): „The associations may be seen – inter alia – as offering newly defined identity options to migrants, each individual association having its own particular nuance in the options which it offers" (*Rex* 1987, 10).

S. 113: „In British Columbia (Kanada, F.H.) the only province that has a real Chinatown, the Chinese have the lowest hospitalization rates of all ethnic minorities. In Ontario, where the Chinese are scattered throughout the province in 'penny' numbers and have no real focus, they have the highest rate of all ethnic minorities" (*Murphy* 1963, 25).

S. 113: „The incidence of both schizophrenia and manic depression was found to be inversely related to the density of Italians in Greater Boston communities" (*Mintz* u. *Schwartz* 1964, 117).

S. 116: „The immigrant colony in America is a bridge of transition from the old world to the new; a half-way house on the road to assimilation" (*Stonequist* 1937, 85).

S. 119 (Fußnote): „For each race or nationality listed below, circle each of the qualifications to which you would be willing to admit the average member of that race or nationality (not the best members you have known, nor the worst).

S. 119 (Fußnote):

	To close kinship by marriage	To my club as personal chums	To my street as neighbours	To employment in my occupation
English	1	2	3	4
Negro	1	2	3	4
French	1	2	3	4
Chinese	1	2	3	4
Russian etc.	1	2	3	4

	To citizenship in my country	As visitors only to my country	Would exclude from my country	
English	5	6	7	
Negro	5	6	7	
French	5	6	7	
Chinese	5	6	7	
Russian etc.	5	6	7	

S. 125: „... we shall put prejudice and discrimination together again and view the latter as an overt expression of the former" (*Bierstedt* 1957, 447). „... prejudice or its manifestatiens in discrimination" (*Rose* u. *Rose* 1965, 311).

S. 125: „... discriminatory acts, which are conduct outwardly manifested, originate from within, namely from prejudice which creates an unfavorable attitude of mind ... since most forms and types of discrimination are based upon prejudice ... it is most important to study prejudice" (UN 1949, 10).

S. 127: „The law may not make a man love me, but it can restrain him from lynching me, and I think that's pretty important" (zit. nach *Rose* 1974, 103).

S. 128/129: „The decline did not occur as a result of voluntary attitude change. Rather, the South was more or less forced to change by federal legislation, court orders, and at times intervention of federal marshals and federal troops under the order of the President. *After* overt discrimination had been outlawed and had largely disappeared attitudes changed to become consistent with behavior" (*Farley* 1982, 51).

S. 129 (Fußnote): „Dissonance theory says that our behavior is consistent with our attitudes. Accordinqly, if due to social pressure or whatever reason – we repeatedly behave in a manner inconsistent with our attitudes, we tend to unconsciously change our *attitudes* so that our attitudes and behavior are consistent" (ibidem).

S. 130 (Fußnote): „Indeed most studies of prejudice that use the survey format, where the cognitive dimension is most likely to be tapped, show that prejudice is practically always negatively associated with level of education. This is, in fact, the one truly consistent finding of surveys conducted since World War II" (*Blalock* 1982, 20).

Originalzitate

S. 130/131: „In terms of subjective expected utilities, most persons are motivated to value high status within whatever groups they select as positive reference groups. Most persons also wish to avoid negative sanctions (punishments) in groups of which they are actual members. In the case of norms, regulations, or laws of any importance in these groups, conformity will generally be rewarded and deviance punished. Therefore, if these norms stress that minorities should he treated in a certain fashion, the overwhelming majority of group members will conform regardless of their personality needs or deep-seated feelings about minorities. In this sense, then, most such behaviors are 'superficial' and do not need to be explained in psychodynamic terms" (*Blalock* 1982, 23).

S. 133 (Fußnote): „... if we hate another person without justification, that creates a conflict within us, if our conscience does not approve of the emotion of hatred. Instead of solving this conflict by overcoming our hatred, we may try to get rid of it through projection. We project our hatred into the other person so that it appears to us not as if we hate him, but that he hates us ... we are now justified in hating the other person if we so desire, because we think he is hating us" (*Bettelheim* u. *Janowitz*, 1964, 146).

S. 135 (Fußnote): „The most crucial of the present study, as it seems to the authors, is the demonstration of close correspondence in the type of approach and outlook a subject is likely to have in a great variety of areas, ranging from the most intimate feature of family and sex adjustment through relationships to other people in general, to religion and to social and political philosophy" (*Adorno* et al. 1950, 971).

S. 137/138: „... we should pursue a more theoretical ahistorical analysis of the properties held in common by all forms of authoritarianism regardless of specific ideological, theological, philosophic, or scientific content" (ibidem, 14).

S. 138: „(a) a relatively closed cognitive organisation of beliefs and disbeliefs about reality, (b) organized around a central set of beliefs about absolute authority which, in turn, (c) provide a framework for patterns of intolerance and qualified tolerance toward others" (*Rokeach* 1956, 3).

S. 138: „It is not so much *what* you believe that counts, but *how* you believe" (*Rokeach* 1960, 6).

S. 138: „... that the bigots of the political left, center and right all achieve a similar score" (ibidem).

S. 142: „The displacement of hostility on a substitute may well be accompanied by some doubts concerning its effectiveness and justice (...). These doubts and feelings of guilt create further anxiety and hostility – the more so because they cannot be consciously recognized – and lead to even further displacement and projection" (*Simpson* u. *Yinger* 1965, 53).

S. 147: „The Hellenic Greeks had a cultural, not a racial standard of belonging, so that their basic division of the peoples of the world were Greeks and barbarians – the barbarians having been all those persons who did not possess the Greek culture, especially its language" (*Cox* 1948, 64).

S. 148: „The first Ethiopians (der Name für Schwarze in der Antike, F.H.) to appear in Greek Literature were Homer's blameless Ethiopians. Dear to the

Gods and renouned for their piety and justice, Ethiopians enjoyed the favour of divine visits. Xenophanes, the first European to contrast the physical characteristics of Negroes and whites, described Ethiopians and Thracians as he saw them and implied nothing as to the superiority or inferiority of either, whether physical, aesthetic, mental or moral ... The Greco-Roman view of Blacks was no romantic idealization of distant, unknown peoples but a fundamental rejection of color as a criterion for evaluating man ... Scientists, in their environmental explanation of the origin of racial differences, developed no special theory as to inferior dark or black peoples ... References to race, mixture of blacks and whites were not accompanied by strictures on miscegenation" (*Snowden* 1970, 216/217).

S. 148: „Conversion to Christianity and slavery among the Indians stood at cross-purposes" (*Cox* 1948, 334).

S. 149 (Fußnote): „The conclusion ..., then, is that the phenomenon of race relations (d. h., daß Rasse überhaupt zu einem sozial relevanten Merkmal wurde, F.H.) is part of a special era in human history, that it arose out of the earlier European attempt to exploit overseas territories, and that it became an integral part of colonialism as an economic and imperial policy" (*Little* 1961, 102).

S. 150: „citizens of a nation or state" (The British race); „religious group" (Jewish race); „local population" (Basques); „hypothetical pure type" (Arab); „group having a common culture and tradition" (*Berry* 1951, 58/59).

S. 152: „short-lived but highly concentrated outburts of mass xenophobia ... cyclical in character, strongly marked bei hysteria and irrationality" (*Jones* 1974, 17)

S. 153: „In this view, if Catholics 'took over' America, the Pope in Rome would rule and religious and political liberty would be destroyed" (*Dinnerstein* u. *Reimers* 1975, 32).

S. 153 (Fußnote): „The Irish congregated in the manufacturing cities of the East, where they lived mainly in the poorer sections in squalor and filth, and became identified with the organization of those areas. This was the real beginning of the problem of immigration in connection with urbanization" (*Davie* 1949, 86).

S. 153: „It assumed the form of a secret society, probably first organized in New York City in 1850. The meetings, name, and purpose were secret. The rank and file when questioned about their party had to answer 'I don't know' which led to the nickname of the Know-Nothings... In 1854 the secret character was discarded and the word was advised that the society's name was the Supreme Order of the Star Spangled Banner, also known as the Sons of the Sires of '76. ... Its purpose was to put none but native Americans in office. In 1855 the Know-Nothing movement claimed governors in seven states ..., 43 representatives and 5 senators in Congress" (*Davie* 1949, 88).

S. 153/154: „Hysteria peaked in 1893 when many believed a rumour that the Pope had written a letter ordering Catholics to exterminate all heretics in The United States. Some Protestants armed themselves and the mayor of Toledo called out the National Guard to halt the coming slaughter" (*Dinnerstein* u. *Reimers*, 1949, 62).

Originalzitate

S. 157: „... there is considerable evidence that reduction in prejudice ... result from contact in educational, employment, recreational, and other settings" (*Farley* 1982, 42).

S. 158/159: „If some personality need underlies a person's prejudice, neither education nor contact with minoritios is likely to reduce that prejudice" (*Farley* 1982, 36).

S. 159: „Another important situation is one in which prejudice serves mainly as a mechanism to justify or support discriminatory behavior. In this case, direct attempts to change the prejudice may not be effective at all: The behavior is the problem..." (ibidem).

S. 164: „The new immigrants coming after 1880 and now producing a fourth generation, have assimilated, although some Jews, Italians, Poles and others still retain some aspects of their traditional cultures. In fact, in the wake of the civil rights movement of the 1960s, there was a renewal of ethnic self-consciousness" (*Dinnerstein* u. *Reimers* 1975, 140).

S. 164/165: „As *Herberg* (1960,258) has expressed it 'To be a Protestant, a Catholic, or a Jew are alternative ways of being an American.' For this reason, people of Polish, Italian, or French-Canadian ancestry, for instance, find it much easier, and more American to represent their concerns as Catholic concerns" (*McLemore* 1980, 324/325).

S. 165: „At just the moment when most social scientists were anticipating the rapid extinction of the remaining significant differences among white ethnic groups, these distinctions seemed suddenly to revive with startling intensity. At the end of the decade, in fact, *Glazer* and *Moynihan* (1970,XXXVI) noted that it no longer seemed true that religious identities were replacing ethnicity. Ethnicity was being reasserted in its own right by numerous white ethnic groups" (*McLemore* 1980, 325).

S. 166 (Fußnote): „... the United States immigration laws of 1921 and 1924 .. drastically curtailed the entry of Southern and Eastern Europeans as being 'unassimilable' in large numbers and virtually prohibited the permanent settlement of Asiatics as being unassimalable even in small numbers. Such opinions were still strong at the time of the McCarran-Walter Act in 1952" (*Price* 1969, 184).

S. 166: „The 'melting pot' idea envisaged a biological merger of the Anglo-Saxon peoples with other immigrant groups and a blending of their respective cultures into a new indigenous American type; and 'cultural pluralism' postulated the preservation of the communal life and significant portions of the culture of the later immigrant groups within the context of American citizenship and political and economic integration into American society" (*Gordon* 1964, 85)..

S. 168 (Fußnote): „Accomodation is required of foreigners on the level of commercium and secondary relationships rather than of commensalitas and primary relationships. This does not imply identification with the host society, but only that minimum of loyalty that is expected of guests" (*Francis* 1976, 255).

S. 170 (Fußnote): „Assimilation works toward the dissolution of ethnic groups, the irrelevance of ethnic categories for social action orientation, and the absorption of ethnics into the host society" (*Francis* 1976, 254).

S. 170: „Today more than ever it is important to recognize the polyethnic and culturally diversified character of both sending and receiving countries. There is no single 'American way of life' into which immigrants arriving in the United States must eventually be assimilated. The United States is ethnically stratified, culturally pluralistic and exhibits a diversity of life-styles ... Politicians, public officials, teachers, welfare workers and others who come into contact with immigrants often speak of ethnic 'communities' as if the new arrivals were a closely knit people sharing a single set of values and united by a common language and cultural background. This is rarely the case. Immigrant populations exhibit their own class-structure and are divided by various dialects, differing religious and opposing political beliefs ... To the extent that immigrants from particular countries eventually exhibit some degree of social cohesion and develop their own separate institutions and organizations it is often in response to discriminatory treatment in the receiving society. Immigrants need a power base to protect their interests. Out of this situation new definitions of 'ethnic' identity evolve that are unique to the receiving society" (*Richmond* 1988, 50).

S. 171: „The fact that a particular ethnic category is not represented in proportion to its size cannot be considered as lack of assimilation" (*Francis* 1976, 257).

S. 171: „Assimilation is .. not the same as the egalitarian restructuring of a whole society" (*Francis* 1970, 3).

S. 173: (Fußnote): „... the fact that many white groups had become more secure and affluent than they were in earlier years made it more possible for them to assert their ethnicity and inquire into their origins" (*Farley* 1982, 372).

S. 173: „In any case the substantive meaning and practical significance of ethnic identity is generally quite different for third and subsequent generations, than for the first and second" (*Richmond* 1988, 64).

S. 174: „The need to overcome this insecurity usually becomes closely connected with the initial wish to resolve the original inadequacy which led to migration, and is important in determining the immigrant's readiness to accept new roles and his initial behaviour in his new country . Thus, the process of social change inherent in most migrations ultimately involves ... a resocialization of the individual, the re-forming of his entire status-image and set of values" (*Eisenstadt* 1954, 4).

S. 174/175: „First, he has to acquire various skills, to learn to make use of various new mechanisms-language, technical opportunities, ecological orientation etc. – without which he can hardly exist for long in his new setting" (*Eisenstadt* 1954, 7).

S. 175: „Thirdly, he has gradually to rebuild and re-form his idea of himself and his status-image by acquiring a new set of values, and testing it out in relation to the new roles available to and required of him" (*Eisenstadt* 1954, 7).'

S. 175: „First, personal disorganization may occur owing to the breakdown of the immigrant's primary groups. Second there may be various kinds of aggression in relation to social norms ... Thirdly, and this is perhaps the most typical case among immigrants, there may be inadequate identification and solidarity with the absorbing structure" (*Eisenstadt* 1954, 20/21).

S. 176: 237 „1) Cultural assimilation, or acculturation, is likely to be the first of the types of assimilation to occur when a minority group arrives on the scene; and 2) cultural assimilation, or acculturation, of the minority groups may take place even when none of the other types of assimilation occurs simultaneously or later and this condition of 'acculturation only' may continue indefinitely" (*Gordon* 1964, 77).

S. 177: „... while acculturation ... does not necessarily lead to structural assimilation, structural assimilation inevitably produces acculturation. Structural assimilation, then, rather than acculturation, is seen to be the keystone of the arch of assimilation" (*Gordon*, 1964, 81).

S. 177
Übersicht 8.2 Variablen des Assimilierungsprozesses

Subprocess or Condition	Type or Stage of Assimilation	Special Term
Change of culture patterns to those of host society	Cultural or behavioral assimilation	Acculturation
Larce-scale entrance into cliques, clubs, and institutions of host society on primary group level	Structural Assimilation	None
Large-scale intermarriage	Marital assimilation	Amalgamation
Development of sense of peoplehood based exclusively on host society	Identificational assimilation	None
Absence of prejudice	Attitude receptional assimilation	None
Absence of discrimination	Behavior receptional assimilation	None
Absence of value and power conflict	Civic assimilation	None

Quelle: *Gordon* (1964, 71).

S. 179: „Once having entered it (die Gesellschaft außerhalb des Ghettos, F.H.) he cannot comfortably withdraw again into the ghetto. He is too much of a Jew to be assimilated; and too little of a Jew to be isolated" (*Stonequist*, 1937, 77/78).

S. 179: „His interest may shift from himself to the objective social conditions ..." (*Stonequist* 1937, 227).

S. 182: „This condition of 'acculturation only' may continue indefinitely" (*Gordon* 1964, 77).

S. 183: „American culture is brought to the immigrant by the economic environment in two ways. First he is familiarized with the material and technical culture of the country through industrial employment and the uses of the means of transportation. Second his larger wages enable him to raise his standard of living by the purchase of automobiles, radios, washing machines, and the other appurtenances of the American middle class. Acquisition of the material culture is made readily and without emotional resistance" (*Davie* 1949, 553/554).

S. 183: „The tests performed in this paper have established that immigrant and native expenditure functions were, in fact, quite similar, at least as far as marginal and average propensities to spend are concerned" (*Morrison* 1980, 352–353).

S. 184: „Unusually marked discrimination, such as that has been faced by the American Negro, if it succeeds in keeping vast numbers of the minority groups deprived of educational and occupational opportunities and thus predestined to remain in a lower class setting, may indefinitely retard the acculturation process of the group" (*Gordon* 1964, 78).

S. 184: They ... „tend (1) to support the ethnic identity of their members; (2) to increase interaction between them, thereby strengthening sentiments of solidarity and group coherence; (3) to promote their social and ecological segregation, thus isolating them from outside influences; and (4) to provide them with powerful agencies of social control, inhibiting the assimilation of individual members to the host society" (*Francis* 1976,152/153).

S. 188: „If a child is made to feel inferior at school or is ridiculed in the neighborhood, he may wish to rebel against his parents and repudiate the language or cultural group from which they are descended" (*Richmond* 1988, 64).

S. 190: „The twentieth – century development of a public school system was certainly another key factor breaking down ethnicity. The immigrants' descendants were being instructed in Anglo-American values. After World War II most Americans attended and roughly three quarters graduated from the nation's highschools"(*Dinnestein* u. *Reimers* 1975, 149).

S. 196 (Fußnote): „When a stranger comes into our presence, then, first appearances are likely to enable us to anticipate his category and his attributes, his 'social identity'..." (*Goffman* 1968, 12).

S. 200: „The marginal man is concerned finally and fundamentally less, as the title might suggest, with a personality type, than with a social process, the process of acculturation" (*Park* 1937, XVIII).

S. 201: „On the sociological side there is as yet no clear and comprehensive definition of the marginal situation" (*Dickie-Clark* 1963, 366).

S. 202: „The individual who through migration, education, marriage or some other influence leaves one social group without making a satisfactory adjustment to another", ... (*Stonequist* 1937, 2)

S. 202: „The groups are in a relation of inequality ... (*Stonequist* 1937, 121)

S. 203: „... absolute rejection is probably easier to bear than grudging, uncertain and unpredictable acceptance. This is one of the reasons why many Jews exhibit to a greater degree the classic symptoms of the marginal man than do most negroes" (*Green* 1947, 171).

S. 209: „... German-Americans were faced with the reality of fighting against a nation in which many of their relatives and friends lived. Despite the acute agony caused by their situation, German-American soldiers fought as valorously as other Americans" (*Dinnerstein* u. *Reimers* 1975, 140).

Originalzitate 255

S. 213: „On entre difficilement dans un groupe fondé sur les liens de nature ..." (*Schnapper* 1989,23).

S. 215: „When the new rulers of France had to decide whether Jews, too, were Frenchmen, they did not ask whether the Jews had taken part in a common heritage; they asked only whether the Jews could take part in the common work of the future ..." (*Kamenka* 1976, 10).

S. 216: „C'est l'état qui s'est efforcé de constituer autour de lui, inscrite sur le sol national, une nation que son action pendant des siècles a unifié culturellement et politiquement. L'état a précédé et suscité la nation" (*Schnapper* 1989, 22).

S. 216/217: „... par son principe même de légitimité, l'appartenance à la nation française est ouverte (au moins dans l'idéal) à tous ceux qui sont prêts à adopter ses valeurs. L'identité nationale n'est pas un fait biologique, mais culturelle: On est Français par la pratique d'une langue, par l'interiorisation d'une culture, par la volonté de participer à la vie économique et politique" (*Schnapper* 1989, 23).

S. 216 (Fußnote): „C'est précisément à cause de cette hétérogenité que l'unité culturelle, au nom du projet politique, y a été toujours particulièrement affirmé et mise en oeuvre par des institutions centralisées, et en particulier par le système d'enseignement; c'est cette élaboration de la nation qui a été qualifiée de 'politique d'assimilation'" (*Schnapper* 1991,78).

S. 217/218: „Its roots are to be found rather in the accomplishments of a prenational period and in a social myth that had developed under the conditions of a premodern, agrarian society. When the influence of nationalism made itself felt, the Swiss did not attempt to found their unity on the myth of a common descent or language but on common political traditions and institutions. They turned for inspiration to their past struggles for constitutional liberty – back to the thirteenth century. They revived the memory and glorified the interpretation of those foundations: William Tell became the national hero" (*Francis* 1976, 106).

S. 221: „... while there are many reasons for the present drive to obliterate segregation and discrimination there is no doubt that one of the catalysts that set the process in motion after World War II was the growing realization in top government circles that discrimination in the United States would hurt, perhaps irreparably should it continue, our fight against communism" (*Rose* 1965, 9).

S. 226: „As a matter of experience I have found – and I have had to concern myself at the UN with problems of Tibet or South Tyrol, for example – that people who are all in favour of human rights generally speaking are very likely to sit up and look suspicious where there is any question of minority rights. Human rights is a pleasing abstraction impregnated with our notion of our own benevolence. But minority rights evoke a sudden sharp picture of 'that lot' with their regrettable habits, extravagant claims, ridiculous complaints, and suspect intentions ... I believe that on the whole the universalist approach, based on rights inherent in each individual being, remains the most hopeful one. We ought not, after all, to idealise minorities or to forget that today's underdog may be tomorrow's power-crazed bully" (*O'Brien* 1984, 20/21).

S. 231:
Übersicht 9.1 Gesetze und Anordnungen gegen Diskriminierung in den USA von 1938–1968

Year	ACTION
1938	Missouri ex.rel. Gaines v. Canada,305 U.S.337. Supreme Court rules that University of Missouri must admit a black applicant to law school because the state provided no comparable law school open to blacks.
1941	President F.D. Roosevelt issues presidential order against discrimination in defense plants and governmental agencies.
1946	Two federal courts rule that segregation in interstate travel is illegal.
1948	President H.S. Truman issues a presidential order to integrate the U.S. armed forces.
1948	Shelley v. Kraemer, 334 U.S.1. Supreme Court rules that racial restrictive covenants in housing are not legally enforceable.
1954	Brown v. Board of Education, 347 U.S. 483. Supreme Court ends „seperate but equal" doctrine and rules that school segregation is illegal.
1957	President D.D. Eisenhower orders federal troops into Arkansas to enforce a court order to desegregate Little Rock schools.
1957	Civil Rights Act of 1957. Established and gave certain enforcement powers to a Civil Rights Division in the U.S. Department of Justice and provided penalties for failure to obey court orders in voting rights cases.
1960	Civil Rights Act of 1960. Strengthened voting rights enforcement provisions of 1957 Civil Rights Act.
1964	Civil Rights Act of 1964. Banned discrimination (including sex discrimination) in employment and union membership. Prohibited discrimination by privately owned businesses providing public accommodations, such as hotels, restaurants, and theaters. Strengthened enforcement provisions against discrimination in education.
1965	Voting Rights Act of 1965. Suspended use of literacy tests and permitted federal review of requirements attached to voting or registration. Authorized federal registration of voters where states discriminated.
1968	Civil Rights Act of 1968. Banned discrimination in the sale and rental of housing.

Quelle: *Farley* (1982, 272).

S. 232: „By resorting liberally to legal remedies, French law is managing to put down ideologies, acts and omissions which bear the unmistakable stamp of discrimination. Yet, it faces the difficulty of combating every day inequalities, and intolerance. However, these are the most widespread, the most keenly felt and sometimes degenerate into violence; it is these which explain certain 'protest-votes' at local or national elections" (*Costa-Lascoux* 1990, 20).

S. 234: „the contractor will not discriminate against any employee or applicant because of race, color, religion, sex or national origin. The contractor will take affirmative action to ensure that employees are treated during employment, without regard to their race, color, religion, sex or national origin" (zitiert nach *Farley* 1982, 380).

S. 234: „Past discrimination has ... left minorities in a disadvantaged position, so that race-blind admission or hiring is not really fair. Minority applicants, after generations of discrimination, simply do not have all the advantages that white male applicants have." (ibidem, 381)

S. 235: „Some versions of this position explicitly replace the ideal of equal treatment or equal opportunity, with the ideal of equal results – that is results proportionately equal in their impact on ethnic groups ... The sociological supposition upon which this approach is grounded – that truly equal opportunities would inevitably yield approximately equal group results – is naive and seriously mistaken. It is not the case that, when ethnic discrimination is eliminated, employment patterns, educational patterns and the distributive patterns of other important social characteristics will be random across ethnic groups, yielding approximately numerical proportionality in each sphere" (*Cohen* 1983, 358).

Literatur

Adams, W.P.: Die Assimilationsfrage in der amerikanischen Einwanderungsdiskussion 1890–1930, in *Bade, K.J.:* 1984 Band 1, 300–320.
Adbullah, M.S.: Islamische Bestattungsriten und Friedhofskultur, in *Jaspert, B.* (Hg.), Die letzte Ruhe. Hofgeismarer Protokolle. Hofgeismar 1991, 49–63.
Adorno, T.W.: Studien zum autoritären Charakter. Frankfurt 1973.
Adorno, T.W., Frenkel-Brunswick, E., Levinson, D. und *Sanford, R.N.:* The Authoritarian Personality. New York-Evanston-London 1950.
Albrecht, G.: Soziologie der geographischen Mobilität. Zugleich ein Beitrag zur Soziologie des sozialen Wandels. Stuttgart 1972.
Albrecht, G.: „Randseiter oder Außenseiter". Stichwort in Kleines Kriminiologisches Wörterbuch, hg. von *Kaiser, G., Sack, F.* und *Schellhoss, H.* Freiburg 1974.
Allport, G.W.: Die Natur des Vorurteils. Köln 1971 (zuerst engl.1954).
Alt, J.: Arbeitspapier zum Asylantenproblem in der Bundesrepublik Deutschland. Zahlenmaterial und Situationsbeschreibung. Institut für Gesellschaftspolitik. München 1987.
Ander, O.F. (ed.), In the Trek of the Immigrants. Essays presented to *Carl Wittke.* Rock Island, Ill. 1964.
Anderson, B.: Die Erfindung der Nation. Zur Karriere eines folgenreichen Konzepts. Frankfurt-New York 1988.
Antonovsky, A.: Toward a Refinement of the „Marginal Man" Concept. in: Social Forces 1956, 57–62.
Bade, K.J. (Hg.), Auswanderer, Wanderarbeiter, Gastarbeiter. Bevölkerung, Arbeitsmarkt und Wanderung in Deutschland seit der Mitte des 19. Jahrhunderts. 2 Bände. Ostfildern 1984.
Banton, M.: Race Relations. London 1967.
Banton, M.: Race Relations. in *Bourker* and *Carrier* 1976, 187- 191.
Banton, M.: „Assimilation". Stichwort in *Cashmore* 1984.
Barth, F.: Introduction. in: ders. (ed.), Ethnic Groups and Boundaries. The Social Organization of Culture Difference. London 1969.
Barwig, K., Lörcher, K. und *Schumacher, Ch.* (Hg.), Aufenthalt- Niederlassung- Einbürgerung. Stufen rechtlicher Integration. Hohenheimer Tage zum Ausländerrecht 1986. Baden-Baden 1987.
Bauer, O.: Die Nationalitätenfrage und die Sozialdemokratie. Wien 1907.
Beauftragte der Bundesregierung für die Integration der ausländischen Arbeitnehmer und ihrer Familienangehörigen: Bericht März 1991.
Beck, H.: Jenseits von Stand und Klasse? Soziale Ungleichheiten, gesellschaftliche Individualisierungsprozesse und die Entstehung neuer sozialer Formationen und Identitäten. in *Kreckel* 1983, 35- 74.
Bell, D.: Ethnicity and Social Change. in *Glazer* and *Moynitan* 1975, 141–174.
Berelson, B. und *Steiner, G.A.:* Human Behavior. An Inventory of Scientific Findings. New York-Chicago-Burlingame 1964.
Berger, P.A.: Entstrukturierte Klassengesellschaft. Opladen 1986.

Bergius, R.: Vorurteilsforschung in der Psychologie. in Friedrich Ebert Stiftung 1960, 41–61.
Bergmann, W. und *Erb, R.:* Kommunikationslatenz, Moral und öffentliche Meinung. Überlegungen zum Antisemitismus in der Bundesrepublik Deutschland. in: Kölner Zeitschrift für Soziologie und Sozialpsychologie 1986, 223–246.
Bernsdorf, W.: Wörterbuch der Soziologie. Stuttgart 1969.
Berry, B.: Race Relations. The Interaction of Racial and Ethnic Groups. Boston 1951.
Bettelheim, B.: und Janowitz, M.: Social Change and Prejudice. Glencoe 1964.
Bettelheim, B. und *Janowitz, M.:* Dynamics of Prejudice: A Psychological and Sociological Study of Veterans. New York-Evanston-London 1950.
Bianco, C. und *Angiuli, E.:* Emigrazione-Emigration. Una ricerca antropologica sui processi di acculturazione relativi all'emigrazione italiana negli Stati Uniti, in Canada e in Italia. Bari 1980.
Bierstedt, R.: The Social Order. An Introduction to Sociology. New York-Toronto-London 1957.
Blalock, H.M: Race and Ethnic Relations. Englewood Cliffs 1982.
Blaschke, J. (Hg.): Handbuch der westeuropäischen Regionalbewegungen. Frankfurt 1980.
Blaschke, J.: Volk, Nation, Interner Kolonialismus, Ethnizität. Konzepte zur politischen Soziologie regionalistischer Bewegungen in Westeuropa. Berlin 1985.
Blaschke, J. und *Ersöz, A.:* The Turkish Economy in West Berlin. Manuskript Berlin 1986.
Blatt, L.: Die rechtliche Behandlung der dänischen Minderheit in Schleswig-Holstein 1866–1914. Husum 1980.
Blauner, R.: Colonized and Immigrant Minorities, in Bowker and Carrier 1976, 69–91.
Blumer, H.: The Nature of Race Prejudice. Hawaii 1939, zit. nach *Silbermann* 1983.
Bodemann, Y.M.: Staat und Ethnizität, in *Brumlik* et al. 1986, 49–69.
Boehm, C.: Die jüngere politische und kulturelle Entwicklung der dänischen nationalen Minderheit in der Bundesrepublik Deutschland und der deutschen nationalen Minderheit im Königreich Dänemark unter besonderer Berücksichtigung der friesischen Bevölkerung in der Bundesrepublik. Dissertation Universität Hamburg 1987.
Bogardus, E.S.: Sociologiy. New York 1950.
Bolte, M. und *Hradil, S.:* Soziale Ungleichheit in der Bundesrepublik. Oplanden 1984.
Bowker, G. und *Carrier J.* (eds.): Race and Ethnic Relations. Sociological Readings. London 1976.
Braun, R.: Soziokulturelle Probleme der Eingliederung italienischer Arbeitskräfte in der Schweiz. Zürich 1970.
Breitenbach, B.: Ausländer-Vereine und Interessenvertretung, in: Zeitschrift für Parlamentsfragen 1986, 181–199.
Britschgi-Schimmer, J.: Die wirtschaftliche und soziale Lage der italienischen Arbeiter in Deutschland. Dissertation Universität Zürich. Karlsruhe 1916.
Broder, H.M., Lang, M.R. (Hg.), Fremd im eigenen Land. Juden in der Bundesrepublik. Frankfurt 1979.
Bromley, X.V.: Toward Typology of Ethnic Processes. Vervielfältigtes Manuskript 8. Weltkongreß für Soziologie. Toronto 1974.

Brown, C.: Ethnic Pluralism in Britain: the Demographic and Legal Background, in: *Glazer* and *Young* 1983, 32–54.
Brubaker, W.R.: (ed.): Immigration and the Politics of Citizenship in Europe and North America. Lanham-New York-London 1989.
Brumlik, M., Kiesel, D., Kugelmann, C. und *Schoeps, J.H.* (Hg.): Jüdisches Leben in Deutschland seit 1945. Frankfurt 1986.
Brumlik, M., Kiesel, D., Kugelmann, C. und *Schoeps, J.H.* (Hg.): Vorwort zu „Jüdisches Leben in Deutschland seit 1945", 6–9, 1986, zitiert als 1986a.
Bundesanstalt für Arbeit: Repräsentative Untersuchungen '72. Beschäftigung ausländischer Arbeitnehmer. Nürnberg 1973.
Bundesanstalt für Arbeit: Ausländische Arbeitnehmer 1972/73. Nürnberg 1974.
Bundesminister des Innern, Aufzeichnung zur Ausländerpolitik und zum Ausländerrecht in der Bundesrepublik Deutschland. Bonn 1990.
Burbaum, H. et al.: Klassen- und Sozialstruktur der BRD 1950–1970. Teil II. Frankfurt 1974.
Cahnmann, W.: Völker und Rassen im Urteil der Jugend. München 1965.
Campbell, M.: Aristotle and Black Slavery: A Study in Race Prejudice, in: Race 1974, 283–301.
Cashmore, E.E.: Dictionary of Race and Ethnic Relations. London 1984.
Cashmore, E.E.: Ethnicity, in ders. 1984, zitiert als 1984a.
Castles, S.: A New Agenda in Multiculturalism? Vervielfältigtes Manuskript 1987.
Child, I.: Italian or American. The Second Generation in Conflict. New Haven 1943.
Christie, R. und *Jahoda M.* (eds.): Studies in the Scope and Method of the „Authoritarian Personality". Glencoe 1954.
Cohen, C.: Affirmative Action and the Rights of the Majority, in *Fried* 1983.
Connor, W.: Nation-building or nation-destroying, in: World Politics 1972, zitiert nach *Smith* 1981, 319–355.
Conzen, K.N.: Deutsche Einwanderer im ländlichen Amerika: Problemfelder und Forschungsergebnisse, in *Bade* 1984, Band 1, 350–377.
Costa-Lascoux, J.: Report on „Equality and non- discrimination: ethnic minorities and racial discrimination." (Referat „7th International Colloquy on the Convention on Human Rights", veranstaltet vom Europarat), Kopenhagen, Oslo, Lund 1990.
Cox, O.C.: Caste, Class and Race. A Study in Social Dynamics. New York 1948.
Davie, M.R.: World Immigration. With special reference to the United States. New York 1949.
Davis, E.E.: Zum gegenwärtigen Stand der Vorurteilsforschung, in *Bayer-Katte, W.v.* et al. (Hg.), Politische Psychologie, Band 3, Vorurteile. Ihre Erforschung und ihre Bekämpfung. Frankfurt a.M. 1964.
Delgado, M.: Die „Gastarbeiter" in der Presse. Eine inhaltsanalytische Studie. Opladen 1972.
Deutsch, K.W.: Nationenbildung-Nationalstaat-Integration. Düsseldorf 1972.
Deutsch, M. und *Collins, M.E.:* Interracial Housing: A Psychological Evaluation of a Social Experiment. Minneapolis 1951.
Deutsches Jugendinstitut (Hg.): Ausländerarbeit und Integrationsforschung. Bilanz und Perspektiven. Weinheim-München 1987.
Diaz, P.D.: Spanische Vereine in der BRD, in: Informationsdienst Ausländerarbeit, 3–4, 1987, 63–66.
Dickie-Clark, H.F.: The Marginal Situation: A Contribution to Marginal Theory, in: Social Forces 1963, 363–370.

Dietz, F.: Entwicklung und Struktur der beschäftigten ausländischen Arbeitnehmer in der Bundesrepublik Deutschland. Ein Vergleich zwischen Ausländern und Deutschen, in *Hönekopp* 1987, 67–143.

Dimakopoulos, K.: Das Aufenthaltserlaubnisrecht im Einwanderungsprozeß – ein Anachronismus? in *Barwig* et al. 1987.

Diner, D.: Negative Symbiose – Deutsche und Juden nach Auschwitz, in *Brumlik* et al. 1986, 243–257.

Dinnerstein, L. und *Reimers, D.M.:* Ethnic Americans. A History of Immigration and Assimilation. New York 1975.

Dittmar, K.: Assimilation und Dissimilation. Erscheinungsformen der Marginalitätsthematik bei jüdisch-amerikanischen Erzählern (1900–1970). Frankfurt-Bern-Las Vegas 1978.

Doerdelmann, B. (Hg.): Minderheiten in der Bundesrepublik. München 1969.

Dohse, K.: Ausländische Arbeiter 1974 bis 1985. Beschäftigungsentwicklung und staatliche Regelungszusammenhänge, in: WSI Mitteilungen 1986, 626–635.

Dollard, J. et al.: Frustration and Aggression. New Haven 1939.

Domowina: Analyse über die nationale Situation des sorbischen Volkes in der DDR (Denkschrift). 1990.

Dunn, L.C.: Race and Biology. Paris 1958.

Eisenstadt, S.N.: The Absorption of Immigrants. London 1954.

EKD (Hg.): Flüchtlinge und Asylsuchende in unserem Land. EKD Texte 16. Hannover 1986.

Elschenbroich, D. (Hg.): Einwanderung-Integration-ethnische Bindung. Harvard Encyclopedia of American Ethnic Groups. Eine deutsche Auswahl. Frankfurt 1985.

Elschenbroich, D.(Hg.): Eine Nation von Einwanderern. Ethnisches Bewußtsein und Integrationspolitik in den USA. Frankfurt-New York 1986.

Elsner, E.M: Zur Haltung des FDGB zur Beschäftigung ausländischer Bürger in der DDR, in: Migrationsforschung 1990, 46–50.

Engelmann, B.: Vorwort zu *Broder* und *Lang* 1979.

ders., Du deutsch? Geschichte der Ausländer in unserem Land. München 1984.

Erb, R. und *Bergmann, W.:* Die Nachtseite der Judenemanzipation. Der Widerstand gegen die Integration der Juden in Deutschland 1780–1860. Berlin 1989.

Erichsen, R.: Selbständige Erwerbstätigkeit von Ausländern in der Bundesrepublik Deutschland am Beispiel der Türken, in: Informationsdienst zur Ausländerarbeit, 3, 1988, 21–27.

Esser, H.: Aspekte der Wanderungssoziologie. Assimilation und Integration von Wanderern, ethnischen Gruppen und Minderheiten. Darmstadt-Neuwied 1980.

Esser, H.: Aufenthaltsdauer und Eingliederung von Wanderern. Zur theoretischen Interpretation soziologischer „Variablen", in: Zeitschrift für Soziologie 1981, 76–97.

Esser, H.: Sozialräumliche Bedingungen der sprachlichen Assimilation von Arbeitsmigranten, in: Zeitschrift für Soziologie 1982, 279–306.

Esser, H.: Ethnische Differenzierung und moderne Gesellschaft, in: Zeitschrift für Soziologie 1988, 235–248.

Esser, H.: Nur eine Frage der Zeit? Zur Frage der Eingliederung von Migranten im Generationenzyklus und zu einer Möglichkeit, Unterschiede hierin theoretisch zu erklären, in *Esser* und *Friedrichs* 1990, 73–100, zitiert als 1990a.

Esser, H.: Familienintegration und Schulkarriere ausländischer Kinder und Jugendlicher, in *Esser* und *Friedrichs* 1990, 127- 146, zitiert als 1990b.

Esser, H. und *Friedrichs, J.* (Hg.): Generation und Identität. Theoretische und empirische Beiträge zur Migrationssoziologie. Opladen 1990.
Estel, B.: Soziale Vorurteile und soziale Urteile. Kritik und wissenssoziologische Grundlegung der Vorurteilsforschung. Opladen 1983.
Faris, R.E. (ed.): Handbook of Modern Sociology. Chicago 1964.
Farley, J.E., Majority-Minority Relations. Englewood Cliffs 1982.
Feuerhelm, W.: Polizei und „Zigeuner". Strategien, Handlungsmuster und Alltagstheorien im polizeilichen Umgang mit Sinti und Roma. Stuttgart 1987.
Fischer, H. et al.: Sekundäranalyse von Umfragedaten des Zentralarchivs: Einstellungen zu Gastarbeitern, in: Zentralarchivinformationen, 9, 1981, 22–32.
Fite, G.C. und *Reese, J.E.:* An Economic History of the United States. Boston 1973.
Forman, R.E.: Black Ghettos, White Ghettos and Slums. Englewood Cliffs 1971.
Francis, E.K.: Ethnos und Demos. Berlin 1965.
Francis, E.K.: Comment on „Toward a Theory of Assimilation" by *Milton Yinger.* Schriftlicher Diskussionsbeitrag 7. Weltkongreß für Soziologie. Upsalla 1970.
Francis, E.K.: Interethnic Relations. An Essay in Sociological Theory. New York-Oxford-Amsterdam 1976.
Freese, Ch., Murko, M. und *Wurzbacher, G.:* Hilfen für Zigeuner und Landfahrer. Stuttgart-Berlin-Köln-Mainz 1980.
Fried, C. (ed.): Minorities: Community and Identity. Berlin-Heidelberg-New York-Tokyo 1983.
Friedrich-Ebert-Stiftung (Hg.): Überwindung von Vorurteilen. Hannover 1960.
Geismar, J. und *Fuhrmann, W.H.T.:* Bagger fressen sorbische Kultur. 1300 Jahre altes Volk in der DDR will überleben, in: Pogrom 2, 1990, 15–16.
Geiss, I.: Geschichte des Rassismus. Frankfurt a.M. 1988.
Gellner, E.: Nations and Nationalism. Oxford 1983.
Giddens, A.: Klassenspaltung, Klassenkonflikt und Bürgerrechte. Gesellschaft im Europa der achtziger Jahre, in *Kreckel* 1983a, 15–33.
Giddens, A.: The Nation-State and Violence. Cambridge 1985.
Ginsburg, H.J.: Politik danach – Jüdische Interessenvertretung in der Bundesrepublik, in Brumlik et al., 1986, 108–118.
Gitmez, A. und *Wilpert, C.:* A Macro-Society or an Ethnic Community? Social Organization and Ethnicity amongst Turkish Migrants in Berlin, in *Rex* et al., 1987, 86–125.
Glazer, N. und *Moynihan, D.P.:* Beyond the Melting Pot. The Negroes, Puerto Ricans, Jews, Italians and Irish of New York City. Cambridge, Mass. 1964 (2. Auflage 1970).
Glazer, N. und *Moynihan, D.P.:* Introduction, in dies. 1975, zitiert als 1975a.
Glazer, N. und *Moynihan, D.P.* (eds.): Ethnicity. Theory and Experience. Cambridge, Mass. 1975.
Glazer, N. und *Ueda, R.:* Vorurteile und Diskriminierung. Politische Maßnahmen zu ihrer Einschränkung, in Elschenbroich, 1985, 53–79.
Glazer, N. und *Young, K.* (eds.): Ethnic Pluralism and Public Policy. Achieving equality in the United States and Britain. London-Lexington 1983.
Goetze, D.: Probleme der Akkulturation und Assimilation, in *Reimann* und *Reimann* 1976, 63–84.
Goffmann, E.: Stigma. Notes on the Management of Spoiled Identity. Harmondsworth 1968.
Goldberg, M.: A Qualification of the Marginal Man Theory, in: American Sociological Review 1941, 52–58.

Golovensky, D.I.: The Marginal Man Concept. An Analysis and Critique, in: Social Forces 1951–52, 333–339.
Gordon, M.M.: Assimilation in Amercan Life. The Role of Race, Religion and National Origin. New York 1964.
Gordon, M.M.: Human Nature, Class and Ethnicity. New York 1978.
Green, A.: A Re-examination of the Marginal Man Concept, in: Social Forces 1947, 167–171.
Greverus, I.M.: Kultur und Alltagswelt. Eine Einführung in Fragen der Kulturanthropologie. München 1978.
Gurr, G.R.: Rebellion. Eine Motivationsanalyse von Aufruhr, Konspiration und innerem Krieg. Düsseldorf-Wien 1972.
Habermas, J.: Kultur und Kritik. Verstreute Aufsätze. Frankfurt 1973.
Häfner, H. et al.: Psychische Störungen bei türkischen Gastarbeitern. Eine prospektiv-epidemologische Studie zur Untersuchung der Reaktion auf Einwanderung und partielle Anpassung, in: Der Nervenarzt 1977, 268–275.
Haferland, H.: Nation, in *Fraenkel, F.* und *Bracher, K.D.* (Hrsg.), Fischer Lexikon „Staat und Politik". Frankfurt 1957.
Hailbronner, K.: Citizenship and Nationhood in Germany, in *Brubaker* 1989, 67–79.
Hammar, T.: Citizenship, Aliens 'Political Rights, and Politicians' Concern for Migrants: The Case of Sweden, in *Rogers* 1985, 85–107.
Hansen, G.: Kulturelle Teilautonomie für die Sorben. Offener Brief an die Ministerpräsidenten von Brandenburg und Sachsen. Hagen 1990.
Hansen, M.L.: The problem of the third generation immigrant. Rock Island 1938, zitiert nach *Price* 1969.
Hansen, M.L.: Der Einwanderer in der Geschichte Amerikas. Stuttgart 1948.
Harbach, H.: Internationale Schichtung und Arbeitsmigration. Reinbek 1976.
Harding, J., Proshansky, H., Kutner, B. und *Chein, I.:* Prejudice and Ethnic Relations, in *Lindsey* and *Aronson* 1969, Vol. 5, 1–77.
Harmsen, H.: Die Integration heimatloser Ausländer und nicht-deutscher Flüchtlinge. Augsburg 1958.
Hechter, M.: Internal Colonialism: The Celtic Fringe in British National Development 1536–1966. London 1975.
Heckmann, F.: „Rasse": Sozialwissenschaftliche Kategorie oder politischer Kampfbegriff? in: Die Dritte Welt 1979, 79–89.
Heckmann, F.: Die Bundesrepublik: Ein Einwanderungsland? Zur Soziologie der Gastarbeiterbevölkerung als Einwandererminorität. Stuttgart 1981.
Heckmann, F.: Ethnischer Pluralismus und „Integration" der Gastarbeiterbevölkerung. Zur Rekonstruktion, empirischen Erscheinungsform und praktisch-politischen Relevanz des sozialräumlichen Konzepts der Einwandererkolonie, in *Vaskovics* 1982, 157–181.
Heckmann, F.: Towards the Development of a Typology of Minorities, in *Fried* 1983, 9–23.
Heckmann, F.: Theoretische Positionen der Forschung über Arbeitsmigration in der Bundesrepublik. Von der Gastarbeiterforschung zur Migrations- und Minoritätensoziologie? in: Deutsches Jugendinstitut 1987, 43–62.
Heckmann, F., Specht, K.G., Wüstendörfer, W. und Wurzbacher, G.: Städtische Integration ausländischer Minderheiten. Endbericht des EG- Modellprojekts „Amberg-Am Bergsteig". Sozialwissenschaftliches Forschungszentrum der Universität Erlangen- Nürnberg. Nürnberg 1981.
Heckmann, F. und *Winter, P.* (Hg.): 21. Deutscher Soziologentag 1982. Beiträge der Sektions- und ad hoc-Gruppen. Opladen 1983.

Heinrichsbauer, A.: Industrielle Siedlung im Ruhrgebiet in Vergangenheit, Gegenwart und Zukunft. Essen 1936.
Heintz, P.: Soziale Vorurteile. Köln 1957.
Heller, H.: Staatslehre. Leiden 1963.
Herberg, W.: Protestant-Catholic-Jew. Garden City, New York 1960.
Hettlage, R. und unter Mitwirkung von *Lenz, K.*: Regionale Identität und nationale Integration. Am Beispiel der Schweiz, in *Heckmann* und *Winter* 1983, 743–751.
Hill, B.: Determinanten der Eingliederung von Arbeitsmigranten. Königstein 1984.
Hily, M.A. and *Poinard, M.*: Portuguese Associations in France, in *Rex* et al. 1987, 126–165.
Höffner, J.: Kolonialismus und Evangelium. Spanische Kolonialethik im Goldenen Zeitalter. Trier 1972.
Hönekopp, E. (Hg.): Aspekte der Ausländerbeschäftigung in der Bundesrepublik Deutschland. Beiträge zur Arbeitsmarkt- und Berufsforschung. Nürnberg 1987.
Hoerder, D.: Zur Akkulturation von Arbeitsmigranten, in *Hoerder* und *Knauf* 1988, 6–15.
Hoerder, D. und *Knauf, W.* (Hg.): Einwandererland USA – Gastarbeiterland BRD. Berlin-Hamburg 1988.
Hoffmann, L. und *Even, H.*: Soziologie der Ausländerfeindlichkeit. Weinheim-Basel 1984.
Hoffmann-Nowotny, H.J.: Soziologie des Fremdarbeiterproblems. Eine theoretische und empirische Analyse am Beispiel der Schweiz. Stuttgart 1973.
Hoffmann-Nowotny, H.J.: Sozialstrukturelle Konsequenzen der Kompensation eines Geburtenrückgangs durch Einwanderung, in *Kaufmann* 1975, 72–81.
Hoffmann-Nowotny, H.J. und *Hondrich, K.O.* (Hg.), Ausländer in der Bundesrepublik Deutschland und in der Schweiz. Segregation und Integration: eine vergleichende Untersuchung. Frankfurt 1982.
Hoffmann-Nowotny, H.J. und *Hondrich, K.O.*: Zur Funktionsweise sozialer Systeme – Versuch eines Resumées und einer theoretischen Integration, in *HoffmannNowotny* und *Hondrich* 1982, 569–635, zitiert als 1982a.
Hoffmeyer-Zlotnik, J.: Die Einstellung der Bundesdeutschen gegenüber den „Fremden" – Ein Vergleich von Einstellungen gegenüber DDR-Übersiedlern und Arbeitsmigranten. Referat auf dem 25. Deutschen Soziologentag in Frankfurt 1990.
Hofstätter, P.R.: Einführung in die Sozialpsychologie. Stuttgart 1966.
Horkheimer, M.: Über das Vorurteil. Köln-Opladen 1963.
Hormuth, St.: Einführung, in ders. (Hg.), Sozialpsychologie der Einstellungsänderung. Königstein 1979.
Huber, B.: Aktuelle Unzulänglichkeiten des Einbürgerungsrechts vor dem Hintergrund von Migrationsprozessen, in *Barwig* et al. 1987, 168–179.
Hugo, G.J.: Village-Community Ties, Village Norms, and Ethnic and Social Networks: a Review of evidence from the Third World, in *DeJong, G.F* und *Gardner, R.W.* (eds.), Migration Decision Making. New York 1981, 186–224.
Hundsalz, A.: Stand der Forschung über Zigeuner und Landfahrer. Stuttgart-Berlin-Köln-Mainz 1978.
Hundsalz, A.: Soziale Situation der Sinti in der Bundesrepublik Deutschland. Lebensverhältnisse deutscher Sinti unter besonderer Berücksichtigung der eigenen Aussagen und Meinungen der Betroffenen. Stuttgart-Berlin-Köln-Mainz 1982.

Hvidt, K.: Flight to America. The Social Background of 300.000 Danish Emigrants. New York-San Francisco-London 1975.

Jackson, J.A. (ed.): Migration. Cambridge 1969.

Jacobmeyer, W.: Die Lager der jüdischen Displaced Persons in den deutschen Westzonen 1946/47 als Ort jüdischer Selbstvergewisserung, in *Brumlik* et al. 1986, 31–48.

Jacobs, P., Landau, S., Pell, E.: Brüder, sollen wir uns unterwerfen? Die verleugnete Geschichte Amerikas. München 1975.

Joas, H.: Praktische Intersubjektivität. Die Entwicklung des Werkes von *George Herbert Mead.* Frankfurt 1980.

Jochinsen, L.: Wie leben Zigeuner in der Bundesrepublik? in: Soziale Welt 1961, 370–378.

Jörgensen, G.: Die Fremden und die Überbevölkerung der Erde, in *R. Italiander* (Hg.), „Fremde raus"? Fremdenangst und Fremdenfeindlichkeit. Frankfurt a.M. 1983, 242–250, zitiert nach Hoffmann und Even 1984, 162.

Jones, M.A.: American Immigration. Chicago-London 1974.

Josephides, S.: Associations amongst the Greek Cypriot Population in Britain, in Rex et al. 1987, 42–61.

Kaczmarek, J.: Die polnischen Arbeiter im Rheinisch- Westfälischen Industriegebiet. Eine Studie zum Problem der sozialen Anpassung. Dissertation Universität Köln 1922.

Kahl, J.A.: The American Class Structure. New York 1957.

Kamenka, E.: Political Nationalism – the Evolution of the Idea, in ders. (ed.), Nationalism. London 1976, 2–21.

Kamphoefner, W.D.: „Entwurzelt" oder „verpflanzt"? Zur Bedeutung der Kettenwanderung für die Einwandererakkkulturation in Amerika, in Bade 1984, Bd. I, 321–349.

Kantor, M.B. (ed.): Mobility and Mental Health. Springfield 1963.

Katz, D. und *Braly, K.:* Racial Stereotypes of one hundred College Students, in: Journal of Applied and Social Psychology 1933, 280–290.

Kaufmann, F.X. (Hg.): Bevölkerungsbewegung zwischen Quantität und Qualität. Beiträge zum Problem einer Bevölkerungspolitik in industriellen Gesellschaften. Stuttgart 1975.

Kaulfürst, H.E.: Sündenbock mit Privilegien? Zur Lage der sorbischen nationalen Minderheit. Ein Plädoyer. in: Pogrom, 2, 1990, 21–22.

Keil, H.: Die deutsche Amerikaeinwanderung im städtisch- industriellen Kontext: das Beispiel Chicago 1880–1910, in Bade 1984, Band 1, 378–405.

Kennedy, R.J.R.: „Single or Triple Melting-Pot"? Intermarriage Trends in New Haven 1870–1940, in: American Journal of Sociology 1944, 331–339.

Kenrick, D. und *Puxon, G.:* Sinti und Roma. Die Vernichtung eines Volkes im NS-Staat. Göttingen 1981.

Kimminich, O.: Rechtsprobleme der polyethnischen Staatsorganisation. München-Mainz 1985.

Kleinvogel, C.: Exotik-Erotik. Zur Geschichte des Türkenbildes in der deutschen Literatur der frühen Neuzeit (1453- 1800). Frankfurt-Bern-New York 1989.

Kleßmann, Ch.: Integration und Subkultur nationaler Minderheiten: das Beispiel der Ruhrpolen, in Bade 1984, Bd. II, 486–305.

Köfner, G. und *Nicolaus, P.:* Grundfragen des Asylrechts in der Bundesrepublik Deutschland. Mainz-München 1986.

König, R.: Besprechung von: *Bianco, C.* und *Anguili, E.*: Emi grazione – Emigration. Una ricera antropologica sui processi di acculturazione relativi all'emigrazione italiana negli Stati Uniti, in Canada e in Italia. Bari 1980, in: Kölner Zeitschrift für Soziologie und Sozialpsychologie 1981, 769–770.
Kohn, H.: Die Idee des Nationalismus. Ursprung und Geschichte bis zur Französischen Revolution. Frankfurt 1962.
Krappmann, L.: Soziologische Dimensionen der Identität. Strukturelle Bedingungen für die Teilnahme an Interaktionsprozessen. Stuttgart 1969.
Kraus, H.: Das Recht der Minderheiten. Materialien zur Einführung in das Verständnis des modernen Minoritätenproblems. Berlin 1927.
Kreckel, R. (Hg.): Soziale Ungleichheiten. Sonderband 2 der Sozialen Welt, Göttingen 1983.
Kreckel, R.: Soziale Ungleichheit und Arbeitsmarktsegmentierung, in ders. 1983, 137–162, zitiert als 1983a.
Kreckel, R.: Klassenbegriff und Ungleichheitsforschung. Referat in der Sektion Industriesoziologie der DGS 1987. Korrigiertes Manuskript 1988.
Kreckel, R.: Ethnische Differenzierung und „moderne" Gesellschaft – Kritische Anmerkungen zu Hartmut Essers Aufsatz, in: Zeitschrift für Soziologie 1989, 162–167.
Kreckel, R., Krosigk, F.v., Ritzer, G., Schütz, R. und *Sonnert, G.:* Regionalistische Bewegungen in Westeuropa. Zum Struktur- und Wertwandel in fortgeschrittenen Industriestaaten. Opladen 1986.
Krueger, R.: Entstehung, Entwicklung und Wandel des Südschleswigschen Wählerverbandes (SSW) 1945–1983. Diplomarbeit am Fachbereich 15 der FU Berlin. Berlin 1984.
Krüger-Potratz, M.: Bildung und Erziehung ethnischer Minderheiten im Deutschen Reich: Die Minderheitenschulfrage in der Weimarer Republik. Antrag für ein Forschungsprojekt. Universität Münster 1990.
Kruse, A.: Der deutsche Arbeitsmarkt und die Gastarbeiter, in: Schmollers Jahrbuch 1966, 423–434.
Kudat, A. und *Özkan, Y.* (eds.): International Conference on Migrant Workers (Vervielfältigtes Manuskript). Wissenschaftszentrum Berlin 1975.
Kühne, P.: Wende gewerkschaftlicher Ausländerpolitik? Der DGB und die ausländischen Arbeiter, in: Kritik 1981, 44–61.
Kuper, B.O.: Flucht nach Deutschland, in Themen des Deutschen Caritasverbandes, September 1986, Pressemitteilung.
Kurosch, I.: Geschlechtsrollenorientierungen im Vergleich der Nationalitäten, Generationen und Geschlechter, in *Esser* und *Friedrichs* 1990, 261–279.
Kutner, B., Wilkins, C. and *Yarrow, R.:* Verbal Attitudes and Overt Behavior Involving Racial Prejudice, in: Journal of Abnormal and Social Psychology 1952, 649–652.
Lagler, W.: Die Minderheitenpolitik der schleswig-holsteinischen Landesregierung während des Kabinetts von *Hassel* (1954–1963). Neumünster 1982.
La Piere, R.T.: Attitudes versus Action, in: Social Forces 1934, 230–237.
Lautmann, R.: Was nützt der Soziologie die Nutzenanalyse? Essay über *Karl Dieter Opp*: „Die Entstehung sozialer Normen." Tübingen 1983, in: Soziologische Revue 1985, 219- 226.
Lenin, W.I.: Werke Band 19. Moskau 1971.
Lenin, W.I.: Die nationale Frage, in ders. 1971, 38–102, zitiert als 1971a.
Lenin, W.I.: Thesen zur nationalen Frage, in ders. 1971, 233–241, zitiert als 1971b.

Lenin, W.I.: Resolution zur nationalen Frage, in ders. 1971, 419- 423, zitiert als 1971c.
Lenin, W.I.: Über die „nation-kulturelle Autonomie", in ders. 1971, 498–502, zitiert als 1971d.
Lenk, K.: Die Rolle der Intelligenzsoziologie in der Theorie Mannheims, in: Kölner Zeitschrift für Soziologie und Sozialpsychologie 1963, 323–337.
Lenk, K.: „Volk und Staat". Strukturwandel politischer Ideologien im 19. und 20. Jahrhundert. Stuttgart-Berlin-Mainz-Köln 1971(a).
Lenk, K.: (Hg.): Ideologiekritik und Wissenssoziologie. Stuttgart-Berlin-Mainz-Köln 1971(b).
Lepsius, M.R.: „Ethnos" und „Demos". Zur Anwendung zweier Kategorien von *Emerich Francis* auf das nationale Selbstverständnis der Bundesrepublik und auf die Europäische Einigung, in: Kölner Zeitschrift für Soziolgogie und Sozialpsychologie 1986, 751–759.
Lessing, T.: Der jüdische Selbsthaß. Berlin 1930.
Lewin, K.: Resolving Social Conflicts. Selected Papers on Group Dynamics. New York 1948. (deutsch: Die Lösung sozialer Konflikte. Bad Nauheim 1953)
Lewin, K.: Bringing up the Jewish Child, in ders. 1948, zitiert als 1948a.
Lindzey, G. und *Aronson, E.* (eds.), The Handbook of Social Psychology. 5 Vol. Reading, Mass. 1969.
Little, K.L.: Race and Science. New York 1961.
Loreck, J.: Leben wie Fremde: Juden in Deutschland, in: Vorwärts, 10, 1987, 34–38.
Lukács, G.: Die Zerstörung der Vernunft. 3 Bände. Darmstadt- Neuwied 1974 (zuerst 1954).
Mandelbaum, D.G.: Soldier Groups and Negro Soldiers. Berkely 1952.
Markov, W. und *Soboul, A.:* 1789. Die Große Revolution der Franzosen. Köln 1977.
Marshall, T.H.: Citizenship and Social Class. Cambridge 1950.
Maus, H.: Proletariat. Stichwort im Wörterbuch der Soziologie, hg. v. *Bernsdorf, W.:* Stuttgart 1969.
Maxheim, R. und *Simon, K.H.:* Themenstrukturen der Presseberichterstattung über Ausländer, in: Informationen zur Ausländerarbeit, 2, 1987, 24–29.
McCrudden, C.: Anti-discrimination goals and the legal process, in *Glazer* and *Young* 1983, 55–74.
McLemore, S.D.: Racial and Ethnic Relations in America. Boston-London-Sydney-Toronto 1980.
McRae, V.: Die Gastarbeiter. Daten, Fakten, Probleme. München 1981.
Mead, G.H.: Philosophie der Sozialität. Aufsätze zur Erkenntnisanthropologie. Frankfurt 1969.
Meys, W. und *Şen, F.:* Zukunft in der Bundesrepublik oder Zukunft in der Türkei? Eine Bilanz der 25jährigen Migration der Türken. Frankfurt 1986.
Mills, C.W. et al.: The Puerto Rican Journey. New York 1967.
Mintz, N.C. und *Schwartz, D.T.:* Urban Ecology and Psychosis: Community Factors in the Incidence of Schizophrenia and Manic-Depression Among Italians in Greater Boston, in: International Journal of Social Psychiatry 1964, 101–118.
Montagu, A. (ed.): The Concept of Race. Glencoe-London 1964.
Montagu, A. (ed.), Race and IQ. London-Oxford-New York 1975.
Marden, C.F. and *Meyers, G.:* Minorities in American Society. New York-Cincinatti-Toronto-London-Melbourne 1968.

Morrison, R.J.: A Wild Motley Throng : Immigrant Expenditures and the „American" Standard of Living, in: International Migration Review 1980, 342–355.
Mühlmann, W.E.: Chiliasmus und Nativismus. Berlin 1964.
Mühlmann, W.E.: Akkulturation. Stichwort, in *Berndorf* 1969, zitiert als 1969a.
Mühlmann, W.E.: Assimilation. Stichwort, in *Berndorf* 1969, zitiert als 1969b.
Mühlmann, W.E.: Nativismus. Stichwort, in *Berndorf* 1969, zitiert als 1969c.
Mühlmann, W.E.: Volk. Stichwort, in *Berndorf* 1969, zitiert als 1969d.
Müller, S.: Bibliographie und Kurzrezensionen zum Thema Randgruppen, in: Vorgänge 1974, 150–157.
Murphy, H.B.M.: Migration and the Major Mental Disorders, in Kantor 1963.
Myrdal, G.: An American Dilemma. The Negro Problem and Modern Democracy. New York 1944.
Nassehi, A.: Zum Funktionswandel von Ethnizität im Prozeß gesellschaftlicher Modernisierung. Ein Beitrag zur Theorie funktionaler Differenzierung, in: Soziale Welt 1990, 261–282.
Nassehi, A.: Ethnizität und funktionale Differenzierung. Kurzfassung des Vortrags auf dem Soziologentag 1990 in Frankfurt, zitiert als 1990a, .
Nauck, B.: Inter- und intragenerativer Wandel in Migrantenfamilien, in: Soziale Welt 1988, 503–521.
Noel, D.L.: A Theory of the Origin of Ethnic Stratification, in: Social Problems 1968, 157–172.
Nonnenbroich, K.F.: Die dänische Minderheit in Schleswig- Holstein nach 1945. Kiel 1972.
Oberndörfer, D.: Die offene Republik, in: Die Zeit, 47, 1987.
O'Brien, C.C.: What Rights Should Minorities Have? in Whitaker 1984, 11–22.
Oehler, C.: Vorurteile im Bild der Deutschen von Frankreich, in: Kölner Zeitschrift für Soziologie und Sozialpsychologie 1958, 249–254.
Özak, J.H. und *Sezer, A.:* Türkische Organisationen in der Bundesrepublik Deutschland, in: Informationsdienst zur Ausländerarbeit, 3/4, 1987, 54–62.
Offermann, B.: Die Ausländerkolonien in Nürnberg. Eine empirische Untersuchung ihrer Struktur sowie einige Folgen für die Integrationspolitik ausländischer Arbeiter. Diplomarbeit an der Wiso Fakultät der Universität Erlangen-Nürnberg. Nürnberg 1979.
Opitz, P.J.: Das Weltflüchtlingsproblem im 20. Jahrhundert, in: Aus Zeitgeschichte und Politik, 26, 1987, 25–39.
Ostendorf, B., Einleitung zu ders. (Hg.), Amerikanische Ghettoliteratur. Zur Literatur ethnischer, marginaler und unterdrückter Gruppen in Amerika. Darmstadt 1983, 1–26.
Ostow, R.: Kinship, Connectedness and Labour Migration: The Case of Rural Sardinia. Paper presented in the World Congress of Sociolocy. Toronto 1974.
Ostow, R.: Jews in the Federal Republic of Germany: A Variation on the Theme of Labor Migration. Forschungsbericht. Toronto 1985.
Park, R.E.: Introduction to *Stonequist* 1937.
Park, R.E.: Race and Culture. Glencoe 1964.
Park, R.E. und *Miller, H.A.:* Old-World Traits Transplanted. New York 1969 (zuerst 1921).
Peck, A.: Jüdisches Leben in Bayern nach 1945. Die Stimme von She'erit Hapletah, in *Treml, M.* und *Kirmeier, J.* (Hg.), Geschichte und Kultur der Juden in Bayern. Aufsätze. München 1988.
Pettigrew, T.F.: Vorurteil, in *Elschenbroich* 1985, 81–109.
Piore, M.J.: Internationale Arbeitskräftemigration und dualer Arbeitsmarkt, in Kreckel 1983, 347–367.

Price, Ch.: The Study of Assimilation, in Jackson 1969, 181–237.
Qualey, C.C.: Immigration, Emigration, Migration, in Ander 1964, 33–38.
Raab, E. and *Lipset, S.M.:* Prejudice and Society, in Rose and Rose 1965, 361–371.
Rauscher, H.D.: Deutsches Staatsangehörigkeitsrecht – Gesetzliche Grundlagen und Rechtssprechung zur Einbürgerung, in *Barwig* et al. 1987, 129–142.
Reimann, Helga und *Reimann, Horst* (Hg.): Gastarbeiter. München 1976.
Rex, J.: Introduction: The Scope of a comparative study, in *Rex* et al. 1987, 1–10.
Rex, J. und *Tomlinson, S.:* Colonial Immigrants in a British City. A class anlysis. London-Boston-Henley 1979.
Rex, J., Joly, D. und *Wilpert, C.* (eds.), Immigrant Associations in Europe. Aldershot-Brookfield-Hong Kong-Sydney 1987.
Richardson, A.: A Theory and Method for the Psychological Study of Assimilation, in International Migration Review 1967, 3–30.
Richarz, M.: Juden in der Bundesrepublik Deutschland und in der Deutschen Demokratischen Republik seit 1945, in *Brumlik* et al. 1986, 13–30.
Richmond, A.H.: Immigration and Ethnic Conflict. London 1988.
Rittstieg, H.: Sozialer Rechtsstaat nicht für Ausländer. Stellungnahme zu dem Gesetzesentwurf der Bundesregierung zur Neuregelung des Ausländerrechts vom 5.1.1990. Vervielfältigtes Manuskript. Universität Hamburg 1990.
Robinson, J.: Das Minoritätenproblem und seine Literatur. Kritische Einführung in die Quellen und die Literatur der europäischen Nationalitätenfrage der Nachkriegszeit unter besonderer Berücksichtigung des völkerrechtlichen Minderheitenschutzes, in *Brun, V.* (Hrsg.), Beiträge zum ausländischen öffentlichen Recht und Völkerrecht. Berlin- Leipzig 1928.
Rokeach, M.: Political and Religious Dogmatism: An Alternative to the Authoritarian Personality. Psychological Monographs 1956,70,Nr.425.
Rokeach, M.: The Open and the Closed Mind. New York 1960.
Rogers, R. (ed.): Guests Come to Stay. The Effects of European Labor Migration on Sending and Receiving Countries. Boulder and London 1985.
Roman-Schüssler, D. und *Schwarz, T.:* Türkische Sportler in Berlin zwischen Integration und Segregation. Forschungsbericht, vorgelegt im Auftrag der Ausländerbeauftragten des Senats von Berlin. Berlin 1985.
Rooyen, R. v.: Nicht irgendwo weit weg. Weltflüchtlingsprobleme – Ursachen und Ansätze zu einer Lösung, in: Auslandskurier 4, 1986, 6.
Rose, A.M.: American Race Relations and World Opinion, in Rose and Rose 1965.
Rose, A.M. and *Rose, C.B.:* Minority Problems. A Textbook of Readings in Intergroup Relations. New York 1965.
Rose, P.I.: They and We. Racial and Ethnic Relations in the United States. New York 1974.
Rose, R.: Bürgerrechte für Sinti und Roma. Heidelberg 1987.
Rothenburg-Unz, St.: Nostalgie und Zukunft – die Rolle des „paese" für die sizilianische Arbeitsemigration, in: Ausländerkinder 1984, 65–80.
Rothermel, G.: Die Friesen in Ostfriesland, in *Blaschke* 1980, 118–127.
Rubinstein, S.L.: Grundlagen der Allgemeinen Psychologie. Berlin (DDR) 1984.
Saenger, G. und *Gilbert, E.:* Customer Reactions to Integration of Negro Sales Personel, in: International Journal of Opinion and Attitude Research 1950, 57–76.
Sanders, P.: Anti-discrimination Law Enforcement in Britain, in *Glazer* and *Young* 1983, 75–82.

Schieder, T.: Typologie und Erscheinungsformen des Nationalstaats in Europa, in *Winkler, H.A.* (Hg.), Nationalismus. Königstein 1978.
Schiller, G.: Die Bedeutung der Ausländerbeschäftigung für die Volkswirtschaft, in *Bade* 1984, Bd. II, 625–643.
Schiller, G. und *Diefenbach, C.:* Technological Change and the Employment of Foreign Labor. Summary, in *Kudat* and *Özkan* 1975.
Schnapper, D.: La Nation, les Droits de la Nationalité et l'Europe, in: Revue Européenne des Migrations Internationales 1989, 21–31.
Schnapper, D.: La France de l'integration. Sociologie de la nation en 1990. Paris 1991.
Schneider, H.: Der Landarbeitermangel in der Bundesrepublik, seine Ursachen, Folgen und die Möglichkeiten seiner Überwindung. Dissertation Hochschule für Wirtschafts- und Sozialwissenschaften. Nürnberg 1953.
Schöneberg, U.: Bestimmungsgründe der Integration und Assimilation ausländischer Arbeitnehmer in der Bundesrepublik und der Schweiz, in *Hondrich* und *Hoffmann-Nowotny* 1982, 449–568.
Schönemann, B.: „Volk" und „Nation" in Deutschland und Frankreich 1760–1815, in *Herrmann, U.* und *Oelkers, J.* (Hg.), Französische Revolution und Pädagogik der Moderne. Zeitschrift für Pädagogik, Beiheft 24. Weinheim-Basel 1989, 275–292.
Schöningh-Kalender, C.: Die Migrationskolonie – eine neue Heimat? in: Ausländerkinder 1986, 6–18.
Schrieke, B.: Alien Americans. New York 1936.
Schumacher, H.: Entwicklung eines Begriffs, in *Doerdelmann* 1969, 9–20.
Segal, M.: Das Bild der Gastarbeiter in der Presse. Eine inhaltsanalytische Untersuchung von Printmedien in Salzburg und München. 2 Bände. Dissertation Universität Salzburg 1981.
Selberg, F.: Die deutsche Volksgruppe in Nordschleswig, in: Pogrom, 3, 1988, 15–18.
Selltiz, C., Jahoda, M., Deutsch, M. and *Cook, St.W.:* Research Methods in Social Relations. New York-Chicago-San Francisco- Toronto 1964.
Şen, F.: Der volkswirtschaftliche Stellenwert der Türken in der Bundesrepublik Deutschland, in *Meys* and *Şen* 1986, 89-101.
Senghaas, D. (Hg.): Imperialismus und strukturelle Gewalt. Analysen über abhängige Reproduktion. Frankfurt 1972.
Senghaas, D.: Editorisches Vorwort, in *Senghaas* 1972, 7–24, zitiert als 1972a.
Sezer, A.: Türkische Organisationen in der Bundesrepublik Deutschland, in: Forum, Zeitschrift für Ausländerfragen und – kultur 1986, 69–76.
Shannon, W.V.: The American Irish. New York 1963.
Shibutani, T. and *Kwan, K.M.:* Ethnic Stratification. A Comparative Approach. New York-London 1965.
Shils, E.: Authoritarianism: „right" and „left", in *Christie* and *Jahoda* 1954.
Silbermann, A.: Vorurteilsforschung und Vergangenheitsaufarbeitung, in: Kölner Zeitschrift für Soziologie und Sozialpsychologie 1983, 341–359.
Simmel, G.: Soziologie. Untersuchungen über die Formen der Vergesellschaftung. München-Leipzig 1908.
Simpson, G.E. und *Yinger, M.J.:* Racial and Cultural Minorities. An Analysis of Prejudice and Discrimination. New York-Evanston-London 1965.
Skala, J.: Genfer Minderheitenkongreß, in: Die Weltbühne, 34, 1926, 312–313.
Smith, A.D.: The Ethnic Revival in the Modern World. Cambridge 1981.
Smith, A.D.: The origins of nations, in: Ethnic and Racial Studies 1989, 340–367.
Snowden, F.M.jr.: Blacks in Antiquity. Cambridge, Mass. 1970.

Soest, G. v.: Aspekte der Sozialarbeit mit Zigeunern, in Zülch 1979, 251–257.
Sonnabend, B.: Die Sorben als ethnische Minderheit in Deutschland. Diplomarbeit an der Hochschule für Wirtschaft und Politik. Hamburg 1990.
Der Spiegel: Alle hassen die Zigeuner. Titelgeschichte Heft 36, 1990, 34–57.
Statistisches Bundesamt (Hg.): Datenreport 4. Zahlen und Fakten über die Bundesrepublik Deutschland 1989/90. Bonn 1989.
Statistisches Bundesamt (Hg.), Statistisches Jahrbuch 1991 für das vereinte Deutschland. Wiesbaden 1991.
Steensen, Th.: Die Nordfriesen und ihre Sprache, in: Pogrom, 12, 1988, 22–24.
Stepien, St.: Der alteingesessene Fremde. Ehemalige Zwangsarbeiter in Westdeutschland. Frankfurt-New York 1989.
Stonequist, E.V.: The Marginal Man. A Study in Personality and Culture Conflict. New York 1937.
Straka, M. (Hg.): Handbuch der europäischen Volksgruppen. Wien- Stuttgart 1970.
Taft, R.: The Shared Frame of Reference Concept Applied to the Assimilation of Immigrants, in: Human Relations 1953, 45–55.
Tenfelde, R.: Die Harmanation (oder das Meidungssystem deutscher Sinti), in: Deutscher Verein für öffentliche und private Fürsorge, Soziale Arbeit mit Zigeunern, Eigenverlag des Deutschen Vereins für öffentliche und private Fürsorge. Frankfurt 1981, 92–115.
Thomas, W.I. und *Znaniecki, F.:* The Polish Peasant in Europe and America, 2 Vol. Boston-New York 1958 (zuerst 1918-1920).
Thränhardt, D.: Die Bundesrepublik – ein unerklärtes Einwanderungsland, in: Aus Politik und Zeitgeschichte, 24, 1988, 3- 13.
Tyrnauer, G.: „Mastering the Past": Germans and Gypsies. Manuskript eines Beitrags für *Porter, J.N.* (ed.), Genocide and Human Rights. A Global Perspective. Nürnberg, Sozialwissenschaftliches Forschungszentrum 1981.
Unesco: Proposals on the Biological Aspects of Race. Paris 1964.
United Nations: Subcommision on Prevention of Discrimination and Protection of Minorities, The Main Types and Causes of Discrimination. Lake Success, N.Y. 1949.
Universität Oldenburg: Bibliotheks- und Informationssystem. Der Afrikaner im deutschen Kinder- und Jugendbuch. Untersuchungen zur rassistischen Stereotypenbildung im deutschen Kinder- und Jugendbuch, von der Aufklärung bis zum Nationalsozialismus (Ausstellungskatalog anläßlich der Oldenburger Kinderbuchmesse 1985). Oldenburg 1985.
Urban, R.: Die sorbische Volksgruppe in der Lausitz 1947 bis 1977. Ein dokumentarischer Bericht. Marburg 1980; zitiert nach *Hansen* 1990.
Vaskovics, L. (Hg.), Raumbezogenheit sozialer Probleme. Opladen 1982.
Vollertsen, E.: „Ihr sollt nicht vergessen werden." Die dänische Volksgruppe in Südschleswig, in: Pogrom, 3, 1988, 11–14.
Wallman, S. (ed.): Ethnicity at Work. London-Basingstoke 1979.
Wallman, S.: Foreword and Introduction to *Wallman* 1979, zitiert als 1979a.
Walzer, M.: States and Minorities, in *Fried* 1983, 219–227.
Warner, W.L.: American Caste and Class, in: American Journal of Sociology 1936, 234–237.
Warner, W.L. und *Srole, L.:* The Social System of American Ethnic Groups. New Haven 1945.
Watson, J.L.: Chinese emigrant ties to the home community, in: New Community 1977, 1–10.

Weber, M.: Wirtschaft und Gesellschaft. Grundriß der verstehenden Soziologie. Studienausgabe. Tübingen 1972.
Wehler, H. U.: Die Polen im Ruhrgebiet bis 1918, in *H. U. Wehler* (Hg.), Moderne deutsche Sozialgeschichte, Köln-Berlin 1966.
Wellhöfer, P.R.: Grundstudium Psychologie. Stuttgart 1981.
Westie, F.R.: Race and Ethnic Relations, in *Faris* 1964, 576–618.
Whitacker, B. (ed.): Minorities, a Question of Human Rights. Oxford-New York-Toronto-Sidney-Paris-Frankfurt 1984.
Wierer, R.: Probleme der heimatlosen Ausländer in der Bundesrepublik Deutschland. Gräfelfing 1960.
Wöhlcke, M.: Analyse der Afro-Brasilianischen Kulte unter dem Aspekt interethnischer Marginalität. Dissertation Universität Erlangen-Nürnberg 1969.
Wolf, H.E.: Zur Problemsituation der Vorurteilsforschung, in *König, R.* (Hg.), Handbuch der empirischen Sozialforschung, Band 12: Wahlverhalten-Vorurteile-Kriminalität. Stuttgart 1978, 102–191.
Zeh, J.: Die deutsche Sprachgemeinschaft in Nordschleswig. Ein soziales Gebilde im Wandel. Stuttgart 1982.
Zimmermann, A. und *Craemer-Ruegenberg, I.:* Orientalische Kultur und europäisches Mittelalter, Berlin-New York 1985.
Zippelius, R.: Allgemeine Staatslehre. München 1985.
Zografou, A.: Zwischen zwei Kulturen. Griechische Kinder in der Bundesrepublik. Frankfurt 1981.
Zorbough, H.W.: The Gold Coast and the Slum. Chicago 1929.
Zülch, T.: „… unter der Führung der Arbeiterklasse an der Seite der SED", in: Pogrom, 2, 1990, 14.
Zülch, T. (Hg.): In Auschwitz vergast, bis heute verfolgt. Zur Situation der Roma (Zigeuner) in Deutschland und Europa. Reinbek 1979.

Personenregister

Abdullah, M.S. 115
Adams, W.P. 165, 166
Adorno, J.W. 123, 135ff.
Albrecht, G. 113, 202
Allport, G.W. 120, 126, 132, 134, 141
Alt, J. 23, 24
Anderson, B. 38, 53
Angiuli, E. 100
Antonovsky, A. 180, 200, 205ff.
Arminius 44
Arndt, E.M. 45, 211

Bacon, F. 139
Banton, M. 31, 49, 50, 130
Barth, F. 37
Bauer, O. 222, 223
Beck, U. 78f.
Bell, D. 33
Berelson, B. 129, 133
Berger, P.A. 78
Bergius, R. 126
Bergmann, W. 16, 125, 140, 145
Berry, B. 35, 147, 150
Bettelheim, B. 133f.
Bianco, C. 100
Bierstedt, R. 125
Blalock, H.M. 130f.
Blaschke, J. 90, 220
Blatt, L. 6
Blauner, R. 70
Blumer, H. 124
Bodemann, Y.M. 15
Boehm, K. 6f.
Bogardus, E.S. 169
Bolte, M. 77
Bradford, W. 69
Braly, K. 118
Braun, R. 102
Brecht, B. 47
Breitenbach, B. 104ff., 110
Britschgi-Schimmer, J. 19
Bromley, X.V. 36

Brumlik, M. 13
Burbaum, H. 81

Cahnmann, W. 118
Campbell, M. 147
Cashmore, E.E. 33, 36, 37
Castles, St. 162
Child, I. 180, 205f.
Cohen, C. 235
Collins, M.E. 157
Columbus, Ch. 130
Connor, W. 52
Conzen, K.N. 66
Costa-Lascoux, J. 232
Cox, O. 147
Craemer-Ruegenberg, I. 144

Davie, M.R. 65, 84, 97, 116, 183
Davis, E.E. 118
Delgado, M. 146
Deutsch, K.W. 43, 49f., 52
Deutsch, M. 157
Diaz, P.D. 116
Dickie-Clark, H.F. 180f., 201
Diefenbach, C. 83
Dietz, F. 78, 82f.
Dimakopoulos, K. 221
Diner, D. 15f.
Dinnerstein 153, 164, 190, 209, 233
Dittmar, K. 180
Dohse, K. 82f.
Dollard, J. 132
Dunn, L.C. 151

Eisenstadt, S.N. 171, 174ff., 178, 185, 206, 208
Elschenbroich, D. 190, 234f.
Elsner, E.M. 21
Engelmann, B. 5
Erb, R. 16, 125, 140, 145
Erichsen, R. 89f., 109
Ersöz, A. 90
Esser, H. 2, 31, 33f., 94f., 127, 171, 173, 186, 192ff.

Estel, B. 139
Even, H. 122, 124

Farley, J.E. 36, 71, 129f., 157, 159, 169, 173, 190, 234
Feuerhelm, W. 9, 11
Fichte, J.G. 45, 151, 211
Fischer, H. 130
Fite, G.C. 68
Forman, R.E. 99
Francis, E.K. 32, 36, 40, 42, 47ff., 52, 54, 59, 67, 168, 170f., 184, 190, 214ff., 218
Freese, Ch. 9, 11f.
Freytag, G. 44
Friedrich der Große 44
Friedrichs, J. 192
Fuhrmann, W.H.T. 26, 28

Geismar, J. 26, 28
Geiss, I. 141, 146f., 149, 151
Gellner, E. 44, 52
Giddens, A. 41, 88
Gilbert, E. 127
Ginsburg, H.J. 15
Gitmez, A. 102
Glazer, N. 30, 165, 229
Gobineau, J.A. 150
Goetze, D. 171
Goffman, E. 196f.
Goldberg, M. 180
Golovensky, D.I. 180
Gordon, M.M. 40, 93, 166, 178, 182, 184, 191
Green, A. 203
Greverus, I.M. 47f., 185
Gurr, G.R. 132

Habermas, J. 197
Häfner, H. 113
Haferland, H. 40
Hailbronner, K. 212
Hammar, Th. 108
Hammerstein, O. 129
Hansen, G. 26f.
Hansen, M.L. 66, 172
Handlin, O. 98
Harbach, H. 2
Harding, J. 135
Harmsen, H. 22
Hechter, M. 63
Heckmann, F. 2, 17, 22, 49, 59, 67f., 80, 82, 89, 98, 105, 117f., 138, 192, 237
Heinrichsbauer, A. 97
Heintz, P. 126
Heller, H. 41, 48, 51ff., 211, 215
Herberg, W. 164
Herder, J.G. 44, 48, 211
Hettlage, R. 218
Hill, B. 171
Hily, M.A. 110
Hoerder, D. 188
Hoffmann, L. 122, 124
Hoffmann-Nowotny, H.J. 2, 92
Hoffmeyer-Zlotnick, J. 154
Hofstätter, P.R. 119, 126
Hondrich, K.O. 92
Horkheimer, M. 126
Hormuth, S. 120
Hvadil, S. 77
Huber, B. 213
Hugo, G.J. 100
Hundsalz, A. 9, 11f.
Hvidt, K. 68, 70

Jacobs, P. 69, 130
Jannowitz, M. 133f.
Joas, H. 196
Johnson, L.B. 234
Jochimsen, L. 181
Jörgensen, G. 129
Jones, M.A. 107, 152
Josephides, S. 105, 108

Kaczmarek, J. 96
Kahl, J.A. 94
Kamenka, E. 215
Kamphoefner, W.D. 66, 99
Katz, D. 118
Kaulfürst, H.E. 28
Kennedy, R.J.R. 164f.
Kenrick, D. 9ff.
Keil, H. 96
Kimminich, O. 8, 39, 218, 224ff., 239
Kleinvogel, C. 144
Kleßmann, Ch. 163
Köfner, G. 23
König, R. 100
Krappmann, L. 197
Kraus, H. 61
Kreckel, R. 34, 47, 63, 75
Krueger, R. 7

Krüger-Potzratz, M. 212
Kruse, A. 20
Kühne, P. 81
Kuper, B.O. 24
Kurosch, I. 185
Kutner, B. 127
Kwan, K.M. 36, 56, 91

Lagarde, P. 45, 211
Lagler, W. 6
LaPiere, R.T. 127
Lautmann, R. 194
Lenin, W.I. 222f.
Lenk, K. 45, 139, 150, 180
Lepsius, M.R. 48, 214
Lessing, T. 205
Lewin, K. 116, 180, 201ff.
Lipset, S.M. 128
Little, K.L. 149
Loreck, J. 15f.
Luhmann, N. 34f.
Lukács, G. 149
Luther, M. 44

Mandelbaum, D.G. 157
Mannheim, K. 180
Markov, W. 215
Marshall, T.W. 87f.
Marx, K. 34f.
Maus, H. 87
Maxheim, R. 146
McCrudden, C. 232
McLemore, S.D. 165
McRae, V. 101
Mead, G.H. 196
Miller, H.A. 97, 99f., 103, 112
Mills, Ch.W. 97, 110f.
Mintz, N.C. 113
Montagu, A. 151
Morrison, R.J. 183
Moynihan, D.P. 30, 165
Mühlmann, W.E. 48f., 152, 167, 188
Müller, S. 86
Murphy, H.B.M. 113
Myrdal, G. 69

Nassehi, A. 33ff.
Nauck, B. 102
Nicolaus, P. 23
Noel, D.L. 91f.
Nonnenbroich, K.F. 6

Oberndörfer, D. 44
O'Brien, C.C. 226
Oehler, C. 118
Özak, J.H. 108, 116
Offermann, B. 101, 103ff.
Opitz, P.J. 23
Ostendorf, B. 110
Ostow, R. 15, 101

Park, R.E. 86, 97, 99f., 103, 112, 178f., 180, 200
Parsons, T. 34f.
Pettigrew, Th. 120, 123f., 127, 130
Piore, M. 84
Poinard, M. 110
Price, Ch. 160, 169, 191
Puxon, G. 9ff.

Qualey, C.C. 64

Raab, E. 128
Reese, J.E. 68
Reimers, D.M. 153, 164, 190, 209, 233
Rex, J. 86, 106, 108, 112
Richardson, A. 191
Richarz, M. 13ff.
Richmond, A.H. 162, 170, 173, 182f., 185, 187f., 208f.
Rittstieg, H. 232, 239
Robinson, J. 61, 226
Rokeach, M. 135, 137f.
Roman-Schüssler, D. 105
Rooyen, R.v. 23
Rose, A.M. 125, 221
Rose, C.B. 125
Rose, P.I. 35, 127
Rose, R. 9f.
Rothenburg-Unz, S. 101f.
Rothermel, G. 9
Rubinstein, S.I. 123

Saenger, G. 127
Sanders, P. 232
Segal, M. 146
Selltiz, C. 119
Şen, F. 89f.
Senghaas, D. 80
Sezer, A. 107f., 116
Shibutani, T. 36, 56, 91
Shils, E. 137
Sieyés, A. 215

Silbermann, A. 124
Simmel, G. 178f.
Simon, K.H. 146
Simpson, G.E. 142
Skala, J. 62
Smith, A.D. 31, 53, 63, 72
Snowden, F.M. 147
Soboul, A. 215
Soest, G.v. 10f.
Sonnabend, B. 26f.
Srole, L. 76, 103
Schieder, T. 211
Schiller, G. 83, 85
Schnapper, D. 213, 216f.
Schneider, H. 20
Schöneberg, U. 102
Schönemann, B. 211, 215
Schöningh-Kalender, C. 101
Schrieke, B. 154
Schumacher, H. 220
Schwarz, D.T. 113
Schwarz, Th. 105
Steensen, Th. 9
Steiner, G.A. 129, 133
Straka, M. 9
Stonequist, E.V. 86, 116, 178ff., 200, 202, 205ff.

Taft, R. 169
Tenfelde, R. 12
Thomas, W.I. 97, 99, 106
Thränhard, D. 237
Tomlinson, S. 86

Ueda, R. 229
Urban, R. 27

Vollertsen, E. 7f.

Walman, S. 32
Walzer, M. 40, 44
Warner, W.L. 69, 76, 103
Watson, J.L. 100
Weber, A. 180
Weber, M. 34, 36f., 51, 54
Wehler, H.U. 19, 96
Wellhöfer, P.R. 123
Westie, F.R. 139
Wierer, R. 22
Wilpert, C. 102
Wöhlcke, M. 181
Wolf, H.E. 139f.

Yalçin-Heckmann, L. 38
Yinger, M.E. 142

Zeh, J. 7
Zimmermann, A. 144
Zippelius, R. 47, 49
Znaniecki, F. 97, 99, 106
Zografou, A. 104
Zorbough, H.W. 99
Zülch, T. 9, 27

Sachregister

Absorption 174
Abstammungsgemeinschaft 36
„affirmative action" 233ff.
Akkomodation 167ff.
Akkulturation 162ff., 168ff., 181ff.
– als Lernprozeß 185, 193
–, Generationsmodelle 172ff.
–, Institutionen 190f.
– und Intergruppenbeziehungen 187ff.
–, Zwangs- 188
Anti-Diskriminierungsgesetze 229ff.
Antisemitismus 16, 129, 135, 145, 150
Arbeiterverein 103
Arbeitsmigranten 16ff., 31, 67ff., 74ff., 85ff.
–, Def. 68
– und Arbeitsmarkt 76ff.
Assimilierung 165, 170ff., 176ff., 204f.
–, Gordons Konzept 176ff.
Assimilierungspolitik 61, 212
Aufstiegsillusion 94
Asyl 12, 23ff.
Ausländer s. Arbeitsmigranten
– feindlichkeit s. ethnisches Vorurteil
– forschung V, 31
–, heimatlose 5, 21ff.
– politik 83, 236ff.
– status 238f.
–, Wohnbevölkerung 17
Aussiedler 29, 213
Auswanderung s. Migration
Autonomie
–, national-kulturelle 223
–, personale 222ff
–, territoriale 225
Autoritäre Persönlichkeit 135ff.

Beirat 228f.
Borardus-Skala 119, 124

dänische Minderheit 6ff., 163, 212, 238

DDR V, 20f., 26ff., 74, 212
Deferenz-Integratin 95
DGB s. Gewerkschaften
Differenzierung, ethnische 34
Diskriminierung 82, 176, 184
– und Vorurteil 125ff.
Dissimilierung, ethnische 171, 199
„Displaced Persons" s. heimatlose Ausländer
Duale Orientierung 206

Einbürgerung 22, 29, 213f., 217, 241
Einwanderer 25, 66, 39
–, Loyalität 209
– minderheiten 65ff.
–, psychische Erkrankungen 113
Einwanderung 18f., 21, 29, 68, 152, 174, 236ff., 240
Einwanderungsgesetz 166, 240
Elternverein 104
Entdifferenzierung, ethnische 31
Ergänzungsökonomie 89, 109
„ethclass" 93
„ethnic revival" 31, 165f.
ethnische Gruppe 35, 37f., 54ff.
– –, Def. 55
ethnische Kolonie 96ff., 108, 184f.
– –, Dysfunktionen 115
– –, Funktionen 111ff.
ethnische Minderheiten 5ff., 38, 54ff., 133
– –, Akkulturation 184ff.
– –, alte 29
– –, Def. 55f.
– –, neue 29, 238
– –, Typologie 59ff.
ethnische Mobilisierung 33
ethnische Ökonomie 108
ethnische Schichtung 91ff., 171
ethnische Vereinheitlichung 39, 46
Ethnizität 1f., 30ff., 211ff.
–, Def. 37f.
–, Grundkategorien 46ff.

Flüchtlinge 22, 23ff.
Föderalismus 225
Fremde, der 178
Fremdenfeindlichkeit s. ethnisches Vorurteil
Frustrations-Aggressionshypothese 131
F-Skala 136f.

Gastarbeiter 1, 76
s. auch Arbeitsmigranten
genealogische Beziehung 36
Gewerkschaften 81, 114
Grenze, ethnische 37
Gruppenakkulturation 182ff.

Herkunft, gemeinsame 36, 50
Herkunftsorientierung 205

Identität
–, ethnische 196ff.
–, Ich- 197ff.
–, personale 196ff.
–, soziale 196ff.
Ideologiebegriff 139f.
„imagined community" 38, 53
„indentured service" 65, 69
Integration 237
Irredentismus 219

Juden 5, 11, 13ff., 45, 126, 133, 186

Kastenbegriff 69
Kettenmigration 66, 98ff.
Kleinbürgertum, ethnisches 89ff.
Kolonialismus 68f., 97
Ku-Klux-Klan 154
Kulturkonflikt 180, 203
Kulturzentrismus 151f.

Lohnarbeiterbewußtsein, transitorisches 89f.

Marginalitätstheorie 86, 178ff., 200ff.
Mehrheit, ethnische 58, 186ff.
Mehrheitsgesellschaft, Offenheit der 187
„melting pot" 166, 171
Menschenrechte, individuelle 226
Migration 18ff., 64ff., 80, 100
Minderheiten

–, kolonisierte 69ff.
–, nationale 60ff, 62
–, neue nationale 71ff
– politik 210ff., 218ff.
–, regionale 62ff.
– schutz 61, 225ff.
Mobilität 81
moderne Gesellschaft s. Modernisierung
Modernisierung 31, 33ff., 42, 44
multikulturelle Gesellschaft 1, 29, 237f.
„mutual-aid-society" 103
„myth of return" 90

Nation 39, 51ff., 210ff.
–, Def. 52f.
–, ethnische 211ff.
–, politische 214ff.
Nationalismus 35f., 41, 151
–, deutscher 45f.
–, ethnischer 43ff.
Nationalität 52
Nationalkultur 43
Nationalstaat 4, 38, 42, 44, 51ff., 60ff., 210ff., 240f.
Nationenbildung 38
Nativismus 152ff.
Neueinwandererhilfe 112
Nischenökonomie 89, 109
–, „Zigeuner"- 12

Organisation, politische 107, 114
Ombudsman 228

„Passing" 205
Persönlichkeit 112
– und Vorurteilsbereitschaft 131ff
Personalitätsprinzip 39, 223
Personen-Akkulturation 191ff.
Pluralisierung, ethnische 1, 4f.
Pluarlismus, ethnischer 221ff.
Politisieurng 207
Polen 18ff., 22, 96, 163f.
polnische Minderheit s. Polen
Projektion 133
Proletariat 87

Quotierung s. „affirmative action"

Randgruppe 86
Rassismus 12, 141, 146ff.

Rastafarian Bewegung 37
Regionalverein 105
religiöse Vereinigung 106
Römisches Recht 41

Segmentationstheorie 84
Selbständige, ausländische
s. ethnisches Kleinbürgertum
Siedlungseinwanderer 65ff.
Sinti und Roma 5, 9ff., 190, 238
Sorben 5, 26ff., 63, 238
Sozialstruktur 5, 71, 74ff., 92f.
–, Bundesrepublik 78ff., 90f.
Sportverein, ethnischer 105
Staatsangehörigkeit 29, 212, 233, 238
Sündenbockhypothese 132f., 141f.

Territorialstaat 40ff.

Überanpassung 205
Unterschichtungsvorgang 92

Vereine, ethnische 102ff.
Vereinheitlichung 42ff., 46

Verwandtschaft 98ff.
Volk 39, 44, 47ff., 211, 213
–, Def. 50f.
Vorurteile, ethnische 117ff.
–, –, Änderung 1ff.
–, –, als Einstellungen 120ff., 155ff.
–, –, als Ideologien 138ff., 159ff.
–, –, Def. 119f.
–, –, Entstehung 143ff.
–, –, Existenzformen 140
–, –, Inhalte 121ff.
–, – und Diskriminierung 125ff.
–, –, Übernahme 129ff.

Wert-Erwartungstheorie 130, 191ff.
–, Kritik 193ff.

Zigeuner s. Sinti und Roma
Zugehörigkeitsunsicherheit 203
Zuwanderung s. Migration, s. Einwanderung

Bei Fragen zur Produktsicherheit wenden Sie sich bitte an:
If you have any questions regarding product safety,
please contact:

Walter de Gruyter GmbH
Genthiner Straße 13
10785 Berlin
productsafety@degruyterbrill.com